Marcel Heesen

Innovationsportfoliomanagement

GABLER RESEARCH

Marcel Heesen

Innovationsportfolio-management

Bewertung von Innovationsprojekten in kleinen und mittelgroßen Unternehmen der Automobilzulieferindustrie

Mit einem Geleitwort von PD Dr. Anette von Ahsen

GABLER

RESEARCH

Bibliografische Information der Deutschen Nationalbibliothek
Die Deutsche Nationalbibliothek verzeichnet diese Publikation in der Deutschen Nationalbibliografie; detaillierte bibliografische Daten sind im Internet über <http://dnb.d-nb.de> abrufbar.

Dissertation Universität Duisburg-Essen, Campus Essen, 2009

1. Auflage 2009

Lektorat: Claudia Jeske | Nicole Schweitzer

Gabler ist Teil der Fachverlagsgruppe Springer Science+Business Media.
www.gabler.de

Umschlaggestaltung: KünkelLopka Medienentwicklung, Heidelberg
Gedruckt auf säurefreiem und chlorfrei gebleichtem Papier
Printed in Germany

ISBN 978-3-8349-1967-0

Geleitwort

Gerade in mittelständischen Unternehmen stellen erfolgreiche Innovationen einen entscheidenden strategischen Wettbewerbsvorteil dar. Dies liegt auch darin begründet, dass häufig – und in besonderem Maße in der Automobilbrache – Kundenunternehmen von ihren Zulieferern innovative Produkte erwarten. Gleichzeitig zeigen die Erfahrungen von Zulieferern immer wieder die Schwierigkeiten eines erfolgreichen Innovationsmanagements. Insbesondere die Auswahl der den meisten Erfolg versprechenden Ideen stellt Unternehmen vor immense Probleme. Eine besondere Herausforderung besteht in der Bewertung von Innovationsprojekten in den verschiedenen Entwicklungsstadien. Während es hierzu in der wissenschaftlichen Literatur bisher zahlreiche Vorschläge gibt, die sich für große Unternehmen sehr gut eignen, wird die Bewertung von Innovationsprojekten durch kleine und mittelgroße Unternehmen (KMU) bisher vergleichsweise wenig diskutiert. Vor diesem Hintergrund entwickelt Herr Heesen ein Konzept des Innovationsportfoliomanagements für kleine und mittelgroße Automobilzulieferer.

Dabei beschreibt der Verfasser zunächst ein auf die Besonderheiten von KMU in der Automobilindustrie abgestimmtes, an den Stage-Gate-Prozess von *Cooper et al.* angelehntes Phasenmodell des Innovationsprozesses, das den weiteren Überlegungen zugrunde gelegt wird. Jede Phase endet mit einem Meilenstein, in dem die Bewertung der Innovationsprojekte erfolgt. Hierzu sind entsprechende Informationen erforderlich. Während in der Literatur bisher solche Informationsbedarfe meist eher allgemein formuliert werden, ordnet Herr Heesen jedem Meilenstein die hier für die Entscheidung jeweils benötigten Informationen zu. Damit schafft er die Voraussetzung, um im Sinne von Handlungsempfehlungen eine Zuordnung von Instrumenten zur Bewertung von Innovationen zu den verschiedenen Meilensteinen vorzunehmen und z. T. solche Bewertungsinstrumente auch neu zu entwickeln: Im ersten Meilenstein sollten hiernach Checklisten und verbale Argumentationen zum Einsatz kommen. Für den zweiten Meilenstein werden Nutzwertanalysen zur Untersuchung der Markt- und Technologieattraktivität sowie des Risikos vorgeschlagen. Ab dem Meilenstein im Anschluss an die dritte Phase empfiehlt der Verfasser zusätzlich den Einsatz der Instrumente Target Costing und Kapitalwertmethode in Verbindung mit dem Entscheidungsbaumverfahren.

Herr Heesen thematisiert in einem weiteren Schritt die Priorisierung von Innovationsprojekten, also die Frage, wie eine Auswahl zwischen mehreren Innovationsprojekten getroffen werden kann. Er zeigt auf, dass neben der Beurteilung der Vorteilhaftigkeit einzelner Innovationsprojekte auch berücksichtigt werden muss, ob und ggf. welche Interdependenzen zwischen den Innovationsprojekten bestehen und begründet überzeugend, dass die in der Literatur diskutierten Instrumente hierzu nicht ausreichend in der Lage sind. Die Entwicklung eines neuen Instrumentes, das dieses Ziel besser zu erreichen hilft, stellt eine beachtliche eigenständige Leistung des Verfassers dar. Herr Heesen beschreibt in überzeugender Weise die Ausgestaltung des auf dem Analytic Hierarchy Process basierenden Instruments „Multiple Innovations Interdependence Evaluation Tool" (MIIET). Darüber hinaus schlägt der Verfasser mit der Auswirkungsanalyse ein weiteres, sehr einfach anwendbares Verfahren vor, mit dem die Auswirkungen der Innovationsprojekte auf die bestehenden Produkte und Prozesse evaluiert werden.

Herr Heesen beschränkt sich in der vorliegenden Arbeit nicht auf die Entwicklung eines Konzeptes für das Innovationsportfoliomanagement. Vielmehr überträgt er seine Konzeption einschließlich des von ihm entwickelten MIIET auf zwei Pilotunternehmen. Er demonstriert dabei überzeugend, dass sich seine Konzeption für ein Innovationsportfoliomanagement in den beteiligten kleinen und mittelgroßen Automobilzulieferern sehr gut eignet.

Herrn Heesen gelingt in seiner Arbeit ein überzeugender Brückenschlag zwischen Theorie und Praxis. Ich wünsche den Leserinnen und Lesern eine inspirierende Lektüre und der Arbeit eine weite Verbreitung.

Anette von Ahsen

Vorwort

Bei dieser Monographie handelt es sich um die Druckfassung meiner Dissertation, die vom Fachbereich Wirtschaftswissenschaften der Universität Duisburg-Essen angenommen wurde. An dieser Stelle möchte ich die Gelegenheit nutzen, mich bei all jenen zu bedanken, die auf vielfältige Art und Weise zum Gelingen meiner Promotion beigetragen haben. Da es unmöglich ist, sie alle zu nennen, können hier nur einige hervorgehoben werden.

An erster Stelle möchte ich meiner „Doktormutter", PD Dr. Anette von Ahsen, sowohl für die ausgezeichnete Begleitung und Unterstützung meiner Forschungsaktivitäten als auch für die Möglichkeit danken, mit dem mir übertragenen Forschungsprojekt wertvolle (Berufs-)Erfahrungen sammeln zu können. Professor Dr. Stephan Zelewski danke ich für die Übernahme des Koreferats und – genauso wie Professor Dr. Christoph Lange – für die Teilnahme am Colloquium.

Des Weiteren danke ich allen, die zum Erfolg des Forschungsprojekts beigetragen haben. In erster Linie gilt mein Dank der Stiftung für Industrieforschung, Herrn Dr. André Kuchenbuch (Behr-Hella Thermocontrol GmbH), Herrn Walter Knittel (APtronic AG) und Herrn Torsten Beinke (INDEC GmbH & Co. KG). Die Fallstudien bei den Automobilzulieferern wären nicht ohne sie nicht möglich gewesen. Für die zahlreichen konstruktiven und kritischen Diskussionen möchte ich auch meinen ehemaligen Kollegen am Lehrstuhl für Umweltwirtschaft und Controlling, PD Dr. Sigrid Schaefer, Stephan Held, Wolf Hellinger, Devid Krull und Mathias Pianowski, danken.

Meinen Eltern bin ich für die Ermöglichung meiner Ausbildung, die Bestärkung in all meinen Entscheidungen und ihre immerwährende Unterstützung in allen Lebenslagen dankbar.

Schließe danke ich meiner zukünftigen Frau Stephanie, die vermutlich am meisten unter meiner Arbeit „gelitten" hat. Sie hat mir zum einen mit ihrem Verständnis und ihrer Geduld den notwendigen Freiraum für diese Arbeit geschaffen. Zum anderen hat sie mich während des gesamten Zeitraums, vor allem in kritischen Phasen, unterstützt. Ihr widme ich dieses Buch.

Marcel Heesen

Inhaltsverzeichnis

Abbildungsverzeichnis

Tabellenverzeichnis

Abkürzungs-/Akronymverzeichnis

A	anno
ABB	Asea Brown Boveri
AG	Aktiengesellschaft
AHP	Analytic Hierarchy Process
AS	Aktivsumme
Aufl.	Auflage
BCG	Boston Consulting Group
BHTC	Behr-Hella Thermocontrol GmbH
BilMoG	Bilanzrechtsmodernisierungsgesetz
BMU	Bundesministerium für Umwelt, Naturschutz und Reaktorsicherheit
BMW	Bayerische Motoren Werke AG
BMWI	Bundesministerium für Wirtschaft und Technologie
BS	Bilanzsumme
Bsp.	Beispiel
bspw.	beispielsweise
bzgl.	bezüglich
bzw.	beziehungsweise
ca.	circa
Co.	Compagnie
Corp.	Corporation
Cu	Kupfer
d. h.	das heißt
DEA	Data Envelopment Analysis
et al.	et alii (und andere)
etc.	et cetera
EU	Europäische Union
F&E	Forschung und Entwicklung
f.	folgende
Fn	Fußnote
g	Gramm
ggf.	gegebenenfalls
ggü.	gegenüber

HGB	Handelsgesetzbuch
i. d. R.	in der Regel
i. e. S.	im engeren Sinne
i. H. v.	in Höhe von
i. w. S.	im weiteren Sinne
IfM	Institut für Mittelstandsforschung
inkl.	inklusive
Innov.	Innovation
insb.	Insbesondere
IP	Innovationsprojekt
IT	Informationstechnologie
Jg.	Jahrgang
K. o.	Knock-out
Kfz	Kraftfahrzeug
KG	Kommanditgesellschaft
KGaA	Kommanditgesellschaft auf Aktien
km	Kilometer
KMU	Kleine und mittelgroße Unternehmen
kW	Kilowatt
Ltd.	Limited
m. E.	meines Erachtens
MA	Mitarbeiteranzahl
MIIET	Multiple Innovations Interdependence Evaluation Tool
Mio.	Million
MS	Microsoft
n. b.	nicht berechnet
NASA	National Aeronautics and Space Administration
Nr.	Nummer
o. g.	oben genannt
o. O.	ohne Ort
o. V.	ohne Verfasser
OECD	Organisation for Economic Co-Operation and Development
OEM	Original Equipment Manufacturer
P	Projekt
PS	Passivsumme
PublG	Publizitätsgesetz

PV	Photovoltaik
PwC	PricewaterhouseCoopers
Q	Quotient
S.	Seite
SGE	Strategische Geschäftseinheit
SMA	System-, Mess- und Anlagentechnik Technologie AG
SME	small and medium-sized enterprise
sog.	sogenannt
Sp.	Spalte
St.	Stück
SWOT	Strengths (Stärken), Weaknesses (Schwächen), Opportunities (Chancen), Threats (Risiken)
u. a.	unter anderem
u. d. NB	unter der Nebenbedingung
u. U.	unter Umständen
Um	Umsatz
US	United States
USA	United States of America
usw.	und so weiter
V	Volt
v. a.	vor allem
vgl.	vergleiche
W	Watt
z. B.	zum Beispiel
z. T.	zum Teil
zzt.	zurzeit

Symbolverzeichnis

λ	=	Eigenwert einer Matrix
λ_{max}	=	Maximaler Eigenwert einer Matrix
$\in$	=	Element von
$\underline{E}$	=	Einheitsmatrix
$\underline{Q}$	=	Bewertungsmatrix
$\vec{v}$	=	Eigenvektor
$\vec{0}$	=	Nullvektor
€	=	Euro
a	=	Variablenvektor mit l = 1, …, m Komponenten für m Projekte
a_l	=	Variable, ob und zu welchem Anteil das Projekt l in das Portfolio aufgenommen wird
CI	=	Konsistenzindex
c_l	=	Erwarteter Zielbeitrag des Projekts l
CR	=	Konsistenzquotient
Cu	=	Kupfer
det	=	Determinante einer Matrix
G	=	Summe der geometrischen Mittel
$g_l(a)$	=	Nebenbedingungen
g_U	=	geometrisches Mittel
I	=	Interdependenzart
k	=	Bezeichnung der Alternative / des Kriteriums (k = 1, …, U)
l	=	Bezeichnung des Projekts l im Portfolio mit m Projekten
m	=	Anzahl der Projekte im Portfolio
pr	=	Präferenz
q_{uv}	=	Paarvergleichsurteile der Alternativen/Kriterien u und v
R	=	gesamte Ressourcenverfügbarkeit im Portfolio
RI	=	Zufallsindex
r_l	=	Ressourcenbedarf des Projekts l
u	=	Bezeichnung der Alternative / des Kriteriums (u = 1, …, U)
v	=	Bezeichnung der Alternative / des Kriteriums (v = 1, …, U)
z	=	Zielgewicht
Z(a)	=	Zielfunktion

1 Einleitung

1.1 Problemstellung und Ziele der Untersuchung

Innovationen sind für den Erhalt und Ausbau der **Wettbewerbsfähigkeit** und damit für die Sicherung der **Überlebensfähigkeit** eines Unternehmens von großer Bedeutung. Sie ermöglichen den Aufbau und die Erhaltung langfristiger Erfolgspotentiale und haben somit wesentlichen Einfluss auf den Unternehmenserfolg. So realisieren Unternehmen bspw. Innovationen, um neue Märkte zu erschließen und (latente) Bedürfnisse der Kunden zu befriedigen.[1] *Cooper/Edgett* betonen dabei die Bedeutung von Innovationen, indem sie langfristig nur zwei Alternativen für Unternehmen sehen: „innovate or die!"[2] Allerdings beinhalten Innovationen aufgrund der damit verbundenen Unsicherheit, der Langfristigkeit der Auswirkungen und der (teilweisen) Irreversibilität der Investitionen stets das Problem des potentiellen Verlusts von Vermögenswerten. Es besteht bspw. ein großes Risiko, dass eine Entwicklung technisch nicht erfolgreich ist oder sich das neue Produkt nicht am Markt durchsetzt. So machen die in empirischen Untersuchungen nachgewiesenen **hohen Flopraten** deutlich, dass die Entwicklung neuer Produkte viele Unternehmen vor große Probleme stellt.[3] *Kriegesmann/Kerka* fanden bspw. heraus, dass lediglich 13 % aller innovativen Ideen als Produkte in den Markt eingeführt werden; davon waren wiederum lediglich 50 % ein finanzieller Erfolg.[4]

Zusätzlich zu den grundsätzlichen Problemen, die mit Innovationen verbunden sind, weisen **kleine und mittelgroße Unternehmen** (KMU) besondere Schwächen auf. Sie sind v. a. durch die Nachteile der Ressourcenknappheit, des geringen Einsatzes von Instrumenten zur Fundierung von Entscheidungen und einer hohen Risikoanfälligkeit durch eine geringe Diversifikation der Produktpalette geprägt.[5] Die Umsetzung erfolgloser Innovationen kann daher existenzbedrohend für KMU sein.[6]

---

1 Zur Bedeutung von Innovationen für den Unternehmenserfolg vgl. bspw. *Cho/Pucik* (2005), S. 570; *Bolz* (2008), S. 2; *Brockhoff* (2008), S. 226.

2 *Cooper/Edgett* (2005), S. 14.

3 *Cooper/Edgett* (2005), S. 5.

4 Vgl. *Kriegesmann/Kerka* (2007).

5 Zu den Stärken und Schwächen von KMU vgl. *Tebbe* (1990), S. 118 f.; *Pleschak/Sabisch/Wupperfeld* (1994), S. 65-69; *Hammer* (1996), S. 51; *Rothwell/Dodgson* (1996), S. 311; *Herstatt/Lüthje/Verworn* (2001), S. 151-165; *Minder* (2001), S. 79-82, S. 104-109 sowie S. 125 f.; *Pinkwart* (2001), S. 195 f.; *Welter* (2001), S. 213-218; *König/Völker* (2003), S. 320 f.; *Gelbmann/Vorbach/Zotter* (2004), S. 252-254; *Teichert/Rost* (2004), S. 374; *Walther* (2004), S. 37; *Scozzi/Garavelli/Crowston* (2005), S. 124-127; *Lawson/Longhurst/Ivey* (2006), S. 243; *Meyer* (2006), S. 224-230; *O'Regan/Ghobadian/Sims* (2006), S. 253 f.; *Pfohl* (2006), S. 19; *Schwarz/Krajger/Dummer* (2006), S. 19 f.; *Spielkamp/Rammer* (2006), S. 16-19; *Ernst-Siebert* (2008), S. 23-28.

6 Vgl. *Herstatt/Lüthje/Verworn* (2001), S. 149-169.

Die Probleme von KMU verstärken sich in der **Automobilzulieferindustrie**, insb. aufgrund der dort herrschenden Krise und der großen Bedeutung von Innovationen für die Branche.[7] So stehen Automobilzulieferer bspw. in einer großen Abhängigkeit zu den Herstellern.[8] Diese Abhängigkeiten liegen im Wesentlichen darin begründet, dass für die Zulieferer nur wenige Kunden existieren, die den Automobilmarkt dominieren. Sowohl die Produktion als auch die Entwicklungstätigkeiten erfolgen aus dem Grund i. d. R. kundenorientiert. Dies hat dazu geführt, dass die Automobilhersteller ihren eigenen Kosten- und Innovationsdruck weitergeben und kontinuierliche Preissenkungen verlangen sowie einen Großteil der Entwicklungstätigkeiten auf die Zulieferer verlagert haben.[9] Hinzu kommt, dass eine deutliche Konsolidierung der gesamten Branche prognostiziert wird, die v. a. KMU trifft.[10]

In diesem wirtschaftlichen Umfeld stellen Innovationen trotz der beschriebenen Risiken eine Chance dar, die Bedürfnisse der Kunden zu befriedigen, sich von Konkurrenten abzuheben und so ein langfristiges Überleben des Unternehmens zu sichern.

Die genannten Herausforderungen machen deutlich, dass die **Auswahl der „richtigen" Innovationsideen** erhebliche Auswirkungen auf den Erfolg von Unternehmen hat.[11] Erforderlich ist eine Selektion der am ehesten Erfolg versprechenden Ideen in einer möglichst frühen Phase des Innovationsprozesses, so dass eine zielführende Fokussierung des Ressourceneinsatzes gewährleistet ist.[12] Je später die Entscheidung über einen Projektabbruch getroffen wird, desto höher sind die entstandenen „sunk costs". Ebenso ist die schnelle Umsetzung der Innovationen von Bedeutung, um sich gegenüber Konkurrenten differenzieren zu können. Die Auswahl sollte dabei unter Verwendung geeigneter **Bewertungsinstrumente** erfolgen, um die Qualität der Entscheidungen zu erhöhen und diese nachvollziehbar zu machen.[13] Außerdem ist vor

---

[7] Zur Bedeutung der Branche in Deutschland vgl. *Meißner/Jürgens* (2007), S. 10; *VDA* (2007), S. 85.

[8] Vgl. hierzu *Fieten* (1991), S. 17-19; *Friedrich* (1994), S. 20 f.; *Mattes et al.* (2004), S. 14 sowie zu den weiteren Besonderheiten von Autozulieferern *Story/Smith/Saker* (2001), S. 25; *Meißner/Jürgens* (2007), S. 21-40.

[9] Aktuelle Herausforderungen für Automobilzulieferer liegen v. a. in der Reduzierung von CO_2-Emissionen und des Kraftstoffverbrauchs. Vgl. *Fuß* (2008), S. 7 und *Oliver Wyman* (2008), S. 7.

[10] Vgl. *Ebel/Utikal/Hofer* (2006), S. 4-6; *Meinig/Mallad* (2006), S. 53; *Niggemann/Schuster* (2006), S. 7; *Fuß* (2008), S. 8; *Oliver Wyman* (2008), S. 17.

[11] Vgl. *Weerd-Nederhof/Kerssens-van Drongelen/Verganti* (2000), S. 79; *Albers/Gassmann* (2005), S. 17; *Bitman/Sharif* (2008), S. 267; *Farrokhzad/Kern/Fritzhanns* (2008), S. 282. Des Weiteren verweist *Bessau* darauf, dass eine rationale Entscheidung stets auf einer Bewertung beruht. Vgl. *Bessau* (2000), S. 140.

[12] Vgl. *Rücksteiner* (1989), S. 142.

[13] Zum Nutzen von Bewertungsinstrumenten bei der Auswahl von Innovationen vgl. *Engwall/Kling/Werr* (2005), S. 427; *Vorbach/Perl* (2007), S. 319. Des Weiteren weisen *Lindman*, *Poskela* und *Stern/Jaberg* dar-

allem das **Management des Innovationsportfolios** von großer Bedeutung für den Erfolg des Unternehmens, da es eine optimale Verteilung der knappen Ressourcen ermöglicht.[14]

Bestehende Konzeptionen zum **Innovationsportfolioamangement** (u. a. von *Cooper/Edgett/ Kleinschmidt*[15]) weisen den Nachteil auf, dass die Empfehlungen zum Einsatz von Instrumenten sehr allgemein gehalten sind und nicht die Besonderheiten von KMU und der Automobilzulieferindustrie berücksichtigen. So weisen bspw. *Woodcock/Mosey/Wood* darauf hin, dass bestehende Instrumente fast ausschließlich für große Unternehmen entwickelt wurden.[16]

In der Literatur herrscht außerdem hinsichtlich der **Bewertung** – als wesentlicher Bestandteil des Innovationsportfoliomanagements – Einigkeit darüber, dass sie **prozessbegleitend** erfolgen sollte.[17] Daher schlägt *Thoma* vor, dass der Einsatz von Bewertungsinstrumenten vom Reifegrad der Innovation und den verfügbaren Informationen abhängen sollte.[18] Es ergibt sich, dass die Bewertung von Innovationen im gesamten Prozess nicht durch ein einzelnes Instrument, sondern nur durch eine Kombination verschiedener Bewertungsinstrumente umgesetzt werden kann, da ein einzelnes nicht in der Lage ist, alle qualitativen und quantitativen Informationen zu erfassen.[19] Trotz der Diskussion dieses Aspekts in der wissenschaftlichen Literatur existieren bisher lediglich sehr allgemeine Handlungsempfehlungen zur phasenspezifischen Anwendung von Bewertungsinstrumenten; diese vernachlässigen zudem die Besonderheiten von KMU.[20] *Granig* betont, dass ein **Forschungsbedarf** bzgl. der phasenbezogenen Zuordnung von Bewertungsinstrumenten und Kennzahlen zu Innovationsprozessen

---

auf hin, dass die Bewertung von Innovationen stets mittels geeigneter Instrumente erfolgen sollte. Vgl. hierzu *Lindman* (2002), S. 228.; *Poskela* (2007), S. 449; *Stern/Jaberg* (2007), S. 13 f.

14 Zur Auswirkung des Portfoliomanagements auf die Innovationsfähigkeit des Unternehmens und den Erfolg von Innovationen vgl. *Tritle/Scriven/Fusfeld* (2000), S. 47; *Bösch* (2007), S. 21; *Cooper/Edgett* (2008), S. 56; *Killen/Hunt/Kleinschmidt* (2008), S. 34; *Sammerl/Wirtz/Schilke* (2008), S. 142.

15 Vgl. *Cooper/Edgett/Kleinschmidt* (2001).

16 Vgl. *Woodcock/Mosey/Wood* (2000), S. 214. Diesen Mangel sehen ebenso *Scozzi/Garavelli/Crowston* (2005), S. 121.

17 Vgl. hierzu bspw. *Cranston* (1974), S. 88; *Brose* (1982), S, 193; *Rosenau* (1996), S. 79; *Archer/Ghasemzadeh* (1999), S. 222; *Cooper/Edgett/Kleinschmidt* (2001), S. 22; *Dickgreber* (2002), S. 271 f.; *Harland* (2002), S. 46 f.; *Hirzel* (2006a), S. 13; *Zayer* (2007), S. 36; *Wördenweber/Wickord* (2008), S. 197.

18 Vgl. *Thoma* (1989), S. 38-42. Die gleiche Zuordnung wählen bspw. *Brose* (1982); *Schmelzer* (1992), S. 120; *Rosenau* (1996), S. 79; *Seliger/Niemeier/Schwenkenbecher* (1996), S. 417; *Harland* (2002), S. 46; *Ipsen* (2002), S. 82; *Vahs/Burmester* (2005), S. 194 f.; *Granig* (2007), S. 77-79.

19 So sieht Leyendecker den Bedarf, dass Bewertungsinstrumente zur Bestimmung der Prioritäten von Innovationsprojekten aufeinander abgestimmt sein müssen. Vgl. *Leyendecker* (2006), S. 79.

20 Allgemeine Empfehlungen liefern bspw. *Gackstatter* (1997), S. 7; *Ehlken* (1999), S. 43; *Stern/Jaberg* (2007), S. 188; *Gemünden/Littkemann* (2007), S. 8; *Wördenweber/Wickord* (2008), S. 108.

besteht.[21] Dieser Bedarf wird durch die These von *Herstatt et al.* gedeckt, welche die größte Herausforderung für das Innovationsportfoliomanagement in der „Entwicklung geeigneter, prozessbegleitender Bewertungs- und Auswahlinstrumente für innovative Projektvorhaben“[22] sehen.

Das **erste Ziel** der vorliegenden Arbeit besteht in der Ableitung und Ausgestaltung eines Innovationsportfoliomanagements und – darin enthalten – der Zuordnung von Bewertungsinstrumenten zu den Bewertungszeitpunkten im Innovationsprozess unter Beachtung der Besonderheiten von kleinen und mittelgroßen Automobilzulieferern und der jeweils vorhandenen Informationen in den Innovationsprozessphasen.

Auch wird in der Literatur gefordert, dass die Innovationsbewertung stets unter Berücksichtigung der **Interdependenzen** im Portfolio sowie passend zu den bestehenden Produkten und Prozessen des Unternehmens erfolgen sollte.[23] Die Abhängigkeiten zwischen den Innovationen können dabei technische Interdependenzen, synergetische Ressourcennutzungen und Marktinterdependenzen sein.[24] Unterschiedliche Interdependenzarten müssen daher bei der Bewertung eingeplant werden; sie können sowohl positive als auch negative Ausprägungen unterschiedlicher Stärke annehmen. Diese Bewertung in den frühen Phasen einer Innovation stellt jedoch die Bewertungsträger vor das Problem, dass lediglich qualitative oder semi-quantitative, aber keine quantitativen/finanziellen Informationen für die Bewertung zur Verfügung stehen.[25] Daher können die in der Literatur diskutierten mathematischen Modelle zur Optimierung interdependenter Innovationsportfolios in diesen frühen Phasen keine Anwendung finden.[26]

Die existierenden qualitativen und **semi-quantitativen Instrumente** zur Interdependenzbewertung (wie z. B. Abhängigkeits-, Synergie-, Projekt- und Interdependenzmat-

---

[21] Vgl. hierzu *Granig* (2007), S. 217 und S. 220. Diesen Bedarf sehen ebenso *Ghasemzadeh/Archer* (2000), S. 74 und *Killen/Hunt/Kleinschmidt* (2008), S. 27.

[22] *Herstatt et al.* (2007), S. 36.

[23] Zur Bedeutung und Berücksichtigung der Interdependenzbewertung vgl. *Brose* (1982), S. 423; *Ehlken* (1999), S. 41; *Aalto* (2001), S. 49; *Boer/During* (2001), S. 99; *Dickgreber* (2002), S. 277; *Hauschildt/Salomo* (2004), S. 31; *Grübler* (2005), S. 167; *Dammer/Gemünden/Lettl* (2006), S. 148; *Hirzel* (2006a), S. 12 f.; *Jolly* (2007), S. 467 f.; *Kavadias/Chao* (2008), S. 138. Allerdings muss diese Bewertung unter Beachtung des Aufwands erfolgen. Vgl. hierzu *Gackstatter* (1997), S. 35; *Kühn* (2006), S. 53.

[24] Siehe Kapitel 2.9.1.

[25] Vgl. *Brodbeck et al.* (2001), S. 66 f.; *Herstatt/Verworn* (2004b), S. 349 f. sowie Kapitel 3.5.2.

[26] Zu den mathematischen Optimierungsmodellen vgl. *Gackstatter* (1997), S. 71-89; *Chien* (2002), S. 363.

rizen und das House of Projects)[27] ermöglichen prinzipiell eine Bewertung der Interdependenzeffekte bereits in den frühen Phasen einer Innovation, da sie nicht ausschließlich auf monetären Größen beruhen und aus diesem Grund für die vorliegende Problemstellung geeigneter als die mathematischen Modelle sind. Allerdings ist aufgrund ihrer Mängel – keine Berücksichtigung unterschiedlicher Interdependenzarten, negativer Interdependenzen und ein fehlendes eindeutiges Entscheidungskriterium – davon auszugehen, dass auch diese Ansätze nicht in der Lage sind, umfassend und unter Berücksichtigung der (nicht) vorhandenen Informationen Innovationsportfolios mit den zwischen ihnen bestehenden unterschiedlichen Interdependenzen zu bewerten.[28]

Als **zweites Ziel** lässt sich demnach die (Weiter-)Entwicklung eines semi-quantitativen Bewertungsinstruments identifizieren, das unterschiedliche Interdependenzarten, negative und positive Abhängigkeiten zwischen den Projekten einbezieht sowie die Aufstellung einer Rangfolge ermöglicht.[29]

1.2 Gang der Untersuchung

Zur Erreichung der Forschungsziele wird in der vorliegenden Arbeit wie folgt vorgegangen.

In **Kapitel 2** erfolgt zunächst eine Definition der wichtigsten Begriffe, wie z. B. Forschung und Entwicklung, Invention, Innovation und Imitation, um ein einheitliches Verständnis zu gewährleisten. Ebenso werden die Merkmale von Innovationen und verschiedene Ansätze zur Differenzierung von Innovationsarten dargestellt. Ebenso wird überprüft, ob Innovationen die Kriterien von Projekten erfüllen und so als Innovationsprojekte bezeichnet werden können; dies hat zur Folge, dass die Instrumente des Projektmanagements ggf. anwendbar sind. Anschließend werden die Begriffe Innovations-, Technologie- und F&E-Management voneinander abgegrenzt. Es folgt eine Definition der Begriffe Innovationsportfolio und Interdependenzen zwischen Innovationen. In den folgenden Unterkapiteln werden die betrachtete Größenklasse und Branche abgegrenzt sowie die jeweiligen Besonderheiten von Innovationen und Innovationsportfolios in KMU und in der Automobilzulieferindustrie herausgearbeitet.

27 Vgl. hierzu ausführlich *Kunz* (2007), S. 151-162.

28 So sieht bspw. *Hirzel* einen großen Bedarf an methodischer Unterstützung bei der Beurteilung von Synergieeffekten. Vgl. *Hirzel* (2006b), S. 116.

29 *Raynor/Leroux* weisen bspw. darauf hin, dass bestehende Instrumente zur praktischen Bewertung von Innovationsportfolios ungeeignet sind. Vgl. *Raynor/Leroux* (2004), S. 27.

Weiterhin wird der Begriff des Innovationsportfoliomanagements definiert und die Ziele erläutert. Es folgt eine Ableitung von Anforderungen an das Innovationsportfoliomanagement. Aufgrund der uneinheitlichen Aufgabenzuordnung werden anschließend Konzepte des Innovationsportfolio- und Multiprojektmanagements dargestellt. Abschließend erfolgt die Ausgestaltung des Konzepts für das Innovationsportfoliomanagement der vorliegenden Problemstellung.

Als erstes Element des Innovationsportfoliomanagements erfolgen in **Kapitel 3** Definitionen der Begriffe Innovationsprozess und Phasenmodell sowie die Ableitung von Anforderungen an die Ausgestaltung von Innovationsprozessphasenmodellen. Anschließend werden unterschiedliche Phasenmodelle beschrieben und kritisch beurteilt. Dabei werden lineare, Chain-Link-, Stage-Gate- und Kreislaufmodelle berücksichtigt wie auch die Besonderheiten der frühen Phasen und die Besonderheiten der Betrachtung von Innovationsprozessen als Informationsverarbeitungs- und Entscheidungsprozesse herausgearbeitet. Da die bisher in der wissenschaftlichen Literatur diskutierten Phasenmodelle nicht den Größenklassen- und Branchenspezifika Rechnung tragen, wird anschließend ein Phasenmodell abgeleitet, das der vorliegenden Arbeit zu Grunde gelegt werden kann. Abschließend wird das Modell hinsichtlich der Entscheidungssituationen und der Informationsbedarfe untersucht, um Anforderungen an phasenspezifische Bewertungsinstrumente ableiten zu können.

In **Kapitel 4** wird mit dem zweiten Element des Innovationsportfoliomanagements die Bewertung von Innovationen betrachtet. Zu diesem Zweck werden zunächst die theoretischen Grundlagen der Innovationsbewertung dargestellt. Anschließend erfolgt eine Ableitung allgemeiner Anforderungen an Bewertungsinstrumente für Innovationen. Im folgenden Unterkapitel werden bestehende Bewertungsinstrumente erläutert und hinsichtlich des Erfüllungsgrades der Anforderungen kritisch beurteilt. Basierend auf einer Nutzwertanalyse werden dabei die am besten geeigneten Bewertungsinstrumente der Klassen qualitativ, semi-quantitativ und quantitativ den jeweiligen Entscheidungssituationen im Innovationsprozess zugeordnet.

Das dritte Element des Innovationsportfoliomanagements stellt die Priorisierung und Ressourcenallokation im Innovationsportfolio dar; dieser Aspekt wird in **Kapitel 5** behandelt. Dabei werden zunächst die verwendeten Begriffe definiert und Anforderungen an Instrumente zur Priorisierung und Ressourcenallokation in Portfolios abgeleitet. Außerdem erfolgt eine Darstellung und kritische Beurteilung von Portfolio-

Konzepten und mathematischen Modellen. Ebenso werden klassische und neuere Budgetierungsverfahren erläutert und hinsichtlich ihrer Eignung für die vorliegende Problemstellung beurteilt.

Aufgrund der fehlenden bzw. unzureichenden Berücksichtigung von Interdependenzen in den Bewertungsinstrumenten werden in **Kapitel 6** Instrumente zur Bewertung von Interdependenzen analysiert und weiterentwickelt. Dabei erfolgt zunächst eine Beschreibung bestehender Instrumente für die qualitative und semi-quantitative Bewertung in den frühen Phasen einer Innovation. Aufgrund der Mängel der bestehenden Ansätze wird im Folgenden ein innovatives Bewertungsinstrument basierend auf dem Analytic Hierarchy Process entwickelt. Zur Bewertung der Auswirkungen einer Innovation auf die bestehenden Produkte und Prozesse eines Unternehmens wird weiterhin ein Instrument vorgeschlagen, das eine einfache verbale Bewertung der Auswirkungen auf das Unternehmen ermöglicht und auf der Wertkette nach *Porter* basiert.

In **Kapitel 7** werden alle Bewertungsinstrumente im Rahmen des Gesamtkonzepts zusammengeführt und entsprechend den Anforderungen der Branche inkl. der entsprechenden Bewertungskriterien ausgestaltet. Dabei werden sowohl die Bewertungsinstrumente in den jeweiligen Phasen/Meilensteinen des Innovationsprozesses als auch die Integration zur Priorisierung und Ressourcenallokation ausführlich erläutert. Im Zwischenfazit erfolgt abschließend eine Beurteilung der Erfüllung aller aufgestellten Anforderungen (Innovationsportfoliomanagement, Innovationsbewertung und Priorisierung/Ressourcenallokation) durch das Gesamtkonzept.

In **Kapitel 8** schließt sich die Beschreibung der Anwendung des Gesamtkonzepts und deren Ergebnisse bei zwei KMU der Automobilzulieferindustrie in Form von Fallstudien an. Die Erprobung des Konzepts wurde dabei im Rahmen des Projekts „Neue Methoden für das Portfoliomanagement von Innovationen“ durchgeführt; daher erfolgt zunächst eine Darstellung der Projektpartner. Anschließend werden die jeweiligen Bewertungsinstrumente anhand beispielhafter Projekte in den Unternehmen APtronic AG und Behr-Hella Thermocontrol GmbH angewendet, um die Anwendbarkeit in der Unternehmenspraxis zu demonstrieren.

Die vorliegende Arbeit schließt in **Kapitel 9** mit einer Zusammenfassung und einer kritischen Würdigung der Ergebnisse sowie mit einem Ausblick auf weitere Forschungsbedarfe.

Die gesamte Vorgehensweise ist abschließend in Abbildung 1-1 skizziert.

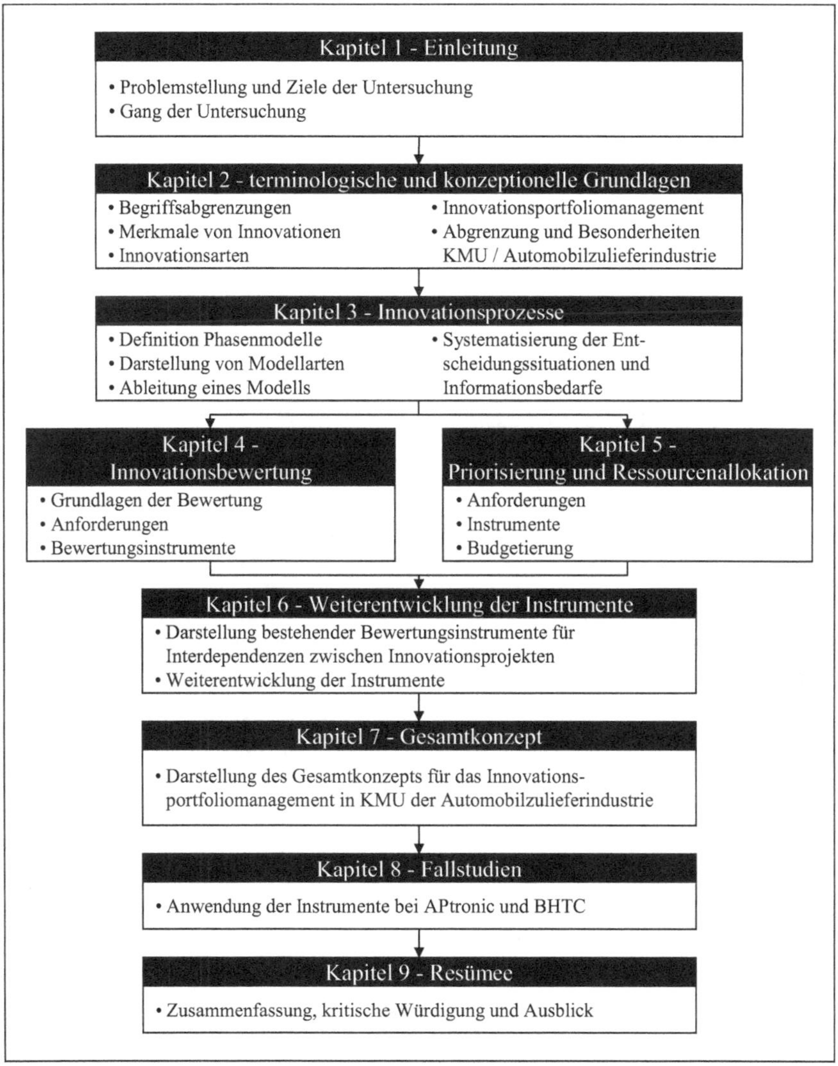

Abbildung 1-1: Gang der Untersuchung

2 Terminologische und konzeptionelle Grundlagen

Wissenschaft und Praxis verwenden die Begriffe aus dem Bereich des Innovationsmanagements sehr unterschiedlich. Daher werden im Folgenden grundlegende, in der vorliegenden Arbeit verwendete Begriffe definiert, um Unklarheiten zu vermeiden. Aufgrund der Zielsetzung der Arbeit fokussiert das Kapitel dabei v. a. auf die Begriffe Innovationsportfolio und Innovationsportfoliomanagement. So werden verschiedene Interdependenzarten zwischen Innovationen sowie die Besonderheiten von Innovationen und Innovationsportfolios in KMU und bei Automobilzulieferern herausgearbeitet. Es folgen die Ableitung von Anforderungen und darauf aufbauend die Erarbeitung eines Gesamtkonzepts für das Innovationsportfoliomanagement, basierend auf existierenden theoretischen Ansätzen.

2.1 Theorie, Technologie und Technik

Theorien bilden die Grundlagen von Technik und Technologien und bilden ein Fundament einer Innovation. Eine **Theorie** ist definiert „als eine Menge bewährter Hypothesen, die miteinander in Beziehung stehen".[30] Sie stellen Aussagesysteme, die generelle Ursache-Wirkungs-Beziehungen erklären, dar und enthalten wissenschaftliche Gesetze. Zur Lösung praktischer Probleme reichen diese Aussagen jedoch nicht aus. Es ist eine Transformation in Ziel-Mittel-Aussagen notwendig.[31] Diese Ziel-Mittel-Aussagen werden als **Technologien** bezeichnet. Sie beinhalten Wissen über naturwissenschaftlich-technische Zusammenhänge, das zur Lösung praktischer Probleme benötigt wird, und sind das Bindeglied zwischen Theorie und Praxis.[32] Erst die konkrete Anwendung einer Technologie in Produkten oder Verfahren wird als **Technik** bezeichnet.[33]

Die Abgrenzung der Begriffe Theorie, Technologie und Technik ist nicht eindeutig möglich, da sie gegenseitig aufeinander wirken.[34] Der Zusammenhang dieser Begriffe mit den verschiedenen Rückkopplungen, die auftreten können, ist in Abbildung 2-1 veranschaulicht.

---

[30] *Specht/Beckmann/Amelingmeyer* (2002), S. 12. Für ähnliche oder identische Definitionen vgl. *Horsch* (2003), S. 46; *Braunschmidt* (2005), S. 18; *Perl* (2007), S. 17.

[31] Vgl. *Specht/Beckmann/Amelingmeyer* (2002), S. 12 sowie *Borchert/Hagenhoff* (2003), S. 14.

[32] Vgl. *Specht/Beckmann/Amelingmeyer* (2002), S. 12; *Burr* (2003), S. 19; *Horsch* (2003), S. 46.

[33] Vgl. hierzu *Bullinger* (1994), S. 32; *Specht/Beckmann/Amelingmeyer* (2002), S. 13; *Burr* (2003), S. 19.

[34] Vgl. *Brockhoff* (1999), S. 27.

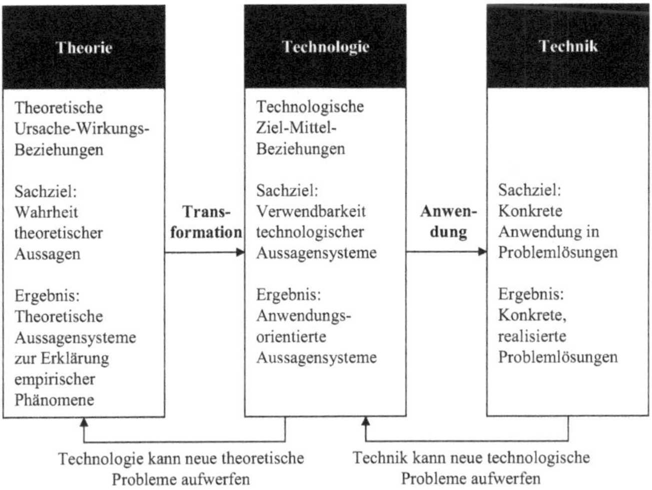

Abbildung 2-1: Zusammenhang zwischen Theorie, Technologie und Technik[35]

Eine besondere Rolle für Innovationen spielen Technologien, da diese häufig als Grundlage dienen. Somit werden im Folgenden verschiedene Arten von Technologien in Abhängigkeit des Systematisierungskriteriums unterschieden.[36] In Abbildung 2-2 sind Technologiearten abgegrenzt nach dem Grad der Wettbewerbsbeeinflussung und der Integration in Produkte und Prozesse dargestellt.[37]

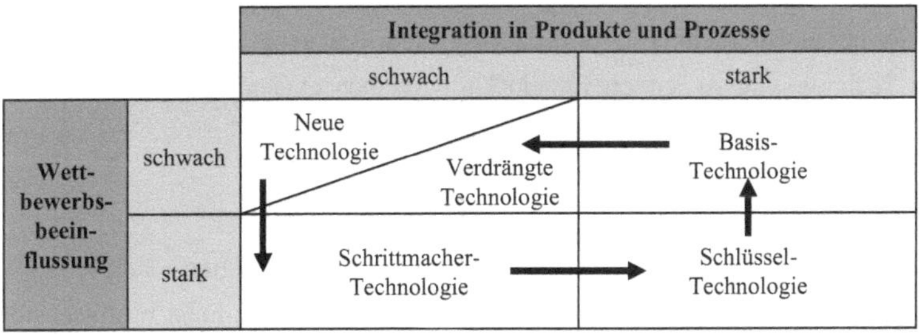

Abbildung 2-2: Unterscheidung von Technologiearten nach Wettbewerbs-beeinflussung und Integrationsgrad[38]

---

[35] Quelle: in Anlehnung an *Specht/Beckmann/Amelingmeyer* (2002), S. 13.

[36] Für eine Übersicht über verschiedene Systematisierungen vgl. *Gerpott* (1999), S. 26 f.

[37] Dieses Systematisierungskriterium wird auch als Lebenszyklusphase einer Technologie bezeichnet. Vgl. hierzu *Beyer* (2002), S. 17; *Perl* (2007), S. 51.

[38] Quelle: in Anlehnung an *Servatius* (1987), S. 117.

Neue Technologien werden auch als Zukunftstechnologien bezeichnet. Diese befinden sich noch in der Forschungs- oder Entwicklungsphase und sind durch eine hohe Unsicherheit bzgl. ihres zukünftigen Potentials gekennzeichnet. Sie haben noch keinerlei wirtschaftliche Anwendung, besitzen jedoch die Möglichkeit, zu künftigen Schrittmachertechnologien zu werden.[39]

Als **Schrittmachertechnologie** wird eine Technologie bezeichnet, die eine starke Wettbewerbsbeeinflussung verspricht, aber gleichzeitig kaum in Produkten und Prozessen eingesetzt wird. Durch die geringe Marktverbreitung gestatten sie dem Unternehmen zukünftig eine Diversifizierung gegenüber Konkurrenten und somit einen Wettbewerbsvorteil. Allerdings befinden sich diese Technologien häufig noch in der Entwicklung und unterliegen daher immer noch einer Unsicherheit bzgl. Marktpotential und Realisierbarkeit.[40]

Bei Einsatz von Schrittmachertechnologien in einer großen Anzahl von Produkten oder Prozessen werden sie zu **Schlüsseltechnologien**. Sie prägen die Wettbewerbssituation einer Branche in der Art, dass mehrere führende Unternehmen diese Technologie einsetzen; trotzdem bieten sie noch Differenzierungen der einzelnen Unternehmen. Diese Technologien weisen eine sehr hohe Entwicklungsdynamik auf.[41]

Bei zunehmender Verbreitung von Schlüsseltechnologien in einer Branche werden diese zu **Basistechnologien**. Sie bilden den Standard innerhalb der Branche und bieten daher keinerlei Möglichkeit, Wettbewerbsvorteile zu generieren. Die Beherrschung dieser Technologien ist jedoch für ein Unternehmen existentiell wichtig, da sie die Grundlage für den Wettbewerb darstellen. Weiterhin sind nur geringe Verbesserungen realisierbar.[42]

Verdrängte Technologien weisen ebenso wie neue Technologien eine geringe Wettbewerbsbeeinflussung und Integration in Produkte auf. Allerdings besitzen sie kein zukünftiges Potential mehr, da sie derzeit durch andere Technologien substituiert werden oder bereits ersetzt worden sind.

---

39 Vgl. *Perl* (2007), S. 19 f.
40 Vgl. *Roussel/Saad/Erickson* (1991), S. 60; *Wolfrum* (1994), S. 4; *Horsch* (2003), S. 58.
41 Vgl. *Blessin* (1998), S. 5; *Pepels* (1999), S. 64.
42 Vgl. *Wolfrum* (1994), S. 5; *Horsch* (2003), S. 57; *Perl* (2007), S. 19 f.

2.2 Forschung und Entwicklung

Forschung und Entwicklung (F&E) ist in der Literatur nicht einheitlich definiert. Allerdings existiert im Gegensatz zur Definition des Innovationsbegriffs ein Verständnis, auf das sich ein Großteil der Autoren bezieht.[43] Dieses Verständnis geht auf das Frascati Manual der *OECD* zurück. Dort ist F&E definiert als kreative und systematische Arbeit, die darauf ausgerichtet ist, Wissen zu erlangen, wobei auch Erkenntnisse über Menschen, Kultur und Gesellschaft einbezogen werden.[44] Aufgrund der Problemstellung wird dieses Begriffsverständnis in der vorliegenden Arbeit auf naturwissenschaftlich-technische Erkenntnisse eingegrenzt. Die Unterteilung der *OECD* von F&E in Grundlagenforschung, angewandte Forschung und Entwicklung ist in Abbildung 2-3 dargestellt.

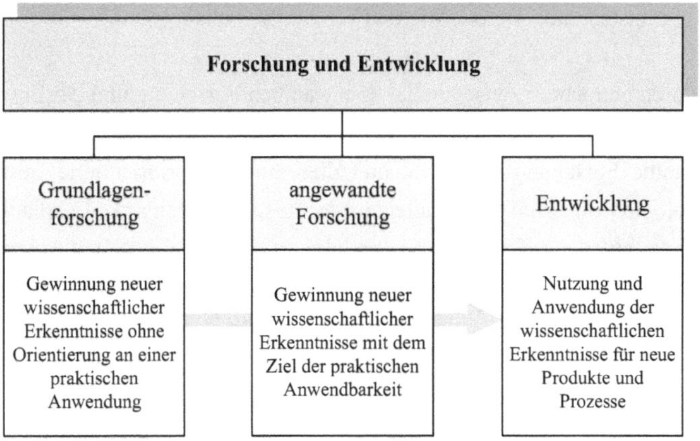

Abbildung 2-3: Bestandteile der F&E[45]

Kennzeichnend für die **Grundlagenforschung** ist die Ausrichtung auf die Entdeckung und Erklärung naturwissenschaftlicher Zusammenhänge. Eine unmittelbare zweckgerichtete Anwendung der Erkenntnisse wird in dieser Stufe nicht angestrebt. Sie ist nicht auf ein konkretes wirtschaftliches Ziel ausgerichtet und generiert grundlegendes

---

43 Vgl. hierzu bspw. *Saad/Roussel/Tiby* (1993), S. 28-31; *Brockhoff* (1999), S. 48; *Schramm* (2000), S. 8 f.; *Seidemann* (2000), S. 47; *Specht/Beckmann/Amelingmeyer* (2002), S. 14 f.; *Disselkamp* (2005), S. 42; *Gerpott* (2005), S. 309-312; *Pepels* (2006), S. 38; *Schmeisser et al.* (2006), S. 62; *Völker/Sauer/Simon* (2007), S. 17.

44 Vgl. *OECD* (2002), S. 30.

45 Quelle: in Anlehnung an *Perl* (2007), S. 19 f.

Wissen, das i. d. R. nicht geschützt werden kann. Daher wird sie häufig von Universitäten und anderen Forschungseinrichtungen erbracht.[46]

Die **angewandte Forschung** bezeichnet „alle Aktivitäten zur Gewinnung und Weiterentwicklung von Wissen und Fähigkeiten [...], die der Lösung praktischer Probleme mit Hilfe der Technik dienen soll".[47] Sie baut somit auf der Grundlagenforschung auf und hat die praktische Anwendbarkeit und wirtschaftliche Nutzung der Erkenntnisse zum Ziel.[48]

Die **Entwicklung** basiert auf den Ergebnissen der Grundlagen- und angewandten Forschung und hat das Ziel, marktfähige Produkte oder Prozesse mit Hilfe neuer Technologien zu kreieren. Die Unsicherheit bzgl. des wirtschaftlichen Erfolgs ist in dieser Phase am geringsten, da konkrete Marktanwendungen bekannt sind.[49]

Einige Autoren betrachten zwischen der angewandten Forschung und der Entwicklung noch einen weiteren Schritt, die sog. **Vorentwicklung**. Diese ist umsetzungsnäher als die angewandte Forschung und beinhaltet die „anwendungsorientierte Entwicklung von Technologien zur Reife, [..] Studien zur technischen Machbarkeit geplanter Technologieumsetzungen, den Entwurf von Produktkonzepten und den Bau erster Prototypen".[50] Diese von der *OECD* abweichende Definition der F&E wird gesondert herausgestellt, da sie bei vielen Kfz-Zulieferern von besonderer Bedeutung ist. Die Vorentwicklung zielt speziell auf die Verbesserung der technologischen Wettbewerbsfähigkeit der Zulieferer. Dieser Aspekt erfährt durch den steigenden Druck der Kfz-Produzenten auf die Zulieferer und die daraus resultierende Verschiebung technologischer Entwicklung auf vorgelagerter Stufe eine zunehmende Bedeutung.[51]

---

46 Zu den Aktivitäten der Grundlagenforschung vgl. *Schmeisser et al.* (2006), S. 63; *Hauschildt/Salomo* (2007), S. 92.

47 *Specht/Beckmann/Amelingmeyer* (2002), S. 15.

48 Vgl. *Heyde et al.* (1991), S. 33; *Brockhoff* (1999), S. 52-54; *Burr* (2003), S. 30; *Völker/Sauer/Simon* (2007), S. 17.

49 Vgl. *Bürgel/Haller/Binder* (1996), S. 11-13; *Gackstatter* (1997), S. 7; *Ehlken* (1999), S. 14 f.; *Gerpott* (1999), S. 32 f.; *Hauschildt/Salomo* (2007), S. 93.

50 *Burr* (2003), S. 31. Weitere Definitionen liefern u. a. *Ehlken* (1999), S. 15; *Billing* (2003), S. 37; *Hauschildt/Salomo* (2007), S. 93; *Wildemann* (2008a), S. 68-70. Einen Überblick über die Anforderungen an die Ausgestaltung der Vorentwicklung liefern *Specht/Beckmann/Amelingmeyer* (2002), S. 119-121.

51 Zur Bedeutung der Vorentwicklung vgl. *Diehlmann* (1997); *Specht/Beckmann/Amelingmeyer* (2002), S. 118 und *Meinig/Mallad* (2006), S. 53 sowie zu den Besonderheiten des Innovationsmanagements (und damit auch von F&E) in der Automobilbranche Kapitel 2.9.3.

2.3 Invention, Innovation und Imitation

Da in der Wissenschaft und Praxis keine einheitliche Definition des Begriffs Innovation existiert, werden im Folgenden die Begriffsvielfalt dargestellt, die Herkunft erläutert und verschiedene Sichtweisen unterschieden.

Aus etymologischer Sicht stammt der Begriff **Innovation** vom lateinischen Wort innovatio ab. Dies bedeutet Neuheit, Neuerung, Neueinführung und ist vom Adjektiv novus (neu) abgeleitet.[52] Dieses konstitutive Merkmal der Neuheit findet sich somit in allen Definitionen zur Innovation in der Literatur wieder.[53] Grundsätzlich lässt sich eine Innovation aus zwei Sichtweisen beschreiben. Dies sind die objektbezogene und die prozessuale Betrachtung.[54]

Die **objektbezogene Sichtweise** stellt das Ergebnis der Innovation in den Mittelpunkt. Das heutige Verständnis einer Innovation wurde dabei grundlegend durch *Schumpeter* geprägt. Er versteht unter einer Innovation die Durchsetzung neuer Kombinationen an Märkten und unterscheidet die folgenden Fälle:[55]

- Herstellung eines neuen Gutes oder einer neuen Qualität eines Gutes,
- Einführung einer neuen Produktionsmethode,
- Erschließung eines neuen Absatzmarktes,
- Eroberung einer neuen Bezugsquelle von Rohstoffen oder Halbfabrikaten,
- Durchführung einer Neuorganisation.

Diese Definition zeigt bereits die Vielfalt von Ausprägungen, die eine Innovation annehmen kann. Aus diesem Grund erfolgt i. d. R. eine Beschreibung von Innovationen über verschiedene Merkmale (vgl. Kapitel 2.4).[56] Diesem Ansatz wird auch in der vorliegenden Arbeit gefolgt.

---

52 Vgl. *Vahs/Burmester* (2005), S. 45.

53 Für eine Übersicht über verschiedene Definitionen der Innovation vgl. *Hauschildt/Salomo* (2007), S. 3-6.

54 Vgl. *Macharzina/Wolf* (2008), S. 742.

55 Vgl. *Schumpeter* (2006), S. 180-189.

56 Zu den verschiedenen Definitionen in der betriebswirtschaftlichen Literatur vgl. *Fischer* (1982), S. 30; *Stockbauer* (1989), S. 39; *Bürgel/Haller/Binder* (1996), S. 13 f.; *Pleschak/Sabisch* (1996), S. 6-8; *Brockhoff* (1999), S. 37; *Ehlken* (1999), S. 15; *Gerpott* (1999), S. 37 f.; *Stippel* (1999), S. 7 f.; *Hipp* (2000), S. 9-11; *Behrends* (2001), S. 97; *Boer/During* (2001), S. 84; *Minder* (2001), S. 71-74; *Beyer* (2002), S. 6-8; *Dilling* (2002), S. 19 f.; *Garcia/Calantone* (2002), S. 112; *Afuah* (2003), S. 13-15; *Cratzius* (2003), S. 3; *Horsch* (2003), S. 1; *Disselkamp* (2005), S. 17; *Freitag/Böhme* (2005), S. 46; *Gerpott* (2005), S. 312-314; *Pepels* (2006), S. 3; *Wittmann/Leimbeck/Tomp* (2006), S. 11; *Bösch* (2007), S. 13; *Granig* (2007), S. 9-11; *Seeger* (2007), S. 112 f.; *Weber/Vinkemeier* (2007), S. 15; *Haber* (2008), S. 6-9; *Macharzina/Wolf* (2008), S. 742-744.

Neben der objektbezogenen Betrachtung steht die **prozessuale Sichtweise** im Mittelpunkt der Forschung. Der Entstehungsprozess einer Innovation wird folgend als Innovationsprozess bezeichnet und ausführlich mit verschiedenen Modellen in Kapitel 3 betrachtet. Unabhängig davon werden verschieden weit gefasste Abgrenzungen des Innovationsprozesses unterschieden.[57] Diese Abgrenzung ist in Abbildung 2-4 dargestellt.

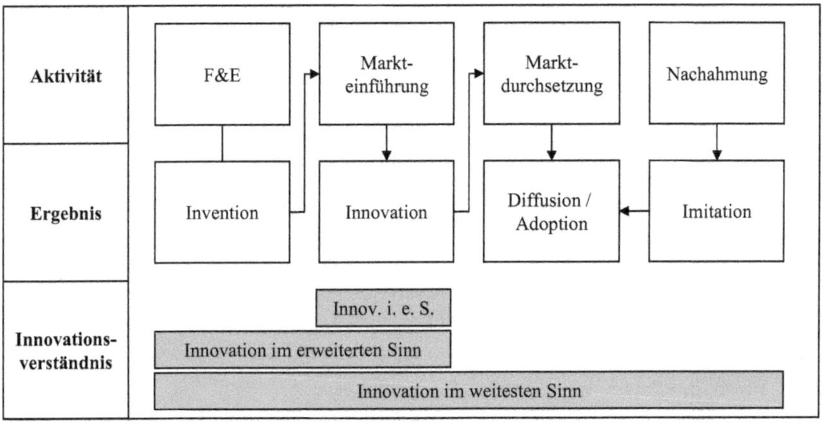

Abbildung 2-4: Abgrenzung des Innovationsverständnisses[58]

Unabhängig von der Wahl der Definition wird jedoch zwischen Invention, Innovation und Imitation unterschieden.

Eine **Invention**, oder auch Erfindung, baut auf einer Idee auf und beschränkt sich auf den Prozess der Wissensgenerierung durch F&E und die erstmalige technische Realisierung einer neuen Problemlösung. Diese Invention kann sowohl geplant (z. B. durch den Einsatz von Kreativitätstechniken zur zielgerichteten Entwicklung) oder ungeplant (zufällig) erfolgen.[59] Im zweiten Fall wird von einem sog. Serendipitäts-Effekt gesprochen.[60] Die Invention stellt eine notwendige Vorstufe der Innovation dar. Als Innovation wird grundsätzlich die erstmalige wirtschaftliche Anwendung einer neuen Prob-

[57] Vgl. *Borchert/Hagenhoff* (2003), S. 11.
[58] Quelle: in Anlehnung an *Borchert/Hagenhoff* (2003), S. 12.
[59] Vgl. *Bullinger* (1994), S. 35-37; *Wolfrum* (1994), S. 7-11; *Diehlmann* (1997), S. 13 f.; *Blessin* (1998), S. 8 f.; *Weule* (2002), S. 34; *Billing* (2003), S. 10 f.; *Vahs/Burmester* (2005), S. 44; *Meyer* (2006), S. 210 f.; *Reichle* (2006), S. 13-15; *Perl* (2007), S. 20-23.
[60] Zum Begriff Serendipitäts-Effekt vgl. *Wiener* (1993), S. 21 f.

lemlösung verstanden.[61] Wird in der vorliegenden Arbeit im Folgenden von Innovation gesprochen, dann ist immer das Ergebnis gemeint. Der Zusammenhang zwischen Invention und Innovation ist in Abbildung 2-5 dargestellt.

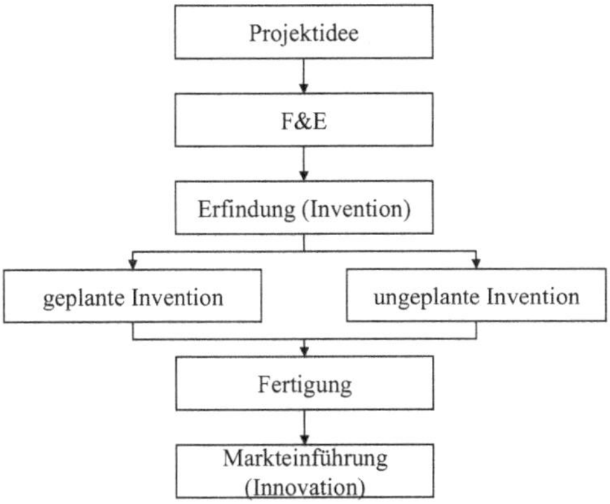

Abbildung 2-5: Zusammenhang von Invention und Innovation[62]

Von einer Innovation lässt sich die **Imitation** deutlich abgrenzen. Eine Imitation erfüllt das konstitutive Merkmale der Neuheit einer Innovation nicht, sondern stellt die Kopie eines bereits bestehenden Produkts oder einer existierenden Problemlösung dar. Generell ist eine Imitation durch die Nachahmung negativ behaftet[63], allerdings betonen verschiedene Autoren Bezug nehmend auf die Diffusionsforschung den Nutzen einer Imitation.[64] Dieser Zusammenhang wird besonders durch die Aussage „Innovation zieht Imitation nach sich und Imitation treibt zu neuer Innovation“[65] deutlich.

In der vorliegenden Arbeit wird die Abgrenzung im erweiterten Sinn betrachtet, wenn von einem Innovationsprozess gesprochen wird. Diese Abgrenzung wird gewählt, da aus Sicht des Portfoliomanagements in einem Unternehmen der gesamte Entstehungsprozess eines neuen Produkts oder eines neuen Prozesses betrachtet werden muss. Für ein Unternehmen ist während der Entwicklung keine Unterscheidung in Invention und Innovation möglich und sinnvoll. Ein Unternehmen sollte bei der Entwicklung einer Innovation stets davon ausgehen, dass sie am Markt durchgesetzt werden kann. An-

61 Vgl. *Specht/Beckmann/Amelingmeyer* (2002), S. 13.
62 Quelle: in Anlehnung an *Brockhoff* (1999), S. 36.
63 Vgl. *Vahs/Burmester* (2005), S. 80.
64 Siehe Kapitel 2.7 zur Diffusionsforschung.
65 *Albach* (1990), S. 97.

dernfalls wäre eine Umsetzung wenig sinnvoll. Somit kann eine Unterscheidung in Invention und Innovation in der Praxis unterbleiben. Eine Betrachtung der weitesten Sichtweise ist ebenfalls aus Unternehmenssicht nicht sinnvoll. Der Prozess von Adoption, Diffusion und Imitation spielt für ein Unternehmen im Rahmen des Innovationsmanagements keine Rolle. Aus Sicht des Unternehmens ist die Innovation bereits in die Serienproduktion übergegangen und erfordert keine besondere Behandlung durch das Innovationsmanagement mehr, da es die im Folgenden erläuterten Merkmale einer Innovation zu diesem Zeitpunkt nicht mehr erfüllt.

2.4 Merkmale von Innovationen

2.4.1 Übersicht über die Merkmale

Die uneinheitliche Definition des Innovationsbegriffs in Theorie und Praxis (vgl. Kapitel 2.3) hat dazu geführt, dass Innovationen i. d. R. über ihre Merkmale beschrieben werden.

Die Auffassungen über die Merkmale von Innovationen variieren in der Literatur. Daher werden im Folgenden zunächst verschiedene Sichtweisen dargestellt und anschließend bedeutende Charakteristika erläutert.

Weitgehende Einigkeit herrscht in der Literatur bzgl. der Merkmale Neuheit, Unsicherheit, Komplexität und Konfliktgehalt.[66] Daher wird auf diese Merkmale zurückgegriffen. Weitere Charakteristika werden in der Regel aufgrund der Zielsetzung der jeweiligen Arbeiten ergänzt. [67] Dies umfasst bspw. den Variabilitäts- und Strukturiertheitsgrad. Diese Grade beschreiben nach *Schmelzer* die „Häufigkeit, Irregularität, Intensität und Geschwindigkeit der Veränderungen"[68] sowie „inhaltliche, logische und zeitliche Bestimmbarkeit des Untersuchungsobjekts"[69]. Die Mehrstufigkeit der Entscheidungen[70], die Zukunftsorientierung der Innovation[71] und die Kreativität[72] werden von *Pleschak/Sabisch* und *Schön* als zusätzliche Merkmale angeführt.

---

66 Diese Merkmale finden bei nahezu allen Autoren Anwendung. Vgl. hierzu *Thom/Grochla* (1980), S. 23; *Stockbauer* (1989), S. 41; *Müller* (2000), S. 141; *Schramm* (2000), S. 4; *Vahs/Burmester* (2005), S. 51-54; *Meyer* (2006), S. 211 f.; *Perl* (2007), S. 31 f.

67 Vgl. hierzu bspw. *Aregger* (1976), S. 120-124; *Sabisch* (1991), S. 10 f.; *Reichart* (2002), S. 18; *Gassmann* (2006), S. 9; *Wildemann* (2008b), S. 16.

68 *Schmelzer* (1992), S. 17.

69 *Schmelzer* (1992), S. 18.

70 Vgl. *Schön* (2001), S. 43 sowie *Pleschak/Sabisch* (1996), S. 45.

71 Vgl. *Schön* (2001), S. 43 sowie *Pleschak/Sabisch* (1996), S. 45.

72 Vgl. *Göpfert* (1992), S. 258; *Pleschak/Sabisch* (1996), S. 46; *Schön* (2001), S. 44.

Die genannten Merkmale sind jedoch m. E. nicht zwingend für eine Innovation und ermöglichen keine klare Abgrenzung von Routineentscheidungen. *Schön* und *Pleschak/Sabisch* argumentieren bspw., dass Innovationen stets über einen längeren Zeitraum ablaufen und die Entscheidungen über Fortführung oder Abbruch in mehreren Stufen ablaufen. Dieses Kriterium wird in der vorliegenden Arbeit nicht als eigenständiges Merkmal betrachtet. Allerdings sollte der Aspekt der Mehrstufigkeit nicht unberücksichtigt bleiben, daher wird er in Kapitel 3.5.1 erneut aufgegriffen. Des Weiteren ermöglicht das Merkmal der Zukunftsorientierung keine Abgrenzung zu anderen betrieblichen Prozessen, da Entscheidungen und insb. Investitionsentscheidungen stets auf zukünftige Zeiträume ausgerichtet sind.[73] Es handelt es sich somit ebenfalls nicht um ein innovationsspezifisches Merkmal. Die Kreativität wird nicht als zwingendes Merkmal angesehen, da das Auffinden einer Innovation nicht nur durch die Kreativität der Mitarbeiter möglich ist. Sie können auch zufällig entstehen und bedürften nicht der Kreativität.

Zwei Aspekte, denen in der Literatur zwar eine hohe Bedeutung bei der Betrachtung und Auswahl von Innovationen beigemessen wird, die jedoch nicht als eigenständige Merkmale aufgenommen werden, sind die Irreversibilität und sog. Spillover-Effekte.[74] Im Rahmen der vorliegenden Arbeit werden diese beiden aufgrund ihrer Bedeutung dennoch als Merkmale einer Innovation berücksichtigt.

2.4.2 Neuheit

Die Tatsache, dass es sich bei einer Innovation stets um etwas Neues handelt, wird bereits aus der Etymologie des Begriffs ersichtlich (vgl. Kapitel 2.3). Es wird somit etwas Neues geschaffen in dem Sinne, dass es sich von Existierendem unterscheidet.[75] Eine Innovation stellt immer nur zu dem betrachteten Zeitpunkt eine Neuheit dar (**Zeitbezug der Neuheit**).

Für die Innovation ist die Neuheit von besonderer Bedeutung, da sie den Prozess und das gesamte Management der Innovation beeinflusst und sich deshalb von reinen Rou-

[73] Vgl. hierzu *Bugdahl* (1990), S. 11
[74] Zur Bedeutung dieser Aspekte vgl. *Boutellier/Völker* (1997), S. 69; *Dilling* (2002), S. 40-43.
[75] Vgl. *Thom/Grochla* (1980), S. 23.

tineaufgaben unterscheidet.[76] Es kann damit als das konstitutive Merkmal einer Innovation bezeichnet werden.[77]

Das Neuheitsmerkmal wird nach herrschender Meinung unter verschiedenen Aspekten betrachtet.[78] Es lassen sich die inhaltliche Dimension (was ist neu?), die Intensitätsdimension (wie neu?), die Subjektivität (neu für wen?) und die prozessuale Dimension (wie läuft eine Innovation ab?) unterscheiden. Diese Aspekte werden wie folgt ausführlich betrachtet:

- inhaltliche Dimension: Innovationsarten (Kapitel 2.5.1) und -auslöser (Kapitel 2.5.4)
- Intensität: Innovationsgrad (Kapitel 2.5.3)
- Subjektivität: Subjektivität der Neuheit (Kapitel 2.5.2)
- prozessuale Dimension: Innovationsprozess (Kapitel 3)

2.4.3 Unsicherheit/Risiko

2.4.3.1 Charakterisierung des Risikobegriffs

In der betriebswirtschaftlichen Literatur werden die ursachen- und wirkungsbezogenen Begriffsbestimmungen des Risikos unterschieden. Die ursachenbezogene Risikodefinition kennzeichnet den Begriff in Bezug auf den Informationstand von Entscheidungsträgern.[79] Basierend auf *Knight*[80] werden dabei in Abhängigkeit der Existenz von Wahrscheinlichkeiten die Begriffe Unsicherheit (Risiko i. w. S.), Ungewissheit und Risiko i. e. S. in Abbildung 2-6 unterschieden.

---

76 Vgl. *Vahs/Burmester* (2005), S. 51; *Perl* (2007), S. 31 f.
77 Vgl. *Thom/Grochla* (1980), S. 23; *Stockbauer* (1989), S. 41.
78 Vgl. *Johannessen/Olsen/Lumpkin* (2001), S. 22-24; *Hauschildt/Salomo* (2007), S. 9-27.
79 Vgl. *Heck* (2003), S. 51.
80 Vgl. *Knight* (2002), S. 197-232.

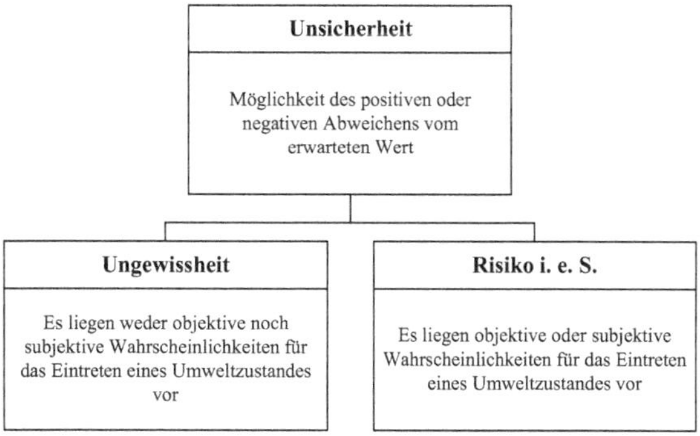

Abbildung 2-6: Unterscheidung von Unsicherheit, Ungewissheit und Risiko[81]

Der Begriff der Unsicherheit dient als Überbegriff für das Risiko und die Ungewissheit. Als Risiko werden dabei alle zukünftigen Umweltzustände bezeichnet, für die entweder objektive oder subjektive Wahrscheinlichkeiten angegeben werden können. Ist dies nicht der Fall, wird von Ungewissheit gesprochen.

Die wirkungsorientierte Begriffsauffassung betrachtet das Risiko i. w. S. als ein potentielles Abweichen von einem angestrebten zukünftigen Soll-Zustand. Die negative Soll-Ist-Abweichung wird dabei als Risiko, die positive als Chance bezeichnet. Somit ist ersichtlich, dass jedem Risiko auch eine Chance gegenübersteht.[82]

Im Folgenden wird davon ausgegangen, dass die Entscheidungsträger in einem Innovationsprozess in der Lage sind, zumindest subjektive Wahrscheinlichkeiten für das Eintreten zukünftiger Umweltzustände anzugeben. Daher wird stets von Risiken gesprochen.

---

[81] Quelle: in Anlehnung an *Kruschwitz* (2007), S. 300; *Laux* (2007), S. 23; *Perridon/Steiner* (2007), S. 94; *Götze* (2008), S. 343.

[82] Vgl. *Heck* (2003), S. 53-55.

2.4.3.2 *Risiken bei Innovationen*

In der Literatur zum Innovationsmanagement herrscht Einigkeit darüber, dass Innovationen aufgrund ihrer Neuheit, Komplexität und des Konfliktgehalts risikobehaftet sind.[83] Allerdings existiert keine einheitliche Strukturierung, welche Risikoarten in Innovationsprozessen auftreten.[84] Aus diesem Grund werden zunächst verschiedene Risikoarten dargestellt.

Eine häufig verwendete Systematisierung unterteilt das Risiko in die Kategorien technisches, wirtschaftliches und zeitliches Risiko.[85] Dieser Unterteilung wird hier gefolgt, wobei sie weiter konkretisiert wird.

Das **technische Risiko** basiert auf der Unsicherheit hinsichtlich des Ergebnisses des Innovationsprozesses. Es besteht darin, dass das Unternehmen nicht oder nur ungenügend in der Lage ist, auftretende technische Probleme zu lösen. Somit können die angestrebten technischen Ziele ggf. nicht erreicht werden. Gründe hierfür sind bspw. fehlende oder nicht ausgereifte Technologien, fehlendes Know-how, nicht ausreichende personelle Ressourcen oder Mängel bei der Umsetzung in die Serienproduktion.[86] Das technische Risiko lässt sich in folgende Bereiche unterteilen:

- technisches Realisationsrisiko: Eine technische Lösung der Problemstellung ist nicht möglich.
- Fertigungsrisiko: Ein entwickeltes Produkt kann nicht in die Serienproduktion übernommen werden.
- Serendipitätsrisiko (-chance): Ein Projekt führt zu einem ungeplanten Ergebnis.[87]

Das **wirtschaftliche Risiko** hingegen bezieht sich auf den Durchsetzungsaspekt am Markt, wobei es unterstellt, dass die technische Umsetzung bereits erfolgt ist. Es betrachtet somit, ob ein Produkt am Markt erfolgreich ist. Das Scheitern kann dabei so-

---

83 Vgl. *Kern/Schröder* (1977), S. 16; *Thom/Grochla* (1980), S. 26.

84 Eine Übersicht über verschiedene Systematisierungen liefert *Heck* (2003), S. 58.

85 Zu dieser Systematik vgl. *Baker* (1974), S. 167; *Stippel* (1999), S. 13; *Bockemühl* (2001), S. 193-198; *Heck* (2003), S. 57; *Pepels* (2006), S. 46; *Granig* (2007), S. 131-139. Andere Systematiken schlagen bspw. *Hallbauer* (1978), S. 60-67; *Gackstatter* (1997), S. 30; *Horsch* (2003), S. 161 oder *Ensthaler/Strübbe* (2006), S. 118 vor. Diese beinhalten u. a. rechtliche Risiken, Risiken gegliedert nach dem Funktionsbereich oder ein sog. Innovationsrisiko.

86 Vgl. *Stippel* (1999), S. 13.

87 Vgl. *Hallbauer* (1978), S. 61; *Thoma* (1989), S. 124; *Dilling* (2002), S. 32; *Pepels* (2006), S. 46; *Granig* (2007), S. 136. Dieses Risiko kann auch als Chance interpretiert werden, da es sich bei dem ungeplanten um ein wirtschaftlich verwertbares Ergebnis handeln kann.

wohl durch veränderte Kundenbedürfnisse und Marktbedingungen als auch durch die Fehleinschätzung der Kundenanforderungen oder des Marktpotentials begründet sein. Das wirtschaftliche Risiko lässt sich wie folgt unterteilen:[88]

- Kostenrisiko: Die tatsächlichen Kosten übersteigen die geplanten. Dies kann sich sowohl auf die Entwicklungs- als auch auf die Produktionskosten beziehen.
- Wettbewerbsrisiko: Die Marktbedingungen und Kundenbedürfnisse haben sich signifikant verändert.
- Marktadäquanzrisiko: Die Kundenbedürfnisse und Marktbedingungen wurden falsch eingeschätzt.

Das **Zeitrisiko** beschreibt die Unsicherheit, dass eine Innovation nicht innerhalb des geplanten Zeitrahmens erfolgreich beendet werden kann. Eine derartige Zeitüberschreitung kann erstens zu einem späteren Markteintritt führen. Dies kann niedrigere Rückflüsse als erwartet zur Folge haben, da Konkurrenten bereits in den Markt eingetreten sind.[89] Zweitens hat eine längere Projektlaufzeit i. d. R. höhere Kosten und eine längere Kapitalbindung zur Folge. Im schlimmsten Fall führt eine Verzögerung dazu, dass der Zeitpunkt für den Markteintritt vollständig verpasst und das Ergebnis der Innovation nutzlos wird.

Zwischen den Risikoarten bestehen Interdependenzen; so können technische Realisationsprobleme eine Verschiebung des Markteintritts bewirken und dies wirkt wiederum auf den wirtschaftlichen Erfolg der Innovation.[90]

Folgende Arten des Zeitrisikos werden unterschieden:

- Zeitpunkterreichungsrisiko: Risiko, ob der geplante Markteintritt erreicht wird.
- Timingrisiko: Risiko, dass der geplante Zeitpunkt zwar erreicht wird, sich aber als suboptimal (im Sinne einer fehlerhaften Planung) herausstellt.

Abschließend sind alle Risikoarten in Abbildung 2-7 dargestellt.

---

88 Vgl. *Gackstatter* (1997), S. 30; *Dilling* (2002), S. 32; *Dodgson/Gann/Salter* (2005), S. 18 f.; *Wolff/Holtrup* (2005), S. 291; *Granig* (2007), S. 137.

89 So zeigt bspw. *Schmelzer* in einer empirischen Untersuchung bei der Siemens AG, dass eine Überschreitung des Entwicklungsbudgets um 10 % lediglich zu einem Rückgang der Projektrendite um 5 %, eine Überschreitung der Zeitplanung um 10 % jedoch zu einem Renditerückgang von 30 % führt. Vgl. hierzu *Schmelzer* (1992), S. 50. Für eine neuere empirische Untersuchung zur Bedeutung der Zeit für den Erfolg einer Innovation, die zu ähnlichen Ergebnissen kommt, vgl. *Kessler/Bierly* (2002). Ebenso zeigen *Chen/Reilly/Lynn* den positiven Zusammenhang zwischen der Verkürzung der Entwicklungszeit und dem Erfolg der Innovation auf. Vgl. hierzu *Chien/Reilly/Lynn* (2005).

90 Zur Beschreibung des Zeitrisikos vgl. ausführlich *Dilling* (2002), S. 36 f. und *Heck* (2003), S. 61-63.

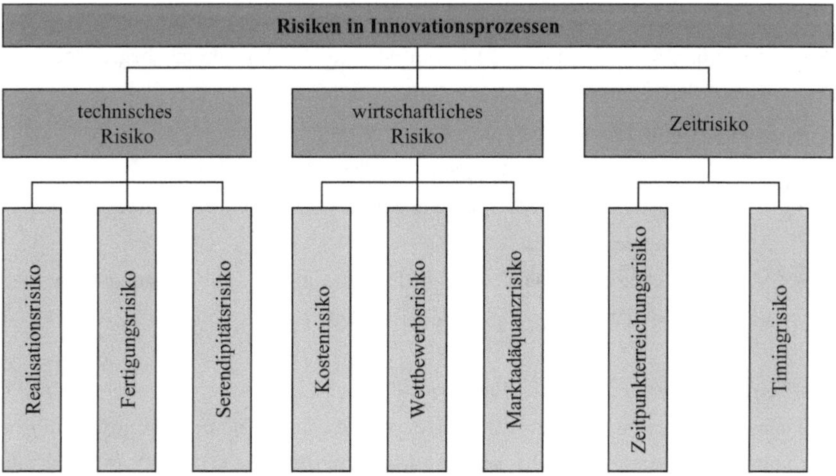

Abbildung 2-7: Risikoarten in Innovationsprozessen

2.4.4 Komplexität

Unter Komplexität wird grundsätzlich der „Grad der Überschaubarkeit, gemessen an der Menge der Elemente sowie der Menge der Beziehungen dieser Elemente zueinander"[91] verstanden. Dieser Bestandteil der Komplexität wird auch als Kompliziertheit bezeichnet.[92] Da Innovationen stets den Charakter einer Querschnittsfunktion aufweisen, betreffen sie eine sehr große Anzahl an Personen und Abteilungen, die an der Entstehung einer Innovation mit hoher Arbeitsteilung beteiligt sind.[93] Weiterhin bestehen viele Interaktionen zwischen den Elementen, die allerdings häufig unklar oder unbekannt sind.[94] Der Komplexitätsgrad wird ebenso durch die unklare Problemstruktur und den nicht-linearen zeitlichen Verlauf der Innovation nochmals erhöht.[95] Der Faktor Zeit findet weiterhin in der Dynamik, die sich aus der Veränderlichkeit der relevanten Sachverhalte ergibt, Berücksichtigung.[96] So können sich bspw. entscheidende Faktoren, wie die Gesetzgebung, die Marktsituation oder verfügbare Technologien, während des Innovationsprozesses verändern. Abschließend lässt sich festhalten, dass In-

91 *Perl* (2007), S. 35. Vgl. weiterhin *Bronner* (1992), Sp. 1122; *Kasper* (2004), Sp. 619.
92 Vgl. *Vahs/Burmester* (2005), S. 53.
93 Vgl. *Vahs/Burmester* (2005), S. 53.
94 Vgl. *Pölzl* (2002), S. 18.
95 Vgl. *Perl* (2007), S. 35 f.
96 Dies ist nach *Vahs/Burmester* neben der Kompliziertheit der zweite Bestandteil der Komplexität. Vgl. *Vahs/Burmester* (2005), S. 53.

novationen aufgrund der genannten Aspekte schlecht-strukturierte und sehr komplexe Probleme darstellen.

2.4.5 *Konfliktgehalt*

Der Begriff des Konflikts beschreibt das Vorhandensein unterschiedlicher unvereinbarer Zustände von Objekten oder Ansichten bei Personen.[97] Die Entstehung von Konflikten im Innovationsprozess wird durch die bisher genannten Merkmale entscheidend beeinflusst. Dieser Zusammenhang ist in Abbildung 2-8 veranschaulicht.

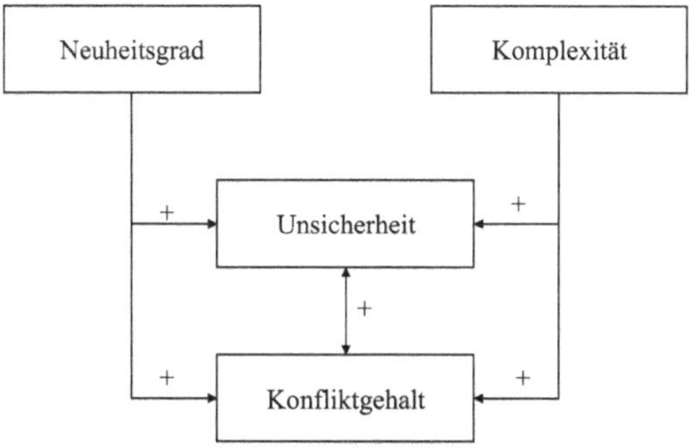

Abbildung 2-8: Zusammenhang der Innovationsmerkmale[98]

In Anlehnung an *Vahs/Burmester* werden folgende innovationsspezifische Konfliktarten unterschieden:[99]

- intra- oder interpersoneller Konflikt,
- Konflikt zwischen dem Innovationsobjekt und dem Unternehmensstandard,
- Konflikt zwischen einem innovativen und einem bereits vorhandenen Produkt,
- Konflikt zwischen Innovationsobjekt und Unternehmensphilosophie,
- Konflikt zwischen dem Innovationsobjekt und der öffentlichen Meinung in Bezug auf moralische Gesichtspunkte,
- Konflikt zwischen dem Innovationsobjekt und der Rechtslage.

---

97 Für eine Übersicht über verschiedene Fassungen des Konfliktbegriffs vgl. *Oechsler* (1992), Sp. 1131; *Steinle* (1993), Sp. 2201 f.

98 Quelle: *Thom/Grochla* (1980), S. 30.

99 Vgl. *Vahs/Burmester* (2005), S. 54 f.

Die o. g. Konfliktarten sind weitgehend mit negativen Inhalten, wie z. B. Unzufriedenheit, Widerständen oder Verschwendung von Ressourcen, belegt. Konflikte können jedoch auch positive Auswirkungen haben. Sie können als Anregung für neue Ideen oder Problemlösungen dienen und bewirken dann die Entstehung neuer Produkte oder Prozesse.[100]

Innovationen weisen aus den genannten Gründen stets ein hohes Konfliktpotential auf, das allerdings aufgrund seiner z. T. positiven Folgen grundsätzlich nicht unterdrückt und vermieden werden sollte.

2.4.6 Irreversibilität

Unter Irreversibilität wird verstanden, dass „eine einmal getroffene Entscheidung und deren Konsequenzen nicht [...] [oder nur zu unverhältnismäßig hohen Kosten] korrigiert werden kann".[101] Die Überlegung, dass angefallene Kosten im Innovationsprozess teilweise oder vollständig irreversibel sind, ist durch die Übertragung der Gedanken der Investitionsrechnung auf die Innovationsbewertung aufgekommen.[102] Somit können bereits getätigte Auszahlungen nach dem Grad der Reversibilität unterschieden werden. Ist das Unternehmen in der Lage, bisher erfolgte Auszahlungen teilweise wieder durch Einzahlungen zu kompensieren, so werden diese Auszahlungen als teilweise reversibel bzw. teilweise irreversibel bezeichnet. Der Grad an Reversibilität kann dabei erhebliche Auswirkungen auf die zu treffende Entscheidung haben.[103] So weisen Investitionen mit einem hohen Grad an Irreversibilität ein höheres Risiko auf. Eine Investition wird i. d. R. als irreversibel bezeichnet, wenn sie unternehmens- oder branchenspezifisch ist.[104] Weisen Investitionen eine teilweise oder vollständige Irreversibilität auf, wird die Differenz zwischen dem Wert der Investition und dem geringeren Liquidationserlös im Fall eines Verkaufs als **sunk costs** bezeichnet.[105]

---

100 Zu den Folgen von Konflikten vgl. bspw. *Thom/Grochla* (1980), S. 29-31; *Meyer* (2006), S. 212; *Perl* (2007), S. 36 f.

101 *Jacob* (1967), S. 156.

102 Die Betrachtung von Innovationen als Investitionen unter Unsicherheit findet sich u. a. bei *Brose* (1982), S. 56; *Lynn/Morone/Paulson* (1996), S. 10; *Hahn/Bausch/Mayer* (2000), S. 223; *Bockemühl* (2001), S. 199 f.; *Meyer* (2003), S. 34 f.; *Gemünden/Littkemann* (2007), S. 9; *Erner/Presse* (2008), S. 22.

103 Vgl. *Friedl* (2001), S. 20.

104 Vgl. *Friedl* (2001), S. 20; *Dilling* (2002), S. 41.

105 Vgl. *Krahnen* (1991), S. 22-27.

Es bleibt festzuhalten, dass Investitionszahlungen in Innovationen aufgrund ihrer hohen Branchen- und vor allem Unternehmensspezifität durch ein sehr hohes Maß an Irreversibilität gekennzeichnet sind. Sie werden deshalb als sunk costs angesehen.[106]

Einen wesentlichen Einfluss auf den Grad der Irreversibilität hat jedoch der sequentielle Charakter einer Entscheidung. Weist eine Investition mehrere Entscheidungspunkte in ihrem Verlauf auf, so wird an jedem Punkt lediglich über die Auszahlungen in der kommenden Phase entschieden. Führen veränderte Rahmenbedingungen oder Entwicklungen zu einer Veränderung der Vorteilhaftigkeit des Projekts, kann es abgebrochen werden, ohne dass weitere Investitionszahlungen notwendig werden.[107] Daher stellt die Unterteilung des Innovationsprozesses in einzelne Phasen mit verschiedenen Situationen, an denen über weitere Investitionszahlungen entschieden wird, eine Möglichkeit dar, den Grad an Irreversibilität und somit das Risiko einer Innovation zu senken.

2.4.7 Spillover-Effekte

Als Spillover-Effekte werden Auswirkungen einer Innovation auf andere Objekte bezeichnet. Dabei lassen sich folgende Spillover-Effekte unterscheiden:[108]

- Synergien zu anderen Produkten,
- Möglichkeiten für Folgeprojekte,
- Auswirkungen auf Infrastruktur und Lerneffekte.

Diese Effekte sind für das Innovationsmanagement von großer Relevanz, da sie die Bedeutung einer Innovation entscheidend beeinflussen können und somit eine Auswirkung auf die Auswahl von Innovationen haben. Daher sollen diese Aspekte bei der Bewertung von Innovationen berücksichtigt werden. Die Systematik von *Boutellier/Völker* wird dabei noch um Interdependenzen zu anderen derzeitigen Innovationen erweitert, da diese ein weiteres Synergiepotential darstellen. Dieser Aspekt wird ausführlich in Kapitel 6 betrachtet.

---

106 Vgl. *Tsekrekos* (2001), S. 127; *Dilling* (2002), S. 40.

107 Vgl. *Friedl* (2001), S. 21.

108 Vgl. *Boutellier/Völker* (1997), S. 69. *Hauschildt/Salomo* bezeichnen diese Kategorien als indirekte technische und sonstige Effekte. Vgl. hierzu *Hauschildt/Salomo* (2007), S. 532.

2.5 Innovationsarten

2.5.1 Differenzierung nach dem Gegenstand der Innovation

In der Literatur existiert eine Vielzahl von Systematisierungsmöglichkeiten zu den Gegenständen einer Innovation. In Tabelle 2-1 sind beispielhaft einige Varianten dargestellt.[109]

Kriterium	**Ausprägungen**
Ergebnis[110]	• Produkt • Prozess • Organisationsstruktur (Sozialinnovation)
Systemeigenschaft[111]	• Systemkomponente • System • Systemverbund
Funktionsbereich[112]	• Absatz • Beschaffung • Logistik • Finanzen • Personal
Perspektive[113]	• Unternehmensinnovation • Marktinnovation

Tabelle 2-1: Innovationsarten

In der vorliegenden Arbeit wird der erstgenannten Systematisierung in Produkt-, Prozess- und Sozialinnovationen gefolgt. Dies entspricht der gängigen Vorgehensweise in der Literatur und ist in der praktischen Anwendung innerhalb eines Unternehmens problemlos verwendbar.

Als Produkte werden „die von einem Unternehmen im Markt angebotenen materiellen und immateriellen Leistungen, die durch ihre spezifischen Funktionen und Eigenschaften dazu geeignet sind, die tatsächlichen oder die potenziellen Kundenbedürfnisse zu

[109] Die Liste erhebt keinen Anspruch auf Vollständigkeit. Vielmehr soll sie einen Überblick über die möglichen Systematisierungen geben.

[110] Vgl. *Aregger* (1976), S. 136 f.; *Stockbauer* (1989), S. 40 f.; *Thom* (1992), S. 8; *Gerpott* (1999), S. 37 f.; *Stippel* (1999), S. 8-10; *Minder* (2001), S. 74; *Pölzl* (2002), S. 18-21; *Burr* (2003), S. 23; *Freitag/Böhme* (2005), S. 46; *Keim/Littkemann* (2005), S. 60; *Pepels* (2006) S. 4; *Gemünden/Littkemann* (2007), S. 5; *Granig* (2007), S. 12; *Hauschildt/Salomo* (2007), S. 9; *Vahs/Schäfer-Kunz* (2007), S. 421 f.; *Schilling* (2008), S. 43 f. Die Produkt- und Prozessinnovationen können ebenso unter dem Überbegriff technische Innovation subsumiert werden. Vgl. hierzu *Hauschildt* (2005), S. 27.

[111] Vgl. *Dwyer/Mellor* (1991), S. 34; *Hauschildt/Salomo* (2007), S. 10 sowie die dort angegebene Literatur.

[112] Vgl. *Seibert* (1998), S. 107 f.; *Stippel* (1999), S. 9; *Schumpeter* (2006), S. 100; *Hauschildt/Salomo* (2007), S. 10.

[113] Vgl. *Garcia/Calantone* (2002), S. 118; *Pepels* (2006), S. 4.

befriedigen“[114], bezeichnet. Dieser Definition folgend sind **Produktinnovationen** neuartige materielle oder immaterielle Produkte, die auf einem oder mehreren Märkten zur Bedürfnisbefriedigung der Kunden angeboten werden. Neue Produkte dienen bspw. dem übergeordneten Ziel der Sicherung der Überlebens- und Wettbewerbsfähigkeit, der Gewinnsteigerung oder untergeordnet der Verbesserung des Images oder der Schaffung neuer Arbeitsplätze.

Im Gegensatz zu neuen Produkten beziehen sich **Prozessinnovationen** auf die Schaffung oder Neugestaltung von Produktionsprozessen[115] innerhalb des Unternehmens. Sie werden daher nicht am Markt, sondern im Unternehmen oder zwischen Unternehmen innerhalb Supply Chains eingeführt. *Hauschildt* definiert diese als „neuartige Faktorkombinationen, durch die die Produktion eines bestimmten Gutes kostengünstiger, qualitativ hochwertiger, sicherer oder schneller erfolgen kann“.[116] Diese Definition vernachlässigt jedoch den Aspekt, dass Prozessinnovationen auch die Basis für neue Produkte sein können und aus diesem Grund eingeführt werden. Ziele einer Prozessinnovation können u. a. die Steigerung der Produktivität und somit des Gewinns, die Produktion neuer Produkte oder die Vermeidung von Umweltschäden sein.

Sozialinnovationen hingegen sind Neuerungen im Organisations- und Humanbereich eines Unternehmens. Dementsprechend werden sie wie Prozessinnovationen im Unternehmen und nicht im Markt eingeführt.[117] Sie beinhalten bspw. die Schaffung einer neuen Organisationsstruktur, die Einführung von Teamarbeit oder neuer Entgeltsysteme. Diese Art von Innovationen zielt i. d. R. in erster Linie auf die Steigerung der Produktivität ab. Dies soll bspw. durch eine höhere Identifikation der Mitarbeiter mit dem Unternehmen oder die Gewinnung neuer hochqualifizierter Mitarbeiter erfolgen.

Die Auswirkungen der einzelnen Innovationsarten auf den Unternehmenserfolg sind beispielhaft in Abbildung 2-9 dargestellt.

---

[114] *Vahs/Schäfer-Kunz* (2005), S. 330.

[115] Prozesse sind Abfolgen von Aktivitäten, die in ihrer logischen funktionsübergreifenden Verknüpfung der Erreichung eines Ziels dienen; dieses Ziel kann bspw. eine Innovation sein. Zur Definition des Prozessbegriffs vgl. *Schneck* (2007), Stichwort Prozess.

[116] *Hauschildt/Salomo* (2007), S. 9. Für eine ausführliche Beschreibung von Prozessinnovationen vgl. *Davenport* (2000), S. 1-21.

[117] Vgl. *Granig* (2007), S. 12.

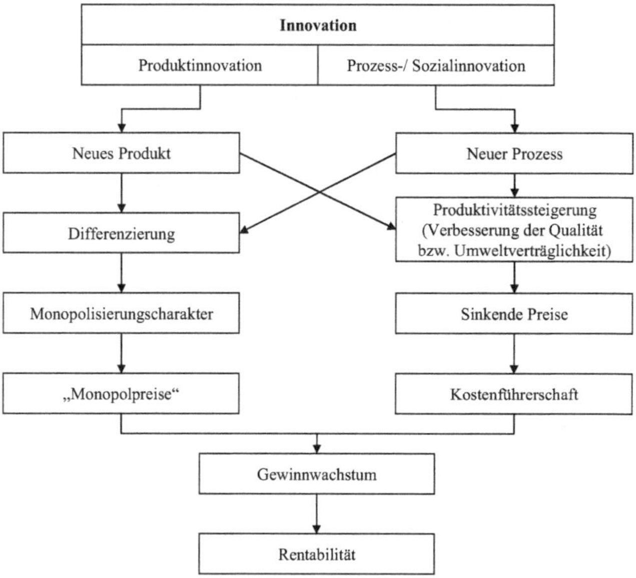

Abbildung 2-9: Zusammenhang zwischen Innovationen, Wettbewerbsvorteilen und Rentabilität[118]

Diese Abbildung macht bereits ersichtlich, dass zwischen den verschiedenen Innovationsarten vielfältige Beziehungen bestehen. Diesen Zusammenhang hat *Utterback* in einer empirischen Untersuchung zum Verlauf von Produkt- und Prozessinnovationen in verschiedenen Branchen nachgewiesen (siehe Abbildung 2-10).[119] Es wird deutlich, dass bei einem geringen Reifegrad tendenziell Produktinnovationen realisiert werden, um in den Markt einzutreten oder den Marktanteil auszubauen. Der Anteil der Prozessinnovationen steigt in der folgenden Zeit deutlich an, da der Markt relativ gut erschlossen ist und die Unternehmen v. a. auf Effizienzverbesserungen in der Produktion fokussieren. Ab einem gewissen Zeitpunkt gehen jedoch beide Innovationsarten deutlich zurück, da sowohl die Produkte als auch die Produktionsprozesse nur noch geringe Verbesserungspotentiale bieten.

[118] Quelle: in Anlehnung an *Michel* (1990), S. 81.

[119] Zu den Ergebnissen der Untersuchung vgl. *Utterback* (2006), S. 79-83; S. 90-97.

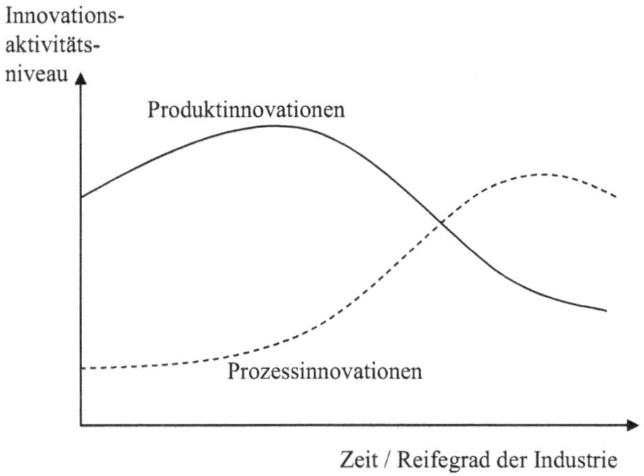

Abbildung 2-10: Zusammenhang von Produkt- und Prozessinnovationen[120]

In der vorliegenden Arbeit werden lediglich Produktinnovationen betrachtet. Prozess- und Sozialinnovationen werden nur dann berücksichtigt, wenn sie zu vollkommen neuen Produkten führen. In diesem Fall wird die Entwicklung des neuen Prozesses in die Bewertung des Produkts integriert. Produktinnovationen, die die Veränderung oder Schaffung von Produktionsprozessen oder Organisationsstrukturen zur Folge haben, müssen diese Aspekte in der Bewertung erfassen.

2.5.2 Differenzierung nach der Subjektivität der Neuheit

Neben der Unterscheidung hinsichtlich des Gegenstands der Innovationen ist ebenfalls eine Differenzierung nach der Subjektivität der Neuheit möglich.[121] Innovationen können dementsprechend objektiv (Weltneuheiten) oder subjektiv (in unterschiedlichem Ausmaß) aus Sicht des Betrachters als neu bezeichnet werden. Abbildung 2-11 liefert eine Unterteilung in verschiedene Ebenen der Subjektivität und Objektivität der Neuheit von Innovationen.[122]

---

[120] Quelle: *Utterback* (2006), S. 91.

[121] Vgl. bspw. *Hauschildt/Salomo* (2007), S. 24.

[122] Für eine Darstellung der Subjektivität bzw. Objektivität vgl. *Horsch* (2003), S. 2 f.; *Corsten/Gössinger/Schneider* (2006), S. 16-19.

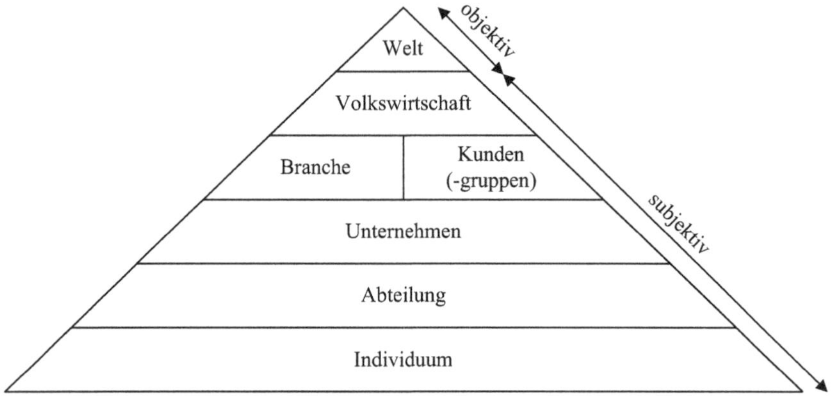

Abbildung 2-11: Subjektivität der Neuheit[123]

Ein Produkt/Prozess bzw. dessen Komponenten sind somit als weiteste Abgrenzung lediglich für eine betroffene Person im Unternehmen oder auf dem Markt neu. Die nächste Ebene beschreibt die Neuheit aus Sicht einer Abteilung. So ist bspw. ein Computerprogramm für eine bestimmte Abteilung vollkommen neu, obwohl es in den anderen Abteilungen des Unternehmens bereits verwendet wird. Weiterhin kann ein Produkt für ein gesamtes Unternehmen neu sein. Auf dieser Ebene stellt bspw. die Entwicklung eines Produkts, das bereits durch Konkurrenzunternehmen in der betrachteten Branche angeboten wird, für das Unternehmen eine Innovation dar. Enger gefasste Definitionen fordern bspw., dass ein Produkt für eine gesamte Branche oder eine ganze Volkswirtschaft neu sein muss, um von einer Innovation zu sprechen. Die strengste Definition bedingt, dass es sich nur um eine Innovation handelt, wenn sie eine Neuheit für die gesamte Welt ist.[124]

In der vorliegenden Arbeit wird als **Betrachtungsebene der Neuheit** das Unternehmen zu Grunde gelegt.[125] Diese Auffassung ist m. E. für ein Innovationsportfolioma-

---

[123] Quelle: *Horsch* (2003), S. 2.

[124] Zu einer Diskussion der Probleme von unterschiedlichen Abgrenzungen vgl. *Fischer* (1982), S. 18 f.

[125] Dieser Ansatz entspricht einer großen Anzahl von betriebswirtschaftlichen Betrachtungen. Untersuchungen zu den volkswirtschaftlichen Wirkungen von Innovationen wählen im Gegensatz dazu häufig einen anderen Bezugspunkt für die Neuheit. Zu der Vorgehensweise in der Betriebswirtschaftslehre vgl. bspw. *Brose* (1982), S. 11; *Schrader* (1996), Sp. 745; *Ehlken* (1999), S. 10; *Gerpott* (1999), S. 46; *Dickgreber* (2002), S. 201 und die dort angegebene Literatur sowie *Verworn* (2005), S. 19. Einen anderen Ansatz wählt bspw. *Perl* (2007), S. 33, die den Neuheitsgrad als zweidimensionale Größe in Anhängigkeit von Neuheitsgrad für das Unternehmen und Marktneuheit bestimmt. Eine nochmals komplexere Darstellung legt *Stockmeyer* (2001), S. 15-17 ihren Untersuchungen zu Grunde. Sie unterscheidet in Form eines Würfels mit den Dimensionen Neuheit für den Markt, für das Unternehmen und für den Handel.

nagement im Unternehmen am sinnvollsten. Produkte und Prozesse, die aus Sicht des Unternehmens eine Neuheit darstellen, erfüllen für das Unternehmen die Merkmale einer Innovation (vgl. Kapitel 2.4) auch dann, wenn das Produkt bereits von Konkurrenten auf dem Markt angeboten wird. Dementsprechend sollte dieses neue Produkt eine besondere Behandlung durch das Innovationsmanagement erfahren. Allerdings macht die Unterteilung in Unternehmens-, Branchen- und Weltneuheit auch im Innovationsmanagement eines Unternehmens Sinn, da der Grad an Unsicherheit, Komplexität und Konfliktgehalt von der Unternehmens- zur Weltneuheit steigt.

2.5.3 Differenzierung nach dem Innovationsgrad

In der Literatur existiert eine Vielzahl an Begriffsbezeichnungen für die Abgrenzung des Innovationsgrads[126]. Dieser bezeichnet dabei den Abstand einer Innovation gegenüber bisher bestehenden Lösungen. Der Grad kann auf verschiedene Weisen unterschieden werden. Tabelle 2-2 liefert beispielhaft einen Überblick über die gängigsten Begriffsunterscheidungen.

Hoher Innovationsgrad	**Geringer Innovationsgrad**
• revolutionäre Innovation • radikale Innovation • diskontinuierliche Innovation • grundlegende Innovation • Basisinnovation • Pionierinnovation	• evolutionäre Innovation • inkrementale Innovation • geringfügige Innovation • Verbesserungsinnovation • Nachfolgerinnovation • adaptive Innovation

Tabelle 2-2: Begriffe Innovationsgrad[127]

Diese Abgrenzungen weisen die Gemeinsamkeit auf, dass der Innovationsgrad über die Anwendung von Dichotomien unterschieden wird. Sie werden somit in zwei sich ausschließende Ausprägungen unterteilt. *Hauschildt/Schlaak* weisen jedoch darauf hin, dass eine reine Unterteilung in zwei Extrema nicht sinnvoll ist, da zahlreiche Zwischenformen auf diesem Kontinuum auftreten können.[128] Daher schlagen sie ein

[126] Dieser wird auch als Neuheitsgrad bezeichnet.

[127] Zu unterschiedlichen Bezeichnungen vgl. *Kroy* (1995), S. 59; *O'Connor* (1998), S. 152; *Garcia/Calantone* (2002), S. 120 f.; *McDermott/O'Connor* (2002), S. 430; *Afuah* (2003), S. 14 f.; *Sorescu/Chandy/Prahbu* (2003), S. 83 f.; *Reid/Brentani* (2004), S. 176; *Hauschildt/Salomo* (2007), S. 493 f.; *Schilling* (2008), S. 44. Eine ausführliche Literaturanalyse bzgl. der Unterscheidung verschiedener Innovationsgrade und der Begriffsverwendung liefert *Billing* (2003), S. 17-30.

[128] Vgl. *Hauschildt/Schlaak* (2001), S. 163.

Messkonzept für den Innovationsgrad vor, das die Neuheit in Bezug auf die Aufgabe, die Ressourcen, die Prozesse und die Struktur bestimmt.[129]

In der vorliegenden Arbeit wird der Auffassung gefolgt, dass eine reine Unterscheidung in zwei Extremformen des Neuheitsgrads nicht sinnvoll ist, da in der Realität verschiedene Formen von Innovationen auftreten können. Dementsprechend sollte eine Abgrenzung der beiden Extrempunkte vorgenommen werden.[130] Dies geschieht im Rückgriff auf die gängige Unterscheidung in radikale und inkrementale Innovationen. Diese beiden Ausprägungen werden als Extrema anhand der Dimensionen Neuheit des Marktes und Bedeutung der Technologie[131] in Abbildung 2-12 visualisiert.

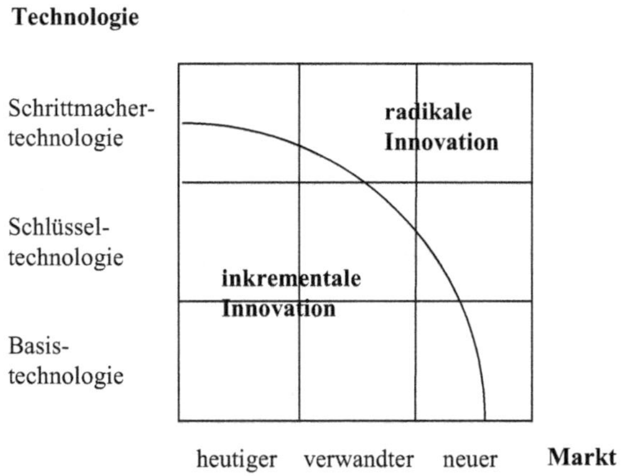

Abbildung 2-12: Unterscheidung von Innovationen nach dem Innovationsgrad[132]

Inkrementale Innovationen stellen einen geringfügigen Abstand zu bisher bestehenden Produkten oder Technologien dar und treten aus Sicht des Unternehmens auf einem bekannten oder ähnlichen Markt auf. Sie gelten als Substitut für bestehende Produkte mit größtenteils gleichen Funktionen, die sich allerdings durch Verbesserung mindestens eines Parameters (wie z. B. Kosten, Qualität oder Zeit) von dem existierenden Produkt abheben.[133]

---

[129] Vgl. *Hauschildt/Schlaak* (2001), S. 166.
[130] Diese Sichtweise wird u. a. von *Johannessen/Olsen/Lumpkin* (2001) geteilt.
[131] Siehe Kapitel 2.1.
[132] Quelle: *Kroy* (1995), S. 59.
[133] Vgl. *Gerybadze* (2004), S. 77.

Radikale Innovationen hingegen sind völlig neue Produkte, die basierend auf neuen Technologien auf unbekannten Märkten eingeführt werden. Es werden somit neue Kundenbedürfnisse geweckt oder befriedigt. Aufgrund der unbekannten Ziel-Mittel-Beziehungen weisen diese Innovationen im Gegensatz zu inkrementalen häufig einen hohen Risikograd auf.[134] Neben den dargestellten Extremformen sind jedoch auch verschiedene Zwischenformen möglich. So können bspw. bestehende Technologien auf neuen Märkten verwendet oder bestehende Märkte mit neuen Technologien bedient werden. In der Unternehmenspraxis sollten Unternehmen verschiedene Bezeichnungen für die Neuheitsgrade wählen, um eine eindeutige Einteilung, wie z. B. in Weiter- und Neuentwicklungen, zu erreichen.

Die vorliegende Arbeit konzentriert sich vor allem auf Innovationen mit einem hohen Neuheitsgrad. Diese stellen ein Unternehmen aufgrund der unbekannten Wirkungszusammenhänge vor große Probleme bei der Bewertung, da im Gegensatz zu geringfügigen Verbesserungen weniger bekannte und weniger quantitative Informationen zur Verfügung stehen. Somit benötigen diese Innovationen andere Bewertungsinstrumente für das Portfoliomanagement als einem geringen Neuheitsgrad.[135]

2.5.4 *Differenzierung nach dem Auslöser*

Hinsichtlich der Einteilung von Innovationsauslösern in verschiedene Kategorien herrscht in der Literatur weitgehende Einigkeit. Die Mehrheit der Autoren unterteilt Innovationen in sog. technology push und market pull (auch als demand pull bezeichnet).[136] Dieser Einteilung wird hier weitgehend gefolgt. Allerdings wird diese Syste-

---

[134] Vgl. *Vahs/Burmester* (2005), S. 82. Siehe Kapitel 2.4.3.2 für eine Übersicht über die Risikoarten bei Innovationen.

[135] Auf die Besonderheiten der Bewertung von Innovationen wird in Kapitel 4.1 eingegangen. Zum Einsatz von Bewertungsinstrumenten bei radikalen und inkrementalen Innovationen vgl. *Chai/Xin* (2006), S. 547.

[136] Vgl. *Brockhoff* (1999), S. 44; *Seidemann* (2000), S. 44; *Schön* (2001), S. 12; *Specht/Beckmann/Amelingmeyer* (2002), S. 32; *Herstatt/Lettl* (2006), S. 145-148; *Pepels* (2006), S. 43; *Perl* (2007), S. 41 f.; *Macharzina/Wolf* (2008), S. 745. Andere Unterteilungen wählen bspw. *Berger* (1998), S. 34; *Minder* (2001), S. 105; *Dickgreber* (2002), S. 253; *Tidd/Bessant/Pavitt* (2005), S. 33-36; *Crawford/Benedetto* (2008), S. 28. Diese Systematiken stellen jedoch lediglich beispielhafte Auslöser dar, die von der genannten Unterteilung erfasst werden. Einen anderen Ansatz wählt *Gemünden* (2001), der verschiedene Paradigmen für die Entstehung und das Scheitern von Innovationen formuliert. Dieser Einteilung wird hier nicht gefolgt, da die Paradigmen sich nicht gegenseitig ausschließen und daher keine eindeutige Zuordnung einer Innovation zu einem Paradigma möglich ist. So kann eine Innovation z. B. durch die Divergenz von Soll- und Wird-Zustand als Maßnahme im Unternehmen initiiert werden. Diese Divergenz kann jedoch als Ergebnis von Planungsmethoden, die dem Planungsparadigma zugeordnet werden, entstehen. Somit kann die Entstehung nicht einem bestimmten Paradigma zugeordnet werden und eignet sich nicht für den praktischen Einsatz in einem Unternehmen.

matik um den sog. regulatory push erweitert, da dies einen Sonderfall darstellt, der durch die o. g. Unterteilung nicht erfasst wird.[137]

Als **technology push** (technologieinduziert) werden Innovationen bezeichnet, die auf Basis neuer Technologien und somit echter Inventionen entstehen. Der Anstoß in Form von technischem Fortschritt oder Technologieentwicklungen für diese Art kommt aus dem Unternehmen selbst oder aus beauftragten Forschungseinrichtungen. Diese Innovationen haben zunächst keinen direkten Anwendungsbezug. Daher müssen hierfür Märkte gefunden und ggf. Kundenbedürfnisse geweckt werden. Sie weisen aufgrund der unbekannten Marktsituation ein hohes wirtschaftliches Risiko auf, sind aber trotzdem für Unternehmen von großer Bedeutung, da sie als Schrittmachertechnologie erhebliche Differenzierungen gegenüber Konkurrenten ermöglichen können.[138]

Market-pull-Innovationen hingegen sind nachfrageinduziert und werden somit durch bestehende Kundenwünsche am Markt ausgelöst. Kunden verlangen in Form neuer oder veränderter Bedürfnisse nach veränderten Produkten; sie können sowohl durch bestehende als auch durch neue Technologien befriedigt werden. Im zweiten Fall weisen diese Innovationen ein geringes wirtschaftliches, aber ein höheres technisches Risiko auf als im ersten Fall oder bei Technology-push-Innovationen.[139]

Neben den genannten Auslösern können Innovationen auch durch gesetzliche Vorschriften, Subventionen oder andere staatliche Eingriffe ausgelöst werden. In diesem Fall wird von **regulatory push** gesprochen. Ein Beispiel für diesen Bereich sind Veränderungen in der Umwelt- oder Arbeitsschutzgesetzgebung. Diese können die Einführung neuer Produkte oder Prozesse notwendig machen, da bisherige Lösungen zukünftig gesetzlich verboten sind.

---

[137] Vgl. *Schwankl* (2002), S. 16; *Rennings et al.* (2005), S. 34.

[138] Zur Darstellung der Technology-push-Innovationen vgl. bspw. *Perl* (2007), S. 41.

[139] Die ausschließliche Betrachtung des Marktes als Pull-Triebkraft erscheint angesichts des Einflusses verschiedener Anspruchsgruppen, wie etwa Umweltschutzgruppen, auf das Unternehmen nicht mehr zeitgemäß. Eine Bezeichnung als „stakeholder pull" wäre somit angemessener. Aufgrund der gängigen Verwendung in der wissenschaftlichen Literatur wird der Begriff market pull jedoch auch in der vorliegenden Arbeit verwendet.

2.6 Innovationsprojekte

In der Literatur werden Innovationen häufig auch als Innovationsprojekte bezeichnet.[140] Daher wird im Folgenden analysiert, ob eine solche Bezeichnung sinnvoll ist, indem auf Basis der Projektdefinition die Gültigkeit der Projektmerkmale bei Innovationen überprüft wird. Sind diese Merkmale erfüllt, können ggf. die Methoden der Projektplanung, des Projektmanagements und des Projektportfoliomanagements im Innovationsmanagement angewendet werden.[141]

In der Literatur existieren zahlreiche Definitionen zum Projektmanagement[142]; durchgesetzt hat sich jedoch vor allem die der DIN 69901. Demnach ist ein Projekt ein „Vorhaben, das im Wesentlichen durch die Einmaligkeit der Bedingungen in ihrer Gesamtheit gekennzeichnet ist, z. B. [durch] Zielvorgabe, zeitliche, finanzielle, personelle und andere Begrenzungen, Abgrenzung gegenüber anderen Vorhaben und projektspezifische Organisation."[143]

Aus dieser und zahlreichen weiteren Definitionen bilden sich folgende Merkmale heraus, über die ein Projekt beschrieben werden kann:[144]

- inhaltliche Zielvorgabe,
- zeitliche Determination,
- Einmaligkeit,
- Komplexität,
- aufgabenbezogene Budgets,
- rechtlich-organisatorische Zuordnung,
- Interdisziplinarität,
- Außergewöhnlichkeit.

Die o. g. Merkmale sind dabei z. T. deckungsgleich mit den beschriebenen Merkmalen einer Innovation und werden gänzlich durch eine Innovation erfüllt. Die inhaltliche Zielvorgabe bei einer Innovation ist die Entwicklung eines neuen Produkts oder Verfahrens für einen bestimmten Markt mit einem bestimmten Zweck. Somit ist der Inhalt

---

140 Vgl. bspw. *Geschka* (1993), S. 164; *Boutellier/Völker* (1997), S. 61; *Chien* (2002), S. 362; *Dickgreber* (2002), S. 275; *Heck* (2003), S. 34; *Gassmann* (2006), S. 9; *Schmeisser et al.* (2006), S. 64-66; *Hauschildt/ Salomo* (2007), S. 88; *Wildemann* (2008b), S. 16.

141 Zu den Instrumenten vgl. bspw *Butzmann* (2000) und *Hensel* (2000).

142 Vgl. *Dülfer* (1982).

143 *DIN 69901* (1987).

144 Für eine Übersicht über die Merkmale vgl. *Schelle* (2008), S. 27-30.

einer Innovation eindeutig beschrieben und wird i. d. R. vor Beginn der eigentlichen Entwicklung festgelegt. Weiterhin sind Innovationen zeitlich determiniert, indem nur ein begrenztes Fenster für den Markeintritt oder die Einführung im Unternehmen existiert. Innerhalb dieses Zeitraums muss die Innovationsrealisation erfolgen, wenn sie ein Erfolg am Markt werden soll. Die Merkmale der Einmaligkeit und Komplexität sind weitgehend deckungsgleich mit den Merkmalen Neuartigkeit und Komplexität einer Innovation. Dementsprechend sind sie ebenfalls erfüllt. Ebenso erhalten Innovationen während ihrer Entwicklung aufgabenbezogene Budgets, die zur Verfügung stehen. Dieser Aspekt erfährt eine ausführliche Betrachtung in den Kapiteln 3.5.1 und 5.3. Die rechtlich-organisatorische Zuordnung erfolgt i. d. R. nicht über eine speziell geschaffene Sekundärorganisation. Jedoch sind Innovationen häufig bestimmten organisatorischen Abteilungen im Unternehmen, wie z. B. F&E, zugeordnet. Das Merkmal der Interdisziplinarität wird ebenfalls von einer Innovation erfüllt, da die Teams Mitarbeiter aus verschiedenen Fachabteilungen, wie z. B. F&E, Marketing, Produktion, Finanzen und Vertrieb, beinhalten. Als letztes Merkmal trifft auch die Außergewöhnlichkeit zu, da Innovationen etwas Neuartiges beinhalten und damit für das Unternehmen außergewöhnlich sind. Abschließend bleibt festzuhalten, dass Innovationen alle Merkmale eines Projekts erfüllen. Somit wird folgend auch von **Innovationsprojekten** gesprochen, wenn die Entwicklung eines neuen Produkts gemeint ist.

2.7 Diffusion und Adoption

Die Begriffe Diffusion und Adoption beziehen sich auf die Verbreitung und den Übernahmeprozess einer Innovation. Die Adoptionsforschung ist als Teilgebiet der Diffusionsforschung zu sehen. Der einzelne potentielle Anwender wird dabei als Adopter bezeichnet. Kommt es zu einer positiven Entscheidung über die erstmalige Nutzung einer Innovation, wird dieser Vorgang als **Adoption** bezeichnet.[145] In Abhängigkeit vom Annahmezeitpunkt lassen sich die Adoptorentypen Innovatoren, frühe Übernehmer, frühe Mehrheit, späte Mehrheit und Nachzügler unterscheiden.[146] Der individuelle Prozess der Adoption wird dabei durch die in Abbildung 2-13 dargestellten Merkmale beeinflusst.[147]

---

[145] Zum Begriff der Adoption vgl. *Staudt/Auffermann* (1999), S. 11; *Bähr-Seppelfricke* (1999), S. 7; *Zotter* (2007), S. 80.

[146] Vgl. *Vahs/Burmester* (2005), S. 263; *Corsten/Gössinger/Schneider* (2006), S. 199 f.

[147] Zu den Merkmalen der Adoption vgl. ausführlich *Mahler* (2001), S. 27-36; *Zotter* (2007), S. 81-83.

Adoptionsumwelt-merkmale	Adoptionsobjekt-merkmale	Adoptionssubjekt-merkmale
- technische Umwelt - wirtschaftliche Umwelt - politisch-rechtliche Umwelt - soziale Umwelt	- relativer Vorteil - Kompatibilität - Komplexität - Erprobbarkeit - Kommunizierbarkeit	- individuumsbezogene soziodemografische und psychografische Merkmale - organisations-bezogene Merkmale

Abbildung 2-13: Determinanten der Adoption[148]

Von besonderer Bedeutung für die Annahme einer Innovation aus Sicht des Unternehmens sind die Merkmale des Adoptionsobjekts. Der relative Vorteil einer Innovation gibt den relativen Kosten-Nutzen-Vorteil gegenüber bisher genutzten oder konkurrierenden Produkten und Prozessen an. Je größer dieser Vorteil ist, desto wahrscheinlicher ist eine schnelle Übernahme. Die Kompatibilität spielt vor allem eine wichtige Rolle, wenn die Innovation in bestehende Produkte integriert werden soll. Für den Erfolg am Markt muss die Innovation deshalb zum Bestehenden passen. Die Komplexität einer Innovation sollte so gering wie möglich gehalten werden, da die Verständlichkeit der Eigenschaften eine entscheidende Grundvoraussetzung für die Kaufentenscheidung des Konsumenten darstellt.[149] Die Erprobung des Produkts mindert das Risiko des Adopters, da er die Eigenschaften der Innovation vor dem Kauf bereits kennt. Eng mit diesem Kriterium verbunden ist die Kommunizierbarkeit der Eigenschaften. So ist eine Innovation, deren Vorteile gegenüber anderen Produkten leicht verständlich gemacht werden können, i. d. R. erfolgreicher, da sie schneller angenommen wird.[150]

Die **Diffusion** ist als „process by which an innovation is communicated through certain channels over time among the members of a social system“[151] zu verstehen. Somit beschreibt der Diffusionsprozess die Ausbreitung einer neuen Idee von ihrem Ursprung bis zu ihrer Adoption durch den Anwender innerhalb eines sozialen Systems.[152] Gegenstand der Diffusionsforschung ist damit u. a. die Übernahmegeschwindigkeit

---

148 Quelle: *Gerpott* (1999), S. 132 f.
149 Vgl. *Corsten/Gössinger/Schneider* (2006), S. 202.
150 Vgl. *Gerpott* (2005), S. 126.
151 *Rogers* (2003), S. 5.
152 Zum Begriff der Diffusion vgl. *Blessin* (1998), S. 10; *Staudt/Auffermann* (1999), S. 11; *Borchert/Goos/Hagenhoff* (2003), S. 25.

einer Innovation bzw. die Länge des Zeitraums bis zur Übernahme einer Innovation von einem bestimmten Anteil des sozialen Systems.[153] Es werden daher die im Rahmen der Adoptionsforschung untersuchten Entscheidungen der Individuen in aggregierter Form betrachtet.[154]

2.8 Innovations-, Technologie- und F&E-Management

2.8.1 Einordnung des Innovationsmanagements

Dem Begriff Management werden in erster Linie zwei Bedeutungen zugeordnet. Dies ist zum einen die **funktionale** Betrachtung, die sich auf die Aufgaben und Funktionen bezieht und die Funktionen Planung, Organisation, Führung und Kontrolle beinhaltet. Zum anderen werden im **institutionellen** Sinn die Personen als Management bezeichnet, die die Managementaufgaben wahrnehmen.[155] In der vorliegenden Arbeit ist stets die funktionale Bedeutung gemeint, wenn von Management gesprochen wird.

Daher lassen sich die Begriffe Innovations-, Technologie- und F&E-Management jeweils auf die Planung, Organisation, Führung und Kontrolle von Innovationen, Technologien und F&E beziehen, wobei prinzipiell zwei Betrachtungsweisen der Abgrenzung hinsichtlich der Reichweite im Innovationsprozess zu unterscheiden sind. Nach der ersten Sichtweise bildet das Technologiemanagement das am engsten gefasste Feld, da es sich auf die Generierung neuer Technologien in einer marktfernen Phase bezieht. Etwas weiter gefasst ist demgegenüber das F&E-Management, das weiterhin die Grundlagenforschung und die marktnahe Entwicklung beinhaltet. Noch weiter gefasst ist das Innovationsmanagement, das neben den genannten Bereichen ebenfalls die Produktion und Markteinführung des Produkts beinhaltet.[156] Diese Unterteilung ist in Abbildung 2-14 dargestellt.

---

[153] Zu den Theorien der Diffusionsforschung vgl. ausführlich *Bähr-Seppelfricke* (1999), S. 14-19 und *Lehmann* (2001), S. 63-110.

[154] Vgl. *Borchert/Goos/Hagenhoff* (2003), S. 25.

[155] Zu einer ausführlichen Unterscheidung der Managementbegriffe vgl. *Bamberger/Wrona* (2004), S. 1 f.; *Steinmann/Schreyögg* (2005), S. 5-11; *Macharzina/Wolf* (2008), S. 35-40. Der funktionale Managementbegriff wird weiterhin in strategisches, taktisches und operatives Management unterschieden. Diese Unterscheidung ist für die vorliegende Arbeit von untergeordneter Bedeutung und wird daher nicht näher betrachtet.

[156] Zur Abgrenzung der drei Begriffe vgl. bspw. *Diehlmann* (1997), S. 21-23; *Blessin* (1998), S. 11; *Dickgreber* (2002), S. 207; *Borchert/Goos/Hagenhoff* (2003), S. 18; *Heck* (2003), S. 9-12; *Vahs/Burmester* (2005), S. 48-51; *Corsten/Gössinger/Schneider* (2006), S. 38-41; *Hauschildt/Salomo* (2007), S. 33 f.

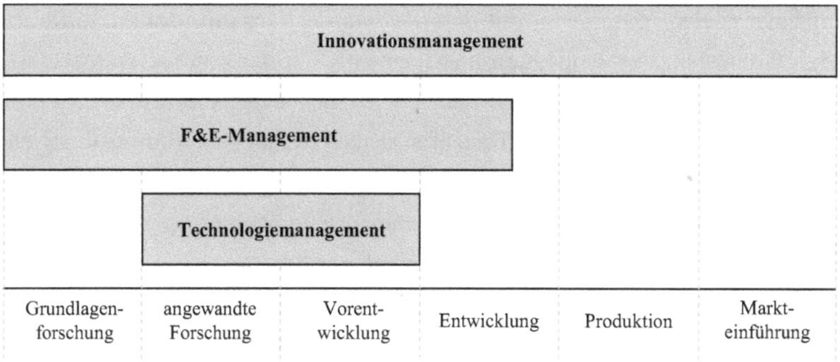

Abbildung 2-14: Abgrenzung Innovations-, Technologie- und F&E-Management[157]

Die zweite Sichtweise zur Abgrenzung der drei Teilbereiche sieht das Innovations- und das Technologiemanagement als eigenständige Bereiche. Das F&E-Management hingegen bildet die Schnittmenge der beiden anderen.[158]

In der vorliegenden Arbeit wird der ersten Sichtweise gefolgt, da diese eine eindeutige Zuordnung zu den beschriebenen Phasen von F&E ermöglicht und die weiteste Definition des Innovationsmanagements darstellt. Das Innovationsmanagement ist somit als übergeordnete Funktion von Technologie- und F&E-Management zu sehen.

2.8.2 Aufgaben des Innovationsmanagements

Die Aufgaben des Innovationsmanagements sind in der Literatur nicht einheitlich gefasst. So verstehen bspw. *Hauschildt/Salomo* unter Innovationsmanagement die „dispositive Gestaltung von Innovationsprozessen“[159]. *Corsten/Gössinger/Schneider*[160] und *Tsifidaris*[161] betrachten allgemein die Planung, Steuerung und Überwachung von Innovationsprozessen als Aufgabe des Innovationsmanagements. Diese Definitionen sind jedoch sehr allgemein gehalten und werden daher im Folgenden durch die Zuordnung von Aufgaben zum Innovationsmanagement präzisiert.

Ein grundlegender Teilbereich des Innovationsmanagements besteht in der **Formulierung von Zielen und Strategien** für den Innovationsbereich in Abstimmung mit den

[157] Quelle: *Macharzina/Wolf* (2008), S. 752.
[158] Vgl. *Gerpott* (2005), S. 315.
[159] *Hauschildt/Salomo* (2007), S. 32.
[160] Vgl. *Corsten/Gössinger/Schneider* (2006), S. 38-41.
[161] Vgl. *Tsifidaris* (1994), S. 15.

Unternehmenszielen. Zusammen mit dem Aufbau der **Organisationsstruktur** bildet dies den Grundstein des Innovationsmanagements.[162] Eine zentrale Aufgabe ist das **Treffen von Entscheidungen**, z. B. über Fortsetzung oder Abbruch eines Innovationsprojekts. Eine weitere Aufgabe besteht in dem Aufbau eines Informationssystems, das die notwendigen Informationen für eine Entscheidung bereitstellt.[163] Ebenso beinhaltet das Innovationsmanagement die Zusammenstellung eines **optimalen Innovationsportfolios** im Sinne einer Allokation verfügbarer Ressourcen auf die Innovationsprojekte, die die vom Unternehmen definierten Ziele am besten erfüllen. Diese Ressourcenallokation bedingt eine **Bewertung** der einzelnen Innovationsprojekte bzgl. ihrer Zielerreichungsbeiträge, um die Aufstellung einer Vorteilhaftigkeitsrangfolge und daher eine Entscheidung über die Ressourcenzuweisung zu ermöglichen. Daher ist die Bewertung ein Bestandteil der übergeordneten Aufgabe des Treffens von Entscheidungen. Die einzelnen Innovationsprojekte müssen im Prozessverlauf **gesteuert** und **kontrolliert** werden, damit die Erreichung der angestrebten Zielbeiträge gewährleistet und ggf. die Notwendigkeit zum Abbruch des Projekts aufgezeigt wird.

Neben den genannten existiert noch eine Vielzahl weiterer Aufgaben im Innovationsmanagement. Zu diesen zählen bspw. der Aufbau einer innovationsförderlichen Unternehmenskultur, die Sicherstellung der kreativen Entfaltung der Mitarbeiter und die Anmeldung von Patenten.[164]

Das Innovationsportfoliomanagement kann als Teilgebiet des Innovationsmanagements angesehen werden, da es verschiedene Aufgaben (wie etwa die Bewertung von Innovationsprojekten und die Ressourcenallokation) beinhaltet. Aus diesem Grund wird dieser Bereich im Folgenden ausführlich dargestellt, da ihm eine große Bedeutung im Rahmen der Auswahl der „besten" Innovationen zukommt.[165]

---

[162] In der vorliegenden Arbeit werden unter dem Aufbau der Organisationsstruktur die Gestaltung des Innovationsprozesses sowie die Festlegung von Zuständigkeiten im Rahmen der Bewertung verstanden.

[163] Vgl. *Völker* (2000), S. 22.

[164] Zu einer Übersicht über weitere Aufgaben des Innovationsmanagements vgl. u. a. *Pleschak/Sabisch* (1996), S. 44; *Schlick* (2002), S. 7.

[165] Vgl. bspw. *Killen/Hunt/Kleinschmidt* (2008), S. 34; *Sammerl/Wirtz/Schilke* (2008), S. 142.

2.9 Innovationsportfoliomanagement

2.9.1 Interdependenzen in Innovationsportfolios

Der Begriff des Portfolios stammt ursprünglich aus der Finanzwirtschaft und bezeichnet dort die Gesamtheit aller Wertpapiere, die ein Anleger besitzt.[166] Die Bezeichnung wurde auf die Gesamtheit verschiedener anderer Objekte (wie z. B. das Produkt- oder Projektportfolio) übertragen.[167] Dementsprechend wird in der vorliegenden Arbeit unter einem **Innovationsportfolio**[168] die Gesamtheit der Innovationen in einem Unternehmen verstanden, die sich in verschiedenen Entwicklungsstadien befinden, zwischen denen verschiedene Abhängigkeiten (Interdependenzen) bestehen (können) und die um die gleichen Ressourcen konkurrieren. Aufgrund der hohen Bedeutung der Interdependenzen für den Wert des Portfolios, die Vorteilhaftigkeit einzelner Innovationen und daher das Management des gesamten Portfolios wird auf diesen Aspekt ausführlich in Kapitel 6 eingegangen.[169]

Innerhalb eines Innovationsportfolios können verschiedene Arten von Interdependenzen zwischen den einzelnen Innovationen bestehen. Diese Interdependenzarten werden im Folgenden beschrieben und systematisiert.

In der wissenschaftlichen Literatur werden Interdependenzen zwischen betrieblichen Entscheidungen seit langem intensiv diskutiert und dabei verschiedene Interdependenzarten unterschieden.[170] Innerhalb eines Innovationsportfolios können – in Abhängigkeit von der jeweiligen Situation, die etwa branchen- oder unternehmensgrößenabhängig stark differieren kann – verschiedene Interdependenzarten von unterschiedlicher Bedeutung sein. Daher wird im Folgenden eine sehr umfassende Systematisierung basierend auf *Ehlken* vorgestellt. Es werden dabei Interdependenzen zwischen Innovationsprojekten nach Betrachtungsgegenstand, Ursache, zeitlichem Bezug und Reagibilität differenziert.[171]

---

166 Vgl. *Markowitz* (1952), S. 77.

167 Vgl. bspw. *Lomnitz* (2004), S. 96; *Link/Mann* (2007), Sp. 1407-1415.

168 Das Innovationsportfolio wird in der Literatur häufig auch als Innovationsprogramm oder F&E-Programm bezeichnet. Zur Definition dieser Begriffe vgl. *Saad/Roussel/Tiby* (1993), S. 95-97; *Seidemann* (2000), S. 8; *Cooper/Edgett/Kleinschmidt* (2001), S. 3; *Heck* (2003), S. 17-19; *Patzak/Rattay* (2004), S. 402; *Szwejczewski/Mitchell/Lemke* (2006), S. 606; *Wördenweber/Wickord* (2008), S. 130.

169 Zur Bedeutung von Interdependenzen für das Management von Innovationsportfolios vgl. *Schmelzer* (1992), S. 119; *Ehlken* (1999), S. 41; *Ghasemzadeh/Archer* (2000), S. 73; *Dickgreber* (2002), S. 277; *Patzak/Rattay* (2004), S. 403; *Jolly* (2007), S. 467 f.

170 Vgl. zu Interdependenzarten z. B. bereits *Rieper* (1973), S. 25-30; *Cordes* (1976); *Gerpott* (1993); *Adam* (1996), S. 168-186; *Laux/Liermann* (2005).

171 Vgl. *Ehlken* (1999), S. 129-131.

Betrachtungsgegenstand können entweder Verhaltens- oder Sachinterdependenzen sein. Erstere liegen vor, wenn das Verhalten einer Person sich zum einen auf das Verhalten einer zweiten Person auswirkt, zum anderen aber gleichzeitig auch von deren Erwartungen und Verhalten abhängt.[172] Schwerpunkt von Ansätzen, die sich auf Verhaltensinterdependenzen beziehen, sind i. d. R. psychologische Aspekte, die für das Verhalten von Entscheidungsträgern bestimmend sind.[173] Von Sachinterdependenzen wird dagegen dann gesprochen, wenn Abhängigkeiten zwischen technischen oder wirtschaftlichen Aspekten vorliegen. Als weiteren Gegenstand benennt *Ehlken* die Unterscheidung in intrasubjektive und intersubjektive Interdependenzen. Intrasubjektive Interdependenzen liegen zwischen Aktivitäten innerhalb eines Unternehmens vor (bspw. zwischen mehreren Innovationsprojekten), während die Ursachen intersubjektiver Interdependenzen in Wechselwirkungen außerhalb des Unternehmens liegen.[174]

Hinsichtlich der **Ursache** können indirekte und direkte Interdependenzen unterschieden werden. Indirekte Interdependenzen liegen vor, wenn gemeinsam knappe Ressourcen verwendet werden.[175] Bei direkten Interdependenzen beeinflussen beide Innovationsprojekte gegenseitig unmittelbar ihren Zielbeitrag.[176]

Als **zeitlicher Bezug** wird in horizontale (ausschließlich für eine Periode des Planungszeitraums relevant) und vertikale Interdependenzen (bei einer mehrperiodigen Zielorientierung – wie sie für das Portfoliomanagement für Innovationen typisch ist) unterschieden. Als relevant werden dabei sowohl Interdependenzen, die während der verschiedenen Entwicklungsphasen auftreten, als auch solche, die erst nach der Markteinführung wirksam werden, betrachtet.

Außerdem unterscheidet *Ehlken* in Anlehnung an *Cordes*[177] Interdependenzen hinsichtlich der **Reagibilität**. Eine totale Interdependenz liegt demnach vor, wenn eine Änderung bei einem Betrachtungsgegenstand immer zu einer Reaktion beim anderen Betrachtungsgegenstand führt. Ist dieser Zusammenhang nicht zwingend, wird von einer partiellen Interdependenz gesprochen.

---

[172] Vgl. ausführlich *Cordes* (1976).
[173] Vgl. *Küpper* (2008), S. 67-69.
[174] Vgl. *Ehlken* (1999), S. 130.
[175] Vgl. auch *Frese* (1991), S. 57; *Laßmann* (1992), S. 47.
[176] Vgl. *Voigt* (1992), S. 99; *Rollberg* (1998), S. 7.
[177] Vgl. *Cordes* (1976), S. 30.

Die vorgestellte Systematik umfasst ein sehr breites Spektrum möglicher Interdependenzen. In der konkreten Entscheidungssituation im Rahmen des Innovationsmanagements von Unternehmen besteht eine wichtige Aufgabe darin, die jeweils relevanten Interdependenzarten zu erkennen und zu analysieren, um dann zu entscheiden, welche in die weitere Untersuchung einfließen sollen.

Verhaltensinterdependenzen werden in der vorliegenden Arbeit nicht berücksichtigt, da diese sich nicht konkret auf ein Innovationsprojekt beziehen und bei allen Innovationen, an denen die betroffenen Personen beteiligt sind, auftreten. Eine eindeutige Zuordnung zu einem Innovationsprojekt ist somit nicht möglich. Des Weiteren werden die intersubjektiven Interdependenzen nicht betrachtet, da die Beziehungen einer Innovation zu seiner Umwelt stets implizit bei der Bewertung des einzelnen Innovationsprojekts (z. B. durch die Marktattraktivität) betrachtet werden. Sie stellen folglich keine Abhängigkeiten zwischen den Projekten dar. Der Ausschluss der indirekten Abhängigkeiten (Ressourcenkonkurrenz) als Interdependenz liegt darin begründet, dass Innovationen stets um knappe Ressourcen konkurrieren. Dieser Aspekt sollte im Rahmen der Budgetierung, die an die Bewertung des Portfolios anschließt, einbezogen werden. Im Fokus der weiteren Betrachtungen stehen dagegen die direkten (sowohl horizontalen als auch vertikalen) Sachinterdependenzen. Basierend auf einer Untersuchung von *Fox/Baker/Bryant*[178] werden diese in der Literatur i. d. R. (teilweise unter Verwendung unterschiedlicher Bezeichnungen) in technische Abhängigkeiten, die synergetische Ressourcennutzung und Marktinterdependenzen unterschieden.[179] Diese Einteilung ist ebenso in der Unternehmenspraxis beobachtbar.[180]

Unter **technischen Interdependenzen** werden positive und negative Beeinflussungen zwischen den Innovationsprojekten in Bezug auf die Entwicklung von Technologien verstanden. So kann z. B. ein Ergebnis oder Zwischenergebnis des einen Innovationsprojekts ebenfalls in einem anderen Innovationsprojekt verwendet werden. Nicht berücksichtigt werden allerdings Interdependenzen, bei denen ein Innovationsprojekt

---

[178] Vgl. *Fox/Baker/Bryant* (1984), S. 891.

[179] Vgl. z. B. *Aaker/Tyebjee* (1978), S. 30; *Fahrni/Spätig* (1990), S. 157; *Waibel* (1991), S. 42; *Martino* (1995), S. 43 f.; *Bürgel/Haller/Binder* (1996), S. 114; *Gackstatter* (1997), S. 35; *Chien* (2002), S. 361; *Verma/Sinha* (2002), S. 451 f.; *Blau et al.* (2004), S. 233; *Kontos* (2004), S. 171; *Jolly* (2007), S. 468.

[180] Großzahlige empirische Studien zu der Frage, welche Interdependenzarten im Innovationsmanagement von kleinen und mittelgroßen Unternehmen berücksichtigt werden, liegen nicht vor. Jedoch verwenden auch einige Beiträge, die auf Fallstudien in unterschiedlichen Branchen basieren, diese Einteilung. Vgl. etwa *Verma/Sinha* (2002), S. 451; *Blau et al.* (2004), S. 233 sowie *Lehner/Kobe* (2006). Dies kann als Indiz für die empirische Relevanz betrachtet werden.

vollständig abgeschlossen sein muss, um mit dem nächsten zu beginnen. Diese Form der Abhängigkeit wird zweckmäßig im Rahmen der Zeitplanung von Innovationsportfolios und nicht während der Interdependenzbewertung betrachtet.[181]

Die **synergetische Ressourcennutzung** beinhaltet Synergieeffekte in Bezug auf die Verwendung von Kapital, Know-how oder anderen Ressourcen im Rahmen der F&E. So können bspw. einzurichtende Labore von mehreren Innovationsprojekten gemeinsam genutzt werden.

Als **Marktinterdependenzen** werden konfliktäre und komplementäre Effekte in Bezug auf Absatz- und Produktionsbeziehungen nach der Markteinführung bezeichnet. So können z. B. verschiedene Produkte auf den gleichen Maschinen produziert oder über die gleichen Vertriebswege verkauft werden, wodurch möglicherweise die notwendigen Investitionen geringer ausfallen. Ebenso können zwischen den Innovationen aber auch Kannibalisierungseffekte auftreten.

Die verschiedenen Interdependenzarten werden zu unterschiedlichen Zeitpunkten wirksam. So treten technische Interdependenzen und Möglichkeiten zur synergetischen Ressourcennutzung vor allem in den Phasen der Konzepterstellung und der Entwicklung auf. Marktinterdependenzen spielen sogar erst bei der Herstellung von Produkten oder nach der Markteinführung eine Rolle. Dennoch sind diese vertikalen Interdependenzarten von großer Bedeutung, da sie sich auf die Vorteilhaftigkeit der jeweiligen Innovationsprojekte auswirken können.

2.9.2 Besonderheiten von Innovationen und Innovationsportfolios in KMU

Aufgrund der Besonderheiten von Innovationen und Innovationsportfolios in KMU gegenüber Großunternehmen werden diese im Folgenden als Basis für die weiteren Ausführungen der Arbeit herausgearbeitet. Um ein einheitliches Verständnis des Begriffs KMU zu schaffen, werden diese jedoch zunächst anhand quantitativer und qualitativer Kriterien von Großunternehmen abgegrenzt.

---

181 So können z. B. Technologieroadmaps zur Planung und Visualisierung dieser Abhängigkeiten verwendet werden. Vgl. hierzu ausführlich *Laube/Abele* (2006).

- **Abgrenzung von kleinen und mittelgroßen Unternehmen**

Die Ausprägungen und Strukturen von KMU haben zu einer Vielzahl an Abgrenzungen der Unternehmensklassen geführt.[182] Neben quantitativen Kriterien, die hauptsächlich von staatlichen Institutionen genutzt werden, erfolgt häufig in empirischen Untersuchungen eine qualitative Abgrenzung der Unternehmensklassen. Daher werden diese beiden Abgrenzungsmöglichkeiten folgend vorgestellt.

Quantitative Kriterien

Quantitative Kriterien haben den Vorteil, dass sie durch ihre Eindeutigkeit klare Zuordnungen ermöglichen. Daher werden sie primär bei der Vergabe von Förderungen, der Anwendung gesetzlicher Vorschriften und statistischen Berechnungen verwendet.[183] Eine Übersicht über verschiedene Abgrenzungssystematiken nach Mitarbeiteranzahl (MA), Umsatz (Um) und Bilanzsumme (BS) ist in Tabelle 2-3 veranschaulicht.

---

182 Vgl. *Walther* (2004), S. 35.
183 Vgl. *Mugler* (2005), S. 15 f.

Quelle	Größenklasse			
	mikro	klein	mittelgroß	groß
IfM		• MA ≤ 9 • Um oder BS ≤ 1 Mio. €	• 9 < MA ≤ 499 • Um oder 1 < BS ≤ 50 Mio. €	• MA ≥ 500 • Um oder BS > 50 Mio. €
EU	• MA ≤ 9 • Um oder BS ≤ 2 Mio. €	• 9 < MA: ≤ 49 • 2 < Um oder BS: ≤ 10 Mio. €	• 49 < MA ≤ 249 • 10 < Um ≤ 50 Mio. € • 10 < BS ≤ 43 Mio. €	• MA ≥ 250 • Um > 50 Mio. € • BS > 43 Mio. €
HGB		• MA ≤ 50 • Um ≤ 8,03 Mio. € • BS ≤ 4 Mio. €	• 50 < MA ≤ 250 • 8,03 < Um ≤ 32,1 Mio. € • 4 < BS ≤ 16,1 Mio. €	• MA > 250 • Um > 32,1 Mio. € • BS > 16,1 Mio. €
HGB nach BilMoG		• MA ≤ 50 • Um ≤ 9,68 Mio. € • BS ≤ 4,84 Mio. €	• 50 < MA ≤ 250 • 9,68 < Um ≤ 38,5 Mio. € • 4,84 < BS ≤ 19,25 Mio. €	• MA > 250 • Um > 38,5 Mio. € • BS > 19,25 Mio. €
PublG				• MA ≥ 5000 • Um ≥ 130 Mio. € • BS ≥ 65 Mi-o. €

Tabelle 2-3: Quantitative Abgrenzung von KMU und Großunternehmen[184]

Die dargestellten Abgrenzungen zeigen, dass eine große Bandbreite an quantitativen Abgrenzungen bzgl. KMU besteht und eine eindeutige Einteilung aufgrund dieser Angaben nicht möglich ist. Weiterhin können unabhängig von den genannten Kriterien Strukturen von KMU vorliegen.[185] Daher weisen verschiedene Autoren auf die Notwendigkeit der Anpassung an branchenspezifische und regionale Abweichungen sowie die Berücksichtigung von qualitativen Kriterien hin.[186]

---

[184] Quelle: in Anlehnung an *PublG*, § 1; *HGB* § 267 Abs. 3; *European Commission* (2005), S. 14; *IfM* (2002); *Meth* (2007), S. 27; *BilMoG* (2008), S. 10.

[185] Vgl. *Meth* (2007), S. 29-32.

[186] Vgl. bspw. *Walther* (2004), S. 35; *Pfohl* (2006), S. 10; *Meth* (2007), S. 31; *Völker/Sauer/Simon* (2007), S. 5.

Qualitative Kriterien

Neben den herausgearbeiteten quantitativen Kriterien weisen KMU häufig verschiedene Besonderheiten auf, über welche sie charakterisiert und abgegrenzt werden können. Dies sind v. a.:[187]

- häufig technisch orientierte Unternehmensleitung (aufgrund der Ausbildung),
- Prägung des Unternehmens durch die Persönlichkeit des Leiters,
- engmaschiges Netz der Unternehmensleitung zu Lieferanten und Kunden,
- enge Zusammenarbeit zwischen Unternehmensleitung und Mitarbeitern,
- flexible Anpassung an Veränderungen der Umwelt,
- große Bedeutung von Intuition bei Entscheidungen,
- geringer Formalisierungsgrad und geringe Anzahl an Hierarchieebenen,
- hohe Risikoanfälligkeit durch geringe Produktpalette und geringe Diversifikation,
- geringe Ausgleichsmöglichkeiten bei Fehlentscheidungen.

Weiterhin unterteilt bspw. das *Bundesministerium für Wirtschaft und Technologie* (BMWI) KMU in Abhängigkeit vom Eigentumsverhältnis in drei Gruppen.[188] Dies sind zunächst klassische mittelständische Familienunternehmen (Typ 1), bei denen die Eigentümer das Unternehmen leiten. Die zweite Gruppe bilden nicht konzerngebundene Unternehmen mit angestelltem Unternehmer (Typ 2). In diesem Fall ist das Unternehmen im Besitz einer Einzelperson oder einer Familie, die Leitung des Unternehmens wurde jedoch einem Nichtfamilienmitglied übertragen. Typ 3 stellen konzerngebundene KMU dar. Diese befinden sich im Eigentum eines großen Konzerns und werden durch angestellte Personen und z. T. durch die Entscheidungen der Konzernmutter geleitet.

Bei der Abgrenzung von KMU müssen nicht alle genannten Merkmale auf ein bestimmtes Unternehmen zutreffen, damit es in eine bestimmte Gruppe gehört. Vielmehr sollte eine Vielzahl erfüllt sein, um im Gesamtbild als kleines oder mittelgroßes Unternehmen bezeichnet zu werden.[189]

---

[187] Zu den Merkmalen vgl. *Herstatt/Lüthje/Verworn* (2001), S. 150; *Minder* (2001), S. 8-11; *Flueglistaller* (2004), S. 11; *Gelbmann/Vorbach/Zotter* (2004), S. 252-255; *Walther* (2004), S. 36 f.; *Mugler* (2005), S. 17; *Pfohl* (2006), S. 18-21.

[188] Vgl. *BMWI* (2007), S. 10 f.

[189] Vgl. *Mugler* (2005), S. 17.

Eine kombinierte Unterteilung von Größenklassen, die auf qualitative und quantitative Merkmale zurückgreift, ist in Abbildung 2-15 visualisiert.

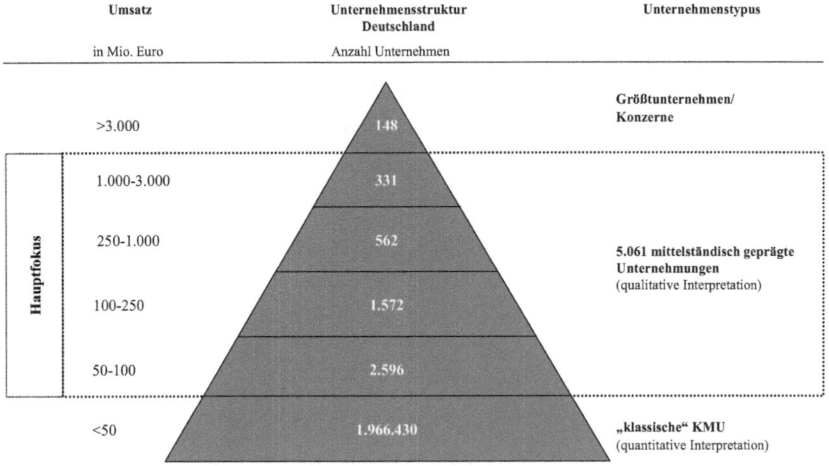

Abbildung 2-15: Einteilung deutscher Unternehmen in Größenklassen[190]

In der vorliegenden Arbeit werden der Gruppe der KMU alle Unternehmen zugeordnet, die einen Großteil der qualitativen Kriterien erfüllen und somit die Strukturen von KMU aufweisen. Dieser Ansatz entspricht der Unterteilung in Abbildung 2-15 sowie den Vorgehensweisen der genannten Autoren. Eine Abgrenzung, die sich lediglich an quantitativen Kriterien orientiert, ist m. E. für die Problemstellung nicht sinnvoll, da auch größere Unternehmen mit Strukturen der KMU die Zielgruppe der vorliegenden Arbeit darstellen. Auf die Anforderungen, die sich aus dieser Abgrenzung ergeben, wird in Kapitel 2.9.5.1 eingegangen.

- **Besonderheiten von KMU in Bezug auf Innovationen und Innovationsportfolios**

KMU weisen in Bezug auf Innovationen und Innovationsportfolios sowie deren Management einige Besonderheiten gegenüber Großunternehmen auf. Diese Besonderheiten bringen sowohl Vor- als auch Nachteile für die Unternehmen mit sich. [191] Diese

---

[190] Quelle: *Simon/Welling/Freiling* (2006), S. 156.

[191] Zu den Stärken und Schwächen von KMU bei Innovationen, Innovationsportfolios und dem Innovationsportfoliomanagement vgl. *Tebbe* (1990), S. 118 f.; *Pleschak/Sabisch/Wupperfeld* (1994), S. 65-69; *Hammer*

Stärken und Schwächen werden in der Literatur auch als Merkmale von KMU genannt (s. o.).

Der größte Vorteil von KMU gegenüber Großunternehmen ist die **Überschaubarkeit der Märkte.**[192] Die Unternehmensleitung und Mitarbeiter von KMU haben i. d. R. ein engmaschiges Netz zu Lieferanten und Kunden, das es ihnen erlaubt, Trends im Markt frühzeitig zu erkennen und sich individuell an die Wünsche der Kunden anzupassen. Diese Kundennähe verbunden mit kurzen Entscheidungswegen, flachen Hierarchien und dem engen Kontakt von Unternehmensleitung und Mitarbeitern führen zu der Möglichkeit einer **flexiblen Anpassung an Umweltveränderungen.**[193] Weiterhin weisen KMU häufig die Besonderheit auf, dass die Mitarbeiter und vor allem die Geschäftsleitung durch eine technische Ausbildung ein großes Know-how besitzen, das es ihnen gestattet, die Kundenwünsche in entsprechende Produkte umzusetzen. Ebenso sind geringe Overhead-Kosten für KMU von Vorteil, da sie eine kostengünstige Entwicklung bewirken, wobei diesem positiven Effekt der Nachteil geringerer economies of scale gegenübersteht.

Den genannten Vorteilen stehen in KMU vor allem zahlreiche Nachteile gegenüber. Dabei ist insbesondere die **Knappheit** finanzieller und personeller **Ressourcen** im Unternehmen von großer Bedeutung.[194] Diese Schwäche bedingt, dass nur eine geringe Anzahl von Innovationen im Portfolio möglich ist,[195] was in Kombination mit der begrenzten Anzahl bestehender Produkte bewirkt, dass KMU durch einen geringen Diversifizierungsgrad und die hohe Bedeutung einzelner Innovationsprojekte mit einem **hohen Risiko** bei der Entwicklung neuer Produkte konfrontiert sind. Da wenige Ausgleichsmöglichkeiten bei Fehlentscheidungen bestehen, kann eine Fokussierung auf die falschen Innovationen **existenzbedrohend** für ein KMU sein.[196] Dies bewirkt, dass kleine und mittelgroße Unternehmen primär Weiterentwicklungen und kundenna-

---

(1996), S. 51; *Rothwell/Dodgson* (1996), S. 311; *Herstatt/Lüthje/Verworn* (2001), S. 151-165; *Minder* (2001), S. 79-82, S. 104-109 sowie S. 125 f.; *Pinkwart* (2001), S. 195 f.; *Welter* (2001), S. 213-218; *König/Völker* (2003), S. 320 f.; *Gelbmann/Vorbach/Zotter* (2004), S. 252-254; *Teichert/Rost* (2004), S. 374; *Walther* (2004), S. 37; *Scozzi/Garavelli/Crowston* (2005), S. 124-127; *Lawson/Longhurst/Ivey* (2006), S. 243; *Meyer* (2006), S. 224-230; *O'Regan/Ghobadian/Sims* (2006), S. 253 f.; *Pfohl* (2006), S. 19; *Schwarz/Krajger/ Dummer* (2006), S. 19 f.; *Spielkamp/Rammer* (2006), S. 16-19; *Ernst-Siebert* (2008), S. 23-28.

192 Vgl. *Herstatt/Lüthje/Verworn* (2001), S. 162; *Lindman* (2002), S. 227.

193 Vgl. *Minder* (2001), S. 81; *Scozzi/Garavelli/Crowston* (2005), S. 124.

194 Vgl. *Lindman* (2002), S. 224; *Gelbmann/Vorbach/Zotter* (2004), S. 254; *Behrends* (2007), S. 23.

195 Neben den Auswirkungen auf die Anzahl von Innovationen bewirkt die Ressourcenknappheit weiterhin, dass wenige personelle Kapazitäten für die Bewertung und Kontrolle der Innovationen zur Verfügung stehen.

196 Vgl. *Herstatt/Lüthje/Verworn* (2001), S. 162.

he Entwicklungen und kaum Grundlagenforschung betreiben.[197] Neben den genannten strukturellen Problemen weisen KMU häufig einen geringen **Methodeneinsatz**[198], **unsystematische Kundenbedarfsanalysen**[199], eine geringe Bedeutung von **Bewertung und Kontrolle** der Innovationsprojekte[200] sowie **unsystematische Innovationsprozesse** (bspw. sichtbar in einer geringeren Anzahl an Gates, chaotischen Strukturen, v. a. zu Beginn des Prozesses, und einer starken kurzfristigen Ausrichtung auf geringfügige Verbesserungen und Modifikationen)[201] auf. Dies macht Entscheidungen der Geschäftsleitung für die Mitarbeiter wenig nachvollziehbar und erhöht das Risiko, falsche Entscheidungen auf Basis des Bauchgefühls der Unternehmensleitung zu treffen.

2.9.3 Besonderheiten von Innovationen und Innovationsportfolios in Automobilzulieferunternehmen

Das Konzept und die empirischen Fallstudien der vorliegenden Arbeit fokussieren auf die Automobilzulieferindustrie. Daher werden neben den genannten KMU-Spezifika die Besonderheiten der Branche in Bezug auf Innovationen und Innovationsportfolios im Folgenden dargestellt. Deren Beschreibung macht jedoch eine Branchenabgrenzung der Automobilzulieferer notwendig, auf die zunächst eingegangen wird.

- **Branchenabgrenzung Automobilzulieferindustrie**

Es existieren verschiedene Ansätze zur Abgrenzung des Zulieferbegriffs in der Literatur. Je nach Zielsetzung der Arbeit werden Zulieferer anhand des Objekts, der Zulieferbeziehung, dem Zulieferunternehmen und der Zulieferindustrie abgegrenzt.[202] In der vorliegenden Arbeit werden als **Zulieferunternehmen** entsprechend der objektbezogenen Abgrenzung Unternehmen bezeichnet, die industrielle Abnehmer und somit keine Endverbraucher mit Teilen, Komponenten oder Subsystemen beliefern.[203] Daher sind **Automobilzulieferer** (auch Kfz-Zulieferer genannt) „Zulieferunternehmen, die einen wesentlichen Teil ihrer Geschäftstätigkeit auf die Zulieferung in die Kfz- und

---

[197] Vgl. *Minder* (2001), S. 81.

[198] Zum Methodeneinsatz zur Planung und Bewertung von Innovationen in KMU vgl. *Herstatt/Lüthje/Verworn* (2001), S. 154-156; *Meyer* (2001); *Lindman* (2002), S. 228; *Spielkamp/Rammer* (2006), S. 17.

[199] Vgl. *Pleschak/Sabisch/Wupperfeld* (1994), S. 66 f.

[200] Vgl. *Woodcock/Mosey/Wood* (2000), S. 217 und S. 220; *Meyer* (2006), S. 222.

[201] Vgl. *Herstatt/Lüthje/Verworn* (2001), S. 162; *Welter* (2001), S. 214; *Lindman* (2002), S. 224-228; *König/Völker* (2003), S. 320; *Meyer* (2006), S. 222.

[202] Für eine ausführliche Darstellung der Abgrenzungskriterien vgl. *Diehlmann* (1997), S. 24-27.

[203] Vgl. *Fieten* (1991), S. 16 f.

Kfz-Zulieferindustrie, d. h. Kfz-Hersteller und deren Zulieferer, abstellen. Als Hersteller gelten solche Unternehmen, die Kfz-Zulieferungen überwiegend ohne mechanische oder chemische Veränderungen zu kompletten Kraftfahrzeugen zusammensetzen."[204] Unter Kraftfahrzeugen werden sowohl Personenkraftwagen als auch Nutzfahrzeuge, wie Omnibusse oder Lastkraftwagen, verstanden. In Abhängigkeit vom Komplexitäts- und Spezialisierungsgrad können allgemein die in Abbildung 2-16 dargestellten Zulieferprodukte abgegrenzt werden.

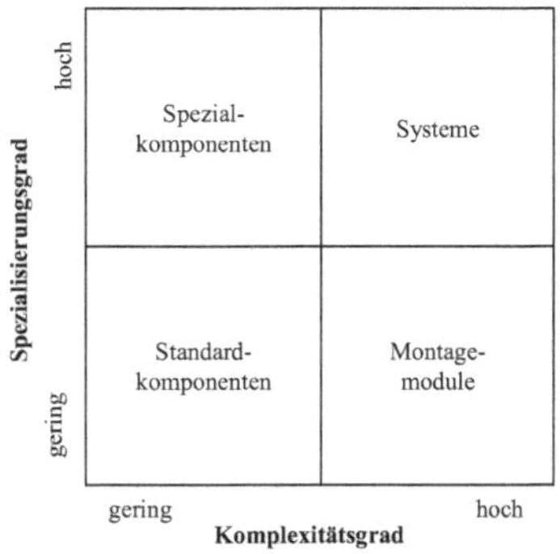

Abbildung 2-16: Abgrenzung von Zulieferprodukten[205]

Als **Standardkomponenten** gelten in dieser Systematik Zulieferprodukte mit geringer Komplexität, die aus mehreren, nicht weiter zerlegbaren Teilen bestehen. Weiterhin sind diese nicht oder nur in geringem Umfang an die Bedürfnisse der Abnehmer angepasst. **Spezialkomponenten** sind ebenfalls wenig komplex und bestehen aus mehreren Teilen. Jedoch sind diese spezifisch auf die Bedürfnisse des Kunden oder der Kundengruppe ausgerichtet. Im Gegensatz zu Komponenten weisen **Montagemodule** einen hohen Komplexitätsgrad auf und bestehen aus den o. g. Komponenten. Allerdings sind sie ebenso wie Standardkomponenten wenig bis gar nicht auf die Kundenbedürfnisse ausgerichtet. Produkte mit hoher Komplexität, die speziell auf die Anforderungen der Kunden ausgerichtet sind, werden als **Systeme** bezeichnet.[206]

Die Automobilbranche inkl. der Zulieferer wird i. d. R. pyramidenförmig dargestellt, da die Anzahl der Unternehmen vom Teilehersteller zum Automobilhersteller – Origi-

---

[204] *Diehlmann* (1997), S. 27.
[205] Quelle: *Diehlmann* (1997), S. 29.
[206] Zu den unterschiedlichen Zulieferprodukten vgl. *Diehlmann* (1997), S. 31 f.; *Meißner/Jürgens* (2007), S. 41-48.

nal Equipment Manufacturer (OEM) – stetig abnimmt. Die Ebene des Zulieferers wird in Abhängigkeit von der Nähe zum OEM als Tier bezeichnet. Diese Struktur zeigt Abbildung 2-17. Hinsichtlich der zukünftigen Entwicklung der Zulieferer prognostiziert *PricewaterhouseCoopers* (PwC), dass die Anzahl an Tier-I-Zulieferern von 800 im Jahr 2001 auf ca. 35 Unternehmen im Jahr 2015 sinken wird. Eine ähnliche Entwicklung wird ebenfalls für die weiteren Zulieferer vorausgesagt.[207] Weiterhin schätzen die Zulieferer ihre zukünftige Entwicklung größtenteils als stagnierend oder rückläufig ein, wobei die Teile- und Komponentenlieferanten und vor allem KMU als die größten Verlierer dieser Entwicklung genannt werden.[208]

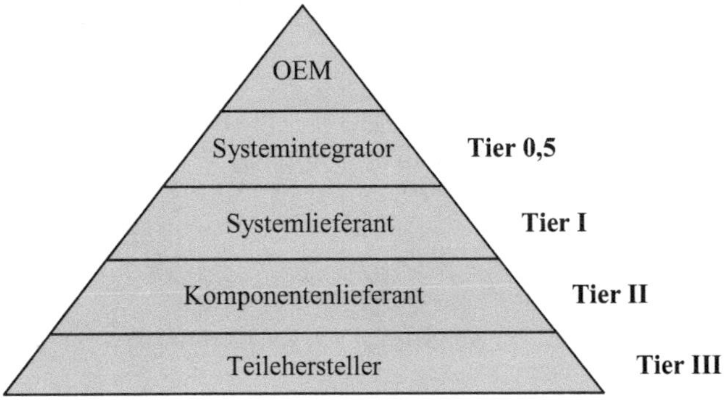

Abbildung 2-17: Zulieferpyramide in der Automobilbranche[209]

Aus der Branchenstruktur und den Wettbewerbsbedingungen für die Zulieferer ergeben sich zahlreiche Besonderheiten für Automobilzulieferunternehmen in Bezug auf das Management von Innovationen und Innovationsportfolios, die im Folgenden herausgearbeitet werden.

- **Besonderheiten von Automobilzulieferern in Bezug auf Innovationen und Innovationsportfolios**

Die Zulieferer in der Automobilindustrie weisen zahlreiche Stärken auf, die bei der Entwicklung neuer Produkte und somit auch beim Management von Innovationsportfolios berücksichtigt werden sollten. Die Unternehmen haben i. d. R. einen sehr guten

[207] Vgl. *o. V.* (2002), S. 8.
[208] Vgl. *Ebel/Utikal/Hofer* (2006), S. 4-6.
[209] Quelle: in Anlehnung an *Kurek* (2004), S. 21.

Kontakt zu ihren Kunden und können ihre Produkte daher zielgerichtet auf die spezifischen Bedürfnisse hin ausrichten. Es sollte eine frühzeitige Abstimmung mit den Automobilherstellern sowie den Systempartnern und Systemintegratoren erfolgen, um Fehlentwicklungen, die nicht den Kundenbedürfnissen entsprechen, zu vermeiden. Weiterhin weisen sie ein sehr spezialisiertes und **ausgeprägtes Wissen** über die Produkte und Produktionsprozesse auf. Dieses Wissen und die häufig kurzen Entscheidungswege sorgen für eine hohe **Flexibilität** bei Veränderungen der Kundenbedürfnisse.[210]

Diesen Vorteilen stehen jedoch einige, z. T. existenzbedrohende, Nachteile bzw. Probleme entgegen. So befinden sich Automobilzulieferer (v. a. Tier 0,5 und Tier I) in einer großen **Abhängigkeit von den Herstellern.**[211] Diese Abhängigkeiten liegen im Wesentlichen darin begründet, dass für die Zulieferer nur wenige Kunden existieren, die den Automobilmarkt dominieren. Deshalb erfolgen sowohl die Produktion als auch die Entwicklungstätigkeiten i. d. R. kundenorientiert. Dies hat dazu geführt, dass die Automobilhersteller ihren eigenen Kosten- und Innovationsdruck weitergeben und kontinuierliche Preissenkungen verlangen sowie einen Großteil der Entwicklungstätigkeiten auf die Zulieferer verlagert haben. Dieser Trend wird durch aktuelle Herausforderungen der Branche, die v. a. in der Reduzierung von CO_2-Emissionen und des Kraftstoffverbrauchs liegen, nochmals verstärkt.[212] Somit stehen vor allem kleine und mittelgroße Automobilzulieferer aufgrund ihrer häufig knappen finanziellen Mittel vor der Herausforderung, ihr Fortbestehen durch **Kostenreduktionen** und verstärkte **Entwicklungstätigkeiten** zur Differenzierung von Konkurrenten zu sichern.[213] Bspw. wird in einer *Arthur D. Little*-Studie die Innovationsfähigkeit als „wichtigster Hebel zur Profitabilitäts- und Wachstumssteigerung angesehen".[214] Diese Aufgabe wird jedoch dadurch erschwert, dass sowohl der Produktlebenszyklus als auch der Zeitraum bis zur Markteinführung einer Innovation immer kürzer werden.[215]

---

[210] Vgl. *Fieten* (1991), S. 17-19; *Friedrich* (1994), S. 20 f.
[211] Vgl. hierzu *Fieten* (1991), S. 17-19; *Friedrich* (1994), S. 20 f.; *Mattes et al.* (2004), S. 14; *Fuß* (2008), S. 8.
[212] Vgl. *Fuß* (2008), S. 7 und *Oliver Wyman* (2008), S. 7
[213] Vgl. *Pleissner* (1999), S. 120 f.; *Johannessen/Olsen/Lumpkin* (2001), S. 20; *Story/Smith/Saker* (2001), S. 25; *Radtke/Abele/Zielke* (2004), S. 85; *Meinig/Mallad* (2006), S. 53; *Niggemann/Schuster* (2006), S. 7; *Fuß* (2008), S. 8.
[214] *A. D. Little* (2004), S. 9.
[215] Vgl. *Dröge/Jayaram/Vickery* (2000), S. 24; *Kurek* (2004), S. 19 f.; *Mattes et al.* (2004), S. 21 f.; *Kohn* (2006), S. 44.

Der Zwang zu Kostenreduktionen und gleichzeitig steigende Investitionen, um die geforderten Entwicklungen zu realisieren, erfordern Instrumente für KMU der Branche, um die knappen (finanziellen) Ressourcen auf die „besten" Innovationsprojekte zu verteilen. Dies kann eine Erfüllung der Anforderungen durch die OEM bewirken und somit zu einer Sicherung der langfristigen Überlebensfähigkeit des Unternehmens führen. Von großer Bedeutung für diese zielgerichtete Auswahl der Innovationsprojekte und die Fokussierung der Ressourcen ist das Innovationsportfoliomanagement, welches anschließend ausführlich dargestellt wird.

2.9.4 Begriffsabgrenzung und Ziele des Innovationsportfoliomanagements

Entsprechend den Definitionen des Innovationsportfolios in Kapitel 2.9.1 und des funktionalen Managementbegriffs in Kapitel 2.8.1 wird die Planung, Organisation, Führung und Kontrolle der Gesamtheit interdependenter Innovationen im Unternehmen als **Innovationsportfoliomanagement** bezeichnet.[216] Eine genaue Abgrenzung der Aufgaben des Innovationsportfoliomanagements im Rahmen dieser Arbeit erfolgt in Kapitel 2.9.5.2. Während dem Innovationsportfoliomanagement in der Literatur verschiedene Aufgaben zugerechnet werden, herrscht bzgl. der Ziele weitgehende Einigkeit. Basierend auf *Cooper/Edgett/Kleinschmidt*[217] und den Zielen der klassischen Portfoliotheorie werden mit dem Innovationsportfoliomanagement folgende Ziele verfolgt:[218]

1. Maximierung des Portfoliowerts,
2. Ausgeglichenheit in Bezug auf hohes und geringes Risiko, inkrementale und radikale Innovationen sowie kurz- und langfristige Orientierung,
3. Ausrichtung des Portfolios auf die Unternehmens- und Innovationsstrategien.

Diese Ziele müssen bei der Gestaltung von Instrumenten für das Innovationsportfoliomanagement berücksichtigt werden. Somit muss es mit Hilfe des Gesamtkonzepts möglich sein, den Wert des Portfolios zu ermitteln und zu maximieren, das Portfolio entsprechend den Vorgaben zu Risiko und Zeitbezug der Innovationen zu bestimmen sowie die Projekte auszuwählen, die der Unternehmensstrategie entsprechen.

---

216 Für eine ähnliche Definition vgl. *Sammerl/Wirtz/Schilke* (2008), S. 141.

217 Vgl. *Cooper/Edgett/Kleinschmidt* (2001), S. 3.

218 Diese Ziele benennen neben *Cooper/Edgett/Kleinschmidt* weitere Autoren. Vgl. hierzu *Dickinson/ Thornton/Graves* (2001), S. 518; *Patterson* (2005), S. 49; *Cánez/Garfias* (2006a), S. 46; *Leyendecker* (2006), S. 80; *Bösch* (2007), S. 21; *Jolly* (2007), S. 466; *Wentz* (2007), S. 169; *Wördenweber/Wickord* (2008), S. 131. Einen Überblick über die Bedeutung verschiedener Ziele des Portfoliomanagements im Rahmen einer empirischen Untersuchung liefert *Seidemann* (2000), S. 130.

Unterschiedliche Auffassungen zu den Aufgaben und somit Elementen des Innovationsportfoliomanagements machen eine Analyse entlang verschiedener Anforderungen notwendig.

2.9.5 Aufgaben und Bestandteile des Innovationsportfoliomanagements

2.9.5.1 Anforderungen an das Innovationsportfoliomanagement

Das anknüpfend entwickelte Konzept für das Innovationsportfoliomanagement muss den nachstehenden Anforderungen entsprechen. Für die folgenden Analysen wird auf die Systematik zurückgegriffen, die *Kahn/Barczak/Moss* aus ihrem Best-Practice-Rahmenwerk ermitteln.[219] Die Ableitung von Best-Practices im Innovationsportfoliomanagement basierte auf den Ergebnissen der Product Development & Management Association Benchmarking Studie. Im Rahmen dieser Studie wurden zunächst die Innovationsprozesse und -strukturen in fünf Unternehmen qualitativ untersucht.[220] Im Anschluss erfolgte eine Befragung von 105 Business Units hinsichtlich ihres Unternehmens- und Innovationserfolgs sowie ihrer Strukturen, um die erzielten qualitativen Ergebnisse in einer großzahligen empirischen Untersuchung zu überprüfen.

Basierend auf den Ergebnissen der Untersuchung unterscheiden *Kahn/Barczak/Moss* in Bezug auf Strategie, Portfoliomanagement, Innovationsprozess, Marktforschung, Personal und Kennzahlen jeweils vier Kategorien hinsichtlich des Erfolgs der untersuchten Unternehmen. In der vorliegenden Arbeit werden die Ergebnisse im Hinblick auf das Innovationsportfoliomanagement der erfolgreichsten Unternehmen (in der Studie als Level 4 bezeichnet) als Anforderungen verwendet.

Ein Kriterium für ein erfolgreiches Innovationsportfoliomanagement ist die Existenz eines **formalen und systematischen Innovationsprozesses** im Unternehmen, bspw. ein sog. Stage-Gate-Prozess[221] mit klaren Abbruch- und Fortsetzungsentscheidungen. Weiterhin sollte der Prozess gut dokumentiert (ggf. im Intranet des Unternehmens) und flexibel an Umweltveränderungen anpassbar sein.[222] Die Bedeutung eines formalen Innovationsprozesses wird ebenfalls von *Cooper/Edgett/Kleinschmidt*[223], *Ar-*

---

[219] Vgl. *Kahn/Barczak/Moss* (2006).

[220] Die fünf Unternehmen wurden aufgrund ihrer bekanntermaßen erfolgreichen Innovationen durch das Untersuchungsteam ausgewählt.

[221] Vgl. Kapitel 3.1.4.

[222] Zu den Anforderungen an den Innovationsprozess vgl. *Kahn/Barczak/Moss* (2006), S. 111.

[223] Vgl. *Cooper/Edgett/Kleinschmidt* (2001), S. 23.

cher/Ghasemzadeh[224] und *Gackstatter*[225] hervorgehoben. Die Bewertung an den Gates sollte sich auf die **Unternehmensstrategie und -ziele** stützen und eine **Balance** zwischen verfügbaren Ressourcen und der Projektanzahl sowie zwischen den verschiedenen Projektarten ermöglichen.[226] Weiterhin sollte die Bewertung mittels Standardkriterien, die für alle Projekte gleich sind, erfolgen, Gruppenentscheidungen unterstützen, in einem Software-Tool umgesetzt werden sowie die Erstellung einer Reihenfolge und Priorisierung zwischen den Projekten gewährleisten.[227]

Die von *Kahn/Barczak/Moss* verwendeten Anforderungen werden von verschiedenen Autoren präzisiert. Diese Konkretisierung liegt v. a. in der Einbindung des **Topmanagements** in die Entscheidungen über die Auswahl der Projekte[228], die Beachtung von **Risiken**, internen und externen Faktoren sowie qualitativen und quantitativen Zielen der Entscheidungsträger bei der Bewertung[229]. Weiterhin sollten die Methoden des Portfoliomanagements Informationen liefern und darstellen, um die **Entscheidung** des Entscheidungsträgers zu **unterstützen**.[230]

Neben diesen Aspekten ist v. a. die **Berücksichtigung von Interdependenzen** zwischen den Innovationen von besonderer Bedeutung, da diese einen erheblichen Einfluss auf die Vorteilhaftigkeit eines Projekts haben und den Wert des Portfolios beeinflussen können.[231] So ist es auf der einen Seite bspw. möglich, dass ein Innovationsprojekt isoliert betrachtet wenig attraktiv für ein Unternehmen erscheint. Aufgrund der positiven Auswirkungen auf andere bedeutende Projekte kann es jedoch trotzdem sinnvoll sein, dieses Innovationsprojekt durchzuführen. Auf der anderen Seite kann ein interessantes Projekt so starke negative Auswirkungen auf andere Innovationen oder bestehende Produkte und Prozesse des Unternehmens aufweisen, dass eine Umsetzung nicht sinnvoll ist. Aufgrund dieser großen Bedeutung für die Auswahl eines Innovati-

---

224 Vgl. *Archer/Ghasemzadeh* (1999), S. 209.

225 Vgl. *Gackstatter* (1997), S. 89.

226 Vgl. *Kahn/Barczak/Moss* (2006), S. 110 sowie zu diesem Aspekt *Cooper/Edgett/Kleinschmidt* (2001), S. 23; *Dammer/Gemünden/Lettl* (2006), S. 151; *Kleinschmidt* (2006), S. 120; *Notargiacomo* (2006), S. 123. Allerdings weist *Peters* darauf hin, dass inkrementale Innovationen keinen ausführlichen Stage-Gate-Prozess benötigen. Vgl. *Peters* (2006), S. 125. Dieser Aspekt spielt hier jedoch keine Rolle, da das Gesamtkonzept auf Innovationen mit einem mittleren bis hohen Innovationsgrad fokussiert.

227 Vgl. *Archer/Ghasemzadeh* (1999), S. 209; *Kahn/Barczak/Moss* (2006), S. 110; *Kuczmarski* (2006), S. 122.

228 Vgl. *Cooper/Edgett/Kleinschmidt* (2001), S. 23; *Kleinschmidt* (2006); *Peters* (2006).

229 Vgl. *Gackstatter* (1997), S. 89; *Archer/Ghasemzadeh* (1999), S. 208; *Cooper/Edgett/Kleinschmidt* (2001), S. 25; *Adams-Bigelow* (2006); *Kuczmarski* (2006).

230 Vgl. *Gackstatter* (1997), S. 91; *Archer/Ghasemzadeh* (1999), S. 209; *Cooper/Edgett/Kleinschmidt* (2001), S. 25.

231 Vgl. *Gackstatter* (1997), S. 90; *Archer/Ghasemzadeh* (1999), S. 210; *Seidemann* (2000), S. 161; *Cooper/Edgett/Kleinschmidt* (2001), S. 24; *Völker/Sauer/Simon* (2007), S. 53.

onsprojekts besteht ein Schwerpunkt der vorliegenden Arbeit in der Weiterentwicklung bzw. Modifikation bestehender Instrumente zur Bewertung von Interdependenzen zwischen Innovationsprojekten sowie zu den Produkten und Prozessen des Unternehmens.

Basierend auf diesen Anforderungen wird nachfolgend ein Konzept für das Innovationsportfoliomanagement in KMU der Automobilzulieferindustrie entwickelt.

2.9.5.2 Konzeptionen des Innovationsportfolio- und Multiprojektmanagements

Die Aufgaben des Innovationsportfolio- und. des Multiprojektmanagements werden in der Literatur unterschiedlich in Abhängigkeit von der Zielsetzung der jeweiligen Arbeit definiert. Tabelle 2-4 liefert einen Überblick über verschiedene Ansätze und die Aufgaben, die dem Innovationsportfoliomanagement von den jeweiligen Autoren zugeordnet werden.

Autor	Strategie-bestimmung	Zielsetzung	Abstimmung Pro-jekt/Portfolio	Bereitstellung von Instrumenten	Prozess-gestaltung	Ressourcen-allokation / Budgetierung	Priorisierung	Projekt-bewertung	Projektauswahl	Projektplanung	Projektkontrolle
Aalto (2001)			X			X					X
Archer/Ghasemzadeh (1999)	X		X			X		X			
Becker/Kunz (2008)							X	X			X
Bösch (2007)					X	X					
Boutellier/Völker/Voit (1999)						X	X				X
Cooper/Edgett/Kleinschmidt (2001)	X			X	X	X		X			
Floricel/Ibanescu (2008)						X	X		X		X
Gackstatter (1997)						X			X	X	
Grübler (2005)								X	X		X
Hab/Wagner (2006)						X	X		X		
Heck (2003)	X	X				X		X			X
Herstatt et al. (2007)				X		X		X	X		X
Hiller (2002)	X	X				X	X	X			
Horsch (2003)						X	X	X	X	X	X
Kendall/Rollins (2003)								X			X
Kwasniok (2007)								X	X		X
Lehtonen/Pharma (2001)						X		X			X
Leobacher (2007)							X	X			X
Levine (2005)						X	X	X	X		X
Lomnitz (2008)			X				X		X		
Mohr/Pacl/Hartmann (2008)						X		X	X		
Patterson (2005)						X		X			X
Project Management Institute (2006)						X	X	X			X
Saad/Roussel/Tiby (1993)		X				X	X				X
Sommerlatte/Krautter (2005)					X						
Specht/Harland (2000)			X				X	X	X		
Völker/Sauer/Simon (2007)						X		X	X		X
Wördenweber/Wickord (2008)						X	X				
Zayer (2007)		X						X			

Tabelle 2-4: Konzeptionen zum Innovationsportfolio- und Multiprojektmanagement[232]

Wie in Tabelle 2-4 ersichtlich, herrscht Einigkeit bezüglich einiger Bestandteile; andere Elemente werden nur vereinzelt dem Innovationsportfoliomanagement zugeordnet. Die Analyse der Konzeptionen zeigt, dass die Bestimmung einer Innovationsstrategie, die Zielsetzung und die Projektplanung relativ wenig Beachtung in den dargestellten

[232] Eigene Darstellung in Anlehnung an die Beschreibungen in *Saad/Roussel/Tiby* (1993), S. 43; *Gackstatter* (1997), S. 15; *Archer/Ghasemzadeh* (1999), S. 211; *Boutellier/Völker/Voit* (1999), S. 19; *Specht/Harland* (2000), S. 74; *Aalto* (2001), S. 51-54; *Cooper/Edgett/Kleinschmidt* (2001), S. 7-9, 14; *Lehtonen/Pharma* (2001), S. 115; *Hiller* (2002), S. 122-124; *Heck* (2003), S. 49; *Horsch* (2003), S. 138 f.; *Kendall/Rollins* (2003), S. 209; *Patterson* (2005), S. 47; *Grübler* (2005), S. 44-46; *Levine* (2005), S. 23 f.; *Sommerlatte/Krautter* (2005), S: 743; *Hab/Wagner* (2006), S. 199, *Project Management Institute* (2006), S. 5; *Bösch* (2007), S. 21; *Herstatt et al.* (2007), S. 18; *Kwasniok* (2007), S. 24-26; *Leobacher* (2007), S. 21; *Völker/Sauer/Simon* (2007), S. 53-55; *Zayer* (2007), S. 18; *Becker/Kunz* (2008), S. 308; *Floricel/Ibanescu* (2008), S. 1; *Lomnitz* (2008), S. 97; *Mohr/Pacl/Hartmann* (2008), S. 46; *Wördenweber/Wickord* (2008), S. 130.

Ansätzen finden. Dies entspricht der Anforderung an das Portfoliomanagement, dass eine Bewertung auf Grundlage der Unternehmensziele und -strategie erfolgen soll. Die Bestimmung einer (Innovations-)**Strategie** wird in der vorliegenden Arbeit dem übergeordneten Innovationsmanagement zugeordnet und daher für das Innovationsportfoliomanagement als gegeben vorausgesetzt. Dies gilt ebenso für die Bestimmung von **Zielen**.

Des Weiteren werden die **Projektplanung** (im Sinne der Planung von Ablauf, Kosten und Ressourcen) und **Projektkontrolle** als Bestandteil des operativen Projektmanagements betrachtet und sind daher nicht Bestandteil des Innovationsportfoliomanagements, das typischerweise die Schnittstelle des strategischen Innovations- und des operativen Projektmanagements bildet.

Die Bereitstellung spezifischer Instrumente, die Gestaltung eines spezifischen Innovationsprozesses sowie die Abstimmung von Einzelprojekten und Gesamtportfolio finden in den betrachteten Konzeptionen geringe Beachtung. Besonders die fehlende Berücksichtigung der **Prozessgestaltung** ist auffallend, da dieser Aspekt häufig explizit als Anforderung mit hoher Bedeutung genannt wird.[233] Basierend auf dem Ansatz von *Cooper/Edgett/Kleinschmidt* wird die Gestaltung des Innovationsprozesses als wesentliche Aufgabe des Innovationsportfoliomanagements betrachtet. Aufgrund der Zielsetzung der vorliegenden Arbeit – Ableitung von Bewertungsinstrumenten entsprechend den verfügbaren Informationen im Innovationsprozess – kommt diesem Aspekt eine besondere Bedeutung zu, da er die Grundlage für die weiteren Elemente bildet.

Einigkeit herrscht hingegen hinsichtlich der **Projektbewertung und -auswahl**. Sie können somit als wesentlicher Bestandteil des Innovationsportfoliomanagements angesehen werden. In Bezug auf die Bewertung wird in der vorliegenden Arbeit aufgrund der Bedeutung von Interdependenzen (siehe Kapitel 2.9.1) in drei Bewertungsschritte unterschieden:

1. Bewertung des einzelnen Innovationsprojekts,
2. Bewertung der Interdependenzen zwischen den Innovationsprojekten,
3. Bewertung der Auswirkungen einer Innovation auf die Produkte und Prozesse des Unternehmens.

[233] Vgl. Kapitel 2.9.5.1.

Ein Aspekt, den *Cooper/Edgett/Kleinschmidt* und *Herstatt et al.* berücksichtigen, ist die **Bereitstellung von Bewertungsinstrumenten**. In Kapitel 2.9.2 wurde als Schwäche von KMU in Bezug auf Innovationen und Innovationsportfolio festgestellt, dass die Bewertung dort häufig ohne geeignete Instrumente erfolgt. Daher ist es für die vorliegende Arbeit von großer Bedeutung, dass die o. g. Bewertungsschritte durch Instrumente systematisch unterstützt werden.

Die **Abstimmung der einzelnen Innovationsprojekte und des Gesamtportfolios** wird in der vorliegenden Arbeit durch das Element der Priorisierung und Ressourcenallokation betrachtet. Die **Priorisierung** und **Ressourcenallokation** ermöglichen eine Auswahl der Innovationsprojekte unter Berücksichtigung des gesamten Portfolios. Diese beiden Aspekte werden ferner in nahezu allen Konzeptionen als Element verwendet und sind daher wesentliche Aufgaben des Innovationsportfoliomanagements. Hierzu werden ebenfalls geeignete Instrumente benötigt.

Die o. g. Schwerpunktsetzung entspricht den Anforderungen und zeigt, dass die Hauptaufgaben des Innovationsportfoliomanagements die Bewertung und Auswahl von Innovationsprojekten sowie die Ressourcenallokation innerhalb des Portfolios darstellen. Die Konzeption von *Cooper/Edgett/Kleinschmidt* bildet damit die Grundlage für die im Folgenden verwendete Konzeption des Innovationsportfoliomanagements, da es die am häufigsten verwendeten Elemente beinhaltet und den o. g. Anforderungen entspricht. Jedoch sollte der Ansatz nicht in der Form für KMU übernommen werden, da er verschiedene Schwächen aufweist. So wird u. a. nicht unterschieden, in welchen Phasen bestimmte Bewertungsinstrumente Anwendung finden sollten, sondern es sind lediglich Pauschalempfehlungen zu finden. Weiterhin wird die Bewertung von Interdependenzen im Portfolio nicht mit speziellen Instrumenten unterstützt. Neben diesen generellen Schwächen ist von großer Bedeutung, dass das Konzept nicht auf die Besonderheiten von KMU und der Automobilzulieferindustrie abgestimmt ist.

Ausgehend von den Anforderungen und den betrachteten Konzepten wird in der vorliegenden Arbeit ein Gesamtkonzept für das Innovationsportfoliomanagement verwendet, das folgende Elemente beinhaltet:

1. Gestaltung des Innovationsprozesses,
2. Bewertung und Auswahl der Innovationsprojekte,
3. Priorisierung der Projekte im Innovationsportfolio,
4. Ressourcenallokation/Budgetierung.

Der Ablauf des Innovationsportfoliomanagements ist abschließend in Abbildung 2-18 veranschaulicht.

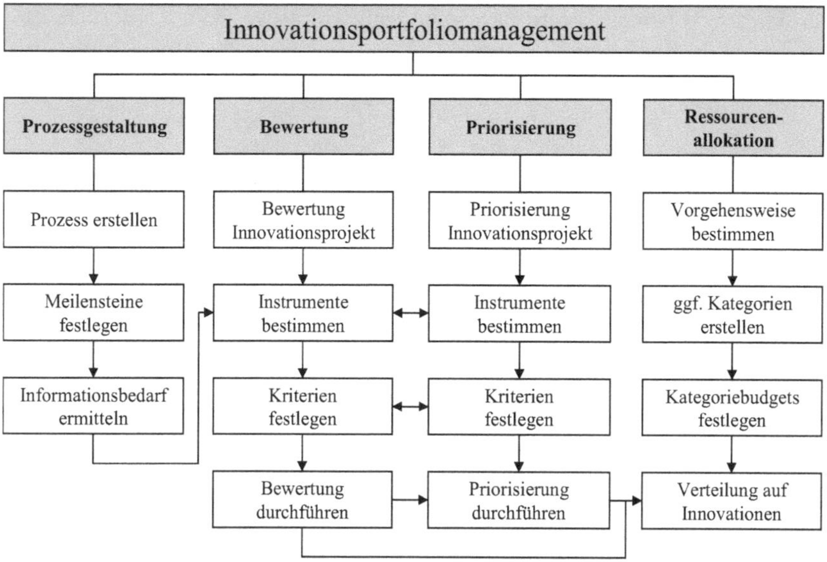

Abbildung 2-18: Gesamtkonzept Innovationsportfoliomanagement

2.10 Zwischenfazit

Das Ziel dieses Kapitels bestand darin, die terminologischen und konzeptionellen Grundlagen für den weiteren Verlauf der Arbeit zu legen; die Ergebnisse werden nachfolgend zusammengefasst.

In der wissenschaftlichen Literatur erfolgt i. d. R. eine Unterteilung des Begriffs **Innovation** in eine objekt- und eine prozessbezogene Sichtweise. In der vorliegenden Arbeit wird der Begriff Innovation stets objektbezogen verwendet; die prozessbezogene Sichtweise bezieht sich auf den Innovationsprozess. Ebenso erfolgt üblicherweise eine Unterscheidung zwischen Invention und Innovation im Hinblick auf die Durchsetzung am Markt. Dieser Ansicht wird in der vorliegenden Arbeit nicht gefolgt, da in der Unternehmenspraxis eine Unterscheidung ex ante nicht möglich ist; das Unternehmen geht bei der Umsetzung einer Invention stets davon aus, dass sie sich am Markt durchsetzen wird. Andernfalls ist die Entwicklung abzubrechen.

Aufgrund der vielfältigen und unterschiedlichen Definitionen des Begriffs werden Innovationen i. d. R. durch ihre **Merkmale** beschrieben. Grundlegendes Merkmal ist dabei die Neuheit der Innovation zum betrachteten Zeitpunkt. Weiterhin sind sie durch ein hohes (technisches, wirtschaftliches und zeitliches) Risiko, einen hohen Komplexitätgrad, ein großes Konfliktpotential, eine (teilweise) Irreversibilität der getätigten Investitionen und häufig Spillover-Effekte zu anderen Innovationen gekennzeichnet.

In der vorliegenden Arbeit sind mit dem Begriff Innovation stets Produkte (und ggf. die dafür notwendigen neuen Prozesse) gemeint, die aus Sicht des Unternehmens eine Neuheit darstellen. Zusätzlich können sie hinsichtlich des Innovationsgrades auf einem Kontinuum mit den Extrema inkrementale und radikale Innovation unterschieden werden. Auslöser für Innovationen sind technologie-, nachfrageorientiert oder Gesetze und Vorschriften.

Da eine Innovation die Merkmale eines Projekts erfüllt, wird im Folgenden von **Innovationsprojekten** gesprochen; dies bezeichnet die gesamte Entwicklung eines neuen Produkts.[234] Des Weiteren wird die Gesamtheit von Innovationsprojekten im Unternehmen als **Innovationsportfolio** bezeichnet. Dies ist dadurch gekennzeichnet, dass Projekte in unterschiedlichen Entwicklungsstadien vorliegen, die um knappe Ressourcen konkurrieren und zwischen denen häufig Abhängigkeiten bestehen. Diese werden in der vorliegenden Arbeit in technische **Interdependenzen**, synergetische Ressourcennutzung und Marktinterdependenzen unterteilt. Darüber hinaus weisen **KMU** in der **Automobilzulieferindustrie** zahlreiche Besonderheiten in Bezug auf Innovationen und Innovationsportfolios auf. Dies sind insb.:

- knappe finanzielle und personelle Ressourcen,
- hohes (u. U. existenzbedrohendes) Risiko durch geringe Diversifikation,
- geringer Methodeneinsatz bei der Bewertung,
- unsystematische Innovationsprozesse,
- zunehmende Konsolidierung der Branche,
- Zwang zu stetigen Kostenreduktionen und stetigen Entwicklungstätigkeiten durch Abhängigkeit von den Automobilherstellern.

[234] Vgl. Kapitel 2.6.

Die Planung, Organisation, Führung und Kontrolle des Portfolios wird als **Innovationsportfoliomanagement** bezeichnet. Im Gegensatz zu der einheitlichen Definition der **Ziele** (Maximierung des Portfoliowerts, Ausgeglichenheit in Bezug auf hohes und geringes Risiko, inkrementale und radikale Innovationen sowie kurz- und langfristige Orientierung, Ausrichtung des Portfolios auf die Unternehmens- und Innovationsstrategien) ordnen verschiedene Konzepte dem Innovationsportfoliomanagement unterschiedliche Aufgaben zu. Basierend auf einer Analyse der wissenschaftlichen Literatur ließen sich folgende **Bestandteile** ableiten, die der vorliegenden Arbeit zu Grunde gelegt werden:

- Gestaltung des Innovationsprozesses,
- Bewertung und Auswahl der Innovationsprojekte,
- Priorisierung der Projekte im Innovationsportfolio,
- Ressourcenallokation/Budgetierung.

Die **Bewertung der Innovationsprojekte** erfolgt aufgrund der großen Bedeutung von Interdependenzen in drei Schritten:

1. Bewertung des einzelnen Innovationsprojekts,
2. Bewertung der Interdependenzen zwischen den Projekten,
3. Bewertung der Auswirkungen einer Innovation auf bestehende Produkte und Prozesse des Unternehmens.

Basierend auf den herausgearbeiteten Grundlagen werden im Folgenden die einzelnen Bestandteile des Innovationsportfoliomanagements ausgestaltet und an die Besonderheiten von KMU in der Automobilzulieferindustrie angepasst.

3 Phasenmodelle des Innovationsprozesses für KMU der Automobilzulieferindustrie

In diesem Kapitel wird – als erster Bestandteil des Konzepts des Innovationsportfoliomanagements – der Innovationsprozess in kleinen und mittelgroßen Automobilzulieferern beschrieben. Zu diesem Zweck erfolgt zunächst in Kapitel 3.1.1 eine Definition des Begriffs Phasenmodell; diese bilden i. d. R. den Innovationsprozess ab.[235] Es schließen die Ableitung von Anforderungen an ein Phasenmodell des Innovationsprozesses und die Darstellung verschiedener Arten von Modellen an. In diesem Zusammenhang wird auf lineare, Chain-Link-, Stage-Gate- und Kreislauf- bzw. Chaosmodelle eingegangen. Neben der Beschreibung der Charakteristika der Modelle und Erläuterung allgemeiner Vor- und Nachteile von Phasenmodellen erfolgt eine Überprüfung der Erfüllung der definierten Anforderungskriterien hinsichtlich ihrer Eignung für die Abbildung des Innovationsprozesses. Des Weiteren werden die Besonderheiten der frühen Phasen in Innovationsprozessen (dem sog. fuzzy front-end) und die Betrachtung des Innovationsprozesses als Informationsverarbeitungs- und Entscheidungsprozess erläutert. Abschließend folgen in Kapitel 3.5, basierend auf der vorherigen Eignungsanalyse, die Beschreibung eines Phasenmodells für kleine und mittelgroße Automobilzulieferer sowie die Analyse in Bezug auf die Entscheidungssituationen und Informationsbedarfe.

3.1 Phasenmodelle des Innovationsprozesses

3.1.1 Anforderungen an Phasenmodelle

Der Begriff des Innovationsprozesses wurde bereits in Kapitel 2.3 definiert und in seiner Reichweite abgegrenzt. Die Abbildung von Innovationsprozessen erfolgt i. d. R. durch sog. Phasenmodelle[236]. Dabei wird der Prozess in unterschiedliche Phasen unterteilt und somit einer systematischen Analyse zugänglich gemacht. Im Folgenden wird unter einem **Phasenmodell** die vereinfachte Abbildung eines realen Innovationsprozesses in Form von Phasen verstanden, in denen unterschiedliche, inhaltlich verknüpfte Aktivitäten durchgeführt werden und die sich für ein Unternehmen oder eine Branche verallgemeinern lassen.

---

[235] Auf Aspekte der Aufbauorganisation bei Projekten und in der Innovationsabteilung wird in der vorliegenden Arbeit nicht eingegangen. Vgl. aber hierzu *Chrobok* (2008).

[236] Auch Prozessmodelle genannt.

In der wissenschaftlichen Literatur existiert außerdem eine Vielzahl von Phasenmodellen, die den Innovationsprozess abbilden.[237] Diese unterscheiden sich hinsichtlich Anzahl der Phasen, Detaillierungsgrad, Bezeichnung der Phasen entsprechend der Betrachtungsebene (Branche oder Unternehmen) und der Zielsetzung der jeweiligen Arbeit.[238]

In der wissenschaftlichen Literatur wird außerdem eine Reihe von Anforderungen an ein Phasenmodell gestellt:[239]

- Betrachtung des gesamten Innovationsprozesses,
- sachlogische Abgrenzung der Phasen anhand typischer Aktivitäten und Informationsschwerpunkte, ggf. mit Meilensteinen,
- nachvollziehbare Bezeichnung der Phasen, um Missverständnisse zu vermeiden,
- kein zu hoher Detaillierungsgrad durch geeignete Phasenanzahl (4-6) zur Ermöglichung der Anpassbarkeit an die Gegebenheiten eines Unternehmens,
- Möglichkeit zu Rückkopplungen zwischen den einzelnen Phasen,
- Möglichkeit zum sequentiellen und parallelen Durchlaufen der Phasen.

Besonders bedeutsam ist die **Betrachtung des gesamten Innovationsprozesses**, da eine zielgerichtete Fokussierung der Ressourcen nur dann möglich ist, wenn alle Innovationen im Unternehmen erfasst werden. So kann bspw. eine Vernachlässigung der frühen Phasen der Innovation (vgl. Kapitel 3.3) dazu führen, dass die Mitarbeiter sich v. a. der Entwicklung neuer Ideen widmen und dies nicht durch das Modell erfasst wird. Es sollte also gewährleistet sein, dass alle Innovationsideen und -projekte im Unternehmen durch das Modell erfasst werden, so dass die zur Verfügung stehenden Ressourcen entsprechend verteilt werden können.

---

237 Für eine Übersicht über die unterschiedlichen Modelle vgl. bspw. *Aregger* (1976), S. 106-114; *Saren* (1984); *Staudt/Auffermann* (1999); *Stippel* (1999), S. 19-21; *Verworn/Herstatt* (2000); *Dilling* (2002), S. 22-27; *Billing* (2003), S. 36-39; *Herstatt/Verworn* (2004a), S. 329-343; *Holmes/Campbell* (2004), S. 47; *Tidd/Bessant/Pavitt* (2005), S. 75-77; *Vahs/Burmester* (2005), S. 85-92; *Corsten/Gössinger/Schneider* (2006), S. 32-37; *Granig* (2007), S. 19-24; *Crawford/Benedetto* (2008), S. 23-33. Neben den dort dargestellten Modellen existiert noch eine große Vielfalt an Phasenmodellen, die sich lediglich in ihrem Detaillierungsgrad, der Anzahl und Bezeichnung der Phasen unterscheiden. Daher wird auf eine ausführliche Beschreibung verzichtet.

238 Vgl. *Borchert/Hagenhoff* (2003), S. 33.

239 Vgl. *Brose* (1982), S. 41; *Michel* (1990), S. 11; *Milling/Maier* (1996), S. 22; *Padmore/Schuetze/Gibson* (1998), S. 605; *Staudt/Auffermann* (1999), S. 16 f. und S. 37; *Winkler* (1999), S. 38; *Kobe* (2001), S. 63; *Reichart* (2002), S. 114 f.; *Cratzius* (2003), S. 7 f.; *Heck* (2003), S. 37; *Meyer* (2003), S. 14.

Ferner ist die **sachlogische Abgrenzung der Phasen** von großer Bedeutung. Auf diese Weise ist sichergestellt, dass die Aufgaben der Mitarbeiter bzw. Abteilungen klar abgegrenzt und nicht unnötig aufgeteilt werden. Ebenso sollte die Reihenfolge der Phasen der inneren Logik des Innovationsprozesses entsprechen. So kann bspw. die Erprobung erst nach der Erstellung eines Prototyps erfolgen. Aus dieser sachlogischen Abgrenzung ergibt sich die **nachvollziehbare Bezeichnung der Phasen**. Dies gewährleistet ein einheitliches Verständnis der Aufgaben, die innerhalb einer Phase zu erledigen sind.

Ebenso bedeutsam ist der **Detaillierungsgrad** des Phasenmodells. Dieser sollte nicht zu hoch sein, damit das Modell ggf. an die Besonderheiten des Unternehmens angepasst werden kann. Weiterhin führt ein hoher Detaillierungsgrad zu einer strikten Festlegung aller Aktivitäten und grenzt den Freiraum der Mitarbeiter sehr stark ein. *Holmes/Campbell* schlagen daher vor, dass ein Phasenmodell für den Innovationsprozess aus vier bis sechs Phasen bestehen sollte.[240] Dieser Ansicht wird hier gefolgt.

Den bisherigen Anforderungen eher untergeordnet, aber trotzdem bedeutsam, sind die Aspekte der Möglichkeit zu **Rückkopplungen** zwischen den sowie des **sequentiellen und parallelen Durchlaufens** der Phasen. Diese sind notwendig, um ein möglichst großes Maß an Flexibilität im Prozess zu gewährleisten. Andernfalls kann das Warten auf einzelne Aufgaben zu großen Verzögerungen im gesamten Prozess führen. Dies ist jedoch aufgrund der kurzen Entwicklungszyklen und des hohen Drucks der Kunden i. d. R. problematisch. Ebenso sollten Rückschritte in vorherige Phasen bei Auftreten von Problemen möglich sein, da ein Problem häufig in den Vorphasen begründet ist.

Somit sollte das zu entwickelnde Phasenmodell die o. g. Anforderungen erfüllen, um eine Analyse des Innovationsprozesses theoretisch fundiert zu gewährleisten. Die in Theorie und Praxis diskutierten und angewandten Phasenmodelle des Innovationsprozesses lassen sich in verschiedene Gruppen einordnen. Diese werden im Folgenden anhand von Beispielen hinsichtlich ihrer Charakteristika beschrieben.

---

240 Vgl. *Holmes/Campbell* (2004), S. 47.

3.1.2 Lineare Modelle

Die linearen Phasenmodelle stellen die Grundlage der Abbildung des Innovationsprozesses dar. Sie unterstellen, dass es eine klar strukturierte Abfolge der Prozessschritte gibt.[241] Es wird angenommen, dass jede Innovation im Unternehmen diesen idealtypischen Prozess durchläuft, wobei Rückschritte und parallel ablaufende Aktivitäten nicht berücksichtigt werden. Im Folgenden werden die drei Modelle von *Thom*, *Brockhoff* und *Vahs/Burmester* exemplarisch kurz erläutert.

Das **Phasenmodell von *Thom*** beinhaltet drei Hauptphasen (vgl. Abbildung 3-1), die in einem Großteil weiterer Modelle implizit oder explizit zu finden sind.[242] In der Phase der Ideengenerierung finden Suchaktivitäten statt, die nach der Definition des Suchfelds zu einer Idee für eine Problemlösung führen. Das Ergebnis dieser Phase stellt einen Ideenvorschlag dar. Die Ideenakzeptierung beginnt mit der Ideenprüfung, die die möglichst umfassende Untersuchung der Konsequenzen, die sich aus der Realisierung der Idee ergeben, beinhaltet. Abgeschlossen wird diese Hauptphase mit der Auswahl einer Idee. Im Rahmen der Ideenrealisierung geht es abschließend um die Umsetzung der Idee in dem Unternehmen. Den Abschluss der Phasen bilden die Markteinführung und daran anschließend die regelmäßige Erfolgskontrolle.

Phasen von Innovationsprozessen		
Hauptphasen		
1 Ideengenerierung	2 Ideenakzeptierung	3 Ideenrealisierung
Spezifizierung der Hauptphasen		
1.1 Suchfeldbestimmung	2.1 Prüfung der Ideen	3.1 Konkrete Verwirklichung der neuen Idee
1.2 Ideenfindung	2.2 Erstellen von Realisierungsplänen	3.2 Absatz der neuen Idee an Adressat
1.3 Ideenvorschlag	2.3 Entscheidung für einen zu realisierenden Plan	3.3 Akzeptanzkontrolle

Abbildung 3-1: Innovationsprozess nach *Thom*[243]

---

241 Vgl. *Gerybadze* (2004), S. 23.

242 Vgl. *Vahs/Burmester* (2005), S. 86 sowie zu den folgenden Ausführungen *Thom* (1992), S. 8-9. So verwenden bspw. *Vorbach/Perl* das Modell als Grundlage für die prozessuale und methodische Unterstützung von KMU. Vgl. hierzu *Vorbach/Perl* (2007).

243 Quelle: *Thom* (1992), S. 9.

Aufbauend auf diesem Grundmodell sind weitere Phasenmodelle entwickelt worden. Das **Modell von *Brockhoff***[244] ist als Erweiterung des Prozesses von *Thom* zu verstehen, wobei die Erweiterung in der expliziten Berücksichtigung einer Abbruchoption und der ungeplanten Invention besteht (siehe Abbildung 3-2). Diese Aspekte wurden von *Thom* nicht explizit betrachtet. Grund für den Abbruch einer Innovation im Laufe ihrer Entstehung ist ein technischer oder wirtschaftlicher Misserfolg. Neben diesen Aspekten beschränkt *Brockhoff* sein Modell nicht auf Produktinnovationen. Somit muss eine Innovation nicht zwingend im Markt, sondern kann auch im Unternehmen eingeführt werden.

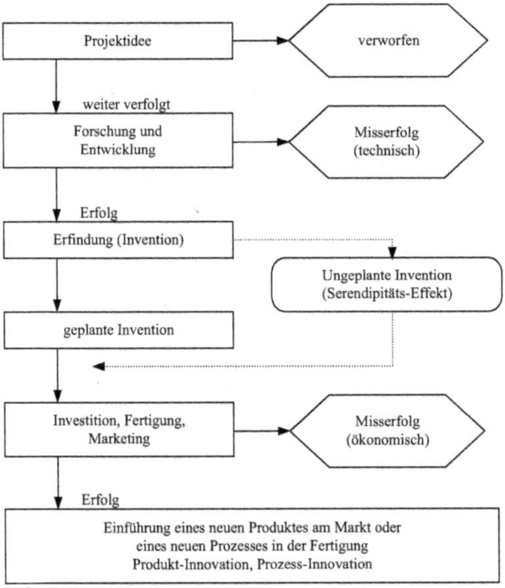

Abbildung 3-2: Innovationsprozess nach *Brockhoff*[245]

Vahs/Burmester fügen den vorangegangen Modellen zusätzlich ein Innovationscontrolling hinzu, welches über den gesamten Prozess hinweg das Innovationsmanagement bei der Planung, Steuerung und Kontrolle der Aktivitäten unterstützt (siehe Abbildung 3-3).[246] Entscheidend für den Beginn eines Innovationsprozesses ist in diesem Modell

---

[244] Zu den folgenden Ausführungen vgl. *Brockhoff* (1999), S. 36 f.

[245] Quelle: *Brockhoff* (1999), S. 36.

[246] Vgl. zum Innovationsprozess ausführlich *Vahs/Burmester* (2005), S. 92-96 sowie zur Definition des Innovationscontrollings *Stippel* (1999), S. 39; *Schön* (2001), S. 98; *Littkemann* (2005), S. 7; *Bösch* (2007), S. 124-126.

die Phase des Innovationsanstoßes. Diese bezeichnet den Zeitraum von der Erkenntnis eines Problems bis zur tatsächlichen Entscheidung, Aktivitäten zur Problemlösung einzuleiten. Dem Anstoß folgt die Phase der Ideengewinnung. Diese beinhaltet die Sammlung und Generierung von Ideen zur Problemlösung sowie deren systematische Erfassung, Speicherung und eine erste Grobbewertung. Die Bewertung der Ideen soll eine Fokussierung auf Erfolg versprechende Ideen bewirken, systematisch durch das Management erfolgen und eine nachvollziehbare Rangfolge der Ideen zum Ergebnis haben. Getrennt von der Bewertung werden anschließend die Erfolg versprechenden Ideen ausgewählt. Die anderen Ideen werden an dieser Stelle nicht weiter verfolgt. Im nächsten Schritt werden die vorher entwickelte Ideen umgesetzt und abschließend in den Markt eingeführt.

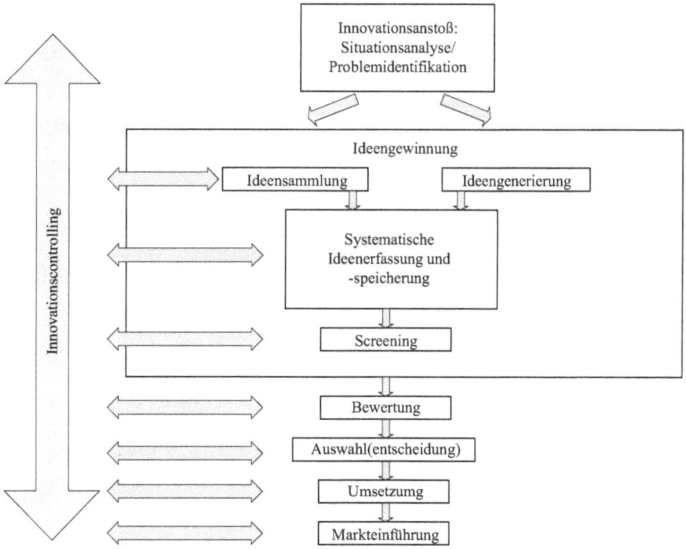

Abbildung 3-3: Innovationsprozess nach *Vahs/Burmester*[247]

Die linearen Phasenmodelle erfüllen die gestellten Anforderungen nicht vollständig. So umfassen die Modelle von *Thom* und *Brockhoff* nicht den gesamten Innovationsprozess, da sie erst mit der Projektidee beginnen. Im Gegensatz dazu umfasst das Modell von *Vahs/Burmester* den gesamten Prozess vom Innovationsanstoß bis zur Markteinführung. Des Weiteren sind in keinem der Modelle die Möglichkeiten für Rück-

[247] Quelle: *Vahs/Burmester* (2005), S. 92.

kopplungen und das parallele Durchlaufen von Phasen gegeben. Auch sind die Phasen nicht eindeutig mit Meilensteinen gegeneinander abgegrenzt. Es erfolgt zwar in den Modellen von *Thom* und *Vahs/Burmester* eine Bewertung und Auswahl der Ideen, allerdings werden Projektabbrüche während der Realisierung und vor der Markteinführung nicht berücksichtigt. Obwohl die sonstigen Anforderungen, wie bspw. die sachlogische Abgrenzung oder die Bezeichnung der Phasen, erfüllt werden, sind die linearen Phasenmodelle aufgrund der genannten Schwächen nicht geeignet, den Innovationsprozess in der Automobilzulieferindustrie abzubilden und die Grundlage für eine Bewertung der Innovationen zu bilden.[248]

3.1.3 Lineare Modelle mit Rückkopplungen

Basierend auf der Kritik an den linearen Phasenmodellen erweiterten *Kline/Rosenberg* die klassischen Modelle um **Rückkopplungen** (siehe Abbildung 3-4). Diese erlauben somit beim Auftreten neuer Erkenntnisse den Rückschritt in eine frühere Phase. Des Weiteren berücksichtigen *Kline/Rosenberg* explizit die Beziehungen von Innovationsprozess, F&E und dem Wissen der Mitarbeiter.[249] Wesentliche Kennzeichen dieses Modells sind:[250]

- F&E und der Prozessablauf sind voneinander getrennt,
- der Prozess beginnt mit einer Problemerfassung und der Untersuchung potentieller Märkte,
- zwischen den Prozessstufen bestehen Feed-back-Schleifen und enge Beziehungen.

Abbildung 3-4: Chain-Link-Modell nach *Kline/Rosenberg*[251]

[248] So weist bspw. *Cooper* (2008), S. 61 darauf hin, dass sich lineare Phasenmodelle nicht zur Abbildung von Innovationsprozessen in Unternehmen eignen.

[249] Vgl. *Kline/Rosenberg* (1986), S. 289-294.

[250] Vgl. *Gerybadze* (2004), S. 26.

[251] Quelle: in Anlehnung an *Kline/Rosenberg* (1986), S. 290.

Die **Bedeutung des Modells** von *Kline/Rosenberg* wird u. a. dadurch deutlich, dass die *OECD* in ihrem sog. Oslo-Manual das Chain-Link-Modell zur Beschreibung von Innovationsprozessen im Unternehmen empfiehlt.[252] Allerdings weist auch dieses Modell Schwächen auf. So wird die Parallelisierung von Aktivitäten nicht berücksichtigt. Weiterhin beinhaltet das Modell nicht den gesamten Innovationsprozess, da es sich v. a. auf die F&E bezieht und lediglich die Marktanalyse als Startpunkt des Prozesses betrachtet. Darüber hinaus sind keine klaren Abbruchpunkte und -kriterien für wenig Erfolg versprechende Innovationen definiert. Obwohl die weiteren Anforderungen ebenso wie bei den Phasenmodellen ohne Rückkopplungen erfüllt werden, eignet sich das Chain-Link-Modell ebenfalls nicht als Phasenmodell für die vorliegende Problemstellung.

3.1.4 Stage-Gate-Modelle

Die sog. Stage-Gate-Modelle sind die am weitesten verbreiteten und bekanntesten Phasenmodelle für Innovationsprozesse und stellen den State-of-the-Art dar.[253] Sie sind dadurch gekennzeichnet, dass nach jeder Phase (Stage) ein Tor (Gate oder auch Meilenstein genannt) passiert werden muss, um in die Folgephase zu gelangen. Dabei wird das Projekt von einem Gremium bewertet und darauf folgend eine Go-/No-Go-Entscheidung getroffen. Durch diese Vorgehensweise wird sichergestellt, dass wenig Erfolg versprechende Innovationen aussortiert werden. In den Phasen erfolgen die jeweiligen Entwicklungsaktivitäten und es werden Informationen gesammelt, die für die Entscheidung am folgenden Gate benötigt werden.[254]

Die **ersten Stage-Gate-Modelle** wurden in den 1960er Jahren von der *NASA* entwickelt und später auch beim US Militär und in einigen Unternehmen eingesetzt.[255] Die Modelle dienen v. a. der Standardisierung der Zusammenarbeit mit den Zulieferern. Sie weisen jedoch die Schwäche auf, dass das Projekt vor dem Gate warten muss, bis alle Aktivitäten der Phase absolviert sind. Dies führt z. T. zu verlängerten Entwicklungszeiten. Des Weiteren sind die Prozessmodelle sehr technologieorientiert und vernachlässigen die Betrachtung des Markts.[256] Basierend auf diesen Schwächen und den

[252] Vgl. *OECD* (1997), S. 24.
[253] Vgl. *Shaw et al.* (2001), S. 1140; *Billing* (2003), S. 38; *Bösch* (2007), S. 27; *Ettlie/Elsenbach* (2007), S. 27; *Weber/Vinkemeier* (2007), S. 28; *Herzog* (2008), S. 11.
[254] Vgl. *Shaw et al.* (2001), S. 1144.
[255] Damals wurden sie als Phase-Review-Modelle bezeichnet.
[256] Vgl. *Verworn/Herstatt* (2000), S. 2 f.

Ergebnissen einer empirischen Untersuchung zu den Unterschieden im Management von Innovationen bei erfolgreichen und erfolglosen Unternehmen entwickelten *Cooper/Kleinschmidt* die **zweite Generation** der Stage-Gate-Modelle (siehe Abbildung 3-5).

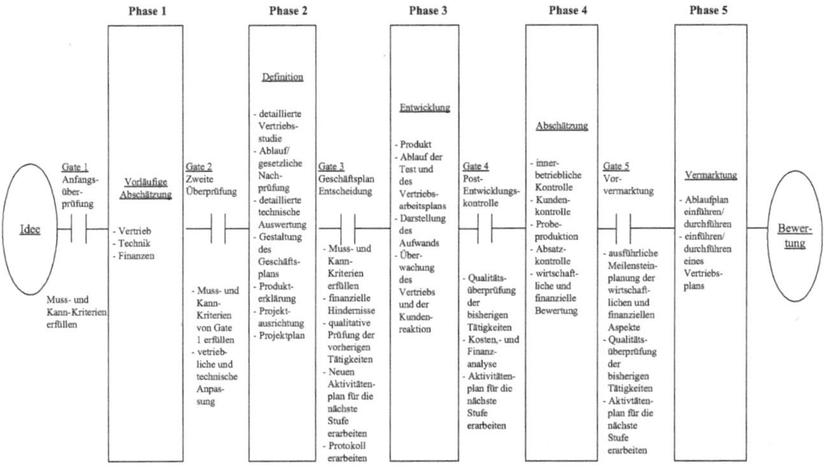

Abbildung 3-5: Stage-Gate-Modelle der zweiten Generation[257]

Diese Generation überwindet die Schwächen der ersten Generation durch die Einbindung interdisziplinärer Teams zur Entwicklung und bei den Entscheidungen an den Gates. Außerdem liegen der Bewertung fest definierte Kriterien zu Grunde.[258] Basierend auf einer Idee werden in diesem Modell zunächst die technische Realisierbarkeit und Marktattraktivitäten abgeschätzt. In Phase zwei erfolgt die Produktdefinition. Darauf aufbauend wird ein Produkt entwickelt und anschließend getestet. Den Abschluss des Prozesses bilden die Kommerzialisierung und eine finale Bewertung.

Die **dritte Generation** der Stage-Gate-Modelle geht ebenfalls auf *Cooper* zurück und ermöglicht Überlappungen zur teilweisen parallelen Abwicklung der Phasen; darüber hinaus beinhaltet es Rückkopplungen.[259] So können bspw. bereits vor dem Passieren

---

[257] Quelle: *Cooper/Kleinschmidt* (1990), S. 46. Für weitere Darstellungen vgl. *Cooper/Kleinschmidt* (1991), S. 138; *Cooper/Kleinschmidt* (1994), S. 28; *Cooper/Edgett/Kleinschmidt* (2001), S. 272; *Cooper/Edgett/Kleinschmidt* (2002), S. 3.

[258] Vgl. *Verworn/Herstatt* (2000), S. 3.

[259] Vgl. *Cooper* (1996), S. 479; *Cooper* (2008), S. 216. Zu den Besonderheiten der dritten Generation und den Fehlern, die häufig bei der Implementierung begangen werden, vgl. ausführlich *Cooper* (2008).

eines Gates Aktivitäten der Folgephase begonnen werden, wenn diese einen bestimmten Rahmen nicht übersteigen. Ferner kann das Projekt ein Gate bereits passieren, obwohl noch nicht alle Aktivitäten abgeschlossen sind, sofern es sich nicht um wichtige Bestandteile für die Bewertung handelt. Diese Erweiterungen sollen das Phasenmodell flexibler machen und für eine Verkürzung der Entwicklungszeiten sorgen. Sie kommen den in der Realität ablaufenden Prozessen damit näher als vorhergehende Modelle.[260]

Die dritte Generation der Stage-Gate-Modelle erfüllt die Anforderungen an ein Phasenmodell zu großen Teilen. Der Prozess beginnt bei *Cooper* lediglich mit der Idee; die Herkunft dieser Idee wird nicht einbezogen. Das Modell berücksichtigt jedoch Rückkopplungsschleifen und ermöglicht durch die Überlappungen der Phasen eine teilweise Parallelisierung der Aktivitäten. Des Weiteren sind die einzelnen Phasen klar durch Gates voneinander getrennt. Der häufig genannten Kritik der Verlängerung der Entwicklungszeit durch Wartezeiten an den Gates wird durch die Überlappungen der Phasen entgegnet.[261] Ebenso wie die linearen Modelle erfüllt auch dieser Ansatz die weiteren Anforderungen, wobei diese bei der konkreten Ausgestaltung eines Phasenmodells explizit bedacht werden müssen (siehe Kapitel 3.5.1). Neben genannten Vorteilen weisen die Stage-Gate-Modelle v. a. eine Besonderheit auf, die dem Wesen der Innovationen entgegenkommt. Die Entscheidung über Fortführung oder Abbruch an mehreren Punkten im Prozess reduziert das Risiko.[262] Dabei wird die Irreversibilität[263] der Zahlungen gesenkt, da nicht zu Beginn eine einmalige Entscheidung über die Entwicklung gefällt wird, die hohe Auszahlungen bewirkt. Dies erfolgt in diesem Modell sukzessive auf Basis der Ergebnisse an den Gates und ist vor dem Hintergrund knapper Ressourcen in KMU von besonderer Bedeutung.[264]

Die Stage-Gate-Modelle der dritten Generation sind generell geeignet, um Innovationsprozesse realitätsgetreu abzubilden. Allerdings müssen sie um die Gedanken der Kreislaufmodelle[265] – Innovationen bewirken stets neue Innovationen, was zu einem ständigen Durchlaufen des Prozesses führt – erweitert werden. Außerdem berücksich-

260 Vgl. *Verworn/Herstatt* (2000), S. 5.
261 Zu der Kritik vgl. *Shaw et al.* (2001), S. 1140.
262 Vgl. *Davis* (2002), S. 72.
263 Vgl. Kapitel 2.4.6.
264 Vgl. *Zäpfel* (2000), S. 24.
265 Vgl. Kapitel 3.1.5.

tigen sie die Bedeutung der frühen Phasen[266] und die Betrachtung des Innovationsprozesses als Informationsverarbeitungs- und Entscheidungsprozess[267] nicht ausreichend. Weiterhin existieren keine Modelle, die explizit den branchen- und größenabhängigen Besonderheiten Rechnung tragen. Die genannten Mängel lassen sich jedoch durch die Ableitung eines Stage-Gate-Modells für die Automobilzulieferindustrie beseitigen, indem der Prozess insb. auf die frühen Phasen ausgedehnt und ein mehrmaliges Durchlaufen des Prozesses einbezogen wird.

3.1.5 Kreislauf- und Chaosmodelle

Die Kreislauf- und Chaosmodelle des Innovationsprozesses stellen eine Erweiterung der rekursiven Betrachtungsweise (z. B. des Chain-Link-Modells) dar und betonen v. a. die **Lerneffekte**, die während des Prozesses auftreten. Dementsprechend werden sie häufig auch als Probe-and-Learn-Prozesse bezeichnet.[268] Diese Modelle finden besonders bei radikalen Innovationen mit einem extrem hohen Neuheitsgrad Beachtung, um den besonderen Umständen der großen technischen und Marktunsicherheit gerecht zu werden.[269] Die im Folgenden vorgestellten Kreislauf- und Chaosmodelle wurden vor der dritten Generation des Stage-Gate-Modells von *Cooper* entwickelt. Sie stellten zum damaligen Zeitpunkt einen neuen Ansatz zur Beschreibung von Innovationsprozessen dar. Diese Überlegungen wurden z. T. in den neueren Modellen von *Cooper* übernommen. Aufgrund ihrer Bedeutung für heutige Phasenmodelle werden sie im Folgenden kurz erläutert.

McCarthy et al. weisen darauf hin, dass v. a. der Beginn des Innovationsprozesses chaotisch ist und er im Zeitablauf zunehmend stabiler und linear wird.[270] *Lynn/Morone/Paulson* schlagen ein iteratives Vorgehen für den gesamten Prozess vor.[271] Ihrer Ansicht nach sollten frühe Versionen von Produkten in Probemärkten eingeführt werden; basierend auf den Erfahrungen dieser Märkte wird das Produkt modifiziert und folgend erneut in einen Probemarkt eingeführt. Der Vorgang ist so lange zu wiederholen, bis alle notwendigen Informationen vorhanden sind und das Produkt in den Zielmarkt eingeführt werden kann. Die Autoren belegen diese Vorgehensweise an

---

266 Vgl. Kapitel 3.3.
267 Vgl. Kapitel 3.4.
268 Vgl. *Verworn/Herstatt* (2007b), S. 120.
269 Vgl. *Lynn/Morone/Paulson* (1996), S. 8; *Padmore/Schuetze/Gibson* (1998), S. 608; *McCarthy et al.* (2006), S. 440.
270 Vgl. *McCarthy et al.* (2006), S. 440.
271 Vgl. hierzu *Lynn/Morone/Paulson* (1996).

Beispielen wie der Entwicklung des Computertomographen oder des Mobiltelefons. Basierend auf *Lynn/Morone/Paulson* entwickelt *Buijs* ein Kreislaufmodell für radikale Produktinnovationen. Dieses wird beispielhaft für diese Modellart in Abbildung 3-6 visualisiert.

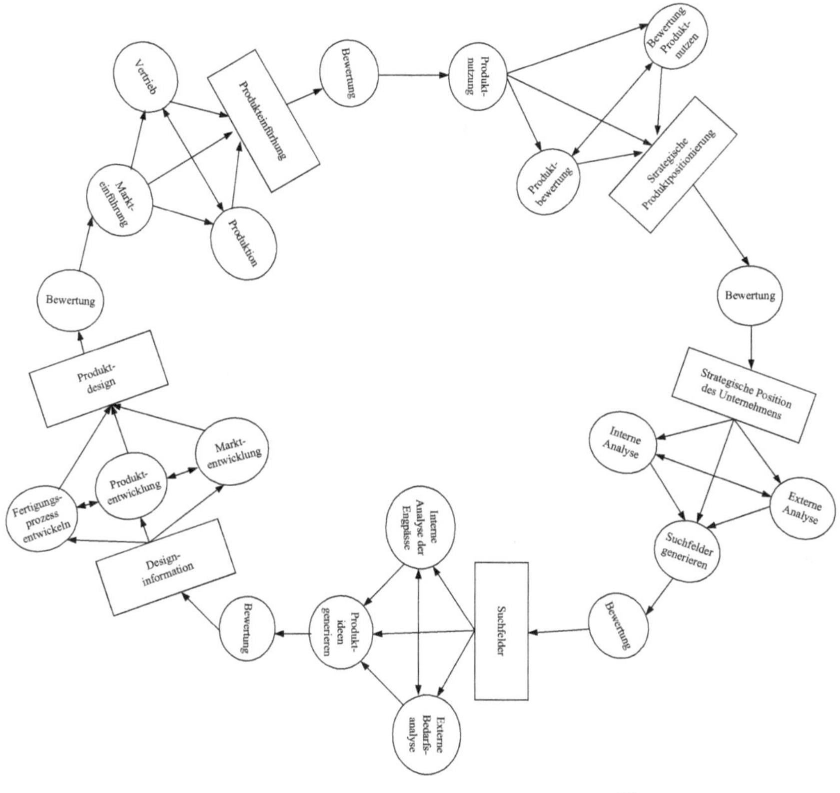

Abbildung 3-6: Kreislaufmodell nach *Buijs*[272]

Das Phasenmodell von *Buijs* bildet den gesamten Innovationsprozess von einer strategischen Analyse bis hin zur Markteinführung des Produkts ab. Rückkopplungen sind in diesem Modell sowohl zwischen den einzelnen Phasen als auch durch das iterative Durchlaufen des gesamten Prozesses integriert. Somit stellen die Kreislauf- und Chaosmodelle einen Fortschritt gegenüber den linearen und Chain-Link-Modellen dar.

[272] Quelle: *Buijs* (2003), S. 91.

Allerdings weist bspw. das Phasenmodell von *Buijs* einen sehr hohen Detaillierungsgrad auf. Die große Anzahl an Aktivitäten und Phasen und die Darstellung als Kreis machen den Innovationsprozess unübersichtlich und erschweren eine Anpassung an die Gegebenheiten des Unternehmens. Trotz der genannten Vorteile eignet sich das Modell nicht zur alleinigen Beschreibung des Innovationsprozesses, da es das Ziel der vereinfachten Abbildung der Realität nicht erfüllt und zu komplex für die Steuerung in kleinen und mittelgroßen Unternehmen ist. Allerdings sollte ein Phasenmodell für Automobilzulieferer den Gedanken des Kreislaufs berücksichtigen und darauf hinweisen, dass ein mehrfaches Durchlaufen notwendig sein kann und möglich ist.

3.2 Vor- und Nachteile von Phasenmodellen

Die grundsätzliche Abbildung des Innovationsprozesses in einem Phasenmodell ist in der Literatur nicht unumstritten. Daher werden im Folgenden Vor- und Nachteile der Anwendung eines Phasenmodells diskutiert.

Die Bildung von Phasenmodellen für den Innovationsprozess weist einige **Vorteile** auf. Der bedeutendste Vorteil liegt in der Komplexitätsreduktion durch Vereinfachung, Übersichtlichkeit und Anschaulichkeit der Modelle.[273] Diese Vereinfachung des Prozesses bewirkt gerade erst eine systematische Analyse des Prozesses und eine Planung der verschiedenen Prozessschritte.[274] Dementsprechend werden die Analyse der Entscheidungssituationen im Laufe des Innovationsprozesses und die folgende Ableitung von Bewertungsinstrumenten erst durch die Abbildung des Innovationsprozesses in einem Phasenmodell ermöglicht. Des Weiteren weist die Entwicklung einer Innovation stets eine gewisse innere Logik auf.[275] *Poole/Ven* bezeichnen diese Logik als zeitliche und logische Notwendigkeit des Innovationsprozesses.[276] So ist es bspw. notwendig, dass zunächst ein (physischer oder virtueller) Prototyp vorliegt, um bestimmte Tests durchführen zu können. Diese innere Logik sollte durch ein Phasenmodell abgebildet werden.

---

[273] Vgl. *Göpfert* (1992), S. 257; *Billing* (2003), S. 40; *Heck* (2003), S. 37.

[274] Vgl. *Seidemann* (2000), S. 50; *Bockemühl* (2001), S. 188; *Cratzius* (2003), S. 7; *Posch* (2007), S. 225. *Vorbach/Perl* weisen darauf hin, dass diese Komplexitätsreduktion und Strukturierung auch in KMU von großer Bedeutung ist. Vgl. hierzu *Vorbach/Perl* (2007), S. 321.

[275] Vgl. *Brose* (1982), S. 41; *Heck* (2003), S. 37; *Posch* (2007), S. 225.

[276] Vgl. *Poole/Ven* (2000), S. 644 f.

Gegen die Bildung von Phasenmodellen für Innovationen sprechen v. a. fünf unterschiedliche Argumente.[277] Der erste **Kritikpunkt** zielt auf die fehlende Berücksichtigung paralleler Aktivitäten im Innovationsprozess ab.[278] Dabei wird die Linearität, die die Modelle abbilden oder zumindest suggerieren, kritisiert, da durch die Parallelisierung einzelner Aktivitäten Zeit eingespart werden kann. Dies wird in den Phasenmodellen i. d. R. jedoch nicht abgebildet. Als zweite Schwäche der Modelle werden fehlende Rückkopplungsmechanismen vorgebracht.[279] In der Realität sind häufig Rückschritte notwendig, da sich neue Chancen ergeben oder Probleme erst später im Prozess offensichtlich werden. Diese Rückkopplungen werden in den Phasenmodellen jedoch häufig nicht berücksichtigt. Die beiden o. g. Kritikpunkte beziehen sich im Wesentlichen auf die frühen linearen Modelle (siehe Kapitel 3.1.2) und können daher nicht generell gegen die Bildung von Phasenmodellen sprechen. Neben diesen speziellen existieren jedoch ebenfalls allgemeine Kritikpunkte, die für jede Form der Modelle gelten. Zum einen wird den Modellen vorgeworfen, dass die verschiedenen Funktionsbereiche im Unternehmen nicht in das Modell integriert werden.[280] Somit entsteht der Eindruck, dass ausschließlich der F&E-Bereich in dem Prozess beteiligt ist. Dies entspricht jedoch nicht der Realität. Weiterhin wird argumentiert, dass keine exakte Abgrenzung der unterschiedlichen Phasen möglich ist, da die Übergänge zwischen Phasen fließend sind.[281] Der letzte Kritikpunkt bezieht sich auf die Verallgemeinerbarkeit der Modelle.[282] Aufgrund der unterschiedlichen Schwerpunkte der Modelle können diese nicht auf alle Unternehmen in allen Branchen angewendet werden, da dort unterschiedliche Gegebenheiten vorliegen. Ebenso sind die Phasenmodelle nicht für alle Innovationsgrade einsetzbar. So erfordern bspw. radikale Innovationen eine andere Behandlung als inkrementale.[283]

Die Vorteile der systematischen Abbildung und die daraus resultierende Möglichkeit der Analyse von Entscheidungssituationen im Innovationsprozess überwiegen die genannten Nachteile (insb. bei Beachtung der Anforderungen in Kapitel 3.1.1). Daher wird der Innovationsprozess im Folgenden durch ein Phasenmodell abgebildet. Die

---

277 Zur generellen Kritik an Phasenmodellen jeglicher Art vgl. *Witte* (1988).

278 Vgl. *Saren* (1994), S. 633-636; *Staudt/Auffermann* (1999), S. 16; *Gerpott* (1999), S. 53 f.; *Bockemühl* (2001), S. 188.

279 Vgl. *Michel* (1990), S. 11; *Ehlken* (1999), S. 6; *Gerpott* (1999), S. 53 f.; *Bockemühl* (2001), S. 188; *Heck* (2003), S. 37.

280 Vgl. *Bockemühl* (2001), S. 188.

281 Vgl. *Thom/Grochla* (1980), S. 45; *Brose* (1982), S. 41; *Michel* (1990), S. 11; *Staudt/Auffermann* (1999), S. 16; *Ehlken* (1999), S. 6; *Gerpott* (1999), S. 53 f.; *Seidemann* (2000), S. 50; *Heck* (2003), S. 37.

282 Vgl. *Brose* (1982), S. 41; *Gerpott* (1999), S. 54; *Billing* (2003), S. 39.

283 Vgl. *Billing* (2003), S. 39.

bisherigen Modelle berücksichtigen jedoch wichtige Aspekte – wie bspw. die Besonderheiten der frühen Phasen von Innovationen – nicht ausreichend. Daher wird auf diese nachfolgend eingegangen.

3.3 Besonderheiten der frühen Phasen von Innovationen

In den klassischen Phasenmodellen wird den sog. **frühen Phasen** (oder auch fuzzy front-end) eine relativ geringe Bedeutung zugeordnet. Dies wird bspw. daran deutlich, dass die Modelle z. T. erst in späteren Phasen beginnen. Empirische Untersuchungen haben jedoch gezeigt, dass vor allem in den frühen Phasen wichtige Entscheidungen über den Erfolg oder Misserfolg einer Innovation getroffen werden.[284] Die Bedeutung wird bereits daraus ersichtlich, dass zwar in den frühen Phasen nur wenige Kosten anfallen, jedoch die späteren Produktkosten zu einem Großteil festgelegt werden (siehe tendenziell Abbildung 3-7). Daher werden im Folgenden die Besonderheiten des fuzzy front-ends dargestellt.

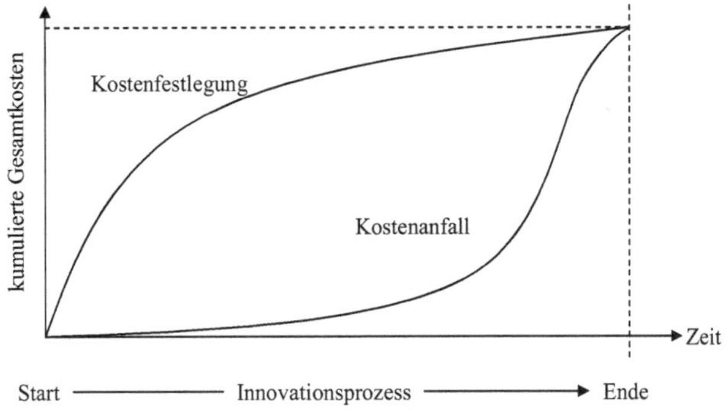

Abbildung 3-7: Verlauf von Kostenentstehung und -beeinflussbarkeit[285]

Der Begriff des **fuzzy front-end** geht auf *Khurana/Rosenthal* zurück.[286] Die Autoren beziehen in die frühen Phasen „product strategy formulation and communication, opportunity identification and assessment, idea generation, product definition, project planning and executive reviews“[287]ein. In der Literatur herrscht jedoch Uneinigkeit, welche Aktivitäten oder Phasen das fuzzy front-end beinhaltet. So berücksichtigen

[284] Zur Bedeutung der frühen Phasen vgl. *Verworn/Herstatt* (2007a), S. 4-7.
[285] Quelle: *Sabisch* (1991), S. 131.
[286] Vgl. *Khurana/Rosenthal* (1997).
[287] *Khurana/Rosenthal* (1998), S. 59.

bspw. *Kim/Wilemon* lediglich die Ideengenerierung, die Produktdefinition und Projektbewertung.[288] Den gleichen Startpunkt wählt *Herstatt*, der die frühen Phasen jedoch erst als beendet ansieht, wenn ein Produktkonzept erstellt wurde.[289] Deutlich früher beginnt für *Salomo/Mensel* das fuzzy front-end und damit auch der Innovationsprozess, indem sie erste kognitive Aktivitäten als Startpunkt ansehen. Jedoch enden die frühen Phasen für die genannten Autoren bereits mit der ersten Vergabe von finanziellen Mitteln.[290] In der vorliegenden Arbeit wird der am weitesten gefassten Definition von *Verworn* gefolgt. Sie bezieht alle Aktivitäten vom ersten Impuls bzw. der ersten Gelegenheit für ein Produkt bis zur Umsetzung des Produktkonzepts ein.[291] Dementsprechend werden im Folgenden sämtliche Aktivitäten von diesem Punkt bis zum Abschluss der Produktkonzepterstellung als **frühe Phasen** einer Innovation betrachtet.[292]

Die frühen Phasen werden als fuzzy (unscharf) bezeichnet, da die Aktivitäten häufig chaotisch, unvorhersagbar und unstrukturiert sind.[293] Sie sind des Weiteren durch folgende Charakteristika gekennzeichnet:[294]

- fehlender Überblick über die vorhandenen Ideen,
- ungenaues Bild über die Markt- und Kundenbedürfnisse,
- Probleme bei der Abschätzung der Kundenakzeptanz einer Technologie,
- Probleme bei der Konkretisierung technischer Spezifikationen.

Diese erfordern aufgrund ihrer Charakteristika eine besondere Beachtung und müssen daher explizit in einem Phasenmodell für Innovationsprozesse berücksichtigt werden.[295] So schlägt bspw. *Cooper* vor, das Stage-Gate-Modell auch auf die frühen Phasen zu übertragen, um möglichst früh die Innovationsideen bewerten zu können.[296] Diesem Ansatz wird in der vorliegenden Arbeit gefolgt.

---

288 Vgl. *Kim/Wilemon* (2002a), S. 269.

289 Vgl. *Herstatt* (1999), S. 81.

290 Vgl. *Salomo/Mensel* (2001), S. 117.

291 Vgl. *Verworn/Herstatt* (2007b). Die Erstellung eines Produktkonzepts als Abschluss der frühen Phasen wählen ebenso *Kobe* (2001), S. 49; *Rainey* (2006), S. 112 und *Poskela* (2007), S. 439.

292 *Nobelius/Trygg* betrachten eine ähnliche Reichweite, indem sie mit der Chancenerkennung beginnen und das fuzzy front-end mit der Projektplanung als beendet ansehen. Vgl. *Nobelius/Trygg* (2002), S. 332.

293 Vgl. *Koen* (2005), S. 81.

294 Vgl. *Brodbeck et al.* (2001), S. 66 f.; *Herstatt/Verworn* (2004b), S. 349 f.

295 So zeigen bspw. Verworn/Herstatt verschiedene Ansätze zur Strukturierung der frühen Phasen in Prozessmodellen auf. Vgl. *Verworn/Herstatt* (2007b). In der vorliegenden Arbeit wird das fuzzy front-end jedoch nicht gesondert, sondern als Bestandteil des Gesamtprozesses betrachtet und in das Phasenmodell integriert.

296 Vgl. *Cooper/Edgett/Kleinschmidt* (2002), S. 22 f.

3.4 Der Innovations- als Informationsverarbeitungs- und Entscheidungsprozess

Neben den Besonderheiten früher Phasen wird v. a. die Betrachtung des Innovations- als Informationsverarbeitungs- und Entscheidungsprozess in der Literatur diskutiert. Die Organisationstheorie betrachtet bspw. das Unternehmen als ein System, das Unsicherheiten gegenübersteht und in dem Informationsprozesse stattfinden.[297] Diese Sichtweise wurde in verschiedenen Ansätzen auf den Innovationsprozess übertragen.[298] Sie weisen die Gemeinsamkeit auf, dass sie den Innovationsprozess als einen Prozess der **Informationsgewinnung und -verarbeitung** und der Unsicherheitsreduzierung betrachten.[299] Zu Beginn des Innovationsprozesses ist die Unsicherheit bzgl. technischer Realisierbarkeit, Marktakzeptanz und Markteinführungszeitpunkt am höchsten, da nur sehr vage Informationen über die Projektidee vorliegen. Des Weiteren liegen die Realisierung der Idee und die Markteinführung noch weit in der Zukunft. Dieser Umstand erhöht die Unsicherheit. Im Laufe des Innovationsprozesses werden durch die beteiligten Personen jedoch Informationen über das Produkt, die Technologien und den relevanten Markt gesammelt und verarbeitet. Diese Informationsverarbeitung bewirkt eine Reduzierung der Unsicherheit.[300] So weisen bspw. *Hahn/Bausch/Mayer* darauf hin, dass „durch eine sequentielle Strukturierung und Analyse des Innovationsprojektes eine zeitliche Dekomposition der Ungewissheit“[301] möglich ist. Diese Entwicklung der verfügbaren Informationen muss bei der Gestaltung eines Innovationsprozesses mit verschiedenen Entscheidungspunkten berücksichtigt werden. Dementsprechend erfolgt in Kapitel 3.5.2 eine detaillierte Analyse der Informationsbedarfe an den einzelnen Entscheidungspunkten, um Unsicherheiten zu reduzieren und die Voraussetzung für eine Bewertung zu schaffen.

Neben der Betrachtung als Informationsverarbeitungs- wird der Innovationsprozess auch als **Entscheidungsprozess** betrachtet. Eine Entscheidung wird dabei folgend als „die (mehr oder weniger bewusste) Auswahl einer von mehreren Handlungsalternativen“[302] definiert. Der Innovationsprozess kann in diesem Zusammenhang aus zwei unterschiedlichen Sichtweisen als Entscheidungsprozess betrachtet werden. Zum einen stellt der gesamte Innovationsprozess einen Entscheidungsprozess zur Lösung

---

297 Vgl. *Bergh* (1998), S. 136 f.
298 Vgl. *Frishammar* (2005), S. 259; *Verworn/Herstatt* (2007b), S. 113.
299 Vgl. *Lange* (1993), S. 15 f.; *Bellalah* (2001), S. 115; *Browning et al.* (2002), S. 444; *Kim/Wilemon* (2002a), S. 270 f.; *Salomo/Weise/Gemünden* (2007), S. 288; *Verworn/Herstatt* (2007b), S. 113.
300 Zur schematischen Abbildungen des Verlaufs der Unsicherheit vgl. bspw. *Boer* (1999), S. 42; *Browning et al.* (2002), S. 443; *Tidd/Bessant/Pavitt* (2005), S. 16; *Verworn/Herstatt* (2007b), S. 114.
301 *Hahn/Bausch/Mayer* (2000), S. 226.
302 *Laux* (2007), S. 1.

eines Problems dar. V. a. in den frühen Phasen sind die Problemerkenntnis und Ideengenerierung zur Lösung des Problems von Bedeutung, da hier häufig ein großes Maß an Kreativität gefragt ist. Somit beinhaltet der Innovationsprozess, zumindest implizit, die Phasen Problemerkenntnis, Problemformulierung, Präzisierung des Zielsystems, Alternativensuche, -bewertung und -auswahl.[303] Zum anderen kann der Innovationsprozess als **mehrstufiger Entscheidungsprozess** aufgefasst werden.[304] Es wird davon ausgegangen, dass die Akteure jederzeit die Möglichkeit haben, den Innovationsprozess abzubrechen. Diese Sichtweise wird besonders durch die o. g. Stage-Gate-Modelle unterstützt, da sie diese Entscheidungssituationen explizit abbilden. *Hauschildt* bezeichnet den Innovationsprozess in diesem Zusammenhang als „Sequenz nicht erfolgter Abbruchentscheidungen."[305]

Die Bedeutung der Betrachtung des Innovationsprozesses als Informationsverarbeitungs- und Entscheidungsprozess wird durch *Brose* hervorgehoben. Er weist darauf hin, dass die Anwendbarkeit unterschiedlicher Bewertungsinstrumente von der „Zugänglichkeit und Verfügbarkeit [..] der für die Entscheidungssituation relevanten Informationen"[306] abhängt. Dieser Sichtweise entsprechend wird ein Innovationsprozess in der Automobilzulieferindustrie mit verschiedenen Entscheidungssituationen dargestellt. Basierend auf diesem Modell erfolgt eine Analyse der Informationsbedarfe, die die Anwendbarkeit verschiedener Bewertungsinstrumente (siehe Kapitel 4) beeinflussen.

3.5 Entwicklung eines Phasenmodells des Innovationsprozesses für Unternehmen der Automobilzulieferindustrie

3.5.1 Struktur des Innovationsprozesses

Basierend auf den vorangegangenen Kapiteln wird im Folgenden ein **Phasenmodell für kleine und mittelgroße Automobilzulieferer** (siehe Abbildung 3-8) entwickelt, das die Vorteile der verschiedenen Modellarten kombiniert. Der Stage-Gate-Prozess von *Cooper* inkl. der expliziten Abbildung von Entscheidungssituationen wird an die branchenspezifische Produktentwicklung angepasst und um die Aspekte der teilweise parallelen Entwicklung, der Rückkopplungen und des Kreislaufgedankens erweitert.

[303] Zum Entscheidungsprozess vgl. *Laux* (2007), S. 8-11; *Bamberg/Coenenberg/Krapp* (2008), S 9.
[304] Vgl. *Hubner* (1996), S. 104; *Floricel/Ibanescu* (2008), S. 4.
[305] *Hauschildt/Salomo* (2007), S. 567.
[306] *Brose* (1982), S. 87.

Das Phasenmodell stellt jedoch kein allgemeingültiges Modell dar und sollte stets unternehmensspezifisch angepasst werden.[307] Ebenso wird die Betrachtung des Innovationsprozesses als Informationsverarbeitungsprozess in das Prozessmodell integriert, indem explizit die Phasen Problemerkenntnis (als Chancenerkennung bezeichnet) und Ideengenerierung zur Problemlösung berücksichtigt werden. Den frühen Phasen kommt eine besondere Bedeutung zu, wobei als fuzzy front-end die Phasen eins bis drei bezeichnet werden. Des Weiteren werden die Gates folgend als Meilensteine bezeichnet, da diese Bezeichnung in KMU aufgrund der Erfahrung mit Projekten geläufiger ist.[308] Die Entscheidungen über Abbruch und Fortsetzung einer Innovation sollten in einem interdisziplinären Team unter Beteiligung der Unternehmensleitung getroffen werden, um eine große Akzeptanz der Entscheidung zu gewährleisten.[309]

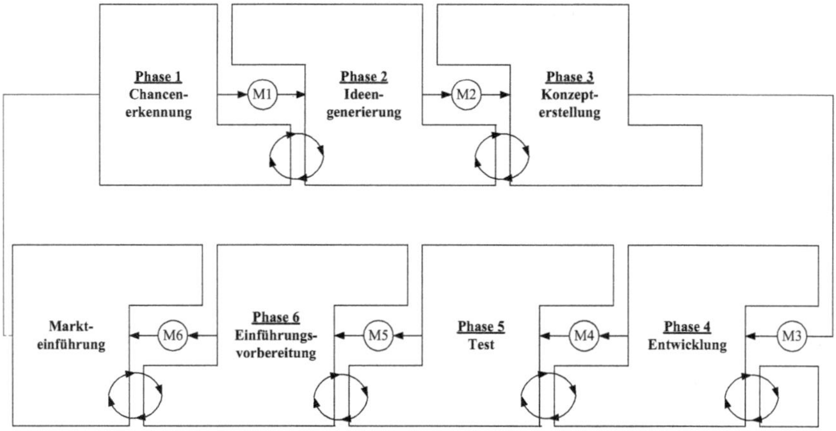

Abbildung 3-8: Phasenmodell des Innovationsprozesses

Die erste Phase umfasst die **Chancenerkennung** im Rahmen einer Innovation. Der Begriff Chancenerkennung ist weiter gefasst als die Problemerkenntnis, da nicht immer ein Problem Anlass für eine Innovation sein muss. In dieser Phase werden neue Kundenbedürfnisse aufgedeckt oder neue Technologien gefunden, mit denen sich bestehende Kundenbedürfnisse besser erfüllen lassen. Weitere Quellen für Anregungen in der Automobilzulieferindustrie können bspw. System- oder Kooperationspartner

[307] Vgl. *Harmancioglu et al.* (2007), S. 400. *Rundquist/Chibba* heben die Bedeutung von Phasenmodellen als Roadmap hervor. Sie sollten eher als Orientierungshilfe dienen und nicht zwangsläufig strikt durchlaufen werden. Vgl. *Rundquist/Chibba* (2004), S. 52.

[308] Vgl. bspw *Boutellier/Gassmann* (2006), S. 111.

[309] Vgl. *Harmancioglu et al.* (2007), S. 417.

sein. In dieser Phase sollten eine Chancenbeschreibung und eine Situationsanalyse durchgeführt werden. In Phase zwei werden anschließend neue **Ideen** aus Phase eins **generiert**, indem zunächst das Suchfeld bestimmt wird. Anschließend werden neue Ideen vorgeschlagen und gespeichert, damit ein Rückgriff in zukünftigen Innovationsprozessen möglich ist. Weiterhin erfolgen eine erste Analyse der Konsequenzen der Vorschläge für das Unternehmen und ein Abgleich mit der Unternehmens- und Innovationsstrategie. Daran anschließend wird ein **Konzept** in Phase drei entwickelt. Dieses beinhaltet Marktanalysen, Produkt- und Produktionskonzepte, eine Herstellbarkeits- und Risikoanalyse sowie einen Projektplan für die weitere Vorgehensweise. Es werden erste Produktkosten- und Absatzpreiserwartungen formuliert. Ergebnis dieser Stufe sind ein Lasten- und Pflichtenheft, die die Anforderungen an das spätere Produkt aus Sicht des Marketings und der Produktion enthalten.[310] Diese werden an die **Entwicklungsphase** (Phase vier) übergeben. Dort schließt die konkrete Entwicklung des Produkts inkl. Produktionsverfahren an. Ebenso wird die Schätzung der weiteren Entwicklungs- und Produktkosten präzisiert. In Phase fünf folgen ausführliche **Tests** des Produkts mit Prototypen, um die Erfüllung der Anforderungen aus dem Pflichtenheft zu überprüfen. Wie in den vorangegangenen Phasen ist auch hier die Kostenschätzung zu aktualisieren. Abschließend erfolgt ein Test der Serienfertigung. In der **Markteinführungsvorbereitung** (Phase sechs) werden Lieferanten für Produktkomponenten gesucht und Verhandlungen über die Preise der Zulieferer geführt. Die Präzisierung der Produktkosten ermöglicht eine Aktualisierung der Gesamtkalkulation und einen Vergleich mit dem kritischen Marktpreis. Die Überprüfung der Erfüllung der Kundenanforderungen sowie eine Qualitätsanalyse schließen diese Phase ab. Passiert die Innovation auch den letzten Meilenstein, folgen Markteinführung und Produktion des Produkts.

Das dargestellte Phasenmodell für den Innovationsprozess bei Automobilzulieferern erfüllt alle in Kapitel 3.1.1 diskutierten Anforderungen an ein solches Modell. Es betrachtet den gesamten Innovationsprozess von der Chancen-/Problemerkennung bis hin zur Markteinführung. Rückkopplungen werden als Schleifen zwischen den Phasen berücksichtigt. Es ist sowohl ein sequenzielles als auch z. T. paralleles (durch die Überlappungen) Durchlaufen möglich. Des Weiteren ist das Modell nicht zu detailliert, jedoch detailliert genug, um die einzelnen Phasen zu analysieren. Ebenso ist das Phasenmodell allgemein genug, um es ggf. an die spezifischen Gegebenheiten im Un-

[310] Zur Verwendung von Lasten- und Pflichtenheften bei Innovationen vgl. *Sabisch/Wylegalla* (1999).

ternehmen anpassen zu können. Die sachlogische Anordnung der Phasen wurde umgesetzt. So ist es bspw. notwendig, zunächst ein Konzept zu erstellen, dann einen (physischen oder simulierten) Prototyp anzufertigen, um diesen zu testen. Die Bezeichnungen der Phasen wurden so gewählt, dass sie eindeutig sind und die Hauptaktivitäten in der Phase widerspiegeln.

Neben den diskutierten Anforderungen berücksichtigt das Modell zudem die Besonderheiten der frühen Phasen, indem es bereits mit der Chancenerkennung beginnt, und die Betrachtung des Innovations- als Informationsverarbeitungs- und Entscheidungsprozess durch die mehrstufige Bewertung an den Meilensteinen entsprechend der Informationsverfügbarkeit.[311] Das Modell eignet sich somit für den Einsatz im Unternehmen und als Grundlage für die folgenden Ausführungen zu den Entscheidungssituationen, Informationsbedarfen und der Innovationsbewertung.

3.5.2 Systematisierung der Entscheidungssituationen und des Informationsbedarfs

Die explizite Abbildung der Meilensteine im o. g. Phasenmodell ermöglicht eine Analyse der Entscheidungen, denen die Beteiligten der Innovation gegenüberstehen.[312] *McCarthy et al.* differenzieren die Entscheidungssituationen in die Gruppen strategische Entscheidungen, Evaluierungen und Entscheidungen während der Phasen.[313] Dieser Unterteilung wird hier gefolgt.

Strategische Entscheidungen, die vor Projektbeginn getroffen werden, beziehen sich auf die Markt- und Produktstrategie, das Projektportfolio und die Ziele des Innovationsprojekts. Die Evaluierungen erfolgen an Prozessmeilensteinen und bestimmen, ob ein Projekt fortgesetzt oder abgebrochen wird. Die dritte Gruppe von Entscheidungen wird auf operativer Ebene während der Prozessphasen getroffen.

---

311 So weisen bspw. *Salomo/Weise/Gemünden* darauf hin, dass sich Stage-Gate-Modelle besonders für Entscheidungen über den Projektabbruch, die Bewertung von Innovationen und die Ressourcenallokation eignen. Vgl. *Salomo/Weise/Gemünden* (2007), S. 291 f.

312 Für einen beispielhaften Überblick über benötigte Informationen in den Entwicklungsstadien vgl. *Hart/Baker* (1994), S. 82. Weiterhin liefern *Krishnan/Ulrich* anhand einer Literaturanalyse einen Überblick über typische Entscheidungen in den einzelnen Phasen des zugrunde liegenden Modells (vgl. *Krishnan/Ulrich* (2001), S. 5 f.). Die beiden Ansätze beziehen sich jedoch auf andere Phasenmodelle und sind sehr allgemein gehalten. Sie eignen sich somit nicht für die vorliegende Untersuchung und müssen konkretisiert werden.

313 Zur Unterteilung der Entscheidungssituationen vgl. *McCarthy et al.* (2006), S. 445. Neben der Unterscheidung von Entscheidungssituationen können die Informationen hinsichtlich ihrer Herkunft nach nur internen, internen und externen sowie nur externen Informationen zur Fundierung einer Entscheidung unterteilt werden. Vgl. *Zahay/Griffin/Fredericks* (2004), S. 661 f.

Die strategischen Entscheidungen zur Produkt- und Marktstrategie werden in der vorliegenden Arbeit als gegeben vorausgesetzt und nicht näher untersucht. Die Zusammensetzung des Projektportfolios sollte dagegen nicht nur vor dem Projekt, sondern auch während der Durchführung überprüft und ggf. modifiziert werden. Daher wird diese Entscheidungssituation in die vorliegende Untersuchung einbezogen. Die Entscheidungen während der Phasen haben für Innovationsprozesse zwar eine hohe Relevanz, werden im Folgenden jedoch vernachlässigt, da sie häufig ad hoc erfolgen. Des Weiteren würde eine Betrachtung aller Entscheidungen zu einer starken Formalisierung führen, die den Freiraum der Mitarbeiter beschränkt. Explizite Entscheidungen über die Fortführung oder den Abbruch der Innovation werden vor allem an den Meilensteinen gefällt. Eine Ausnahme bilden besondere Umstände, die einen Abbruch während einer Phase notwendig machen. Dies könnten bspw. neue Entdeckungen im Forschungsprozess, neue Erkenntnisse in Bezug auf die anfallenden Kosten der Entwicklung oder Innovationen der Konkurrenz sein. In diesen Fällen sollte die Meilensteinentscheidung vorgezogen werden.

An allen Meilensteinen kann sowohl eine Fortsetzungs- oder Abbruchentscheidung als auch ein Rückverweis an die Vorphasen erfolgen. Ebenso sind im Gegenzug auch erste (kostengünstige) Aktivitäten der nächsten Phase möglich, bevor ein Meilenstein passiert ist. Dies verhindert unnötige Wartezeiten, die zur Verlängerung des Innovationszyklus führen.

Der Innovationsprozess und die zu treffenden Entscheidungen sind in Anlehnung an den Innovationstrichter von *Wheelwright/Clark*[314] durch den in Abbildung 3-9 dargestellten Verlauf gekennzeichnet.

---

[314] Zur Darstellung des Innovationstrichters vgl. *Wheelwright/Clark* (1992), S. 111-132; *Wildemann* (2008b), S. 45.

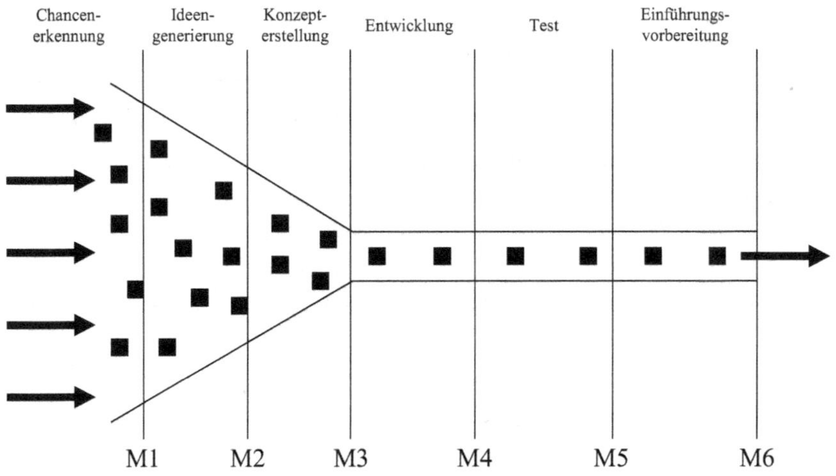

Abbildung 3-9: Innovationstrichter[315]

Zu Beginn stehen viele Chancen/Innovationsmöglichkeiten zur Auswahl, bei denen nur wenige und sehr vage Informationen vorliegen. Somit ist eine einfache Selektion notwendig, die nicht in Frage kommende Möglichkeiten aussortiert. Am zweiten Meilenstein liegt immer noch eine recht hohe Anzahl von Ideen vor. Die Informationen sind bereits konkreter. An diesem Schritt ist eine Auswahl von wenigen Erfolg versprechenden Ideen notwendig, da die folgenden Phasen durch deutlich höhere Kosten gekennzeichnet sind. Nach der Konzepterstellung liegen am dritten Meilenstein i. d. R. ein oder zwei Konzepte zur Bewertung vor. Dementsprechend kann eine ausführlichere Evaluation erfolgen. Die hohen Entwicklungskosten der Folgephase rechtfertigen zu diesem Zeitpunkt eine aufwendige und zeitintensive Bewertung. Weiterhin liegen an diesem Punkt erste Informationen zu Entwicklungs- und Produktkosten vor. Dies ermöglicht eine erste quantitative Bewertung. In den folgenden Meilensteinen werden die Informationen stets konkreter und die Unsicherheit nimmt ab. Daher müssen die bisherigen Bewertungen an die neuen Entwicklungen und Informationen angepasst werden. Es erfolgt somit eine Kontrolle der wirtschaftlichen Vorteilhaftigkeit. Fällt ein Projekt unter die Vorteilhaftigkeitsgrenze, sollte es abgebrochen werden.

315 Quelle: in Anlehnung an *Wheelwright/Clark* (1994), S. 173.

Die benötigten Informationen zur Entscheidung über eine Fortführung des Projekts sind überblickartig in Tabelle 3-1 dargestellt. Die betrachteten Informationen werden bereits in der wissenschaftlichen Literatur diskutiert (bspw. als Bewertungskriterien);[316] eine Zuordnung zu den einzelnen Meilensteinen erfolgt bisher jedoch nicht. Je nach Unternehmen und Branche sind Abweichungen bei den benötigten Informationen möglich.

Meilen-stein	Informationsbedarf
eins	• Pflichtinnovation (Vorgabe von Systempartnern oder kritischer Erfolgsfaktor im Markt) • Strategiekonformität • Bedeutung für das Unternehmen • Herkunft der Idee (Marktbeobachtung, neue Technologie, Kundenanfrage, Systempartner) • Anzahl bereits bekannter Interessenten • Zeitfenster für den Markteintritt
zwei	• Umsetzbarkeit und Verfügbarkeit der notwendigen Ressourcen für Konzepterstellung (finanziell und personell) • Pflichtinnovation (Vorgabe von Systempartnern oder kritischer Erfolgsfaktor im Markt) • Anzahl bereits bekannter Interessenten • Strategiekonformität • Interdependenzen zu bestehenden Produkten • Interdependenzen zu weiteren Innovationen • Time-to-Market und Zeitfenster der Einführung • Erstellung Lastenheft
drei	• Erfolg der Herstellbarkeitsanalyse • Erfolg der Systemdesignerstellung • Verhinderung der Entwicklung durch bestehendes Patent • finanzielle Möglichkeit der Entwicklung • Identifikation und Beherrschbarkeit von Risiken • finanzielle Attraktivität der Entwicklung (inkl. Vorkalkulation und Prognose des Marktvolumens) • Notwendigkeit der Entwicklung aus sonstigen Gründen • Bedeutung der Entwicklung für weitere Produkte (Interdependenzen) • Möglichkeit des Patentschutzes • Zeitplan für Entwicklung

[316] Vgl. hierzu bspw. *Seidemann* (2000), S. 69; *Kim/Wilemon* (2002b), S. 30 f.; *Ensthaler/Strübbe* (2006), S. 35-62; *Verworn/Herstatt* (2007a), S. 12-15; *Farrokhzad/Kern/Fritzhanns* (2008), S. 342.

vier	• Umsetzbarkeit von Lasten- in Pflichtenheft • Umsetzbarkeit der Anforderungen des Pflichtenheftes in der Entwicklung • Bedeutung der Entwicklung für weitere Produkte (Interdependenzen) • Aktualisierung der Kosten-, Preis- und Mengenschätzungen (unter Berücksichtigung der Implementierbarkeit in verschiedene Produkte und sonstiger Synergien)
fünf	• Erfolg der durchgeführten Tests • Bedeutung der Entwicklung für weitere Produkte (Interdependenzen)
sechs	• Erfüllbarkeit der Qualitäts- und Kundenanforderungen • Verfügbarkeit von Lieferanten für Produktteile • Aktualisierung Herstellbarkeitsanalyse • finanzielle Attraktivität (inkl. Höhe der Komponentenpreise, Produktionskosten) • Maßnahmenplanung zur Markteinführung

Tabelle 3-1: Informationsbedarf an den Meilensteinen

3.6 Zwischenfazit

Das Ziel dieses Kapitels bestand in der Ableitung eines Modells des Innovationsprozesses in KMU der Automobilzulieferindustrie und darauf aufbauend in der Analyse der jeweiligen Entscheidungssituationen.

Da ein solches Modell bisher in der wissenschaftlichen Literatur nicht existierte, ist es zunächst nötig, Anforderungen an ein Phasenmodell abzuleiten; dies sind:

- Betrachtung des gesamten Innovationsprozesses,
- sachlogische Abgrenzung der Phasen anhand typischer Aktivitäten und Informationsschwerpunkte, ggf. mit Meilensteinen,
- nachvollziehbare Bezeichnung der Phasen, um Missverständnisse zu vermeiden,
- kein zu hoher Detaillierungsgrad durch geeignete Phasenanzahl (4-6) zur Ermöglichung der Anpassbarkeit an die Gegebenheiten eines Unternehmens,
- Möglichkeit zu Rückkopplungen zwischen den einzelnen Phasen,
- Möglichkeit zum sequentiellen und parallelen Durchlaufen der Phasen.

Im Anschluss folgte eine Darstellung unterschiedlicher Modellarten (lineare, lineare Modelle mit Rückkopplungen, Stage-Gate-, Kreislauf- und Chaosmodelle) und darauf aufbauend eine kritische Analyse des Erfüllungsgrades der aufgestellten Anforderungen. Es zeigt sich, dass das **Stage-Gate-Modell** der dritten Generation nach *Cooper* die Anforderungen am besten erfüllt; daher ist dieses für die Abbildung des Innovationsprozesses auszuwählen. Zusätzlich werden die Besonderheiten der frühen Phasen und die Betrachtung des Innovations- als Informationsverarbeitungs- und Entscheidungsprozess herausgearbeitet und die wesentlichen Erkenntnisse bei der Formulierung des Modells berücksichtigt.

Das im Anschluss abgeleitete Phasenmodell des Innovationsprozesses besteht aus sechs **Phasen** (Chancenerkennung, Ideengenerierung, Konzepterstellung, Entwicklung, Test und Marktreifeprüfung) und jeweils einem **Meilenstein** im Anschluss an die Phase. Dort wird die Entscheidung über Fortsetzung oder Abbruch des Projekts getroffen.

Aufbauend auf dem behandelten Phasenmodell folgt die Analyse der jeweiligen Entscheidungssituationen hinsichtlich des Informationsbedarfs in den Meilensteinen. In Anlehnung an den **Innovationstrichter** von *Wheelwright/Clark* ist davon auszugehen, dass eine große Anzahl an Innovationsfeldern und -ideen in den Prozess gelangt; diese Anzahl wird sukzessive reduziert, so dass typischerweise nur noch wenige Konzepte weiterverfolgt werden.

Die Diskussion der betrachteten Informationen für die Fundierung der Entscheidungen ist bereits in der wissenschaftlichen Literatur zu finden (bspw. als Bewertungskriterien); eine Zuordnung zu den einzelnen Meilensteinen erfolgt bisher jedoch nicht.

Basierend auf dem zu Grunde gelegten Phasenmodell werden den einzelnen Phasen bzw. Meilensteinen im Folgenden Instrumente zugeordnet, die die Entscheidung über Fortsetzung oder Abbruch des Projekts unterstützen und die jeweils verfügbaren Informationen berücksichtigen.

4 Bewertung einzelner Innovationsprojekte

Auf Basis von Kapitel 3.5 wird im folgenden Kapitel 4 mit der Bewertung und den Bewertungsinstrumenten von Innovationen der zweite Aspekt des Innovationsportfoliomanagements behandelt. Die theoretischen Grundlagen bilden dabei zunächst Abgrenzungen der Begriffe Bewertung und Bewertungsinstrument, die Ziele und Funktionen (Kapitel 4.1.1), Entscheidungstypen und Fehlentscheidungsarten (Kapitel 4.1.2) sowie Zeitpunkte der Bewertung (Kapitel 4.1.3). Dabei ist die prozessbegleitende Innovationsbewertung von besonderer Bedeutung. Anschließend werden die Referenzgrößen (Kapitel 4.1.4), die Dimensionen und Besonderheiten der Innovationsbewertung (Kapitel 4.1.5) herausgearbeitet. Darauf aufbauend folgt in Kapitel 4.2 die Ableitung von Anforderungen an Bewertungsinstrumente für Innovationen, die die Grundlage für Kapitel 4.3 bilden. In diesem Kapitel wird zunächst auf die unterschiedlichen Gruppen und kurz auf die jeweiligen Bewertungsinstrumente eingegangen. Dieser Beschreibung folgt die Bewertung und Auswahl der Instrumente innerhalb einer Instrumentengruppe entsprechend den abgeleiteten Kriterien im Rahmen einer Nutzwertanalyse. Das Kapitel schließt mit einer zusammenfassenden Darstellung und Zuordnung der ausgewählten Instrumente zu den einzelnen Meilensteinen des Innovationsprozesses.

4.1 Theoretische Grundlagen der Innovationsbewertung

4.1.1 Ziele und Funktionen der Bewertung

Unter dem Begriff Bewertung versteht *Sabisch* die „Ermittlung und Beurteilung des Grades der Erfüllung vorgegebener Zielstellungen für ein bestimmtes Bewertungsobjekt (im vorliegenden Falle: für ein Produkt, eine Produktidee oder ein Produktkonzept)“[317]. Diese Bewertung dient der Vorbereitung einer Entscheidung und kann damit getrennt von ihr betrachtet werden.[318] Dies ist für die vorliegende Arbeit von besonderer Bedeutung, da die zu entwickelnden Instrumente der Entscheidungsvorbereitung dienen sollen. Sie sollen dem Entscheidungsträger die Entscheidung nicht abnehmen.[319] So kann es bspw. vor der Entscheidung notwendig sein, die getroffenen Annahmen nochmals zu überprüfen und ggf. kurzfristig bekannt gewordene Informationen zu berücksichtigen.

---

[317] *Sabisch* (1991), S. 132.
[318] Vgl. *Bechmann* (1978), S. 22; *Brodbeck et al.* (2001), S. 69.
[319] Vgl. *Grübler* (2005), S. 129.

Des Weiteren lässt sich die Bewertung in die Bestandteile Messung und Vergleich unterteilen.[320] Unter dem Begriff Messung wird dabei die Bestimmung der Ausprägungen von Eigenschaften des Messobjekts verstanden. Der Vergleich setzt dort an und stellt die Messergebnisse den vorgegebenen Zielen oder Alternativen gegenüber.[321]

Basierend auf den dargestellten Definitionen wird **Bewertung** als Ermittlung und Beurteilung des Zielerfüllungsgrades für ein Bewertungsobjekt (die Produktinnovation in den verschiedenen Entwicklungsstadien) definiert, die den Vergleich mit den angestrebten Zielen oder anderen Bewertungsobjekten beinhaltet und zur Vorbereitung einer Entscheidung dient.

In der vorliegenden Arbeit werden die Begriffe Bewertungsmethode und -instrument synonym verwendet.[322] Dementsprechend kann eine Methode (und somit ein Instrument) als „ein intersubjektiv nachvollziehbares und systematisch beschriebenes Verfahren, das zur Lösung von Problemen oder zur Erreichung von Zielen dient",[323] definiert werden. Diese allgemeine Definition wird durch *Specht/Beckmann/Amelingmeyer* bzgl. der Bewertung von Innovationen bzw. F&E-Projekten präzisiert: „**Bewertungsinstrumente** sollen eine [...] widerspruchsfreie, vergleichbare und sachlich zutreffende Bewertung von Projektideen und Projekten ermöglichen [...] und [...] sicherstellen, dass Projektrisiken frühzeitig erkannt und nur Erfolg versprechende [Innovations]projekte selektiert und verfolgt werden."[324]

Das grundlegende **Ziel der Innovationsbewertung** sind die Gegenüberstellung und der Vergleich von Alternativen zur Vorbereitung einer Entscheidung.[325] Dieses Oberziel lässt sich in verschiedene Unterziele unterteilen:[326]

- Aufstellung einer Rangfolge zwischen den Handlungsempfehlungen,
- Filterung der besten und Erfolg versprechendsten Alternativen und frühzeitige Eliminierung der Projekte mit geringen Erfolgsaussichten,

---

[320] Vgl. *Werner* (2002), S. 44.

[321] Zu den Referenzgrößen der Bewertung vgl. Kapitel 4.1.4.

[322] Dies entspricht der Vorgehensweise von *Venter* und *Brose*. Vgl. hierzu *Brose* (1982), S. 183; *Venter* (2006), S. 34.

[323] *Zelewski* (2008), S. 31.

[324] *Specht/Beckmann/Amelingmeyer* (2002), S. 215.

[325] Vgl. *Venter* (2006), S. 22.

[326] Vgl. hierzu *Sabisch* (1991), S. 161 sowie *Pleschak/Sabisch/Wupperfeld* (1994), S. 69. *Vahs/Burmester* ergänzen diesen Zielkatalog um die Zuweisung von Ressourcen. Vgl. *Vahs/Burmester* (2005), S. 188. Dieser Sichtweise wird nicht gefolgt, da dies Bestandteil der Budgetierung ist und ausführlich in Kapitel 5.3 dargestellt wird.

- Aufzeigen von Ansatzpunkten für Verbesserungsmöglichkeiten der Projekte.

Bewertungsinstrumente sollten zur Sicherung des höchstmöglichen Innovationserfolgs folgende Funktionen erfüllen.[327] Erstens dienen sie der **Entscheidungsvorbereitung**. Die Bewertungsinstrumente bilden die Grundlage für die Entscheidungen des Managements im Laufe des Innovationsprozesses.[328] Zweitens zielt die **Beeinflussungsfunktion** darauf ab, dass im Innovationsprozess durch die Bewertung neue Ideen generiert oder bestehende Ideen verbessert werden können (s. o.). Somit können Probleme oder Schwächen einer Innovation, die erst bei der Bewertung offensichtlich werden, zu einem erneuten Durchlaufen von einzelnen Phasen (wie z. B. der erneuten Konzepterstellung) führen. Insofern verbessern sie das Ergebnis des gesamten Prozesses. Die dritte Funktion stellt die **Kontrolle** der Innovationen dar. Bewertungsinstrumente dienen der Fortschrittskontrolle einzelner Projekte im Prozessverlauf. Dabei wird der tatsächliche Projektstand mit den Zielvorgaben verglichen. Dieser Vergleich kann bei Abweichungen zwischen Soll und Ist zu Korrekturmaßnahmen oder dem Abbruch des Projekts führen. Die vierte ist die **Transparenzfunktion**. Die Bewertung soll eine Entscheidung für verschiedene Interessengruppen nachvollziehbar machen. Durch eine systematische und nachprüfbare Bewertung mittels Instrumenten sind Entscheidungen für die Betroffenen (v. a. bei Ablehnung oder Abbruch einer Innovation) begründet und nicht willkürlich. Folglich dient die Bewertung auch als Rechenschaftslegung gegenüber Eigenkapitalgebern oder externen Investoren.[329] Neben den genannten Funktionen haben empirische Studien belegt, dass Unternehmen, die Innovationen systematisch mit Instrumenten bewerten, erfolgreicher sind als ihre Konkurrenten.[330]

Innovationsbewertungsinstrumente müssen die beschriebenen Funktionen erfüllen. Somit kann die Eignung eines Instruments oder eines Instrumentenmixes dahingehend beurteilt werden, ob sie diese erfüllen. Die Ableitung der Anforderungen an Bewertungsinstrumente und die Instrumente selbst erfolgen unter Berücksichtigung der Ziele und Funktionen.

---

[327] Zur ausführlichen Darstellung der Bewertungsfunktionen vgl. *Pleschak/Sabisch* (1996), S. 171 f. sowie *Granig* (2007), S. 53 f.

[328] Auf den Aspekt der Entscheidungsunterstützung wird ausführlich in Kapitel 4.1.2 eingegangen.

[329] Vgl. *Hauschildt/Salomo* (2007), S. 543.

[330] Vgl. hierzu *Engwall/Kling/Werr* (2005), S. 427; *Chai/Xin* (2006), S. 543; *Killen/Hunt/Kleinschmidt* (2008), S. 32.

4.1.2 Bewertung als Bestandteil des Entscheidungsprozesses

In Kapitel 4.1.1 wurde bereits erläutert, dass die Innovationsbewertung keinen Selbstzweck darstellt, sondern der Entscheidungsvorbereitung dient. Daher werden im Anschluss die zu treffenden Entscheidungen und Arten von Fehlentscheidungen im Innovationsprozess beschrieben, um die Bedeutung der Bewertung und der Instrumente herauszustellen.

Rabe differenziert im Rahmen des Projektmanagements in zwei **Entscheidungstypen**, die während der Realisierung des Projekts auftreten können.[331] Dies ist auf der einen Seite die sog. **Ja/Nein-Entscheidung**. Bei diesem Entscheidungstyp wird geprüft, ob vorher definierte Kriterien erfüllt sind. Trifft dies zu, so wird das Projekt gestartet; andernfalls wird es nicht begonnen. Diese Sichtweise bezieht sich lediglich auf den Beginn eines Projekts. Daher wird sie um die Berücksichtigung von Abbruch- und. Fortführungsentscheidungen im Innovationsprozess ergänzt, da diese ebenfalls Ja/Nein-Entscheidungen darstellen. Auf der anderen Seite müssen **Auswahlentscheidungen** zwischen verschiedenen Alternativen getroffen werden. Dieser Entscheidungstyp wird von *Georgakellos* in zwei weitere Untertypen unterteilt.[332] Dies sind die Auswahlentscheidung unter sich ausschließenden Alternativen und die Auswahlentscheidung bzgl. verschiedener Innovationsprojekte im Portfolio. Die erstgenannte Entscheidung bezieht sich auf die Auswahl der Alternative aus verschiedenen konkurrierenden Optionen, die das Projektziel oder die Projektziele am ehesten erfüllt. Der Entscheidungsträger steht dem zweiten Entscheidungstyp immer dann gegenüber, wenn er aus einer Menge möglicher Projekte eine bestimmte Anzahl z. B. aufgrund von Ressourcenbeschränkungen auswählen muss.

Basierend auf den Systematiken von *Rabe* und *Georgakellos* werden im Folgenden drei Entscheidungstypen in Innovationsprozessen unterschieden:

- Ja/Nein- bzw. Abbruch-/Fortsetzungsentscheidungen,
- Auswahl von sich ausschließenden Alternativen zur Erreichung des gleichen Ziels,
- Auswahl von unterschiedlichen Innovationsprojekten aufgrund von Ressourcenbeschränkungen.

---

[331] Vgl. *Rabe* (2008), S. 657.
[332] Vgl. *Georgakellos* (2005), S. 1.

Bewertungsinstrumente, die die o. g. Entscheidungstypen unterstützen, müssen so ausgestaltet sein, dass sie Fehlentscheidungen so weit wie möglich vermeiden. Daher werden die **Arten von Fehlentscheidungen**, die bei der Entscheidung über Innovationen auftreten können, beschrieben.[333] Auf der einen Seite steht das Problem, dass eine Innovation auf Basis der Bewertung als Erfolg versprechend gekennzeichnet wird, obwohl sie dies nicht ist (auch als **false positive** bezeichnet). In dem Fall wird das Innovationsprojekt begonnen oder fortgesetzt. Dies bewirkt eine Verschwendung von knappen Ressourcen, die sinnvoller für andere Projekte hätten genutzt werden können. Die Feststellung dieser Fehlentscheidungsart ist relativ leicht, da die Projekte entweder zu einem späteren Zeitpunkt abgebrochen werden oder sich bei einer Markteinführung als Misserfolg erweisen. Die hohen Flopraten, die in empirischen Studien dargestellt werden, weisen auf die Häufigkeit dieser Fehlentscheidungsart hin.[334] Die zweite Fehlentscheidungsart bildet der **false negative**. In diesem Fall wird ein Innovationsprojekt fälschlicherweise abgelehnt oder abgebrochen, obwohl es bei Umsetzung ein Erfolg geworden wäre. Diese Fehlerart lässt sich kaum empirisch nachweisen, da die Entscheidungsträger i. d. R. nie erfahren, was gewesen wäre, wenn das Projekt umgesetzt worden wäre. Die einzige Ausnahme bilden Innovationen, die zu einem späteren Zeitpunkt von Konkurrenten erfolgreich in den Markt eingeführt werden. In diesem Fall wird die Fehleinschätzung der Innovation offensichtlich. Die entgangenen Gewinne sind somit Opportunitätskosten.

Bewertungsinstrumente für Innovationen sollten demnach so ausgestaltet sein, dass sie Informationen für alle drei Arten von Entscheidungen liefern und dabei möglichst wenige Fehlentscheidung zulassen.

4.1.3 Bewertungszeitpunkte

Basierend auf der Betrachtung des Innovationsprozesses als mehrstufiger Entscheidungsprozess (Kapitel 3.4) und der Bewertung zur Entscheidungsvorbereitung (Kapitel 4.1.2) können verschiedene Bewertungszeitpunkte unterschieden werden. *Ipsen* unterscheidet dabei in die Ex-ante-, Ex-nunc- und Ex-post-Bewertung.[335] Die **Ex-ante-Bewertung** findet vor Beginn des Innovationsprozesses statt und dient der Entschei-

[333] Zu den Fehlentscheidungsarten vgl. *Anschuetz* (1996), S. 203 sowie *Herstatt et al.* (2006), S. 2. *Wentz* bezeichnet diese als Alpha- bzw. Betafehler. Vgl. hierzu *Wentz* (2007), S. 101.

[334] Zu den Flopraten vgl. bspw. *Cooper/Edgett* (2005), S. 5.

[335] Vgl. hierzu *Ipsen* (2002), S. 25.

dung über die Durchführung oder Ablehnung des Projekts. Der dieser Arbeit zu Grunde liegende Innovationsprozess beginnt bereits mit der Chancenerkennung. Die Entscheidung über Durchführung oder Ablehnung wird somit am Meilenstein nach der Chancenerkennung (Meilenstein M1) getroffen. Die **Ex-nunc-Bewertung** dient der Kontrolle laufender Projekte und der Entscheidungsunterstützung bzgl. Fortsetzung oder Abbruch während des gesamten Innovationsprozesses. Somit erfolgt sie an den Meilensteinen M2 bis M6. Die **Ex-post-Bewertung** findet nach Abschluss des Innovationsprojekts statt und dient der Überprüfung des Markterfolgs und der durchgeführten Ex-ante- und Ex-nunc-Bewertungen. Diese Bewertung ist von besonderer Bedeutung, da sie eine Projektnachkalkulation darstellt und offenlegt, wie präzise die Bewertungen im Innovationsprozess waren. Sie bildet daher eine Möglichkeit des Lernens, um für zukünftige Bewertungen anderer Projekte bessere Entscheidungen zu treffen.

Neben dieser allgemeinen Unterteilung von *Ipsen* unterscheiden *Hauschildt/Salomo* in die folgenden Bewertungszeitpunkte:[336]

- zu einem sehr frühen Zeitpunkt (Ideenbewertung),
- zu einem frühen Zeitpunkt (Konstruktionsbewertung),
- zu einem zentralen Zeitpunkt (Prototypenbewertung),
- zu einem späten Zeitpunkt (Bewertung zur Markteinführung),
- zu einem sehr späten Zeitpunkt (Bewertung im Marktzyklus).

Die ersten vier Bewertungszeitpunkte entsprechen der Ex-nunc-Bewertung. Die Bewertung im Marktzyklus entspricht der Ex-post-Bewertung. Somit ist ersichtlich, dass sich diese Zeitpunkte in der Systematik von *Ipsen* wieder finden lassen. Zudem geht die Systematik über die Betrachtung von *Hauschildt/Salomo* hinaus. Dementsprechend wird in der vorliegenden Arbeit die Unterscheidung von *Ipsen* zu Grunde gelegt.

In der Literatur herrscht Einigkeit darüber, dass die **Bewertung von Innovationen prozessbegleitend** erfolgen sollte.[337] *Rücksteiner* weist in diesem Zusammenhang darauf hin, dass Innovationen so früh wie möglich abgebrochen werden sollten, um eine Verschwendung von Ressourcen zu vermeiden.[338] *Thoma* schlägt vor, dass der Einsatz von Bewertungsinstrumenten vom Reifegrad der Innovation und den verfügbaren In-

336 Vgl. *Hauschildt/Salomo* (2007), S. 535 f.

337 Vgl. hierzu bspw. *Cranston* (1974), S. 88; *Brose* (1982), S, 193; *Rosenau* (1996), S. 79; *Archer/Ghasemzadeh* (1999), S. 222; *Dickgreber* (2002), S. 271 f.; *Harland* (2002), S. 46 f.; *Hirzel* (2006a), S. 13; *Zayer* (2007), S. 36; *Wördenweber/Wickord* (2008), S. 197.

338 Vgl. *Rücksteiner* (1989), S. 142.

formationen abhängen sollte.[339] Es ergibt sich, dass die Bewertung von Innovationen im gesamten Prozess nicht durch ein einzelnes Instrument, sondern nur durch eine Kombination verschiedener Bewertungsinstrumente erfolgen kann, da ein einzelnes Instrument nicht in der Lage ist, alle qualitativen und quantitativen Informationen zu erfassen und bei der Bewertung zu berücksichtigen. Es wird ein entsprechender **Methodenmix** benötigt, der den unterschiedlichen Bewertungszeitpunkten und Informationsbedarfen im Innovationsprozess Rechnung trägt.[340] Bei einem geringen Reifegrad sollten daher qualitative Instrumente, im Anschluss semi-quantitative und bei einem hohen Reifegrad quantitative Instrumente (jeweils zusätzlich zu den bereits eingesetzten Instrumenten) verwendet werden. Dieser Sichtweise wird in der vorliegenden Arbeit gefolgt.

Die Zuordnung von Instrumenten zu den Bewertungszeitpunkten ist notwendig, da die Literatur lediglich sehr allgemeine Handlungsempfehlungen zur phasenspezifischen Anwendung von Bewertungsinstrumenten liefert und dabei vor allem die Besonderheiten von KMU vernachlässigt.[341] *Granig* stellt in diesem Zusammenhang heraus, dass ein Forschungsbedarf bzgl. der phasenbezogenen Zuordnung von Instrumenten und Kennzahlen in Innovationsprozessen besteht.[342] Somit kann die Zuordnung von Bewertungsinstrumenten zu den Bewertungszeitpunkten im Innovationsprozess unter Berücksichtigung der Besonderheiten von KMU in Automobilzuliefererindustrie als **Forschungsbedarf** identifiziert werden. Dieser Mangel wird durch die in Kapitel 4.3 folgende Ableitung der Instrumente – basierend auf dem Vorschlag von *Thoma* – zu den einzelnen Phasen bzw. Meilensteinen behoben.

---

[339] Vgl. *Thoma* (1989), S. 38-42. Die gleiche Zuteilung wählen bspw. *Brose* (1982); *Schmelzer* (1992), S. 120; *Rosenau* (1996), S. 79; *Seliger/Niemeier/Schwenkenbecher* (1996), S. 417; *Harland* (2002), S. 46; *Ipsen* (2002), S. 82; *Vahs/Burmester* (2005), S. 194 f.; *Granig* (2007), S. 77-79.

[340] *Granig* weist explizit darauf hin, dass die Bewertung von Innovation über den gesamten Prozess mit einem Mix aus qualitativen und quantitativen Instrumenten erfolgen sollte. Vgl. *Granig* (2007), S. 217.

[341] Allgemeine Empfehlungen liefern bspw. *Gackstatter* (1997), S. 7; *Ehlken* (1999), S. 43; *Gemünden/ Littkemann* (2007), S. 8; *Stern/Jaberg* (2007), S. 188; *Wördenweber/Wickord* (2008), S. 108.

[342] Vgl. hierzu *Granig* (2007), S. 217.

4.1.4 Referenzgrößen der Bewertung

Aus den Entscheidungstypen in Innovationsprozessen ergeben sich verschiedene Referenzgrößen für die Bewertung. Der Begriff Referenzgröße bezieht sich auf die Frage, womit die Innovation verglichen wird. *Hauschildt/Salomo* unterscheiden drei mögliche Referenzgrößen, die wiederum in Unterpunkte unterteilt werden können.[343]

Als erste Referenzgröße bei der Innovationsbewertung ist der **Vergleich mit alternativen Innovationsprojekten** möglich. Eine Bewertung und der Vergleich von Innovationsprojekten dienen der Vorbereitung der Entscheidungstypen „Auswahl von alternativen Innovationsprojekten" und „Auswahl von Innovationsprojekten aufgrund von Ressourcenbeschränkungen". Diese Referenzgröße nimmt im Rahmen des Innovationsportfoliomanagements bei KMU eine zentrale Rolle ein, da diese aufgrund der Ressourcenknappheit stets Entscheidungen über die Auswahl einer geringen Anzahl an Innovationsprojekten gegenüberstehen.[344]

Die zweite Möglichkeit der Referenzgrößen stellt **der Vergleich mit bestimmten Zuständen** dar. Dabei unterscheiden *Hauschildt/Salomo* in die Unterkategorien Zeitvergleich, Betriebsvergleich und Vergleich mit einem fiktiven Zustand.[345] Diese sind jedoch von unterschiedlicher Bedeutung für die vorliegende Arbeit:

- Der **Vergleich** des Projekts **mit einem früheren Zeitpunkt** ist von besonderer Relevanz, da er Erkenntnisse über den Verlauf der Innovation gewährt. Die phasenbezogene Bewertung gewährleistet somit den Vergleich der Bewertungsergebnisse der späteren mit den früheren Phasen.
- Von geringer Bedeutung ist der **Betriebsvergleich**, da ein Vergleich mit Konkurrenten aufgrund des Neuheitsgrades und der geringen Informationsverfügbarkeit über Entwicklungstätigkeiten nahezu unmöglich ist.
- Ein **Vergleich mit anderen Betrieben** des eigenen Unternehmens ist ebenso irrelevant, da KMU aufgrund ihrer Größe i. d. R. nur einen Betrieb aufweisen, in dem Innovationen realisiert werden.
- Der **Vergleich mit einem fiktiven Zustand** erweist sich ebenfalls als problematisch, da bzgl. des Ergebnisses des Innovationsprojekts eine hohe Unsicherheit besteht. Ein fiktiver Zustand kann willkürlich gewählt werden und ist somit

---

343 Vgl. *Hauschildt/Salomo* (2007), S. 536 f.
344 Vgl. hierzu Kapitel 2.9.2.
345 Vgl. *Hauschildt/Salomo* (2007), S. 537.

keine geeignete Referenzgröße für die Innovationsbewertung, da er Gelegenheit zur Manipulation bietet.[346]

Der **Vergleich mit einem angestrebten Ziel** ist eine Möglichkeit, alle Innovationen mit dem gleichen Zustand zu vergleichen. *Hauschildt/Salomo* bezeichnen ihn daher als den einzigen rationalen Messvorgang unter der Voraussetzung, dass einheitliche Ziele zu Grunde gelegt werden.[347] Aus diesem Grund sollten alle Innovationen stets mit einem konstanten Ziel oder Zielsystem verglichen werden.[348]

Die herausgearbeiteten Referenzgrößen müssen bei der Ableitung von Bewertungsinstrumenten einbezogen werden, so dass alle relevanten Größen in dem Methodenmix integriert sind. Somit sollten Vergleiche mit anderen Innovationen, mit früheren Zeitpunkten und mit angestrebten Zielen möglich sein. Des Weiteren müssen diese Vergleiche auf den Ebenen Einzel-Projekt (Mikro-Ebene), Projektfamilie (Semi-Mikro-Ebene) und Programm (Makro-/Unternehmensebene) stattfinden.[349]

4.1.5 Dimensionen und Besonderheiten der Innovationsbewertung

Die Bewertung von Innovationen weist einige weitere Besonderheiten auf, die im Folgenden erläutert werden.

Die Besonderheiten der Innovationsbewertung ergeben sich im Wesentlichen aus den Innovationsmerkmalen (siehe Kapitel 2.4.1). Das grundlegende Merkmal der Neuheit stellt die Bewertungsträger vor das Problem, dass gar nicht oder in sehr geringem Maße auf bisherige Erfahrungen zurückgegriffen werden kann. Diese mangelnde Erfahrung, der Konfliktgehalt und die hohe Komplexität einer Innovation führen dazu, dass ein hohes **Risiko** bzgl. der zukünftigen Entwicklungen besteht.[350] Daher muss die Bewertung von Innovationen die verschiedenen Risikoarten (technisches, wirtschaftliches und zeitliches Risiko)[351] berücksichtigen.

[346] Vgl. *Hauschildt/Salomo* (2007), S. 537.
[347] Vgl. *Hauschildt/Salomo* (2007), S. 537.
[348] Siehe Abbildung 4-1 auf S. 101.
[349] Vgl. *Hauschildt/Salomo* (2007), S. 529 f.
[350] Vgl. hierzu Kapitel 4.1.2.
[351] Vgl. ausführlich Kapitel 2.4.3.2.

Eine weitere Besonderheit stellt das hohe Maß an Irreversibilität der Auszahlungen dar. Durch die hohe Unternehmensspezifität der Aktivitäten müssen die bereits getätigten Auszahlungen im Innovationsprozess als **sunk costs** angesehen werden.[352] *Zayer* weist in diesem Zusammenhang darauf hin, dass die absolute und relative Höhe der sunk costs als ein wesentlicher Grund für verspätete Projektabbrüche anzusehen sind.[353] Er schlägt daher eine Reihe von Maßnahmen vor, um diesen Bewertungsfehler zu verhindern; dies sind im Einzelnen:[354]

1. Sunk costs sollten explizit ausgewiesen und als entscheidungsirrelevant gekennzeichnet werden. Somit dürfen bei der Bewertung einer Innovation nur die zukünftigen Zahlungen, nicht aber die bereits getätigten betrachtet werden.
2. Lieferung von angemessenen Bewertungsinstrumenten, die den Entscheidungsträger unterstützen und die Berücksichtigung von sunk costs verhindern.
3. Ausweis der zukünftig zu erwartenden Gewinne als Opportunitätskosten in der Projektberichterstattung.

Ein weiterer möglicher Grund für das Scheitern von Innovationen ist der **Optimismus** bei der Prognose zukünftiger Entwicklungen.[355] Daher sollten die Bewertungsträger bei der Schätzung eine Außenperspektive einnehmen und/oder einem Beteiligten die Rolle des Advocat Diabolus zuweisen.[356]

Neben den bereits genannten Besonderheiten sind die Abhängigkeiten zwischen den Innovationsprojekten und zu den bestehenden Projekten von besonderer Bedeutung. Diese **Interdependenzeffekte** können die Vorteilhaftigkeit einer Innovation sowohl positiv als auch negativ beeinflussen. Daher weisen verschiedene Autoren darauf hin, dass die Bewertung von Innovationen nur unter Beachtung der Beziehungen zu anderen Innovationen und Produkten erfolgen sollte.[357] Diese Interdependenzbewertung sollte jedoch vor dem Hintergrund der knappen Ressourcen bei KMU unter Berücksichtigung der Komplexität und des Bewertungsaufwands erfolgen.[358]

---

352 Vgl. Kapitel 2.4.6.
353 Vgl. *Zayer* (2007), S. 135-141.
354 Vgl. hierzu ausführlich *Zayer* (2007), S. 201-207.
355 Vgl. *Zayer* (2007), S. 142-149 sowie *Linder* (2004) zu einer Auswertung empirischer Untersuchungen zur Zuverlässigkeit der Prognosen bei Investitionsrechnungen. Diese kommen zu dem Ergebnis, dass die Kosten, Investitionen und Umsätze häufig zu optimistisch geschätzt werden.
356 Vgl. hierzu *Zayer* (2007), S. 208-211.
357 Vgl. *Brose* (1982), S. 423; *Ehlken* (1999), S. 41; *Dickgreber* (2002), S. 277; *Jolly* (2007), S. 467 f.
358 Vgl. *Kwasniok* (2007), S. 13.

Neben den dargestellten Referenzgrößen müssen die Bewertung und die Entscheidung über Fortführung oder Abbruch stets vor dem Hintergrund des gesamten Portfolios erfolgen. Dies bedeutet, dass **neue und bestehende Innovationen** bewertet werden müssen.[359]

Des Weiteren muss die Bewertung die Eigenschaften einer Innovation und deren potentiellen Erfolg möglichst umfassend einbeziehen. *Hauschildt/Salomo* führen dabei jeweils die direkten und indirekten technischen, ökonomischen und sonstigen Effekte als Eigenschaften des Innovationserfolgs an (siehe Abbildung 4-1). Dementsprechend sollte die Bewertung **mehrdimensional** erfolgen.

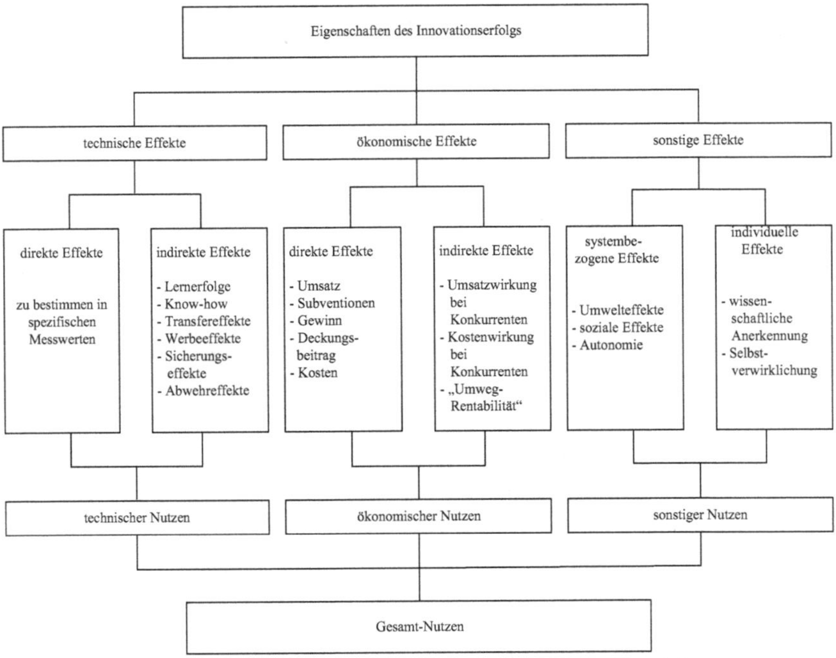

Abbildung 4-1: Eigenschaften des Innovationserfolgs[360]

Insgesamt bleibt festzuhalten, dass ein Forschungsbedarf für ein **Gesamtkonzept an Bewertungsinstrumenten** besteht, das eine phasenbezogene Bewertung von Innovationen entsprechend dem Informationsstand der Entscheidungsträger ermöglicht und

---

359 Vgl. *Kunz* (2007), S. 90.

360 Quelle: in Anlehnung an *Hauschildt/Salomo* (2007), S. 532.

o. g. Besonderheiten gerecht wird. Ein solches Gesamtkonzept sollte zu Beginn des Innovationsprozesses qualitative, im weiteren Verlauf zusätzlich semi-quantitative und abschließend quantitative Bewertungsinstrumente bereitstellen.[361] Die erläuterten Aspekte bilden somit den Rahmen für die Ableitung und Ausgestaltung von Bewertungsinstrumenten. Im folgenden Kapitel werden Anforderungen an Bewertungsinstrumente auf Basis der o. g. Aspekte und der Literatur herausgearbeitet. Daran schließen die Darstellung und Auswahl der Bewertungsinstrumente anhand der Erfüllung der Anforderungskriterien an.

4.2 Anforderungen an Bewertungsinstrumente

Im Folgenden werden Anforderungen an Bewertungsinstrumente für Innovationen, die von verschiedenen Autoren zu Grunde gelegt werden, dargestellt.[362]

Granig[363], *Vahs/Burmester*[364] und *Pleschak/Sabisch*[365] greifen die Beurteilungskriterien von *Brockhoff* und *Schmelzer* auf und gruppieren diese. Dieser Vorgehensweise soll in der vorliegenden Arbeit gefolgt werden.[366]

Unter **Realitätsnähe** verstehen *Pleschak/Sabisch* und *Granig* die Kriterien:[367]

- Berücksichtigung mehrerer Zielinhalte (mehrdimensionale Bewertung),
- Berücksichtigung mehrerer Restriktionen,
- Berücksichtigung der Risiken,
- Erfassung über mehrere Zeitperioden,
- Vorausschau zukünftiger Entwicklungen.

Diese Kriterien finden ebenfalls bei den anderen Autoren Beachtung, wobei die genaue Bezeichnung teilweise geringfügig differiert.[368] Aufgrund ihrer Bedeutung für die

---

[361] Vgl. *Brose* (1982), S. 86 f.

[362] Zur Darstellung verschiedener Anforderungen vgl. *Schmelzer* (1992), S. 115-117; *Pleschak/Sabisch* (1996), S. 170; *Specht/Beckmann/Amelingmeyer* (2002), S. 215; *Vahs/Burmester* (2005), S. 192-194; *Venter* (2006), S. 44 f.; *Granig* (2007), S. 56-59.

[363] Vgl. *Granig* (2007), S. 56-59.

[364] Vgl. *Vahs/Burmester* (2005), S. 192-194.

[365] Vgl. *Pleschak/Sabisch* (1996), S. 170.

[366] Einigkeit herrscht bei allen Autoren bzgl. der Gruppen Realitätsnähe und Benutzerfreundlichkeit. *Granig* und *Vahs/Burmester* stellen weiterhin die Wirtschaftlichkeit eines Instruments in den Vordergrund, wohingegen *Pleschak/Sabisch* auf eine breite Anwendungsmöglichkeit abstellen.

[367] Vgl. *Pleschak/Sabisch* (1996), S. 170 sowie *Granig* (2007), S. 56.

[368] Vgl. bspw. *Schmelzer* (1992), S. 116; *Venter* (2006), S. 44 f.

Beurteilung wichtiger Eigenschaften von Innovationen werden diese übernommen. Die mehrdimensionale Bewertung wird in die Unterkriterien finanzielle, technische und sonstige (z. B. soziale) Beurteilungskriterien unterteilt. Ebenso wird die Restriktionsberücksichtigung in finanziell, personell und maschinell unterteilt.

Eine weitere Kriteriengruppe trägt der **breiten Anwendungsmöglichkeit** Rechnung. Diese beinhaltet die Anwendbarkeit auf unterschiedlichen Stufen des Innovationsprozesses, Möglichkeit zur Simulation sowie die Berücksichtigung unterschiedlicher Bewertungskriterien.[369] Die Erfassung unterschiedlicher Kriterien wird bereits über das Kriterium „mehrdimensionale Bewertung" erfasst und darf nicht erneut betrachtet werden. Die Anwendbarkeit auf unterschiedlichen Stufen des Innovationsprozesses ist aufgrund der Problemstellung der vorliegenden Arbeit von besonderer Bedeutung und wird somit als eigenständiges Kriterium berücksichtigt. Ebenso wird die Möglichkeit zur Simulation aufgenommen, da durch die hohe Unsicherheit bei der Innovationsbewertung die Simulation verschiedener Größen sehr wertvoll ist.

Weiterhin sollte ein Bewertungsinstrument möglichst einfach zu bedienen und leicht verständlich sein. Diese **Benutzerfreundlichkeit** ist besonders vor dem Hintergrund knapper Ressourcen (v. a. in kleinen und mittelgroßen Unternehmen) von Bedeutung, da häufig keine umfangreichen und zeitaufwändigen Bewertungen möglich sind. Des Weiteren können weniger aufwendige Instrumente eine höhere Akzeptanz in Unternehmen, die wenig Erfahrung mit Bewertungsinstrumenten haben, bewirken. Daher bezieht *Brockhoff* folgende Kriterien ein:[370]

- vertraute Daten als Eingabegrößen,
- Einfachheit und Verständlichkeit der Bewertung,
- Aktualisierungsmöglichkeit der Berechnungen,
- Rechnerunterstützung der Bewertungsvorgänge,
- Integration in den Forschung- und Entwicklungsprozess.

Diese Kriterien werden aufgrund ihrer o. g. Bedeutung berücksichtigt, da so neben dem Nutzen auch implizit die Kosten der Bewertung erfasst werden. Damit entstehen bspw. bei unvertrauten Daten, schwer verständlichen und nicht-rechnerunterstützten Bewertungsvorgängen hohe Kosten der Bewertung. Somit wird dem übergeordneten

---

[369] Vgl. hierzu *Brockhoff* (1994), S. 252.
[370] Vgl. *Brockhoff* (1994), S. 252.

Kriterium der Wirtschaftlichkeit, das von allen Autoren hervorgehoben wird, Rechnung getragen.[371] Lediglich die Integration in den F&E-Prozess wird nicht aufgenommen, da dieses Kriterium durch die umfassende Definition des Innovationsprozesses bereits über das Kriterium „Anwendbarkeit auf unterschiedlichen Stufen des Innovationsprozesses" erfasst ist.

Eine explizite Berücksichtigung des Kriteriums Lebenszyklus, wie von *Granig*[372] vorgeschlagen, erfolgt nicht, da dieses Kriterium in die Betrachtung „Erfassung über mehrere Zeitperioden" (Unterkriterium der Realitätsnähe) integriert wird.

Ein weiteres Kriterium, das von *Specht/Beckmann/Amelingmeyer* vorgeschlagen wird, ist die **Objektivität** der Bewertung.[373] Diesem wird in der vorliegenden Arbeit nicht gefolgt, da eine Bewertung stets subjektiv ist. Jede Bewertung, die unsichere Werte benötigt, beruht auf den Annahmen der Bewertungsträger und ist somit subjektiv.

4.3 Instrumente zur Bewertung einzelner Innovationsprojekte

4.3.1 Überblick

Bewertungsinstrumente (im Allgemeinen und für Innovationen im Besonderen) lassen sich anhand verschiedener Gliederungskriterien klassifizieren.[374]

In der vorliegenden Arbeit werden die Bewertungsinstrumente auf der ersten Gliederungsebene entsprechend dem **Grad der Quantifizierbarkeit** unterteilt. Dabei lassen sich die qualitativen und semi-quantitativen Bewertungsinstrumente der Gruppe der mehrdimensionalen und die quantitativen der Gruppe der eindimensionalen Instrumente zuordnen.[375] Die Unterteilung entsprechend dem Grad der Quantifizierbarkeit eignet sich besonders, da sie eine überschneidungsfreie Zuordnung der Instrumente in die Klassen ermöglicht und der Systematik der unterschiedlichen Informationsbedarfe in den Phasen des Innovationsprozesses entspricht.[376] Daher können die Instrumente den

---

[371] Vgl. u. a. *Specht/Beckmann/Amelingmeyer* (2002), S. 215 sowie *Vahs/Burmester* (2005), S. 194.
[372] Vgl. *Granig* (2007), S. 57 f.
[373] Vgl. *Specht/Beckmann/Amelingmeyer* (2002), S. 215.
[374] Gliederungskriterien können bspw. die Dimension des verwendeten Kriteriensystems, der Grad der Quantifizierbarkeit, die Berücksichtigung der Zeit sowie der Unsicherheit sein. Vgl. hierzu ausführlich *Ipsen* (2002), S. 84.
[375] Vgl. bspw. *Ehlken* (1999), S. 58.
[376] Vgl. Kapitel 3.5.2 und 4.1.5.

Phasen eindeutig zugeordnet werden. Basierend auf *Thoma*[377] ordnen *Specht/Beckmann/Amelingmeyer* den Klassen verschiedene Bewertungsinstrumente zu. Dieser Systematik wird in der vorliegenden Arbeit gefolgt (siehe Abbildung 4-2 auf S. 107).[378]

Specht/Beckmann/Amelingmeyer unterscheiden die **qualitativen Instrumente** in ganzheitliche und offen analytische Bewertungsinstrumente.[379] Die **ganzheitlichen Instrumente** umfassen die Klasseneinstufung, die Pro-Contra-Methode, das Projektanwaltverfahren sowie die verbale Argumentation. Zu den **offen analytischen Instrumenten** zählen Checklisten, Scoring-Modelle[380], Projektprofile, Portfolio- und ABC-Analysen. Die Scoring-Modelle werden in der vorliegenden Arbeit nochmals in Punktwertverfahren und Nutzwertanalysen unterteilt. Die letztgenannten werden aufgrund der Möglichkeit, qualitative und quantitative Informationen zu berücksichtigen, jedoch den semi-quantitativen Instrumenten zugeordnet. Des Weiteren werden die Portfolio-Analysen in diesem Kapitel nicht betrachtet, da sie eher die Gesamtheit der Innovationen als die Einzelinnovation bewerten. Die weiteren Instrumente werden in die Betrachtung aufgenommen.

Zu der Gruppe der **semi-quantitativen Instrumente** gehören die Nutzwertanalyse, die Kosten-Nutzen-Analyse und die Prioritätenregelung.[381] Diese werden im Folgenden um die Data Envelopment Analysis und den Analytic Hierarchy Process ergänzt, da sich diese ebenso wie die Nutzwertanalyse zur mehrdimensionalen Bewertung qualitativer und quantitativer Informationen eignen.

Zu der Gruppe der **quantitativen Instrumente** werden die Verfahren der Investitionsrechnung gezählt.[382] Die **statischen Investitionsrechenverfahren** beinhalten den Kosten-, den Gewinn-, den Rentabilitätsvergleich und die statische Amortisationsdauer. Zu den **dynamischen Investitionsrechenverfahren** gehören die Kapitalwert-, die Endwert-, die Annuitäten- und die interne Zinsfußmethode sowie die dynamische

---

377 Vgl. *Thoma* (1989), S. 30.

378 Vgl. bspw. *Sabisch* (1991), S. 132; *Bürgel/Haller/Binder* (1996), S. 105; *Nixon* (1998), S. 331; *Brockhoff* (1999), S. 336; *Ehlken* (1999), S. 58; *Specht/Beckmann/Amelingmeyer* (2002), S. 216; *Kontos* (2004), S. 239; *Freitag/Böhme* (2005), S. 70; *Gerpott* (2005), S. 340; *Vahs/Burmester* (2005), S. 194.

379 Vgl. *Specht/Beckmann/Amelingmeyer* (2002), S. 216.

380 Die Begriffe Scoring-Modell, Punktwertverfahren und Nutzwertanalyse werden in der Literatur z. T. synonym verwendet.

381 Vgl. *Specht/Beckmann/Amelingmeyer* (2002), S. 216.

382 Dies ergibt sich aus der Betrachtung einer Innovation als eine Investition unter Unsicherheit.

Amortisationsdauer. Diese werden um Instrumente zur **Risiko-Chancen-Beurteilung**, zu denen sowohl Sensitivitätsanalysen, Risikosimulationen, das Entscheidungsbaumverfahren als auch der Realoptionsansatz zählen, ergänzt, da die Anwendung dieser Instrumente verstärkt diskutiert wird.[383] Neben den genannten Instrumenten werden v. a. das Target Costing und das Benchmarking[384] von Innovationen vorgeschlagen.[385] Daher werden im Folgenden die **Instrumente des Kostenmanagements**, zu denen die genannten Instrumente zählen, im Rahmen der vorliegenden Arbeit betrachtet; dazu gehört neben dem Target Costing und dem Benchmarking die Lebenszykluskostenrechnung.

---

383 Zur Bedeutung der Instrumente vgl. *Thoma* (1989), S. 182 f.; *Hahn/Bausch/Mayer* (2000), S. 240; *Völker* (2000), S. 44 f.; *Bockemühl* (2001), S. 203-213; *Doctor/Newton/Pearson* (2001), S. 84 f.; *Ipsen* (2002), S. 92-94; *Heck* (2003), S. 172-175; *Cánez/Garfias* (2006b), S. 53; *Granig* (2007), S. 119-131; *Labriola* (2007), S. 204-210; *Schilling* (2008), S. 137-139.

384 Das Benchmarking kann in Abhängigkeit der Zielsetzung auch semi-quantitativ sein. Aufgrund der Zugehörigkeit zu den Instrumenten des strategischen Kostenmanagements wird es im Folgenden jedoch in Rahmen der quantitativen Instrumente diskutiert.

385 Vgl. *Kenter* (1996); *Boutellier/Völker* (1997), S. 77; *Cooper/Slagmulder* (1999); *Schröder* (2000), S. 22-29; *Horsch* (2003), S. 139; *Meyer* (2003); *Corsten/Gössinger/Schneider* (2006), S. 501-513; *Wittmann/Leimbeck/Tomp* (2006), S. 44-46; *Wildemann* (2008a), S. 46 und S. 266-269.

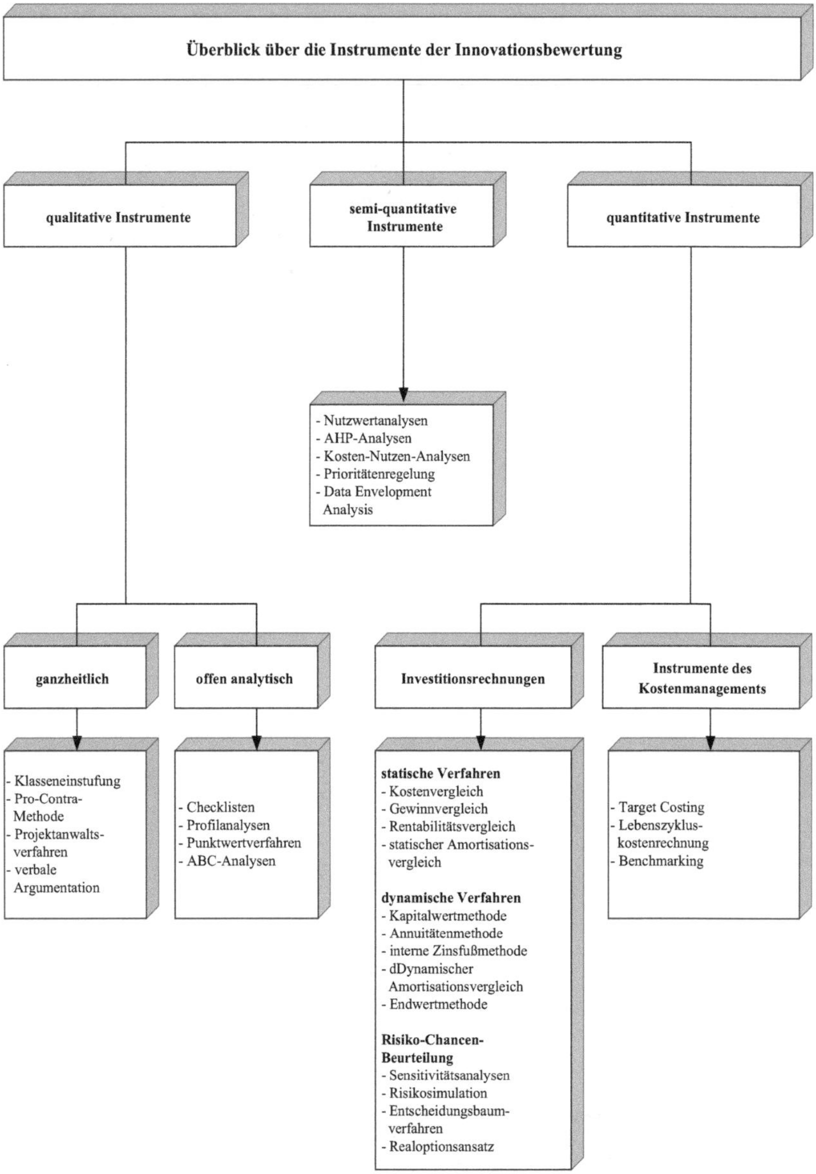

Abbildung 4-2: Bewertungsinstrumente[386]

[386] Quelle: in Anlehnung an *Specht/Beckmann/Amelingmeyer* (2002), S. 216, ergänzt um Instrumente in *Granig* (2007), S. 119-131 und *Ewert/Wagenhofer* (2008), S. 245-303.

4.3.2 Qualitative Instrumente

Qualitative Bewertungsinstrumente beruhen auf intuitiven Beurteilungen der befragten Personen.[387] Die Bewertung geht von der qualitativen (d. h. nicht messbaren) Beschreibung der Vor- und Nachteile von Innovationsprojekten aus. Liegen die Ziele nicht in quantifizierbarer Form vor, so kann auch der Grad der Zielerfüllung nur qualitativ beurteilt werden.[388] Somit können die Zielbeiträge nicht zahlen- oder wertmäßig ausgedrückt werden. Dabei ist die Qualität der Urteile von der Abgrenzbarkeit und Struktur des Innovationsprojekts abhängig.[389] Diese Art von Instrumenten wird aufgrund ihrer **einfachen Anwendung** i. d. R. für eine erste Grob- und Vorauswahl eingesetzt.[390] Des Weiteren können sie durch ihre geringe Anforderung an den Informationsstand des Beurteilenden bereits in den frühen (unsicheren) Phasen des Innovationsprozesses angewendet werden. Der **Nachteil** der Instrumente besteht darin, dass die Urteile stark subjektiv sind und die Bewertung nicht die Aufstellung einer Rangfolge ermöglicht.

Im Folgenden werden die qualitativen Bewertungsinstrumente kurz in ihrer Grundstruktur dargestellt. Auf eine ausführliche Erläuterung wird verzichtet, da sie als bekannt vorausgesetzt werden können.[391] Dies gilt ebenso für die semi-quantitativen und quantitativen Bewertungsinstrumente.

Bei Anwendung der **Klasseneinstufung** werden die betrachteten Alternativen aufgrund ihres Gesamteindrucks (ohne Untergliederung in Teilaspekte) durch den Entscheidungsträger beurteilt und in Klassen eingeteilt.[392] Entsprechend ihrer Klasse werden die Projekte im Anschluss ausgewählt.

Im Rahmen der **Pro-Contra-Methode** werden die Vor- und Nachteile aller Alternativen betrachtet und festgehalten. Im Anschluss erfolgt eine Auswahl der Projekte entsprechend den Präferenzen des Entscheidungsträgers.[393]

---

[387] Vgl. *Werner* (2002), S. 46.
[388] Vgl. *Pleschak/Sabisch* (1996), S. 178.
[389] Vgl. *Werner* (2002), S. 46.
[390] Vgl. *Gerhard* (1998), S. 199; *Helbig/Lingnau* (1999), S. 75.
[391] Zur Darstellung der weiteren qualitativen Bewertungsinstrumente vgl. *Kern/Schröder* (1977), S. 219-223; *Brose* (1982), S. 208-210; *Thoma* (1989), S. 83-86; *Ehlken* (1999), S. 72-74; *Meyer* (2001), S. 182; *Specht/Beckmann/Amelingmeyer* (2002), S. 217-220; *Heiss* (2004), S. 32-34; *Vahs/Burmester* (2005), S. 194-205.
[392] Vgl. bspw. *Ehlken* (1999), S. 72-74.
[393] Vgl. zu diesem Instrument *Wahren* (2004), S. 174.

Ähnlich wie bei der Pro-Contra-Methode werden bei dem **Projektanwaltsverfahren** die wichtigsten Vor- und Nachteile aller Alternativen erfasst. Die Besonderheit des Instruments besteht jedoch darin, dass eine Person (der Projektanwalt) die Alternativen vor einer kritischen Gruppe (bspw. einem Projektgremium) verteidigen muss. Im Anschluss an die Diskussion erfolgt eine Auswahl der als am besten erachteten Alternativen.[394]

Bei der **verbalen Einschätzung** werden die Alternativen in Bezug auf die zu bewertenden Merkmalsausprägungen in Worten beschrieben. Diese Beschreibung kann sowohl von Einzelpersonen als auch von Gruppen (z. B. Kunden) vorgenommen werden. Wichtig ist hierbei, dass die Beschreibungen verständlich und aussagekräftig sind. Die anschließende Auswahl erfolgt anhand des Gesamtbilds der Alternative.[395]

Checklisten (auch als Prüflisten bezeichnet) stellen ein Instrument dar, mit dem verschiedene Bewertungskriterien zusammengestellt werden, die für die Beurteilung des Sachverhalts von grundlegender Bedeutung sind.[396] Diese Zusammenstellung kann in Form von Fragen oder einer tabellarischen Liste erfolgen. Die Bewertungskriterien lassen sich in Kann- und Muss- (sog. K.o.-) Kriterien unterteilen. Die Kriterien bzw. Fragen werden mit ja, nein oder teilweise erfüllt beantwortet. Die Nicht-Erfüllung eines Kann-Kriteriums führt dabei im Gegensatz zu einem Muss-Kriterium nicht zu einem sofortigen Ausschluss der Alternative.

Die **Profilanalyse** dient der graphischen Aufbereitung der identifizierten Stärken und Schwächen bspw. in einem Polaritätsprofil. Dabei kann die relative Vorteilhaftigkeit einer Alternative gegenüber einer anderen anschaulich und übersichtlich visualisiert werden. Die Form der Darstellung eignet sich daher v. a. für die Diskussion verschiedener Alternativen in einer Gruppe.[397]

Bei dem **Punktwertverfahren** (auch als Konstantsummen-Verfahren bezeichnet) ist eine vorgegebene Punktzahl (bspw. 100 Punkte) auf die zu bewertenden Alternativen

---

394 Vgl. ausführlich *Specht/Beckmann/Amelingmeyer* (2002), S. 218.

395 Vgl. *Vahs/Burmester* (2005), S. 196.

396 Zur Darstellung von Checklisten vgl. ausführlich *Ehlken* (1999), S. 73; *Wahren* (2004), S. 175; *Vahs/Burmester* (2005), S. 196 f.; *Corsten/Gössinger/Schneider* (2006), S. 404; *Gelbmann/Vorbach* (2007), S. 146;

397 Vgl. *Vahs/Burmester* (2005), S. 202.

zu verteilen. Aus den zugeordneten Punkten lässt sich eine Rangfolge der Alternativen unmittelbar ablesen.[398]

Bei der **ABC-Analyse** werden die zu untersuchenden Alternativen in drei Gruppen in Bezug auf zwei Kriterien (i. d. R. Anzahl der Projekte und Zielbeitrag) unterteilt. Projekte, die zu Gruppe A gehören (i. d. R. sehr wenige) liefern einen großen Beitrag zur Erreichung des Ziels und sollten daher realisiert werden. Im Gegensatz dazu sind der Gruppe C viele Alternativen zuzuordnen, die einen geringen Zielbeitrag haben. Die Alternativen werden abschließend entsprechend ihrer Gruppenzugehörigkeit ausgewählt.[399]

4.3.3 Semi-quantitative Instrumente

Semi-quantitative Bewertungsinstrumente gestatten eine kombinierte Bewertung anhand qualitativer Einschätzungen und quantitativer Aspekte. Die Besonderheit dieser Instrumente liegt darin, dass die subjektiven Werturteile der Einzelkriterien in dimensionslose Bewertungszahlen transformiert werden.[400] Daher kann eine beliebig große Anzahl unterschiedlich dimensionierter und verschiedenartiger Kriterien gleichzeitig in die Bewertung einbezogen werden, um eine Gesamtaussage über das komplexe Entscheidungsobjekt zu erlauben.[401] Der **Vorteil** dieser Instrumente gegenüber qualitativen Instrumenten liegt darin, dass sie die Aufstellung einer Rangfolge unter den Alternativen durch Vergabe eines Gesamtwerts ermöglichen. Im Vergleich zu den quantitativen Bewertungsinstrumenten weisen sie den Vorteil auf, dass die Anforderungen an den Informationsstand des Bewertungsträgers geringer sind und dass nicht ausschließlich finanzielle Kriterien berücksichtigt werden. Daher sind die semi-quantitativen Bewertungsinstrumente mehrdimensional. Des Weiteren weisen sie den Vorteil auf, dass sie vielfältig anwendbar und einfach in ihrer Handhabung sind.[402] Der **Nachteil** dieser Instrumente liegt darin, dass sie, wie die qualitativen Instrumente, auf individuellen Werturteilen beruhen und damit stark subjektiv sind. Durch die Bildung von Gesamtwerten wird weiterhin eine Pseudo-Objektivität erzeugt, die die eigentliche Subjektivität verdeckt.

---

[398] Vgl. *Vahs/Burmester* (2005), S. 201 f.
[399] Vgl. *Disselkamp* (2005), S. 128 f.
[400] Vgl. *Pleschak/Sabisch* (1996), S. 179.
[401] Vgl. *Pleschak/Sabisch* (1996), S. 179.
[402] Vgl. *Werner* (2002), S. 46.

Zu der Gruppe der semi-quantitativen Bewertungsinstrumente zählen Nutzwertanalysen, Analytic Hierarchy Process (AHP), Kosten-Nutzen-Analysen, Prioritätenregelungen und Data Envelopment Analysis (DEA). Im Folgenden werden die genannten Instrumente kurz dargestellt, wobei auf eine Erläuterung des AHP verzichtet wird, da auf diesen ausführlich in Kapitel 6.2.1.1 eingegangen wird.

Die **Nutzwertanalyse** verfolgt den Zweck, eine größere Anzahl an Alternativen anhand von mehreren Kriterien auf einer ordinalen Skala zu bewerten und entsprechend den Präferenzen des Entscheidungsträgers zu ordnen.[403] In Anlehnung an *Bechmann* sind dabei folgende Prozessschritte Bestandteil:[404]

- Definition der Problemstellung und des Zielsystems,
- Bestimmung der Alternativen,
- Bestimmung der Bewertungskriterien auf Basis des Zielsystems,
- Ermittlung der Kriteriengewichte,
- Bewertung jeder Alternative bezogen auf jedes Kriterium,
- Ermittlung der Teilnutzwerte durch Multiplikation von Kriteriengewichten und Kriterienausprägungen,
- Ermittlung des Gesamtnutzwertes durch Addition aller Teilnutzwerte.

Die **Kosten-Nutzen-Analyse** dient der Bestimmung der ökonomischen Effizienz einer Alternative. Dabei wird der monetär bewertete Nutzen den Kosten eines Projekts gegenübergestellt; Kosten und Nutzen werden dabei auf den Betrachtungszeitpunkt abgezinst. Ausgewählt wird das Projekt mit dem besten Kosten-Nutzen-Verhältnis.[405]

Die **Prioritätenregelung** verwendet unterschiedliche Regeln, um eine Auswahl der Alternativen zu ermöglichen. Dabei besteht i. d. R. eine hierarchische Beziehung zwischen den Regeln. So wird bspw. zunächst das Projekt ausgewählt, das Regel A (bspw. minimale Durchlaufzeit) am besten erfüllt. Führt diese Regel nicht zu einer eindeutigen Auswahl, da mehrere Alternativen gleich geeignet sind, kommt Regel B zur Anwendung (z. B. geringe Kosten), usw.[406]

---

[403] Vgl. *Vahs/Burmester* (2005), S. 205.
[404] Vgl. *Bechmann* (1978), S. 26-30.
[405] Zur Kosten-Nutzen-Analyse vgl. *Kern/Schröder* (1977), S. 223 f.; *Hahner* (2000), S. 41 f.
[406] Vgl. bspw. *Ehlken* (1999), S. 90.

Data Envelopment Analysis ist ein „nichtparametrisches Verfahren zur Schätzung des effizienten Randes einer Menge von Input-Output-Kombinationen", das auf Techniken der Linearen Programmierung beruht.[407] Da der Entscheidungsträger keine Gewichtung der Zielkriterien vornehmen muss, ist dieses Verfahren weniger subjektiv als bspw. die Nutzwertanalyse und eignet sich zur Bewertung von Technologien und somit von Innovationen, indem es die relative Effizienz zu vergleichender Objekte bestimmt. Dabei muss der funktionale Zusammenhang zwischen In- und Outputs nicht bekannt sein.[408]

4.3.4 Quantitative Instrumente

Quantitative Bewertungsinstrumente greifen auf numerisch bestimmbare Kennzahlen zurück und transformieren diese über mathematische Algorithmen zu messbaren Ergebnissen.[409] Diese Kennzahlen können sowohl monetär als auch nichtmonetär oder eine Kombination aus beidem sein.[410] In der vorliegenden Arbeit werden ausschließlich Instrumente betrachtet, die auf monetären Informationen beruhen. Somit sind sie den eindimensionalen Bewertungsinstrumenten zuzuordnen. Des Weiteren können sie in die Kategorien Investitionsrechenverfahren und Instrumente des Kostenmanagements unterteilt werden. Der **Vorteil** dieser Instrumente besteht darin, dass sie eine Aussage über die finanzielle Attraktivität einer Innovation ermöglichen. Daher kann eine eindeutige Rangfolge der Alternativen entsprechend dem monetären Wert erstellt werden. Weiterhin sind sie durch die Verwendung nachvollziehbarer, finanzieller Informationen nicht in dem Maße durch Subjektivität geprägt wie die anderen beiden Kategorien. Der **Nachteil** dieser Instrumente besteht in der hohen Anforderung an die verfügbaren Informationen. Sie benötigen detaillierte Angaben zu Absatzpreisen, Herstellkosten, Entwicklungskosten, Investitionen, Umsätzen sowie Ein- und Auszahlungen über die gesamte Lebensdauer des Produkts. Daher sind sie durch einen hohen Grad an Unsicherheit gekennzeichnet.

---

407 Vgl. *Corsten/Gössinger/Schneider* (2006), S. 411; erweitert um die Lösung mittels Linearer Programmierung nach *Backhaus/Geiger/Wilken* (2005), S. 293. Für eine ausführliche Beschreibung verschiedener Lösungsmodelle und eines Vorgehensmodells vgl. *Siemens* (2005) sowie *Peters* (2008), S. 730-798.

408 Vgl. *Backhaus/Geiger/Wilken* (2005), S. 293.

409 Vgl. *Werner* (2002), S. 46.

410 Vgl. *Pleschak/Sabisch* (1996), S. 177.

4.3.4.1 Investitionsrechenverfahren

Die Investitionsrechenverfahren können in die drei Unterkategorien statische und dynamische Investitionsrechnungen sowie Instrumente zur Risiko-Chancen-Beurteilung untergliedert werden. Im Folgenden werden die Charakteristika der Unterkategorie jeweils kurz erläutert.

Die Besonderheit der **statischen Investitionsrechenverfahren**, zu denen der Kosten-, Gewinn-, Rentabilitätsvergleich und die statische Amortisationsdauer zählen, besteht darin, dass lediglich ein Zeitabschnitt betrachtet wird. Dabei handelt es sich entweder um eine repräsentative Periode aus dem gesamten Nutzungszeitraum oder um eine hypothetische Durchschnittsbetrachtung.[411] Der zeitliche Anfall der Ein- und Auszahlungen wird dabei nicht beachtet. Somit sind heutige gleichwertig mit zukünftigen Zahlungen. Dies ist eine wesentliche Vereinfachung der Realität. Als Entscheidungskriterium dient dabei die jeweils betrachtete Größe, z. B. die geringsten Kosten, der höchste Gewinn usw. einer Alternative.[412]

An den Schwächen der statischen setzen die **dynamischen Investitionsrechenverfahren** an. Für diese Instrumente (Kapitalwert-, Endwert-, Annuitäten-, interne Zinsfußmethode und dynamischer Amortisationsvergleich) ist die explizite Berücksichtigung mehrerer Perioden kennzeichnend. Die Investitionen werden dabei durch die Ein- und Auszahlungen im Zeitablauf gekennzeichnet. Damit ist die Annahme verbunden, dass sich die Zahlungen den einzelnen Perioden zuordnen lassen. Durch den Anfall der Zahlungen zu verschiedenen Zeitpunkten können diese nicht unmittelbar zusammengefasst werden, da der Wert der Zahlungen vom Zahlungszeitpunkt abhängig ist (Zeitpräferenz).[413] Daher müssen die Zahlungen durch eine finanzmathematische Transformation, z. B. Auf- und Abzinsen, miteinander vergleichbar gemacht werden.[414] Es werden dabei die Alternativen mit dem größten Kapital-, Endwert bzw. internen Zinsfuß, der höchsten Annuität oder der geringsten Amortisationszeit ausgewählt.

---

[411] Vgl. *Götze* (2008), S. 50.

[412] Zur ausführlichen Darstellung statischer Investitionsrechnungen vgl. *Pepels* (1999), S. 154 f.; *Wahren* (2004), S. 188; *Granig* (2007), S. 87-91; *Kruschwitz* (2007), S. 31-44; *Perridon/Steiner* (2007), S. 28-42; *Vahs/Schäfer-Kunz* (2007), S. 713-719; *Götze* (2008), S. 50-66.

[413] Vgl. *Götze* (2008), S. 66 f.

[414] Zur ausführlichen Darstellung der dynamischen Investitionsrechenverfahren vgl. *Pepels* (1999), S. 156; *Wahren* (2004), S. 188 f.; *Granig* (2007), S. 91-95; *Kruschwitz* (2007), S. 44-117; *Perridon/Steiner* (2007), S. 43-52; *Vahs/Schäfer-Kunz* (2007), S. 719-725; *Brealy/Myers/Allen* (2008), S. 115-134; *Götze* (2008), S. 66-130.

An dem Punkt der fehlenden oder unsicheren Risikointegration der dynamischen Investitionsrechnungen setzen die Instrumente der **Risiko-Chancen-Beurteilung** an. Sensitivitätsanalysen und Risikosimulationen ermöglichen eine Analyse der Auswirkungen der unsicheren Erwartungen. Das Entscheidungsbaumverfahren und der Realoptionsansatz messen hingegen dem Risiko bzw. der dadurch entstehenden Flexibilität einen Wert bei.

Die **Sensitivitätsanalyse** stellt ein Instrument zur Berücksichtigung mehrwertiger Erwartungen dar. Es wird untersucht, inwieweit bestimmte Entscheidungskriterien (z. B. der Kapitalwert) auf eine Veränderung von Inputparametern reagieren. I. d. R. erfolgt dies in Bezug auf lediglich einen Parameter; es wird in die Ermittlung kritischer Werte und eine Bandbreitenrechnung unterschieden.[415]

Die **Risikosimulation** ist ein Instrument, mit dessen Hilfe unter Einsatz eines Zufallszahlengenerators die Wahrscheinlichkeitsverteilung der unsicheren Zielerreichungsgrößen einer bestimmten Alternative abgeleitet werden können. Daraus kann ein Risiko-Chancen-Profil für jede Alternative ermittelt werden. Beispiele für Risikosimulationen sind der Value-at-Risk-Ansatz und die Monte-Carlo-Simulation.[416]

Die **Realoptionstheorie** stammt ursprünglich aus dem Bereich der Finanztheorie für Aktienmärkte. Allgemein gibt eine Option ihrem Erwerber das Recht, einen Vermögensgegenstand zu einem vorab festgelegten Preis während (amerikanische Option) oder am Ende (europäische Option) der Optionslaufzeit zu erwerben. Durch diese Option entstehen Handlungsspielräume für den Entscheidungsträger. Der erwartete Kapitalwert ergibt sich als Summe aus traditionellem Kapitalwert und dem Wert von Handlungsspielräumen. Es existieren unterschiedliche Arten von Realoptionen. Dies sind für Innovationen v. a. Timingoptionen (Verschieben der Innovation auf einen späteren Zeitpunkt, an dem neue Informationen vorliegen), Abbruchoptionen sowie Optionen auf mehrstufige Investitionsdurchführung.[417]

---

[415] Vgl. *Thoma* (1989), S. 178; *Ehlken* (1999), S. 108 f.; *Heck* (2003), S. 160-163; *Rainey* (2006), S. 451-455.

[416] Zur Darstellung der Risikosimulationen vgl. *Boer* (1999), S. 297 f.; *Doctor/Newton/Pearson* (2001), S. 84 f.; *Ipsen* (2002), S. 92-94; *Granig* (2007), S. 143-145; *Brealy/Myers/Allen* (2008), S. 271-283.

[417] Für eine ausführliche Darstellung der Grundmodelle des Realoptionsansatzes sowie weitere Anwendungen zur Innovationsbewertung vgl. *Newton/Pearson* (1994); *Boer* (1999), S. 299-330; *Grupp/Maital* (2001), S. 41 f.; *Dilling* (2002), S. 60-78; *Friedl* (2003), S. 382-385; *Kramer/Müller* (2004).

Das zweite Instrument (neben dem Realoptionsansatz), welches Unsicherheit und Flexibilität einen Wert zumisst, ist das **Entscheidungsbaumverfahren**, das eine Erweiterung der Kapitalwertmethode darstellt. Bei identischen Kapitalmarktannahmen und Eingangswerten liefern das Entscheidungsbaumverfahren und der Realoptionsansatz identische quantitative Ergebnisse.[418] Das Entscheidungsbaumverfahren ermöglicht die Berücksichtigung von zeit- und zustandsabhängigen Handlungsspielräumen, ohne bereits im Bewertungszeitpunkt festlegen zu müssen, wie die Flexibilität in Zukunft genutzt wird. Solche sequentiellen Entscheidungen lassen sich in Entscheidungsbäumen mit Entscheidungsknoten abbilden. Um entscheiden zu können, welche Abfolge von Handlungen optimal ist, muss eine Zielfunktion aufgestellt werden. Dies ist in der Investitionsrechnung üblicherweise die Kapitalwertfunktion. Lässt sich ein Entscheidungsbaum mit Zuständen, Handlungsmöglichkeiten und Eintrittswahrscheinlichkeiten der Umweltzustände aufstellen, kann der Gegenwartswert der erwarteten Projekt-Cashflows bestimmt werden.[419]

4.3.4.2 *Kostenmanagementbasierte Instrumente für Innovationen*

Das Kostenmanagement kann definiert werden als die „Gesamtheit aller Steuerungsmaßnahmen, die der frühzeitigen und antizipativen Beeinflussung von Kostenstruktur und Kostenverhalten sowie der Senkung des Kostenniveaus dienen“[420]. Dementsprechend wird dem Kostenmanagement die Aufgabe der Kostengestaltung zugerechnet. Diese Aufgabe ist wiederum ein wichtiger Bestandteil bei der Konzipierung neuer Produkte, da diese möglichst geringe Kosten verursachen sollten. Folglich sind einzelne Instrumente des Kostenmanagements zur Bewertung von Innovationen anwendbar.[421]

Unter **Target Costing** wird ein Instrument des Kostenmanagements verstanden, welches es gestattet, in frühen Phasen der Produktentwicklung die Anforderungen des Markts einzuplanen. Somit kann entsprechend den Marktanforderungen entwickelt und gestaltet werden. Im Gegensatz zur Preisbestimmung mittels klassischer Zuschlagskalkulation wird im Target Costing der Preis ermittelt, der maximal am Markt durchsetzbar ist. Übersteigt dieser die eigenen Plankosten für das Produkt, sind Kos-

---

[418] Vgl. *Kramer/Müller* (2004). S. 290 f.

[419] Zur Darstellung des Entscheidungsbaumverfahrens vgl. *Dilling* (2002), S. 56-58; *Kramer/Müller* (2004), S. 290; *MacMillan et al.* (2006), S. 30.

[420] *Dellmann* (1994), S. 17.

[421] Für eine ausführliche Darstellung der Instrumente des Kostenmanagements vgl. *Götze* (2007), S. 277-280.

tensenkungen notwendig. Durch die Bestimmung sog. Zielkostenindizes ist es dabei möglich, Produktkomponenten zu identifizieren, bei denen eine Kostensenkung ohne Nutzenverlust aus Sicht des Kunden denkbar ist.[422]

Die **Lebenszykluskostenrechnung** stellt ein Instrument dar, das die anfallenden Kosten und Erlöse eines Produkts über den gesamten Lebenszyklus in den jeweiligen Phasen – Entwicklungs-, Markt- und Nachsorgezyklus – betrachtet. Daher ist eine Optimierung des Produkts unter Berücksichtigung aller anfallenden Kosten und die Auswahl einer Alternative mit den geringsten Lebenszykluskosten möglich. Um die anfallenden Kosten und Erlöse miteinander vergleichbar machen zu können, werden i. d. R. die Verfahren der dynamischen Investitionsrechnung angewendet.[423]

Benchmarking lässt sich definieren als eine vergleichende Bewertung von organisatorischen Strukturen, Kosten, Technologien und Leistungskennwerten mit Hilfe von Indikatoren, die sich aus der direkten Analyse von Daten einer repräsentativen Gruppe von ähnlichen oder konkurrierenden Unternehmen ergeben. Als Vergleichsobjekte kommen z. B. Produkte oder Prozesse in Frage.[424]

Im Anschluss an die Beschreibung der Bewertungsinstrumente werden diese im Anschluss entsprechend der Zielsetzung der vorliegenden Arbeit ausgewählt und den einzelnen Meilensteinen zugeordnet.

4.3.5 Bestimmung der Instrumente zur Bewertung von Innovationsprojekten

Wie Kapitel 2.9.5.2 erläutert, kommt der Auswahl von Bewertungsinstrumenten im Rahmen des Innovationsportfoliomanagements eine große Bedeutung zu. Nachstehend werden daher basierend auf dem Phasenmodell des Innovationsprozesses den einzelnen Meilensteinen Bewertungsinstrumente (siehe Kapitel 4.3.1 bis 4.3.4) entsprechend der Informationsverfügbarkeit zugeordnet. Es muss jedoch beachtet werden, dass die Vorgehensweise individuell bei Anwendung im Unternehmen angepasst werden muss. Dies gilt insb. für die Auswahl der Anforderungen, der Kriterienausprägungen (und

[422] Zur ausführlichen Darstellung des Target Costings vgl. *Horváth/Seidenschwarz* (1992), S. 8-20; *Horváth* (1995), S. 713-715; *Kenter* (1996); *Boutellier/Völker* (1997), S. 97-106; *Schaaf* (1999), S. 77-91; *Benz/ Weigand* (2004); *Horsch* (2003), S. 173-182; *Meyer* (2003); *Corsten/Gössinger/Schneider* (2006), S. 501-513; *Coenenberg* (2007), S. 527-568; *Wildemann* (2008b), S. 125-132.

[423] Vgl. *Joos-Sachse* (2006), S. 227-234; *Coenenberg* (2007), S. 569-592; *Götze* (2007), S. 297-321.

[424] Vgl. *Herstatt* (1998); *Burger* (1999), S. 91-117; *Götze* (2007), S. 321-339; *Wildemann* (2008a), S. 281-290.

deren konkrete Ausgestaltung) und die daraus folgende Bewertung der Instrumente. Die folgenden Aussagen sind somit nicht allgemeingültig.

Zur Beurteilung von Bewertungsinstrumenten wird in der vorliegenden Arbeit eine **Nutzwertanalyse** gewählt, da diese die Aufstellung einer Rangfolge ermöglicht und im Vergleich zu Instrumenten wie dem Analytic Hierarchy Process oder der Data Envelopment Analysis aufgrund der hohen Anzahl an Alternativen und Kriterien einfacher zu handhaben ist.[425] Weiterhin wird die Auswahl der Instrumente im Innovationsprozess für den Anwender damit nachvollziehbar.

Im Folgenden wird die Nutzwertanalyse entsprechend den Schritten, die in Kapitel 4.3.3 dargestellt wurden, durchgeführt, wobei die Schritte 6 und 7 im Punkt Wertsynthese gemeinsam erfolgen.

- **Definition der Problemstellung und des Zielsystems**

Die Problemstellung der Untersuchung liegt darin, verschiedene Bewertungsinstrumente hinsichtlich ihrer Eignung für die Bewertung von Innovationen zu beurteilen. Dabei ergibt sich aus dem in Kapitel 3.5.1 vorgestellten Phasenmodell zum Innovationsprozess und den daraus resultierenden Entscheidungssituationen ein Bedarf an Instrumenten, die eine Selektion von Erfolg versprechenden Innovationsideen ermöglichen. Daher wird in dieser Arbeit analysiert, welche Instrumente sich für diese Selektion unter Berücksichtigung der Besonderheiten von Innovationen in den einzelnen Phasen eignen. Die Auswahl der Instrumente wird dabei einerseits durch die zur Verfügung stehenden und andererseits durch die benötigten Informationen bestimmt.[426] Dementsprechend kommen für den ersten Meilenstein nur qualitative, für den zweiten qualitative und semi-quantitative und für die Meilensteine drei bis sechs v. a. quantitative Bewertungsinstrumente in Frage.[427]

Als Ziel wird in Anlehnung an verschiedene Autoren das übergeordnete Ziel der Wirtschaftlichkeit eines Instruments betrachtet.[428] Somit steht das Verhältnis von Kosten

---

425 Vgl. zu den Vorteilen einer Nutzwertanalyse u. a. *Vahs/Burmester* (2005), S. 207.
426 Vgl. *Brose* (1982), S. 86 f.
427 Vgl. Kapitel 3.5.2 und 4.1.3.
428 Zur Betrachtung der Wirtschaftlichkeit vgl. *Granig* (2007), S. 59 und die dort angegebenen Quellen.

und Nutzen der jeweiligen Instrumente im Fokus der Untersuchung. Eine detaillierte Beschreibung der sich daraus abzuleitenden Anforderungen erfolgte in Kapitel 4.2.

- **Bestimmung der Alternativen**

Die Menge der Alternativen, die zur Auswahl stehen, bilden die Bewertungsinstrumente, die in den Kapiteln 4.3.1 bis 4.3.4 beschrieben wurden. Auf diese wird im Folgenden zurückgegriffen, daher kann eine erneute Darstellung entfallen.

- **Bestimmung der Bewertungskriterien**

Die Anforderungskriterien (siehe Kapitel 4.2) werden i. d. R. lediglich sehr allgemein beschrieben und nicht zur Beurteilung der vorgestellten Instrumente verwendet. Daher werden die oben ausgewählten Kriterien operationalisiert, um eine Beurteilung der Instrumente zu ermöglichen. Des Weiteren werden die Kriterien mehrdimensionale Bewertung, Berücksichtigung von Risiken und Restriktion, mehrperiodige Betrachtung, Anwendbarkeit auf mehreren Prozessstufen und Möglichkeit zur Simulation unter dem Oberkriterium Nutzen des Instruments betrachtet. Die genannten Kriterien spiegeln die Realitätsnähe und daher die Eignung für die Fundierung einer Entscheidung wider. Die Benutzerfreundlichkeit hingegen stellt implizit den Kehrwert des Bewertungsaufwands dar. Somit werden die Aspekte Kosten und Nutzen eines Instruments betrachtet.

Diese Operationalisierung der Kriterien erfolgt auf Basis einer Drei-Punkte-Skala in Tabelle 4-1.

Ausprägung Kriterium	1	2	3
Nutzen des Instruments	-	-	-
• mehrdimensionale Bewertung	nur ökonomische Bewertung	ökonomische und technische oder soziale Bewertung	unbegrenzte Kriterienzahl
• Berücksichtigung von Restriktionen	keine Restriktion	eine Restriktion (finanziell, personell, maschinell)	mehrere Restriktionen
• Risikoberücksichtigung	keine Berücksichtigung	Berücksichtigung des Risikos	Risiko wird ein Wert beigemessen
• Berücksichtigung mehrerer Perioden	statisch	-	dynamisch
• Anwendbarkeit auf mehreren Stufen des Innovationsprozesses	ein/zwei Meilensteine	drei bis fünf Meilensteine	gesamter Prozess
• Möglichkeit zur Simulation	keine Möglichkeit	Simulation einer Variable	Simulation aller Variablen
Benutzerfreundlichkeit	-	-	-
• Vertraute Daten als Eingabe	vollkommen neue Daten	teilweise bekannte Daten	ausschließlich vertraute Daten
• Verständlichkeit der Bewertung	hoher Komplexitätsgrad	mittlerer Komplexitätsgrad	geringer Komplexitätsgrad
• Softwareunterstützung	keine Softwareunterstützung möglich	Eigenprogrammierung bzw. anpassungsfähige Standardsoftware	vorgefertigte Standardlösung ohne Anpassungsbedarf
• Aktualisierungsmöglichkeiten	keine Aktualisierung möglich	Aktualisierung umständlich möglich	permanente Aktualisierung leicht möglich
• Aufwand der Datenbeschaffung	hoher Aufwand	mittlerer Aufwand	geringer Aufwand

Tabelle 4-1: Bewertungskriterien zur Beurteilung der Alternativen

Aufgrund der Notwendigkeit der unternehmensspezifischen Anpassung der Vorgehensweise erfolgt die Beschreibung der Kriterienausprägungen allgemein. Bei konkreter Anwendung müssen diese jeweils im Unternehmen spezifiziert werden.

Hinsichtlich der **mehrdimensionalen Bewertung** ist zu unterscheiden, ob das Instrument nur eine ökonomische (finanzielle) Variable, technische oder soziale Aspekte begrenzt oder unbegrenzt einbezieht. Des Weiteren ist im Rahmen der **Berücksichtigung von Restriktionen** zu beurteilen, ob das Instrument keine, eine (wie z. B. des Budgets) oder mehrere (z. B. Budgets und Kapazitäten) Restriktion(en) integriert. Die Beurteilung der **Risikoberücksichtigung** wird unterteilt in die Ausprägungen keine Risiken, Erfassung des Risikos (im Sinne einer Betrachtung von unsicheren Werten und Wahrscheinlichkeiten) und der Bestimmung eines Werts des Risikos bzw. der daraus entstehenden Handlungsspielräume, wie sie bspw. im Realoptionsansatz erfolgt. Hinsichtlich der **Berücksichtigung mehrerer Perioden** wird in die beiden Ausprägungen „statisch" – eine (durchschnittliche) Periode – und „dynamisch" – explizite Beachtung mehrerer Perioden – unterschieden. Weiterhin erfolgt die Beurteilung der **Anwendbarkeit auf mehreren Stufen des Innovationsprozesses** entsprechend der Definition des Phasenmodells in Kapitel 3.5.1 unterschieden in die Merkmale ein/zwei Meilensteine (bspw. nur in den späten oder nur in den frühen Phasen), drei bis fünf Meilensteine und gesamter Innovationsprozess. Als letzter Aspekt des Nutzens eines Instruments wird mit der **Simulationsmöglichkeit** beurteilt, ob und wie ein Instrument die Chance bietet, die Entwicklung und den Einfluss unsicherer Daten zu simulieren. So ist es bspw. denkbar, dass ein Instrument keine Simulationen, einer Variable oder aller im Modell enthaltenen Variablen berücksichtigt.

Neben dem Nutzen des Instruments ist durch die Benutzerfreundlichkeit implizit auch der Aufwand der Bewertung einbezogen. Dieser Aspekt ist jedoch stark von den Erfahrungen des Unternehmens hinsichtlich des Umgangs mit Bewertungsinstrumenten abhängig. So muss bspw. individuell beurteilt werden, inwieweit die **Daten** dem Bewertungsträger **vertraut** sind oder ob sie neu zu erheben sind; hierbei wird in „gänzlich unbekannt", „teilweise bekannt" und „vollkommen bekannt" unterschieden. Des Weiteren ist die **Verständlichkeit der Bewertung** von dem Wissen und den Erfahrungen des Bewertungsträgers abhängig. Es lässt sich jedoch generell hinsichtlich der Komplexität der Instrumente in einen hohen, mittleren und geringen Komplexitätsgrad unterscheiden. Ein Aspekt, der den Aufwand der Bewertung erheblich beeinflusst, ist die **Softwareunterstützung**. Es wird hinsichtlich der nicht-möglichen Softwareunterstützung, der Eigenprogrammierung und der Verfügbarkeit von Standardsoftware unterschieden, wobei Letzteres den Aufwand i. d. R. am deutlichsten senkt.[429] Neben der

[429] Kosten für Schulungen oder Support der Anwender werden hier nicht betrachtet.

Softwareunterstützung ist die **Aktualisierung** der Bewertung von großer Bedeutung, da bei der Verfügbarkeit neuer Informationen im Prozess eine erneute Bewertung nötig sein kann. Daher sind besonders Instrumente wünschenswert, die sich relativ leicht aktualisieren lassen; hier wird in „keine Möglichkeit", „umständliche" und „permanente Aktualisierung" unterschieden. Zusätzlich zu dem Bewertungsaufwand ist der **Aufwand der Datenbeschaffung** von großer Relevanz; dieser ist eng mit der Vertrautheit der Daten verbunden. Der Aufwand kann in die drei Kriterien „groß", „mittel" und „gering" unterteilt werden.

Die folgende Beurteilung der Bewertungsinstrumente kann aufgrund der Notwendigkeit der unternehmensspezifischen Anpassung der Kriterien und der Erfahrungen mit Bewertungsinstrumenten lediglich anhand von Tendenzaussagen erfolgen. Die Ausführungen sind daher nicht allgemeingültig.

- **Ermittlung der Kriteriengewichte**

Im Folgenden werden alle Kriterien gleich gewichtet. Diese Gleichgewichtung gilt auf der Ebene der Hauptkriterien (Nutzen des Instruments und Benutzerfreundlichkeit) wie auch innerhalb der Unterkriterien, da m. E. diese Kriterien gleichbedeutend sind. Somit müssen sie gleichwertig erfasst werden. Bei einer Verwendung des Verfahrens durch den Anwender ist eine individuelle Gewichtung der Kriterien möglich.

- **Alternativenbewertung und Wertsynthese**

Qualitative Instrumente

Die Punktwerte der einzelnen Alternativen sind in Tabelle 4-2 (Seite 124) dargestellt. Im Folgenden werden die einzelnen Kriterienausprägungen erläutert.[430] Aufgrund der Ähnlichkeit der Instrumente werden sowohl die Punktwertvergabe und die Profilanalyse als auch die verbale Einschätzung und die Pro-Contra-Methode jeweils gemeinsam betrachtet.

Fast alle qualitativen Instrumente erfassen implizit (z. B. bei dem Projektanwaltsverfahren) oder explizit (in einer Checkliste) mehrere Kriterien und erhalten daher den

[430] Für einen Überblick über die Vor- und Nachteile von qualitativen Bewertungsverfahren vgl. *Vahs/Burmester* (2005), S. 198-205.

Punktwert drei. Lediglich die ABC-Analyse ermöglicht nur eine Betrachtung von zwei Kriterien. Keines der Instrumente betrachtet Restriktionen; es ergibt sich ein Wert von eins. Keinerlei Unterschiede weisen die Instrumente ebenso bei der Berücksichtigung von Risiken oder mehreren Perioden auf. Demzufolge erhalten sie den Wert zwei (Risiko) bzw. eins (Perioden), da sie implizit Risiken über die Klasseneinteilung oder Argumentation einplanen und nur eine Periode in die Betrachtung einbeziehen. Unterschiede weisen die Instrumente bei der Anwendbarkeit auf mehreren Stufen des Innovationsprozesses auf. Das Punktwertverfahren kann nicht in den sehr frühen Phasen eingesetzt werden, da dort eine Punktbewertung der Innovation noch nicht realisierbar ist und relativ hohe Anforderungen an den Bewertungsträger gestellt werden.[431] Alle anderen Instrumente lassen sich durch ihre Einfachheit und die geringe Anforderung an die benötigten Informationen hingegen auf allen Stufen anwenden. Keines der Instrumente bietet die Möglichkeit der Simulation; sie erhalten je einen Punkt.

Die größten Unterschiede weisen die Instrumente bei der Benutzerfreundlichkeit auf. Bei der Eingabe vertrauter Daten erhält lediglich die verbale Einschätzung die volle Punktzahl. Der Nutzer muss keinerlei neue Informationen erheben, wohingegen für die anderen Instrumente z. T. neue Informationen benötigt werden Diese erreichen dadurch lediglich zwei Punkte. Bei der Verständlichkeit der Bewertung erhalten alle Instrumente, bis auf das Punktvergabeverfahren, die Höchstpunktzahl, da die Vorgehensweise intuitiv eingänglich ist. Das Punktvergabeverfahren ist aufgrund der Aufteilung einer fixen Punktsumme auf verschiedene Kriterien geringfügig anspruchsvoller als die anderen Instrumente und erreicht daher lediglich zwei Punkte. Bei dem Kriterium Softwareunterstützung (der Bewertung) erhält die Checkliste als einziges Instrument die Höchstpunktzahl, da hier die Kriterien nacheinander abgefragt werden können. Weiterhin ist eine farbliche Kennzeichnung oder ein sofortiger Ausschluss von Alternativen denkbar, die ein K.o.-Kriterium nicht erfüllen. Somit wird der Bewertungsvorgang verkürzt. Zwei Punkte bekommen jeweils das Punktvergabeverfahren, die Pro-Contra-Methode/verbale Einschätzung und die Klasseneinstufung. Diese Instrumente können durch den Einsatz von Software unterstützt und vereinfacht werden. Allerdings ist der Grad der Vereinfachung nicht so hoch wie bei einer Checkliste, da die Bewertung nicht vorzeitig abgebrochen werden kann. Die geringste Möglichkeit der Unterstützung erfährt das Projektanwaltsverfahren, da hierbei eine Gruppendiskussion notwendig ist, die nicht durch einen Computer ersetzt werden kann. Das Kriteri-

[431] Zum Einsatz des Punktwertverfahrens im Innovationsprozess vgl. *Vahs/Burmester* (2005), S. 200-205.

um der Aktualisierungsmöglichkeit erfüllen lediglich die Checkliste und das Punktvergabeverfahren. Bei beiden ist eine leichte Aktualisierung einzelner oder aller Kriterienausprägungen möglich, die keine Auswirkungen auf die Bewertung der übrigen Kriterien hat. Alle anderen Instrumente benötigen aufgrund ihrer Komplexität eine komplette Anpassung der Bewertung und verursachen somit einen hohen Aufwand. Der Aufwand der Datenbeschaffung ist bei allen Instrumenten relativ gering, da hauptsächlich auf qualitative und bekannte Daten zurückgegriffen wird. Einzig das Punktvergabeverfahren schneidet schlechter ab, da die Vergabe von Punkten aufwendiger ist.

Kriterium	Gewicht	Klassen-einstufung		Punktwert-vergabe / Profilanalyse		Checkliste		verbale Einschätzung / Pro-Contra		ABC-Analyse		Projektanwalts-verfahren	
		Punktwert	gewichtet	Punktwert	gewichtet	Punktwert	gewichtet	Punktwert	gewichtet	Punktwert	gewichtet	Punktwert	gewichtet
Nutzen des Instruments	0,50	1,87	0,94	1,70	0,85	1,87	0,94	1,87	0,94	1,70	0,85	1,87	0,94
Mehrdimensionale Bewertung	*0,17*	*3*	*0,51*	*3*	*0,51*	*3*	*0,51*	*3*	*0,51*	*2*	*0,34*	*3*	*0,51*
Restriktions-berücksichtigung	*0,17*	*1*	*0,17*	*1*	*0,17*	*1*	*0,17*	*1*	*0,17*	*1*	*0,17*	*1*	*0,17*
Risiko-berücksichtigung	*0,17*	*2*	*0,34*	*2*	*0,34*	*2*	*0,34*	*2*	*0,34*	*2*	*0,34*	*2*	*0,34*
Berücksichtigung mehrerer Perioden	*0,17*	*1*	*0,17*	*1*	*0,17*	*1*	*0,17*	*1*	*0,17*	*1*	*0,17*	*1*	*0,17*
Anwendbarkeit auf mehreren Stufen des Innovations-prozesses	*0,17*	*3*	*0,51*	*2*	*0,34*	*3*	*0,51*	*3*	*0,51*	*3*	*0,51*	*3*	*0,51*
Simulations-möglichkeit	*0,17*	*1*	*0,17*	*1*	*0,17*	*1*	*0,17*	*1*	*0,17*	*1*	*0,17*	*1*	*0,17*
Benutzer-freundlichkeit	0,50	2,00	1,00	2,00	1,00	2,60	1,30	2,20	1,10	2,00	1,00	1,80	0,90
Vertraute Daten	*0,20*	*2*	*0,40*	*2*	*0,40*	*2*	*0,40*	*3*	*0,60*	*2*	*0,40*	*2*	*0,40*
Verständlichkeit der Bewertung	*0,20*	*3*	*0,60*	*2*	*0,40*	*3*	*0,60*	*3*	*0,60*	*3*	*0,60*	*3*	*0,60*
Software-unterstützung	*0,20*	*2*	*0,40*	*2*	*0,40*	*3*	*0,60*	*2*	*0,40*	*2*	*0,40*	*1*	*0,20*
Aktualisierungs-möglichkeit	*0,20*	*1*	*0,20*	*3*	*0,60*	*3*	*0,60*	*1*	*0,20*	*1*	*0,20*	*1*	*0,20*
Aufwand der Datenbeschaffung	*0,20*	*2*	*0,40*	*1*	*0,20*	*2*	*0,40*	*2*	*0,40*	*2*	*0,40*	*2*	*0,40*
Summe		**1,94**		**1,85**		**2,24**		**2,04**		**1,85**		**1,84**	
Rang		**3**		**4**		**1**		**2**		**4**		**6**	

Tabelle 4-2: Wertsynthese qualitative Instrumente[432]

[432] Alle Werte sind auf die zweite Nachkommastelle gerundet (bspw. 0,17 bei den Gewichtungen der Unterkriterien zum „Nutzen des Instruments"). Die gerundeten Werte werden für die jeweils folgenden Berechnungen verwendet. Daher ergeben sich z. T. Ungenauigkeiten (z. B. bei dem Nutzen des Instruments Klasseneinstufung). Dies gilt ebenso für die weiteren Tabellen zur Wertsynthese.

Semi-quantitative Instrumente

Die semi-quantitativen Instrumente[433] ermöglichen mit Ausnahme der Prioritätenregelung und der Kosten-Nutzen-Analyse eine mehrdimensionale Bewertung, indem die Alternativen entlang verschiedener Kriterien beurteilt werden. Somit erhalten die Nutzwertanalyse, AHP und DEA je drei Punkte. Die Prioritätenregelung und die Kosten-Nutzen-Analyse hingegen betrachten jeweils ein einziges Kriterium und erreichen lediglich einen Punkt. Dies gilt ebenso bei der Erfassung von Restriktionen, da diese nicht integriert werden können. Eine Risikoberücksichtigung erfolgt bei den Instrumenten durch die Bildung von Klassen in den Kriterienausprägungen oder über die Erfassung von Erwartungswerten. Lediglich die Prioritätenregelung ermöglicht dies nicht. Mehrere Perioden bezieht ausschließlich die Kosten-Nutzen-Analyse durch die Diskontierung zukünftiger Zahlungen auf den Betrachtungszeitpunkt ein. Demzufolge erhält dieses Instrument drei Punkte, wohingegen die anderen lediglich einen Punkt erreichen.

Nutzwertanalyse, DEA, AHP und die Prioritätenregelung sind aufgrund ihrer vergleichsweise leichten Handhabbarkeit auf mehreren Stufen des Innovationsprozesses anwendbar. Eine Anwendung auf allen Stufen ist jedoch durch die benötigten Informationen, die zu Beginn einer Innovation nicht verfügbar sind, nicht möglich. Im Gegensatz dazu findet die Kosten-Nutzen-Analyse nur gegen Ende des Prozesses Anwendung, da nur dort die benötigten quantitativen Informationen vorliegen. Eine Möglichkeit zur Simulation ist bei keinem der Instrumente gegeben.

Alle Instrumente benötigen zum Teil vertraute und unvertraute Informationen und erhalten damit je zwei Punkte. Unterschiede ergeben sich hingegen bei der Verständlichkeit der Bewertung. Die Nutzwertanalyse, die Prioritätenregelung und die Kosten-Nutzen-Analyse sind mathematisch nicht anspruchsvoll und daher leicht verständlich. Dementsprechend bekommen sie die volle Punktzahl. Die Berechnung der Prioritäten bei AHP über den Eigenvektor einer Matrix ist hingegen deutlich anspruchsvoller und weniger verständlich. Somit erreicht dieses Instrument zwei Punkte. Am unverständlichsten ist die Berechnung der DEA, da dort über multiple lineare Optimierung ein effizienter Rand bestimmt wird.[434] Dieses Vorgehen ist für viele Bewertungsträger

---

[433] Einen Überblick über die Stärken und Schwächen einzelner Verfahren liefern u. a. *Kern/Schröder* (1977), S. 260-266; *Hahner* (2000), S. 45; *Cooper/Edgett* (2002), S. 68; *Kontos* (2004), S. 269-278; *Vahs/Burmester* (2005), S. 207.

[434] Vgl. hierzu Kapitel 4.3.3.

i. d. R. unverständlich (ein Punkt). Alle Instrumente erhalten bei dem Kriterium Softwareunterstützung die volle Punktzahl, da sie entweder leicht über Tabellenkalkulationssoftware selbständig abgebildet oder mit vorgefertigten Standardlösungen durchgeführt werden können. Die einzige Ausnahme bildet die Prioritätenregelung (ein Punkt), da diese aufgrund ihrer höheren Komplexität und der großen Zahl an möglichen Regeln deutlich höhere Anforderungen an die Umsetzung in eine Software stellt.

Die Höchstpunktzahl bei der Aktualisierungsmöglichkeit erhalten die Nutzwertanalyse und die Prioritätenregelung, da bei ihnen die Veränderung einzelner Parameter möglich ist, ohne dass andere Parameter angepasst werden müssen. Die DEA hingegen erfordert eine erneute Berechnung des effizienten Randes und schneidet somit etwas schlechter ab. Ebenso aufwendig ist die Kosten-Nutzen-Analyse, da eine Veränderung der berücksichtigten Parameter eine erneute finanzielle Bewertung der In- und Outputs erfordert. Dies kann unter Umständen sehr aufwendig sein. Die wenigsten Aktualisierungsmöglichkeiten bietet der AHP, da hier alle Paarvergleiche erneut durch den Bewertungsträger durchgeführt werden müssten. Dies ist extrem zeitaufwendig. Den geringsten Aufwand der Datenbeschaffung bietet die Prioritätenregelung, da hier am wenigsten Informationen für die Bewertung benötigt werden. Dem folgt die Nutzwertanalyse, deren Daten durch Einzel- oder Gruppenbewertung der Alternativen entlang der Kriterien relativ leicht zu beschaffen sind. Den größten Aufwand erfordern die Instrumente AHP, DEA und Kosten-Nutzen-Analyse. Sie benötigen entweder aufwendige Paarvergleiche mit Urteilen bezüglich jedes Kriteriums (AHP), qualitative und vor allem quantitative Informationen zur Berechnung (DEA) oder Informationen zu den einzelnen Kosten und dem bewerteten Nutzen einer Alternative (Kosten-Nutzen-Analyse). Eine Darstellung der Punktwerte erfolgt in Tabelle 4-3.

Kriterium	Gewicht	Nutzwert-analyse		Analytic Hierarchy Process		Data Envelopment Analysis		Kosten-Nutzen-Analyse		Prioritäten-regelung	
		Punktwert	gewichtet	Punktwert	gewichtet	Punktwert	gewichtet	Punktwert	gewichtet	Punktwert	gewichtet
Nutzen des Instruments	0,50	1,70	0,85	1,70	0,85	1,70	0,85	1,53	0,77	1,19	0,60
Mehrdimensionale Bewertung	*0,17*	*3*	*0,51*	*3*	*0,51*	*3*	*0,51*	*1*	*0,17*	*1*	*0,17*
Restriktions-berücksichtigung	*0,17*	*1*	*0,17*	*1*	*0,17*	*1*	*0,17*	*1*	*0,17*	*1*	*0,17*
Risiko-berücksichtigung	*0,17*	*2*	*0,34*	*2*	*0,34*	*2*	*0,34*	*2*	*0,34*	*1*	*0,17*
Berücksichtigung mehrerer Perioden	*0,17*	*1*	*0,17*	*1*	*0,17*	*1*	*0,17*	*3*	*0,51*	*1*	*0,17*
Anwendbarkeit auf mehreren Stufen des Innovations-prozesses	*0,17*	*2*	*0,34*	*2*	*0,34*	*2*	*0,34*	*1*	*0,17*	*2*	*0,34*
Simulations-möglichkeit	*0,17*	*1*	*0,17*	*1*	*0,17*	*1*	*0,17*	*1*	*0,17*	*1*	*0,17*
Benutzer-freundlichkeit	0,50	2,60	1,30	1,80	0,90	1,80	0,90	2,20	1,10	2,40	1,20
Vertraute Daten	*0,20*	*2*	*0,40*	*2*	*0,40*	*2*	*0,40*	*2*	*0,40*	*2*	*0,40*
Verständlichkeit der Bewertung	*0,20*	*3*	*0,60*	*2*	*0,40*	*1*	*0,20*	*3*	*0,60*	*3*	*0,60*
Software-unterstützung	*0,20*	*3*	*0,60*	*3*	*0,60*	*3*	*0,60*	*3*	*0,60*	*1*	*0,20*
Aktualisierungs-möglichkeit	*0,20*	*3*	*0,60*	*1*	*0,20*	*2*	*0,40*	*2*	*0,40*	*3*	*0,60*
Aufwand der Datenbeschaffung	*0,20*	*2*	*0,40*	*1*	*0,20*	*1*	*0,20*	*1*	*0,20*	*3*	*0,60*
Summe		**2,15**		**1,75**		**1,75**		**1,87**		**1,80**	
Rang		**1**		**4**		**4**		**2**		**3**	

Tabelle 4-3: Wertsynthese semi-quantitative Instrumente

Quantitative Instrumente

Die Darstellung der Punktvergabe und Gewichtung auf Grundlage der Begründungen in diesem Abschnitt erfolgt in Tabelle 4-4 bis Tabelle 4-6.[435]

Alle quantitativen Instrumente mit Ausnahme des Benchmarkings erhalten bei der mehrdimensionalen Bewertung lediglich einen Punkt, da sie nur eine finanzielle Bewertung ermöglichen. Das Benchmarking hingegen lässt auch andere Kriterien, wie z. B. der Durchlaufzeit, zu und erhält somit die volle Punktzahl. Ebenso erhalten fast alle Instrumente nur einen Punkt für die Restriktionsberücksichtigung, da keinerlei Restriktionen in die Betrachtung integriert werden können. Die Ausnahme bildet das Target Costing. Es beinhaltet den maximalen zulässigen Preis als Restriktion. Bei dem Risikokriterium erfassen die Kapitalwertmethode und die Lebenszykluskostenrechnung über die Betrachtung von Erwartungswerten und eines risikoadjustierten Kalkulationszinsfußes das Risiko und erhalten daher zwei Punkte. Ebenso berücksichtigt die Risikosimulation das Risiko einer Innovation und wird ebenfalls mit der Punktzahl zwei bewertet. Die statischen Investitionsrechenverfahren, die kostenmanagementbasierten Instrumente (mit Ausnahme der Lebenszykluskostenrechnung) sowie die Sensitivitätsanalyse biete diese Möglichkeit nicht und erreichen dementsprechend nur einen Punkt. Die Höchstpunktzahl erhalten das Entscheidungsbaumverfahren und der Realoptionsansatz, da diese nicht nur das Risiko berücksichtigen, sondern auch der daraus entstehenden Flexibilität einen (monetären) Wert beimessen.

Die statischen Investitionsrechenverfahren sowie das Benchmarking betrachten nur eine Periode (je ein Punkt). Die anderen Instrumente hingegen beziehen mehrere Perioden in die Bewertung ein und werden folglich mit der Punktzahl drei bewertet. Generell eignen sich die quantitativen Instrumente nur für eine Anwendung in den späten Phasen eines Innovationsprozesses. Die einzige Ausnahme bildet das Target Costing. Es kann und sollte möglichst früh im Prozess angewendet werden, da dies eine Entwicklung entsprechend den Marktbedürfnissen gewährleistet. Die Möglichkeit der Simulation ist lediglich bei der Sensitivitätsanalyse und der Risikosimulation gegeben. Die Risikosimulation ist jedoch der Sensitivitätsanalyse überlegen, da sie eine gleichzeitige Variation mehrerer Parameter gestattet.

---

[435] Zur Eignung quantitativer Bewertungsverfahren vgl. *Kern/Schröder* (1977), S. 260-266; *Pawlowsky* (1999), S. 85-87; *Vahs/Burmester* (2005), S. 214 f. ; *Schilling* (2008), S. 132-134.

Zu den Kriterien der Benutzerfreundlichkeit lässt sich allgemein festhalten, dass die statischen Investitionsrechenverfahren aufgrund der leichten Verständlichkeit der Bewertung, der Vertrautheit der Daten sowie des Aufwands der Datenbeschaffung den anderen Instrumenten geringfügig überlegen sind. Einen durchschnittlichen Wert von zwei Punkten erreichen die dynamischen Investitionsrechenverfahren, das Entscheidungsbaumverfahren, das Benchmarking, das Target Costing und die Lebenszykluskostenrechnung. Diese benötigen weniger vertraute Daten, eignen sich weniger gut für die Unterstützungen durch Softwarelösungen und haben einen höheren Aufwand der Datenbeschaffung. Die niedrigsten Punktwerte erhalten die Risikosimulation und der Realoptionsansatz. Diese benötigen eine große Anzahl unbekannter Daten, sind schwer verständlich, umständlich zu aktualisieren und erfordern einen hohen Aufwand der Datenbeschaffung.

Kriterium	Gewicht	Kosten-vergleichs-rechnung		Gewinn-vergleichs-rechnung		Rentabilitäts-vergleichs-rechnung		statische Amortisations-dauer		Kapitalwert, Endwert, interner Zinsfuß	
		Punktwert	gewichtet	Punktwert	gewichtet	Punktwert	gewichtet	Punktwert	gewichtet	Punktwert	gewichtet
Nutzen des Instruments	0,50	1,19	0,60	1,19	0,60	1,19	0,60	1,19	0,60	1,70	0,85
Mehrdimensionale Bewertung	*0,17*	*1*	*0,17*	*1*	*0,17*	*1*	*0,17*	*1*	*0,17*	*1*	*0,17*
Restriktions-berücksichtigung	*0,17*	*1*	*0,17*	*1*	*0,17*	*1*	*0,17*	*1*	*0,17*	*1*	*0,17*
Risiko-berücksichtigung	*0,17*	*1*	*0,17*	*1*	*0,17*	*1*	*0,17*	*1*	*0,17*	*2*	*0,34*
Berücksichtigung mehrerer Perioden	*0,17*	*1*	*0,17*	*1*	*0,17*	*1*	*0,17*	*1*	*0,17*	*3*	*0,51*
Anwendbarkeit auf mehreren Stufen des Innovations-prozesses	*0,17*	*2*	*0,34*	*2*	*0,34*	*2*	*0,34*	*2*	*0,34*	*2*	*0,34*
Simulations-möglichkeit	*0,17*	*1*	*0,17*	*1*	*0,17*	*1*	*0,17*	*1*	*0,17*	*1*	*0,17*
Benutzer-freundlichkeit	0,50	3,00	1,50	2,60	1,30	2,40	1,20	2,60	1,30	2,60	1,30
Vertraute Daten	*0,20*	*3*	*0,60*	*2*	*0,40*	*2*	*0,40*	*2*	*0,40*	*2*	*0,40*
Verständlichkeit der Bewertung	*0,20*	*3*	*0,60*	*3*	*0,60*	*3*	*0,60*	*3*	*0,60*	*3*	*0,60*
Software-unterstützung	*0,20*	*3*	*0,60*	*3*	*0,60*	*3*	*0,60*	*3*	*0,60*	*3*	*0,60*
Aktualisierungs-möglichkeit	*0,20*	*3*	*0,60*	*3*	*0,60*	*3*	*0,60*	*3*	*0,60*	*3*	*0,60*
Aufwand der Datenbeschaffung	*0,20*	*3*	*0,60*	*2*	*0,40*	*1*	*0,20*	*2*	*0,40*	*2*	*0,40*
Summe		**2,10**		**1,90**		**1,80**		**1,90**		**2,15**	
Rang		**2**		**3**		**5**		**3**		**1**	

Tabelle 4-4: Wertsynthese Investitionsrechenverfahren

Kriterium	Gewicht	Sensitivitäts-analyse		Risiko-simulation		Entscheidungs-baumverfahren		Realoptions-ansatz	
		Punktwert	gewichtet	Punktwert	gewichtet	Punktwert	gewichtet	Punktwert	gewichtet
Nutzen des Instruments	0,50	2,04	1,02	2,04	1,02	1,87	0,94	1,87	0,94
Mehrdimensionale Bewertung	*0,17*	*1*	*0,17*	*1*	*0,17*	*1*	*0,17*	*1*	*0,17*
Restriktions-berücksichtigung	*0,17*	*2*	*0,34*	*1*	*0,17*	*1*	*0,17*	*1*	*0,17*
Risiko-berücksichtigung	*0,17*	*2*	*0,34*	*2*	*0,34*	*3*	*0,51*	*3*	*0,51*
Berücksichtigung mehrerer Perioden	*0,17*	*3*	*0,51*	*3*	*0,51*	*3*	*0,51*	*3*	*0,51*
Anwendbarkeit auf mehreren Stufen des Innovations-prozesses	*0,17*	*2*	*0,34*	*2*	*0,34*	*2*	*0,34*	*2*	*0,34*
Simulations-möglichkeit	*0,17*	*2*	*0,34*	*3*	*0,51*	*1*	*0,17*	*1*	*0,17*
Benutzer-freundlichkeit	0,50	1,60	0,80	1,20	0,60	1,80	0,90	1,20	0,60
Vertraute Daten	*0,20*	*1*	*0,20*	*1*	*0,20*	*1*	*0,20*	*1*	*0,20*
Verständlichkeit der Bewertung	*0,20*	*2*	*0,40*	*1*	*0,20*	*2*	*0,40*	*1*	*0,20*
Software-unterstützung	*0,20*	*2*	*0,40*	*2*	*0,40*	*2*	*0,40*	*2*	*0,40*
Aktualisierungs-möglichkeit	*0,20*	*1*	*0,20*	*1*	*0,20*	*2*	*0,40*	*1*	*0,20*
Aufwand der Datenbeschaffung	*0,20*	*2*	*0,40*	*1*	*0,20*	*2*	*0,40*	*1*	*0,20*
Summe		**1,82**		**1,62**		**1,84**		**1,54**	
Rang		**2**		**3**		**1**		**4**	

Tabelle 4-5: Wertsynthese Risiko-Chancen-Beurteilung

Kriterium	Gewicht	Bench-marking		Target Costing		Lebenszyklus-kosten-rechnung	
		Punktwert	gewichtet	Punktwert	gewichtet	Punktwert	gewichtet
Nutzen des Instruments	0,50	1,53	0,77	1,70	0,85	1,70	0,85
Mehrdimensionale Bewertung	*0,17*	*3*	*0,51*	*1*	*0,17*	*1*	*0,17*
Restriktions-berücksichtigung	*0,17*	*1*	*0,17*	*2*	*0,34*	*1*	*0,17*
Risiko-berücksichtigung	*0,17*	*1*	*0,17*	*1*	*0,17*	*2*	*0,34*
Berücksichtigung mehrerer Perioden	*0,17*	*1*	*0,17*	*3*	*0,51*	*3*	*0,51*
Anwendbarkeit auf mehreren Stufen des Innovations-prozesses	*0,17*	*2*	*0,34*	*2*	*0,34*	*2*	*0,34*
Simulations-möglichkeit	*0,17*	*1*	*0,17*	*1*	*0,17*	*1*	*0,17*
Benutzer-freundlichkeit	0,50	1,60	0,80	1,80	0,90	1,60	0,80
Vertraute Daten	*0,20*	*1*	*0,20*	*2*	*0,40*	*1*	*0,20*
Verständlichkeit der Bewertung	*0,20*	*3*	*0,60*	*3*	*0,60*	*2*	*0,40*
Software-unterstützung	*0,20*	*2*	*0,40*	*2*	*0,40*	*2*	*0,40*
Aktualisierungs-möglichkeit	*0,20*	*1*	*0,20*	*1*	*0,20*	*2*	*0,40*
Aufwand der Datenbeschaffung	*0,20*	*1*	*0,20*	*1*	*0,20*	*1*	*0,20*
Summe		**1,57**		**1,75**		**1,65**	
Rang		**3**		**1**		**2**	

Tabelle 4-6: Wertsynthese kostenmanagementbasierte Instrumente

4.4 Zwischenfazit

Die Auswertung der Nutzwertanalyse und die generelle Einordnung der Kategorien von Bewertungsinstrumenten zu Phasen des Innovationsprozesses (siehe Kapitel 3.5.1) ermöglichen eine Zuordnung der Instrumente mit den höchsten Punktwerten zu den einzelnen Meilensteinen. Abbildung 4-3 trägt der Zuordnung von qualitativen und semi-quantitativen Instrumenten zu frühen und quantitativen Instrumenten zu den späteren Phasen Rechnung. Diese Vorgehensweise der stufenweisen Selektion entspricht dem Innovationstrichter von *Wheelwright/Clark.* Dabei wird vorgeschlagen, eine möglichst große Zahl von Anregungen und Ideen in den Innovationsprozess einzubeziehen. Diese sollen im Anschluss in der Art selektiert werden, dass nur noch wenige Ideen in die Konzeption und Entwicklung gehen, wo sie einer regelmäßigen Kontrolle unterzogen werden.[436]

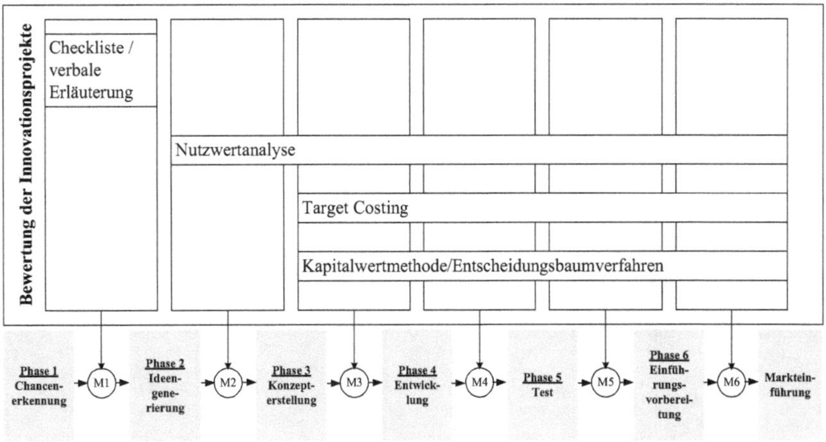

Abbildung 4-3: Zuordnung der Instrumente zu den Meilensteinen

Es werden zunächst eine Checkliste und eine verbale Erläuterung verwendet, um eine große Anzahl von Chancen, zu denen wenige Informationen verfügbar sind, auszusortieren. In M2 liegen bereits mehr Informationen vor und es stehen weniger Ideen zur Auswahl. Somit ist die Anwendung der Nutzwertanalyse an diesem Punkt sinnvoll, da sie die Auswahl von ein oder zwei Ideen ermöglicht. Diese werden in ein Konzept umgesetzt und aufgrund der hohen Entwicklungskosten in den folgenden Meilensteinen einer ausführlichen finanziellen Bewertung unterzogen. Die Anwendung erfolgt

436 Zum Konzept des Innovationstrichters vgl. Kapitel 3.5.2.

erstmalig in Meilenstein M3; die Aktualisierung ist an den kommenden Entscheidungspunkten unter Berücksichtigung neuer Entwicklungen und Informationen notwendig. Weiterhin wird die Gültigkeit der qualitativen Bewertungen in der Nutzwertanalyse und Checkliste in jedem Meilenstein aufgrund neuer Informationen überprüft und ggf. angepasst.

Somit ist während des gesamten Prozesses eine Bewertung sichergestellt, die den phasenspezifischen Informationsbedarfen und Entscheidungssituationen sowie den knappen Ressourcen in KMU angepasst ist.

Das beschriebene Konzept zur Bewertung von Innovationen mit verschiedenen Instrumenten erfüllt nahezu alle Anforderungen, die an die Innovationsbewertung gestellt werden. Es dient der Entscheidungsvorbereitung, beeinflusst die Entwicklung (z. B. durch notwendige Veränderungen, die durch das Target Costing aufgedeckt werden), es ermöglicht eine Kontrolle und sorgt für Transparenz, da die Bewertung und Entscheidung nachvollziehbar sind. Des Weiteren ermöglicht es sowohl Ja/Nein- als auch Auswahlentscheidungen und betrachtet beide Arten von Fehlentscheidungen. Die prozessbegleitende Bewertung wird durch die phasenspezifische Auswahl der Instrumente anhand der vorhandenen und benötigten Informationen besonders betrachtet und steht bei dem Konzept im Vordergrund. Diese Instrumente werden in einem Instrumentenmix integriert. Weiterhin sind als Referenzgrößen der Vergleich mit alternativen Innovationen (z. B. bei der Nutzwertanalyse), der Zeitvergleich und der Vergleich mit angestrebten Zielen (durch das Entscheidungsbaumverfahren) unterstützt. Das Risiko der Innovation wird ebenfalls durch das Entscheidungsbaumverfahren explizit betrachtet. Der Ausweis von sunk costs, die Vermeidung von Optimismus und die Bewertung bestehender und neuer Innovationen sind durch die Ausgestaltung des Gesamtkonzepts unter Berücksichtigung dieser Anforderungen sichergestellt.[437]

Der einzige Aspekt, den das Gesamtkonzept nicht betrachtet, ist die Bewertung von Interdependenzen und somit die Position und Bedeutung einer Innovation für das Gesamtportfolio. Das Gesamtkonzept muss dementsprechend um Instrumente der Portfoliobetrachtung ergänzt werden. Dementsprechend werden in Kapitel 5 Portfolio-Konzepte, mathematische Modelle und Budgetierungsverfahren vorgestellt, die diesen Aspekt unterstützen sollen.

---

[437] Siehe Kapitel 7.1.

5 Priorisierung und Ressourcenallokation in Innovationsportfolios

In diesem Kapitel wird mit den Instrumenten zur Priorisierung und Ressourcenallokation in Innovationsportfolios das dritte und vierte Element des Gesamtkonzepts herausgearbeitet. Zunächst werden Anforderungen an Instrumente auf Basis einer Literaturrecherche abgeleitet (Kapitel 5.1). Diese Anforderungskriterien sind notwendig, um die Eignung verschiedener Instrumente beurteilen zu können.

Im Anschluss erfolgt die Darstellung der Instrumente Markt-, Technologie- und Integrierte Portfolio-Konzepte zur Priorisierung und ihre Analyse hinsichtlich der Eignung für die Problemstellung der vorliegenden Arbeit (Kapitel 5.2.1). Anschließend werden die in der Literatur zur Auswahl des optimalen Innovationsportfolios diskutierten mathematischen Optimierungsmodelle erläutert und beurteilt (Kapitel 5.2.2).

Die Umsetzung von Innovationsprojekten erfordert die Zuteilung von Ressourcen im Rahmen der Budgetierung. Daher werden in Kapitel 5.3 zunächst die Begriffe Budget und Budgetierung sowie deren Funktionen erläutert. Darauf aufbauend erfolgt eine Beschreibung klassischer Budgetierungsverfahren und neuerer Entwicklungen. Das Unterkapitel schließt mit einer Beurteilung der erläuterten Instrumente hinsichtlich ihrer Eignung für die Priorisierung und Ressourcenallokation von Innovationen in kleinen und mittelgroßen Automobilzulieferunternehmen und deren Einbindung in einen Stage-Gate-Prozess.

Das Kapitel endet mit einem Zwischenfazit (Kapitel 5.4), in dem die Ergebnisse zusammengefasst, ein Bedarf zur Weiterentwicklung von Instrumenten zur Priorisierung und Ressourcenallokation festgehalten sowie die berücksichtigten Aspekte für das vorliegende Gesamtkonzept beschrieben werden.

5.1 Anforderungen an Instrumente zur Priorisierung und Ressourcenallokation in Innovationsportfolios

Instrumente zur Priorisierung und Ressourcenallokation in Innovationsportfolios müssen, wie die Instrumente zur Bewertung von einzelnen Innovationsprojekten, verschiedene Anforderungen erfüllen, um für die Bewertung geeignet zu sein. Daher gelten für beide Kategorien die gleichen Anforderungen (siehe Kapitel 4.2). Dies sind:

- mehrdimensionale Bewertung,
- Berücksichtigung von Restriktionen (Finanzen, Personal etc.),
- Berücksichtigung von Risiken,
- Erfassung mehrerer Perioden,
- Anwendbarkeit auf mehreren Stufen des Innovationsprozesses,
- Möglichkeit zur Simulation,
- Benutzerfreundlichkeit (vertraute Daten, Verständlichkeit der Bewertung, Softwareunterstützung, Aktualisierungsmöglichkeiten, Aufwand der Datenbeschaffung).

Neben den genannten Kriterien müssen die Instrumente jedoch noch weitere Anforderungen erfüllen, um die Ziele und Funktionen des Portfoliomanagements zu unterstützen.[438]

Gackstatter betrachtet die **Erfassung mehrerer alternativer Projekte** als grundlegende Anforderung an ein Modell zur Planung des optimalen Portfolios.[439] Des Weiteren soll der Entscheidungsträger unterstützt werden, ohne ihm die Entscheidung abzunehmen. Von besonderer Bedeutung ist die Forderung nach einer **interaktiven und mehrstufigen Vorgehensweise**, die sich am Entscheidungsprozess orientiert. Die weiteren Anforderungen, die *Gackstatter* an ein Auswahlmodell stellt, sind bereits in den o. g. Kriterien für Innovationsprojekte erfasst.[440]

Seidemann formuliert drei wesentliche Anforderungen an Bewertungsinstrumente für Innovationsportfolios, die über die bisherigen Betrachtungen hinausgehen.[441] Dies ist erstens die **Praktikabilität** der Anwendung. Dieses Kriterium wird implizit in der Benutzerfreundlichkeit betrachtet und muss daher nicht gesondert erfasst werden. Die zweite Anforderung stellt die Visualisierung dar. Ein Instrument soll durch eine einfache und übersichtliche **Visualisierung der Bewertungsergebnisse** die Kommunikation und Diskussion zur Entscheidungsfindung unterstützen und die Komplexität des Entscheidungsproblems reduzieren. Das dritte Kriterium ist die **Berücksichtigung von Interdependenzen** zwischen den Projekten.[442] Diese Eigenschaft ist von besonderer

---

[438] Zu den Zielen und Funktionen vgl. Kapitel 2.9.4.
[439] Vgl. *Gackstatter* (1997), S. 91.
[440] Vgl. *Gackstatter* (1997), S. 92.
[441] Zu den folgenden Anforderungen vgl. *Seidemann* (2000), S. 161.
[442] Zur Darstellung der Bedeutung und der Arten von Interdependenzen vgl. Kapitel 2.9.1.

Relevanz. So kann die Identifikation und Nutzung von Interdependenzen zwischen Projekten zur Steigerung der Erfolgswahrscheinlichkeit bei der Umsetzung einzelner Innovationsprojekte führen.

Nachfolgend werden verschiedene Instrumente zur Priorisierung von Innovationsprojekten herausgearbeitet und hinsichtlich ihres Erfüllungsgrades der o. g. Anforderungen beurteilt.

5.2 Instrumente zur Priorisierung von Projekten in Innovationsportfolios

Grundsätzlich lassen sich Instrumente zur Priorisierung in simultane und sukzessive Modelle unterscheiden.[443]

Die **sukzessiven Bewertungsinstrumente** betrachten die Projekte nacheinander und zielen auf eine Näherungslösung ab.[444] Die Projekte werden dabei unabhängig voneinander bewertet. Voraussetzung für die Anwendung dieser Instrumente ist die Möglichkeit zur Bildung einer eindeutigen Rangfolge zwischen allen Projekten.[445] Diese Rangfolge stellt die Grundlage für die Projektauswahl dar. Die Priorisierung des Portfolios erfolgt sukzessive durch Aufnahme der jeweils besten Projekte. Dieser Schritt wird so lange wiederholt, bis keine Ressourcen zur Realisierung der Projekte mehr verfügbar sind. Die Vorgehensweise wird durch verschiedene Portfolio-Konzepte umgesetzt, die in Kapitel 5.2.1 erläutert werden.

Simultane Bewertungsinstrumente erfassen hingegen alle relevanten Kriterien und Projekte gleichzeitig und suchen nach der optimalen Zusammenstellung des Portfolios.[446] Sie ermöglichen eine Auswahl ohne die Aufstellung einer Rangfolge unter Beachtung verschiedener Restriktionen. Von besonderer Bedeutung ist bei diesen Instrumenten die Berücksichtigung der Beziehungen zwischen den Projekten. Die simultane Planung aller Projekte, Kriterien, Restriktionen und Abhängigkeiten verursacht bei den Bewertungsinstrumenten jedoch eine sehr hohe Komplexität.[447] Die Simultanität wird

---

[443] Vgl. hierzu *Kern/Schröder* (1977), S. 224.

[444] Zur Darstellung der Charakteristika sukzessiver Instrumente vgl. *Ipsen* (2002), S. 100-102. Zu den Vor- und Nachteilen vgl. *Bürgel/Haller/Binder* (1996), S. 110.

[445] Vgl. *Ipsen* (2002), S. 100.

[446] Zur Darstellung der Charakteristika simultaner Instrumente vgl. *Ipsen* (2002), S. 102-105. Zu den Vor- und Nachteilen vgl. *Bürgel/Haller/Binder* (1996), S. 112.

[447] Vgl. *Ipsen* (2002), S. 102.

nur durch mathematische Optimierungsmodelle ermöglicht, die in Kapitel 5.2.2 beschrieben werden.[448]

5.2.1 Portfolio-Konzepte

5.2.1.1 Grundstruktur der Portfolio-Konzepte

In der Literatur bezeichnet der Begriff Portfolio häufig sowohl die Menge an Projekten als auch das Instrument zur Bewertung.[449] In der vorliegenden Arbeit werden die Begriffe Portfolio und Portfolio-Konzepte unterschieden, um eine eindeutige Trennung zu gewährleisten. Das Portfolio bezeichnet die Gesamtheit der Innovationsprojekte.[450] Im Gegensatz dazu wird unter dem Begriff **Portfolio-Konzept** das Instrument verstanden.[451]

Die Grundstruktur der Portfolio-Konzepte stammt ursprünglich aus dem finanzwirtschaftlichen Bereich und geht auf *Markowitz* zurück.[452] Dieser Ansatz dient der optimalen Zusammenstellung eines Wertpapierbündels unter Berücksichtigung der Verzinsung und des Risikos. In der Folge wurde der Ansatz auf verschiedene Problemstellungen in Unternehmen angewendet (u. a. auf die Bewertung von Innovationen) und ist eines der wichtigsten Analyse- und Planungsinstrumente.[453]

Portfolio-Konzepte können nach *Eversheim* bezeichnet werden als „zweidimensionale Darstellungen, wobei die eine Achse eine vom Unternehmen beeinflussbare Variable (Stärken/Schwächen) repräsentiert. Die andere Achse ist eine von der Unternehmensumwelt beeinflussbare Variable, die normalerweise die exogen vorgegebenen Chancen und Risiken des Marktes abbildet."[454] Aus der folgenden Vorgehensweise ergibt sich jedoch, dass die Konzepte mehr als die reine Visualisierung umfassen:[455]

- Festlegung der internen und externen Kriterien,
- Gewichtung der Kriterien,

---

[448] Vgl. *Ipsen* (2002), S. 104.
[449] Vgl. bspw. *Eversheim et al.* (2003), S. 194.
[450] Vgl. Kapitel 2.9.1.
[451] Diese Bezeichnung wählen u. a. *Grass/Akca* (2005), S. 45. Weitere Begriffe sind bspw. Portfolio-Analyse, Portfolio-Methode oder Portfolio-Modelle. Vgl. zu den verschiedenen Begrifflichkeiten *Ehlken* (1999), S. 79; *Horsch* (2003), S. 32; *Kunz* (2007), S. 143.
[452] Vgl. *Markowitz* (1952), S. 77.
[453] Vgl. *Eversheim et al.* (2003), S. 194.
[454] *Eversheim et al.* (2003), S. 195. Die Betrachtung einer internen/beeinflussbaren und einer externen/unbeeinflussbaren Dimension stellen ebenso *Wolfrum* (1994), S. 220; *Horsch* (2003), S. 32; *Kunz* (2007), S. 143 in den Mittelpunkt.
[455] Vgl. hierzu *Grass/Akca* (2005), S. 46.

- subjektive Einschätzung oder objektive Messung der Kriterienausprägungen für das jeweilige Betrachtungsobjekt,
- Verdichtung der Kriterienausprägungen zu einem Gesamtwert,
- Eintragung der Ist-Position des Objekts in der Matrix und Ermittlung einer Soll-Position.[456]

Somit wird ersichtlich, dass es sich bei Portfolio-Konzepten nicht um die reine Darstellung der Ergebnisse, sondern um ein Instrument zur Priorisierung handelt. Das Ergebnis der Bewertung wird jedoch i. d. R. graphisch in Form einer Matrix mit den o. g. Eigenschaften visualisiert.

Im Rahmen des Innovationsmanagements wurden verschiedene Konzepte entwickelt, die die Auswahl von Innovationsprojekten und Technologien unterstützen.[457] Im Folgenden werden unterschiedliche Portfolio-Konzepte herausgearbeitet, wobei zur Illustration jeweils ein Rückgriff auf marktorientierte (als Grundlage der Entwicklungen), Technologie- und Integrierte Portfolio-Konzepte erfolgt, die die Charakteristika der jeweiligen Ansätze verdeutlichen. Dies wird um die Ergebnisse empirischer Studien zur Verwendung von Portfolio-Konzepten bei der Bewertung von Innovationen in Unternehmen ergänzt.

5.2.1.2 Marktorientierte Portfolio-Konzepte

Das Ziel der marktorientierten Portfolio-Konzepte stellt die Ermittlung der optimalen Produkt-/Marktkombination dar. Es ist somit auszuwählen, welche Produkte auf welchen Märkten angeboten werden sollen, um einen nachhaltigen Unternehmenserfolg zu realisieren. Dies setzt die Bildung von Strategischen Geschäftseinheiten (SGE) voraus. Mit diesen Konzepten lassen sich die Positionen der SGE im Portfolio ermitteln und Normstrategien ableiten. Es existieren verschiedene Typen von marktorientierten Portfolio-Konzepten. Die bekanntesten und wichtigsten sind das **Marktanteils-Marktwachstums-Portfolio** der *Boston Consulting Group* (*BCG*) und das **Branchen-**

---

[456] Hier können auch Strategische Geschäftseinheiten anderer Unternehmen bewertet und eingetragen werden.

[457] Für einen Überblick über verschiedene Portfolio-Konzepte vgl. *Wolfrum* (1994), S. 220-245; *Ehlken* (1999), S. 80 f.; *Eversheim et al.* (2003), S. 201; *Grass/Akca* (2005), S. 46-62; *Gelbmann/Vorbach* (2007), S. 184-189; *Schmeisser* (2008), S. 84-92.

attraktivitäts-Geschäftsfeldstärke-Portfolio von *McKinsey*.[458] Im Folgenden wird die *BCG*-Matrix vorgestellt, da sie die Basis dieser Portfolio-Konzepte bildet und sich die Besonderheiten dieser Konzepte an diesem Beispiel sehr gut erläutern lassen.

Die *BCG*-Matrix wird von einer marktbezogenen und einer unternehmensbezogenen Achse aufgespannt (siehe Abbildung 5-1).[459]

Abbildung 5-1: *BCG*-Matrix[460]

Das Marktwachstum repräsentiert in dieser Darstellungsform die externe Dimension und beruht auf den Annahmen des Produktlebenszykluskonzepts[461]. Danach gehen die ersten beiden Phasen des Lebenszyklus mit steigendem Umsatz und steigenden Gewinnen einher. In den beiden folgenden liegt ein geringes Wachstum oder ein Schrumpfen des Marktes vor. Dementsprechend sind Märkte mit einem hohen Wachstum anzustreben. Die interne Dimension wird durch den relativen Marktanteil (bezogen auf den stärksten Konkurrenten) des Produkts oder der SGE abgebildet. Diesem Gedanken liegt das Erfahrungskurvenkonzept[462] zu Grunde. Demnach dient ein hoher relativer Marktanteil als Indikator für einen Vorsprung auf der Erfahrungskurve und somit für einen Kostenvorsprung gegenüber den Konkurrenten.

458 Vgl. *Eversheim et al.* (2003), S. 196. Zur Übersicht über weitere marktorientierte Portfolio-Konzepte vgl. *Höft* (1992), S. 174-186; *Brockhoff* (1999), S. 215-221; *Ernst/Soll* (2003), S. 542 f.; *Gelbmann/Vorbach* (2007), S. 183-185.
459 Zu den folgenden Ausführungen der BCG-Matrix vgl. *Macharzina/Wolf* (2008), S. 353-363.
460 Quelle: *Macharzina/Wolf* (2008), S. 357.
461 Vgl. hierzu *Coenenberg* (2007), S. 398-418.
462 Vgl. hierzu *Bausch* (2005), S. 207-209 sowie *Hungenberg* (2006), S. 120 f.

Aus der Aufteilung ergeben sich vier Matrixfelder, für die jeweils Normstrategien zur Investition oder Desinvestition abgeleitet werden können.[463] Der idealtypische Verlauf eines Produkts besteht in dem Markteintritt als Question Mark, aus dem bei steigendem Marktanteil ein Star wird. Dem schließt sich ein geringeres Wachstum mit hohem relativen Marktanteil an, das das Produkt zu einer Cash Cow werden lässt. Durch einen Rückgang des Anteils wird das Produkt zu einem Poor Dog, bevor es aus dem Markt ausscheidet.

Die fehlende Berücksichtigung zukünftiger Produkte, für die noch kein Marktanteil oder eventuell noch gar kein Markt existiert, hat dazu geführt, dass Portfolio-Konzepte entwickelt wurden, deren Fokus auf der Bewertung zukünftiger Produkte und Technologien liegt. Daher werden im Folgenden die Technologie-Portfolio-Konzepte beschrieben.

5.2.1.3 Technologie-Portfolio-Konzepte

Die Beschränkung traditioneller Portfolio-Konzepte auf den Marktzyklus von Produkten und die einhergehende Missachtung der Entstehung von Substitutionstechnologien und -produkten führte zu der Entwicklung der Technologie-Portfolio-Konzepte. Diese berücksichtigen explizit die technologische Entwicklung als wichtigen Bestandteil der Wettbewerbsfähigkeit von Unternehmen.[464] Zentrales Ziel der Technologie-Portfolio-Konzepte ist es, „im Rahmen einer technologie-orientierten Unternehmensführung ausreichend Ressourcen – qualitativ wie quantitativ – für die langfristige Erfolgssicherung des Unternehmens zur Verfügung zu stellen".[465] Ein häufig diskutiertes Portfolio-Konzept ist das **Technologie-Portfolio-Konzept** nach *Pfeiffer et al.*, welches im Folgenden dargestellt wird.[466] In diesem Ansatz werden die Dimensionen Technologieattraktivität (extern) und Ressourcenstärke (intern) zur Aufspannung der Matrix gewählt (siehe Abbildung 5-2). Die Technologieattraktivität umfasst dabei sowohl das Potential einer Technologie bzw. die technische Erfolgsaussicht als auch deren bedarfsseitige Erfolgschancen am Markt.[467] Die Ressourcenstärke beinhaltet die unternehmensspezifischen Stärken, eine Technologie erfolgreich umzusetzen, und das Budget zur Tech-

[463] Zu den Normstrategien vgl. *Eversheim et al.* (2003), S. 198-200.
[464] Vgl. *Baum/Coenenberg/Günther* (2007), S. 229 f.
[465] *Pfeiffer et al.* (1991), S. 98.
[466] Vgl. *Grass/Akca* (2005), S. 52. Zur Darstellung weiterer Technologie-Portfolio-Konzepte vgl. *Michel* (1990), S. 138-148; *Wegener* (1994), S. 105-111; *Brockhoff* (1999), S. 224-228; *Eversheim et al.* (2003), S. 201; *Corsten/Gössinger/Schneider* (2006), S. 379-385; *Metze* (2008).
[467] Vgl. *Pfeiffer et al.* (1991), S. 85-88.

nologieentwicklung, wobei diese beiden Kriterien im Vergleich zu den Wettbewerbern zu betrachten sind.[468]

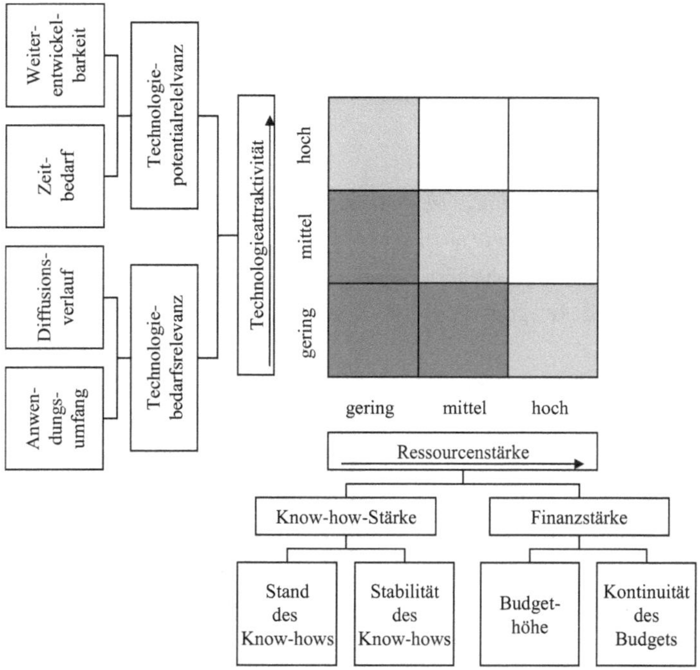

Abbildung 5-2: Technologie-Portfolio-Konzept nach *Pfeiffer et al.*[469]

Das Technologie-Portfolio-Konzept dient der systematischen Identifizierung und Visualisierung aller im Unternehmen zur Verfügung stehenden Technologien in einer zweidimensionalen Matrix. Im Anschluss an diese Darstellung erfolgt die Transformation des Ist-Portfolios durch die Berücksichtigung möglicher Technologien in ein zukünftiges Portfolio. Aus den Soll-Ist-Vergleichen der einzelnen Technologien lassen sich jeweils Normstrategien ableiten, um die Ziele zu erreichen.[470]

---

[468] Vgl. *Pfeiffer et al.* (1991), S. 89-92.
[469] Quelle: in Anlehnung an *Pfeiffer et al.* (1991), S. 88-93.
[470] Zur Transformation und Ableitung von Normstrategien vgl. ausführlich *Pfeiffer et al.* (1991), S. 92-103.

5.2.1.4 Portfolio-Konzepte im Innovationsmanagement

Neben den bisher beschriebenen Portfolio-Konzepten stammen unterschiedliche Konzepte aus theoretischen Arbeiten und empirischen Untersuchungen zum Innovationsmanagement. Diese beiden Forschungsrichtungen werden im Folgenden exemplarisch dargestellt.

- **Theoretische Konzepte**

Die beiden bisher erläuterten Konzepte (siehe Kapitel 5.2.1.2 und 5.2.1.3) weisen den Nachteil auf, dass sie entweder nur den Markt oder nur die Technologie betrachten. An diesem Punkt setzen die folgenden Konzepte an: das Innovations-Portfolio-Konzept nach *Michel* und das Integrierte Portfolio-Konzept nach *Möhrle*.[471]

Mit Hilfe des **Innovations-Portfolio-Konzepts** nach *Michel* (auch als Darmstädter Ansatz bezeichnet) ist die Verknüpfung der strategischen Innovationsplanung mit der konventionellen Geschäftsfeldplanung möglich.[472] So werden in diesem Konzept keine Technologien oder Produkte, sondern Innovationsfelder betrachtet. Die Dimensionen der Matrix stellen die Innovationsattraktivität und die relative Innovationsstärke des Unternehmens dar (siehe Abbildung 5-3). Die Innovationsattraktivität setzt sich aus den Unterkriterien Diffusionspotential[473] und Technologiepotential zusammen und bildet somit die externe bzw. unbeeinflussbare Dimension der Matrix.[474] Die relative Innovationsstärke resultiert aus dem Differenzierungs- und dem Implementierungspotential einer Innovation.[475] Das Differenzierungspotential wird in diesem Zusammenhang in Relation zu den Wettbewerbern betrachtet.

---

471 Zu weiteren Integrierten Portfolio-Konzepten vgl. *Brockhoff* (1999), S. 229-240; *Gerpott* (1999), S. 156-160; *Pawlowsky* (1999), S. 102-108; *Gausemeier/Ebbesmeyer/Kallmeyer* (2001), S. 52-58; *Ernst/Soll* (2003), S. 547-551; *Grass/Akca* (2005), S. 91-95; *Corsten/Gössinger/Schneider* (2006), S. 382-395.

472 Vgl. *Michel* (1990), S. 191-193.

473 Zur Diffusionstheorie vgl. Kapitel 2.7.

474 Vgl. *Michel* (1990), S. 162-165 und S. 166-170.

475 Vgl. *Michel* (1990), S. 165 f. und S. 170-173.

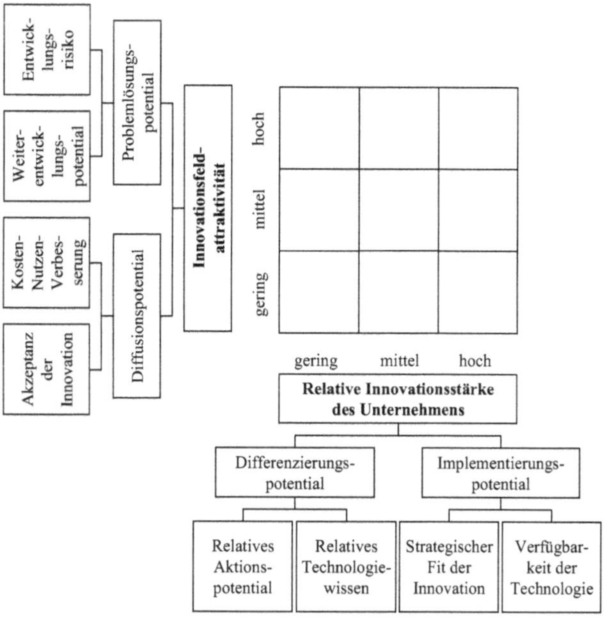

Abbildung 5-3: Innovations-Portfolio-Konzept nach *Michel*[476]

Zur Bestimmung der Positionen in der Matrix schlägt *Michel* folgende Vorgehensweise vor:[477]

- Schritt 1: Abgrenzung der strategischen Innovationsfelder hinsichtlich der Dimensionen Kundengruppe, -funktionen und verwendete Technologien, wobei mindestens eine Dimension für das Unternehmen neu sein muss.
- Schritt 2: Positionierung der Innovationsfelder in der Innovationsfeld-Matrix auf Basis der mehrdimensionalen Bewertung in den Dimensionen Innovationsfeldattraktivität und relative Innovationsstärke. Diese Bewertung kann bspw. mittels einer Nutzwertanalyse und/oder auf Basis einer SWOT-Analyse erfolgen.
- Schritt 3: Portfoliotransformation – Erstellung der Geschäftsfeldliste (Liste aller Technologien, die relevant für ein Geschäftsfeld sind) und der Technologiefeldliste (Liste aller Geschäftsfelder, die durch eine Technologie berührt werden) auf Basis der vorherigen Bewertung.

---

476 Quelle: *Michel* (1990), S. 198.
477 Vgl. hierzu ausführlich *Michel* (1990), S. 199-232.

- Schritt 4: Auswahl der Innovationsfelder auf der Grundlage der Geschäftsfeld- und Technologiefeldliste.

Diese Vorgehensweise bietet zwar den Vorteil, dass Doppelarbeiten durch die Verwendung einer einheitlichen Datenbasis vermieden werden. Sie weist jedoch den Nachteil auf, dass die Darstellung sehr unübersichtlich sein kann und keine eindeutigen Normstrategien beinhaltet bzw. keine eindeutigen Entscheidungen ermöglicht.

Das **Integrierte Portfolio-Konzept** nach *Möhrle* bezieht im Gegensatz zu den bisher vorgestellten Portfolio-Konzepten durch eine Erweiterung explizit die Interdependenzen zwischen den Innovationen ein. Ziel dieses Ansatzes ist die Vermittlung eines Überblicks über das gesamte Portfolio und die effiziente Programmplanung unter Berücksichtigung der Unternehmensziele und Ressourcenverfügbarkeit.[478] Jedes einzelne Projekt wird in einer Matrix mit den Achsen Marktsog und Technologiedruck positioniert (siehe Abbildung 5-4).[479]

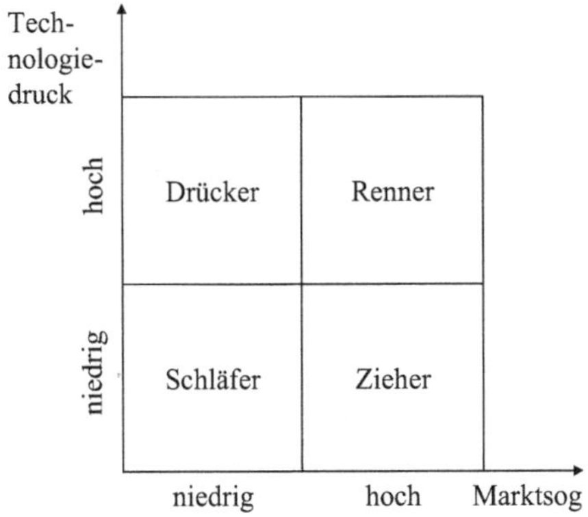

Abbildung 5-4: Integriertes Portfolio-Konzept nach *Möhrle*[480]

Die Visualisierungsform ist entweder eine statische Momentaufnahme oder durch Aufnahme von Soll-Werten eine dynamische Darstellung über zwei oder mehr Perioden.[481] Die Positionierung erfolgt entlang der beiden Dimensionen basierend auf einer mehrdimensionalen Bewertung bspw. mittels einer Nutzwertanalyse. Als Unterkrite-

478 Vgl. *Möhrle* (1994), S. 230.
479 Zu den Kriterien vgl. *Möhrle* (1988), S. 13 f.
480 Quelle: *Möhrle* (1988), S. 14.
481 Vgl. *Möhrle* (1994), S. 231.

rien werden Konvergenz (Verhältnis von vorhandenem zu benötigtem Know-how) und Projektkriterien wie die Neuheit sowie die Wettbewerbssituation und potentielle Erträge hinterlegt. Die Verwendung dieser Dimensionen ermöglicht eine simultane Betrachtung der Markt- und der Technologieattraktivität eines Projekts. Im Anschluss an die Bewertung erfolgen die Positionierung in der Matrix und die Ableitung der Normstrategien für die vier Quadranten. Die Projektvolumen werden durch die Kreisgröße in der Matrix visualisiert. Des Weiteren ist die Abbildung von Termin- und Kostenüberschreitungen durch unterschiedliche Schraffierungen der Kreise möglich.

Dieser Ansatz wird von *Möhrle* in einem nächsten Schritt um sog. **Verflechtungsgraphen** ergänzt.[482] Sie beruhen auf der Untersuchung der Beziehungen zwischen jeweils zwei Projekten, wobei zwischen Ergebnis-, Nutzungs- und Ressourcenverflechtungen zu unterscheiden ist. Die unterschiedlichen Beziehungsarten werden graphisch durch verschiedene Symbole abgebildet, wobei die Stärke des Pfeils zwischen zwei Projekten die Intensität der Verflechtung wiedergibt. Diese Darstellungsform ermöglicht einen schnellen Überblick über die Komplexität des Portfolios und zeigt mögliche Konsequenzen der Abbruch- und Fortsetzungsentscheidungen auf. Ferner empfiehlt *Möhrle*, dass besonders eng verflochtene Projekte zu sog. Projektbündeln zusammengefasst und zukünftig gemeinsam bewertet werden sollen.[483] Die Bündelung macht somit eine erneute Bewertung und Positionierung der Projekte notwendig. Es ergibt sich ein Portfolio-Konzept mit der Visualisierung einzelner Projekte und Projektbündel sowie deren Beziehungen, Volumina und Termin- und Kostenüberschreitungen. Diese Form der Darstellung ist jedoch bei vielen Projekten mit zahlreichen Abhängigkeiten sehr unübersichtlich und eignet sich daher nur für Portfolios mit wenigen Projekten.

- **Empirische Untersuchungen**

Neben den theoriegeleiteten Portfolio-Konzepten hat eine empirische Untersuchung von *Cooper/Edgett/Kleinschmidt* zum Innovationsportfoliomanagement gezeigt, dass in Unternehmen eine große Anzahl an Portfolio-Darstellungen mit unterschiedlichen

---

[482] Vgl. hierzu ausführlich *Möhrle* (1994), S. 235-244.
[483] Vgl. *Möhrle* (1994), S. 238.

Dimensionen entwickelt wurde.[484] Ziel der Untersuchung war die Ableitung von Erfolgsfaktoren für das Portfoliomanagement von Innovationen.[485]

Als Dimensionen, die bei erfolgreichen Unternehmen zum Einsatz kommen, wurden u. a. Risiko und Attraktivität, technische Neuheit und Marktneuheit, strategischer Fit und finanzielle Attraktivität sowie Kosten und Nutzen identifiziert.[486] Im Folgenden wird das **Risiko-Attraktivitäts-Portfolio-Konzept** erläutert (siehe Abbildung 5-5), da dies das am weitesten verbreitete Konzept darstellt.[487]

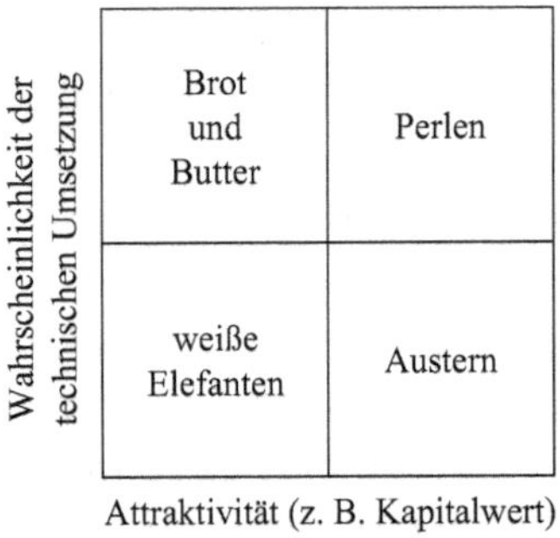

Abbildung 5-5: Risiko-Attraktivitäts-Matrix[488]

In diesem Konzept werden das Risiko – hier durch die Wahrscheinlichkeit der technischen Umsetzung – als externe und die Attraktivität als interne Dimension verwendet. Dies ermöglicht eine gleichzeitige Betrachtung von Risiko und Attraktivität und entspricht damit dem ursprünglichen Ansatz von *Markowitz*. Neben der quantitativen Erfassung der Dimensionen über die Wahrscheinlichkeit und den Kapitalwert besteht ebenso die Möglichkeit, die Größen Risiko und Attraktivität durch eine mehrdimensionale Bewertung mittels Nutzwertanalyse zu erfassen.

---

[484] Zur Beschreibung des Untersuchungsdesigns siehe Kapitel 2.9.5.1. Die Untersuchungen basieren auf der identischen Datenbasis.

[485] Zur ausführlichen Darstellung der Ergebnisse der Untersuchungen vgl. *Cooper/Kleinschmidt* (1994); *Cooper/Edgett* (1997); *Cooper/Edgett/Kleinschmidt* (1998); *Cooper/Edgett/Kleinschmidt* (2001); *Cooper* (2005), S. 148. Für eine ausführliche Kritik an der Erfolgsfaktorenforschung vgl. *Albers/Hildebrandt* (2006).

[486] Vgl. *Cooper/Edgett/Kleinschmidt* (2001), S. 98.

[487] Zur Verwendung der Dimensionen Risiko und Attraktivität vgl. *Roussel/Saad/Erickson* (1991), S. 104 f.; *Boutellier/Völker/Voit* (1999), S. 89-91; *Völker* (2000), S. 45 f.; *Dinger* (2001), S. 14; *Davis* (2002), S. 73 f.; *König/Völker* (2002), S. 167; *Sommerlatte* (2004), S. 7; *Schmelzer* (2006), S. 251-255; *Fiedler* (2008), S. 51.

[488] Quelle: in Anlehnung an *Cooper/Edgett/Kleinschmidt* (2001), S. 77.

Dieses Konzept ermöglicht eine flexible Anpassung der Achsen an die Verfügbarkeit quantitativer Informationen. Weiterhin wird die Balance zwischen risikoreichen und -armen Projekten übersichtlich visualisiert, so dass die Entscheidungsträger entsprechend ihren Präferenzen Projekte mit unterschiedlichen Risikoausmaßen auswählen können.

5.2.1.5 Beurteilung der Portfolio-Konzepte

Portfolio-Konzepte zur Unterstützung der Auswahl von Innovationsprojekten weisen generell verschiedene **Vorteile** auf:[489]

- Bereitstellung einer nachvollziehbaren, konsistenten und systematischen Methodik zur Bewertung der Innovationen,
- Vermittlung eines ganzheitlichen und anschaulichen Überblicks über alle Projekte,
- Visualisierung komplexer Sachverhalte,
- Basis für ein einheitliches Verständnis.

Neben diesen Vorteilen sind die Portfolio-Konzepte jedoch mit einigen **Schwächen** behaftet, die die generelle Anwendbarkeit in Frage stellen:[490]

- wenig theoretische Fundierung,
- hoher Informationsverlust durch Verdichtung auf zwei Dimensionen,
- vage Formulierungen zu den verwendeten Unterkriterien,
- Verwendung pauschaler Normstrategien,
- hoher Bewertungsaufwand durch große Anzahl an Kriterien.

Neben diesen allgemeinen Stärken und Schwächen weisen die einzelnen Konzepte spezifische Besonderheiten auf.

Die marktorientierten Portfolio-Konzepte erfüllen zwar die Anforderungen (siehe Kapitel 5.1) der mehrdimensionalen Bewertung, Erfassung mehrerer Projekte, Visualisierung der Ergebnisse und Anwendbarkeit auf mehreren Stufen des Innovationsprozesses (durch die qualitative Punktbewertung). Allerdings wird der Großteil der Anforde-

---

[489] Vgl. *Bullinger* (1994), S. 167-169; *Wolfrum* (1994), S. 243-245; *Gerpott* (1999), S. 160 f.; *Archer/Ghasemzadeh* (2003), S. 217 f.; *Eversheim et al.* (2003), S. 208; *Kontos* (2004), S. 305; *Grass/Akca* (2005), S. 59-61; *Gelbmann/Vorbach* (2007), S. 189-191.

[490] Siehe Fn 489.

rungen nicht erfüllt. So werden keine Restriktionen und Risiken beachtet, die Betrachtung ist statisch, es bestehen keine Möglichkeiten zur Simulation, die Punktbewertung ist stark subjektiv, die Vorgehensweise ist nicht stufenweise angelegt und der Bewertungsaufwand ist relativ hoch, da nicht auf bestehende Instrumente zurückgegriffen wird. Weiterhin können keine Interdependenzen in der Darstellung berücksichtigt werden. Aufgrund ihrer Ausrichtung auf bestehende Produkte und Märkte lässt sich somit festhalten, dass die **marktorientierten Portfolio-Konzepte** für die Bewertung von Innovationsportfolios **nicht geeignet** sind.

Im Gegensatz dazu sind die Technologie-Portfolio-Konzepte explizit für neue Technologien entwickelt worden. Allerdings weisen auch sie die Nachteile auf, dass sie keine Restriktionen und Risiken berücksichtigen, statisch sind, keine Möglichkeit zur Simulation bieten, und wiederum ein hoher Aufwand durch die erneute Bewertung aller Projekte vorliegt. Ebenso werden keine Interdependenzen zwischen den Innovationen oder. Technologien erfasst. Aufgrund der Fokussierung auf neuartige Technologien und der Erfüllung der Kriterien mehrdimensionale Bewertung, Anwendbarkeit auf mehreren Stufen des Innovationsprozesses, Erfassung mehrerer Projekte, mehrstufige Vorgehensweise und Visualisierung der Ergebnisse sind sie den marktorientierten Portfolio-Konzepten überlegen. Trotzdem **eignen sich Technologie-Portfolio-Konzepte nicht** zur Anwendung bei Innovationen (v. a. Produktinnovationen), da die Verbindung der Technologien zu den Innovationen und zum Markt fehlt.

An diesem Punkt setzen die theoretischen Konzepte des Innovationsmanagements an. Sie verbinden die Technologien mit Produkten und Märkten und sind den bisherigen Konzepten somit deutlich überlegen. Sie ermöglichen weiterhin eine mehrdimensionale Bewertung, berücksichtigen zumindest finanzielle Ressourcen (durch die Abbildung der Volumen als Kreisgröße) und Risiken, sind dynamisierbar, lassen sich auf verschiedenen Stufen des Innovationsprozesses anwenden, erfassen mehrere Projekte, visualisieren die Bewertungsergebnisse und bewerten stufenweise; v. a. bietet das Konzept von *Möhrle* die Möglichkeit, Interdependenzen zwischen den Projekten darzustellen.

Es lässt sich festhalten, dass sie zwar nicht alle Anforderungen erfüllen (z. B. sind die Bewertungen sehr subjektiv und es fehlen Simulationen), aber prinzipiell für die Bewertung von Innovationen geeignet sind. Allerdings ist auch bei diesen Konzepten der Aufwand der Bewertung relativ hoch, da eine erneute Bewertung durchgeführt werden muss, um die Positionen in der Matrix zu bestimmen. Dementsprechend sind auch die **theoretischen Konzepte des Innovationsmanagements** für die vorliegende Problemstellung – angesichts der knappen Ressourcen in KMU – **nicht geeignet**.

Das Risiko-Attraktivitäts-Portfolio-Konzept weist ebenso wie die genannten Ansätze Stärken und Schwächen auf. Es erlaubt eine mehrdimensionale Bewertung (sofern die Achseneinteilung auf einer Nutzwertanalyse beruht), berücksichtigt explizit das Entwicklungs- und Marktrisiko sowie finanzielle Restriktionen, ist auf mehreren Stufen des Innovationsprozesses anwendbar, erfasst mehrere Projekte und visualisiert die Ergebnisse. Allerdings weist es mit der statischen Betrachtung und der fehlenden Möglichkeit zur Simulation Schwächen auf. Ebenso ist keine stufenweise Vorgehensweise hinterlegt. Der Bewertungsaufwand ist dann relativ gering, wenn die Innovationen ohnehin mittels Kapitalwertmethode bewertet werden. In diesem Fall kann auf bestehende Informationen aufgebaut werden. Es werden jedoch keine Interdependenzen zwischen den Innovationen berücksichtigt. Aufgrund dieses Mangels ist das **Risiko-Attraktivitäts-Portfolio-Konzept** ebenfalls **nicht geeignet**, um Innovationsportfolios in KMU zu bewerten.

Abschließend lässt sich festhalten, dass die beschriebenen **Portfolio-Konzepte** aufgrund ihres hohen Bewertungsaufwands, der fehlenden Interdependenzbetrachtung und der o. g. allgemeinen Schwächen **nicht geeignet** sind, Priorisierungen von Innovationsprojekten in KMU der Automobilzulieferindustrie zu ermöglichen. Zur Behebung dieser Mängel wird ein Instrument benötigt, das die notwendigen Informationen aus bestehenden Bewertungsinstrumenten für Innovationsprojekte bezieht, um den Bewertungsaufwand zu reduzieren, und explizit die Interdependenzen zwischen den Projekten berücksichtigt. Diese Bewertung sollte stufenweise erfolgen und die Ergebnisse visualisieren, z. B. durch Darstellung in einer zweidimensionalen Matrix und der Projektvolumen als Kreisgröße.

Basierend auf diesen Mängeln werden im Folgenden als Alternative bzw. Ergänzung zu den Portfolio-Konzepten mathematische Optimierungsmodelle erläutert und hinsichtlich ihrer Eignung zur Bewertung von interdependenten Innovationsportfolios analysiert.

5.2.2 Mathematische Optimierungsmodelle

5.2.2.1 Darstellung von Modellarten

In der Literatur werden mathematische Optimierungsmodelle zur Auswahl des optimalen Innovationsportfolios diskutiert. Es wurden zahlreiche unterschiedliche Modelle entwickelt, die auf verschiedenen mathematischen Algorithmen basieren.[491] Obwohl diese Modelle unterschiedliche Strukturen aufweisen, lassen sie sich jedoch auf eine allgemeine Modellstruktur zurückführen:[492]

Maximiere (oder Minimiere) $Z(a)$ (1)

unter den Nebenbedingungen $g_l(a)\begin{Bmatrix}\geq\\=\\\leq\end{Bmatrix}0$ für l = 1,…, m (2)

wobei:

a	Variablenvektor mit l = 1, …, m Komponenten für m Projekte
Z (a)	Zielfunktion
g_l (a)	Nebenbedingungen

Basierend auf dieser Grundstruktur werden im Folgenden lineare, gemischt-ganzzahlige, nichtlineare Optimierungsmodelle, Chance-Constrained Programming und dynamische Optimierungsmodelle beispielhaft in ihrer Grundstruktur dargestellt.[493] Neben den beschriebenen Modellen finden sich in der Literatur weitere Modelle sowie Weiterentwicklungen der Grundstruktur. Diese sind komplexer, weisen jedoch grundsätzlich die gleichen Problematiken auf. Da die Untersuchung der Anwendbarkeit in KMU und der Erfüllung der o. g. Anforderungen den Kern dieses Abschnitts bildet, soll auf ihre Darstellung verzichtet werden. Komplexere Modelle bedingen einen höheren Aufwand der Datenbeschaffung und eine sinkende Verständlichkeit; sie sind daher tendenziell in KMU weniger geeignet.

---

491 Einen Überblick über verschiedene Modelle liefern *Gackstatter* (1997), S. 71-89; *Chien* (2002), S. 363; *Kavadias/Chao* (2008), S. 144-154; *Kolisch/Heimerl/Hausen* (2008), S. 593-595. Zur Darstellung einzelner Modelle vgl. bspw. *Fox/Baker/Bryant* (1984), S. 893-902; *Coffin/Taylor* (1996); *Kort* (1998); *Messica/David* (2000); *Coccia* (2001); *Dickinson/Thornton/Graves* (2001); *Kuchta* (2001); *Bunch/Blau* (2002), S. 413 f.; *Stummer/Heidenberger* (2003); *Ringuest/Graves/Case* (2004); *Gustafsson/Salo* (2005); *Guglielmi et al.* (2006); *Hartmann/Myers/Rosenbloom* (2006); *Medaglia/Graves/Ringuest* (2007).

492 Vgl. hierzu *Ipsen* (2002), S. 105.

493 Dies entspricht der Systematik von *Gackstatter*, der diese Gruppe als eindimensionale Optimierungsmodellansätze bezeichnet. Vgl. *Gackstatter* (1997), S. 61.

- **Lineare Optimierungsmodelle**

Ein lineares Optimierungsmodell ist durch eine lineare Zielfunktion, lineare Neben- sowie Nichtnegativitätsbedingungen hinsichtlich verschiedener Variablen gekennzeichnet.[494] Diese Modelle sind die einfachste Möglichkeit der Optimierungsansätze und weisen folgende Form auf:

$$\max!\ Z(a) = \sum_{l=1}^{m} c_l \cdot a_l \tag{3}$$

$$\text{u. d. NB} \sum_{l=1}^{m} r_l \cdot a_l \leq R \text{ und } 0 \leq a_l \leq 1 \tag{4}$$

In diesem Modell bildet die Variable c_l den erwarteten Zielbeitrag des Projekts l ab, der bei Aufnahme in das Portfolio realisiert wird. Die Variable a_l gibt dabei an, zu wie viel Prozent das Projekt realisiert wird. Die Nebenbedingung gewährleistet, dass die kumulierte Ressourcenbelastung der einzelnen Projekte (r_l) nicht die Kapazität R übersteigt. In diesem Modell ist lediglich eine knappe Ressource berücksichtigt; es besteht jedoch die Möglichkeit, die Nebenbedingungen um zusätzliche Ressourcen zu erweitern.

Zur Lösung dieser Art von Optimierungsmodellen ist das Simplexverfahren eine der bekanntesten Methoden. Hierbei wird eine optimale Lösung nach einer endlichen Anzahl an Iterationsschritten bestimmt.[495]

Diese Optimierungsmodelle weisen jedoch einige Schwächen auf.[496] So wird unterstellt, dass auch eine teilweise Realisierung jedes Projekts möglich ist. Bspw. führe eine 40 %ige Ressourcenzuweisung zu einem 40 %igen Zielbeitrag. Es wird auch angenommen, dass sich der Wert des Portfolios aus der Summe der Einzelprojekte ergebe. Dies gilt jedoch nur unter der realitätsfernen Annahme, dass alle Projekte vollkommen unabhängig voneinander sind. Diese Modellart stammt aus den Anfängen der mathematischen Modellierung und eignet sich vor allem zur Zuteilung knapper Ressourcen auf ausgewählte Projekte.

---

494 Vgl. *Podding/Dichtl/Petersmeier* (2003), S. 486. Für eine ausführliche Darstellung der linearen Programmierung vgl. *Kistner* (2003), S. 11-123; *Domschke/Drexl* (2007), S. 13-64.

495 Vgl. *Kallrath* (2002), S. 53.

496 Zur Kritik an linearen Optimierungsmodellen vgl. *Ipsen* (2002), S. 106 f.

- **Gemischt-ganzzahlige Optimierungsmodelle**

Die gemischt-ganzzahligen Optimierungsmodelle setzen an der Problematik der o. g. Modellart an. Sie unterstellen dementsprechend, dass ein Projekt nur vollständig oder gar nicht in das Portfolio aufgenommen werden kann. Die Zielfunktion ist immer noch linear; jedoch mit einer binären Variablen verknüpft. Zur Lösung gemischt-ganzahliger Optimierungsmodelle stellt das Branch-and-Bound-Verfahren eine Möglichkeit dar. Hierbei wird das Ausgangsproblem in mehrere Teilprobleme aufgeteilt, so dass ein Lösungsbaum entsteht, der sequentiell durchlaufen wird.[497] Formal verändert sich lediglich die Nebenbedingung zu den linearen Optimierungsmodellen:

$$\text{max! } Z(a) = \sum_{l=1}^{m} c_l \cdot a_l \quad (5)$$

$$\text{u. d. NB } \sum_{l=1}^{m} r_l \cdot a_l \leq R \text{ und } a_l = \{0;1\} \quad (6)$$

Durch die Ganzzahligkeit können verschiedene technische Abhängigkeiten und sich gegenseitig ausschließende Projekte berücksichtigt werden. Diese Möglichkeiten führen jedoch zu einem höheren Datenbedarf und steigender Komplexität der Modelle, da die Anzahl an Kombinationen sehr groß sein kann.[498]

- **Nichtlineare Optimierungsmodelle**

In der Realität kann es möglich sein, dass Zielfunktionen und Restriktionen nicht als lineare Funktionen angegeben werden können.[499] Um auch diese nichtlinearen Zusammenhänge abzubilden, wurden als Konsequenz nichtlineare Optimierungsmodelle entwickelt. Diese Zusammenhänge können z. B. aus Synergieeffekten resultieren. Ein weiterer Zusammenhang, der häufig nichtlinear ist, besteht zwischen Risiko und Ressourcenzuweisung. So führt eine Verdopplung der Ressourcenverfügbarkeit für ein Projekt i. d. R. nicht zu einer Verdopplung der technischen Erfolgswahrscheinlichkeit. Mit Hilfe der wesentlich komplexeren nichtlinearen Optimierungsmodelle kann dieses Problem jedoch behoben werden.[500]

---

[497] Vgl. *Domschke/Drexl* (2007), S. 132. Für eine ausführliche Darstellung der gemischt-ganzzahligen Optimierungsmodelle vgl. *Kallrath* (2002), S. 63-84; *Kistner* (2003), S. 171-239; *Domschke/Drexl* (2007), S. 121-138.

[498] Zur Kritik an gemischt-ganzzahligen Optimierungsmodellen vgl. *Ipsen* (2002), S. 108 f.

[499] Vgl. *Domschke/Drexl* (2007), S. 174. Für eine ausführliche Darstellung der nichtlinearen Optimierungsmodelle vgl. *Domschke/Drexl* (2007), S. 176-211.

[500] Vgl. *Domschke/Drexl* (2007), S. 174.

Die Lösung nichtlinearer Optimierungsmodelle bereitet im Unternehmen häufig große Probleme, da die entsprechenden Verfahren für den Anwender i. d. R. schwer und somit nur bedingt nachvollziehbar sind.[501] Ferner werden hohe Anforderungen an den Informationsstand des Anwenders gestellt, da zur realistischen Modellierung alle nichtlinearen Beziehungen der Restriktionen und Projekte bekannt sein müssen.

- **Chance-Constrained Programming**

Die bisher dargestellten Optimierungsmodelle erfassen keine Risiken in der Modellierung. Daher wurde das sog. Chance-Constrained Programming entwickelt, um diesen Mangel zu beheben. „Das Chance-Constrained Programming ist eine [...] Optimierungsmethode, deren Besonderheit die Berücksichtigung von stochastischen Nebenbedingungen ist, die mit vorgegebenen Wahrscheinlichkeiten verletzt werden dürfen.“[502] Durch die Aufnahme einer stochastischen Variablen in die Zielfunktion wird explizit die Erfolgswahrscheinlichkeit der einzelnen Projekte einbezogen. Da Wahrscheinlichkeiten und Ressourcenbedarfe häufig nicht exakt planbar sind, werden durch die Berücksichtigung der Fuzzy-Set-Theorie sog. unscharfe Werte in die Zielfunktion und die Nebenbedingungen integriert.[503] Durch die Beachtung der Wahrscheinlichkeiten werden die Zielbeiträge der Projekte und der Wert des Portfolios als Erwartungswerte angegeben. In diesem Zusammenhang kommen häufig Simulationsmodelle oder Sensitivitätsanalysen zum Einsatz, um die Wahrscheinlichkeiten zu bestimmen bzw. deren Auswirkungen auf die Zusammensetzung des Portfolios zu analysieren.[504]

- **Dynamische Optimierungsmodelle**

Die Auswahl von Innovationsprojekten erfolgt i. d. R. infolge mehrerer voneinander abhängiger Entscheidungen.[505] Daher bietet die dynamische Optimierung im Gegensatz zu den bisher vorgestellten Modellen Lösungsmöglichkeiten für mehrstufige Entscheidungsprobleme zur Optimierung des Gesamtproblems über mehrere Perioden. Die Besonderheit besteht dabei in der sequenziellen Lösung des aufgeteilten Entscheidungsprozesses, wobei auf jeder einzelnen Stufe nur die dort verfügbaren Entschei-

---

501 Vgl. *Ipsen* (2002), S. 109-111.
502 *Kramm* (1977), S. 1.
503 Zur Anwendung der Fuzzy-Set-Theorie bei Innovationsportfolios vgl. ausführlich *Seidemann* (2000), S. 198-231.
504 Vgl. *Gackstatter* (1997), S. 73 f.
505 Vgl. hierzu *Gackstatter* (1997), S. 74. Für eine ausführliche Darstellung der dynamischen Optimierungsmodelle vgl. *Kistner* (2003), S. 265-277; *Domschke/Drexl* (2007), S. 159-175.

dungsalternativen berücksichtigt werden.[506] Hierdurch können neue Projektvorschläge und veränderte Umweltzustände eine sequentielle Bewertung durchlaufen. In Abhängigkeit von der Entwicklung des Portfolios kann der Ressourceneinsatz variabel gestaltet werden. Diese Modelle sind in der Praxis jedoch nur sehr eingeschränkt anwendbar. Aufgrund ihres hohen Rechenaufwands und der Komplexität wird dort zumeist nur eine Ressource betrachtet.

5.2.2.2 Beurteilung der mathematischen Optimierungsmodelle

Die beschriebenen Optimierungsmodelle erfüllen die Anforderungen nur teilweise. So werden (zumindest in den komplexeren Modellen) Interdependenzen, Restriktionen und Risiken berücksichtigt, mehrere Perioden und alle Projekte im Portfolio erfasst sowie die Möglichkeit zur Simulation geboten. Außerdem ermöglicht zumindest die dynamische Programmierung eine mehrstufige Vorgehensweise. Allerdings sind die Modelle nicht auf allen Stufen des Innovationsprozesses anwendbar, erfordern einen hohen Bewertungsaufwand und gestatten keine Visualisierung der Ergebnisse.

Es lässt sich somit festhalten, dass die herausgearbeiteten Optimierungsmodelle prinzipiell dazu geeignet sind, Innovationsprojekte zur Optimierung des Portfolios auszuwählen. Dies gilt besonders für die komplexen Modelle, da sie die Realität am besten abbilden. Allerdings wird dieser Vorteil gegenüber einfachen Modellen wie der linearen Optimierung dadurch aufgehoben, dass die Datenbeschaffung den Anwender vor große Probleme stellt. So bezeichnet *Seidemann* die mathematischen Optimierungsmodelle allesamt als „praxisfremd und schwer handhabbar."[507] Ebenso belegen zahlreiche empirische Untersuchungen, dass mathematische Optimierungsmodelle aufgrund ihrer Schwächen in der Praxis fast gar nicht angewendet werden.[508] Dieser Nachteil ist angesichts der Ressourcenknappheit zur Bewertung des Portfolios in KMU problematisch. Der Datenbeschaffungsaufwand wird zusätzlich dadurch gesteigert, dass die benötigten Informationen z. T. nicht im Rahmen der Bewertung der einzelnen Innovationsprojekte erhoben werden. Sie müssen mit großem Aufwand neu erhoben werden. Des Weiteren weisen sie die Schwäche auf, dass sie quantitative bzw. finan-

---

506 Vgl. *Domschke/Drexl* (2007), S. 157.
507 *Seidemann* (2000), S. 31.
508 Zu den Ergebnissen der empirischen Untersuchungen vgl. *Albala* (1975), S. 153; *Liberatore* (1987), S. 12; *Schmidt/Freeland* (1992), S. 190; *Liberatore/Stylianou* (1995), S. 1298; *Cooper/Edgett/Kleinschmidt* (2001), S. 174; *Ipsen* (2002), S. 111-115; *Archer/Ghasemzadeh* (2003), S. 218; *Ernst/Soll* (2003), S. 548; *Szwejczewski/Mitchell/Lemke* (2006), S. 605.

zielle Informationen für alle Innovationsprojekte benötigen. Diese Informationen sind jedoch v. a. in den frühen Phasen einer Innovation nicht verfügbar. Daher sind **mathematische Optimierungsmodelle nicht geeignet**, um Innovationsprojekte in KMU unter Berücksichtigung der knappen Ressourcen, Interdependenzbeziehungen und Informationsverfügbarkeit zu priorisieren.

5.3 Budgetierung von Innovationen

Neben den genannten Instrumenten werden Verfahren zur Budgetierung von Innovationen benötigt, um den Projekten die benötigten Ressourcen zuzuweisen; diese werden im Folgenden dargestellt. Die Betrachtung beschränkt sich auf den Bereich der Innovationen. Es werden keine Beziehungen zu anderen Unternehmensbereichen berücksichtigt; dies gilt auch für die Bestimmung des Budgets des gesamten Unternehmens.

Die Erläuterung der Budgetierungsverfahren erfordert zunächst eine Definition der Begriffe Budget und Budgetierung und die Erläuterung ihrer Funktionen.

5.3.1 Begriffsabgrenzungen

Der Begriff des Budgets stammt ursprünglich aus dem öffentlichen Sektor, wo er als Synonym für den Einnahmen-Ausgaben-Plan öffentlicher Haushalte verwendet wurde.[509] Die Übertragung in die Betriebswirtschaftslehre hat dazu geführt, dass unterschiedliche Definitionen des Begriffs und Abgrenzungen zur Planung entstanden sind.[510] In Anlehnung an *Greiner* wird in der vorliegenden Arbeit das Budget als ein Ergebnis sog. Formalzielpläne (in Geldgrößen ausgedrückte Zielgrößen des Unternehmens wie z. B. Umsatz und Gewinn) betrachtet.[511] Ein **Budget** stellt somit die wertmäßige Abbildung eines Plans dar und kann definiert werden als „ein formalzielorientierter, in wertmäßigen Größen formulierter Plan, der einer Entscheidungseinheit für eine bestimmte Zeitperiode mit einem bestimmten Verbindlichkeitsgrad vorgege-

---

[509] Vgl. *Zyder* (2007), S. 9.

[510] Zu unterschiedlichen Begriffen und Abgrenzungen zur Planung vgl. *Lehmann* (1993), S. 47; *Wolbold* (1995), S. 9; *Greiner* (2004), S. 56-58; *Zyder* (2007), S. 9-11.

[511] Vgl. *Greiner* (2004), S. 58.

ben wird"[512]. Diese Definition beinhaltet dabei folgende Merkmale, die für ein Budget wesentlich sind:[514]

- Budgets sind verbindliche und eindeutig auf Verantwortungsträger bezogene Teile der Formalzielpläne.
- Budgets werden stets für einen bestimmten Zeitraum vergeben.
- Budgets können aus input- und outputorientierten Größen bestehen, wobei im Rahmen der Budgetierung von Innovationen v. a. die inputorientierten Größen (Kosten) von besonderer Bedeutung sind, da der Output aufgrund der hohen Unsicherheit nicht geplant werden kann.
- Budgets stellen in Geldeinheiten bewertete Plangrößen dar.

Die Erstellung von Budgets wird im Folgenden als **Budgetierung**[515] bezeichnet und kann definiert werden als „Prozess der Aufstellung und Verwendung von formalzielorientierten, in wertmäßigen Größen formulierten Plänen, welche Entscheidungseinheiten für eine bestimmte Zeitperiode mit einem bestimmten Verbindlichkeitsgrad vorgegeben"[516] werden. Dabei kommen der Budgetierung folgende Funktionen zu:[517]

- Allokationsfunktion:
  Den Unternehmenseinheiten werden verbindlich Ressourcen zugewiesen, über die sie in einer Periode verfügen können.
- Verhaltenssteuerungsfunktion:
  Die verbindliche Vergabe von Budgets soll die Unternehmensmitglieder zu einem plankonformen Verhalten zur Ausrichtung auf die Unternehmensziele anhalten. Diese Funktion kann durch die Kopplung von Leistungsbeurteilung und Anreizgestaltung verstärkt werden und zu einer Verhaltenssteuerung führen. Dabei wird den Verantwortlichen lediglich die Höhe des Budgets vorgegeben; die Entscheidung über die Verwendung bleibt ihnen weitgehend selbst überlassen.
- Planungs- und Kontrollfunktion:
  Die Budgetierung strebt eine optimale Verteilung der Ressourcen entsprechend den Unternehmenszielen an. Es wird gewährleistet, dass die Budgets nur in der

---

512 *Horváth* (2008), S. 201.
514 Zu den Merkmalen vgl. ausführlich *Greiner* (2004), S. 59.
515 Häufig auch als Budgeterstellungsprozess bezeichnet.
516 *Greiner* (2004), S. 60.
517 Zu den Funktionen der Budgetierung vgl. ausführlich *Greiner* (2004), S. 60-65; *Galgenmüller/Gleich/Staudinger* (2006), S. 126 f.; *Plümecke* (2006), S. 15-17; *Friedl* (2007), Sp. 186 f.

Höhe zur Verfügung stehen, wie sie vom Unternehmen tragbar sind, um Liquiditätsengpässe zu vermeiden. Des Weiteren erfolgen Soll-Ist-Vergleiche am Ende einer Periode zur Leistungsbeurteilung (siehe Verhaltenssteuerungsfunktion).

- Koordinations- und Kommunikationsfunktion:
  Die Bestimmung und Festlegung der Budgets zwingt die Unternehmensleitung zur Berücksichtigung der Abhängigkeitsbeziehungen zwischen den Abteilungen. Die Koordination erfolgt dabei zum einen durch die Erfassung der Abhängigkeiten bei der Budgetierung und zum anderen durch die Abstimmung von Unternehmensleitung und Abteilungen bzgl. der Ziele und Pläne. Durch die Vergabe der Budgets werden somit indirekt auch die Unternehmensziele kommuniziert.

Zur Erfüllung der o. g. Funktionen wurden zahlreiche Budgetierungsverfahren entwickelt. Es erfolgt eine Unterteilung in klassische Budgetierungsverfahren und neuere Entwicklungen, die die Aspekte der Budgetierung von Innovationen berücksichtigen.

5.3.2 Budgetierungsverfahren

5.3.2.1 Klassische Budgetierungsverfahren

In der Literatur existieren verschiedene Systematiken zur Abgrenzung klassischer Budgetierungsverfahren. Von besonderer Bedeutung ist dabei zum einen die Systematisierung nach der Bezugsgröße und zum anderen nach der Vorgaberichtung. Im Folgenden werden beide Ansätze vorgestellt.

Die Systematisierung nach der Bezugsgröße der Budgetierung geht auf *Kern/Schröder* zurück und wird von zahlreichen Autoren im Innovationsmanagement verwendet.[518] Demnach können Budgetierungsverfahren in die Ansätze ziel-, projekt-, kapazitäts-, finanzierungs- und konkurrenzorientiert unterteilt werden.

Ausgangspunkt bei dem **zielorientierten Ansatz**[519] stellt bspw. eine Gap-Analyse dar. Dabei wird ein Bedarf an neuen Produkten oder Prozessen in den kommenden Jahren

---

[518] Vgl. *Kern/Schröder* (1977), S. 122-130. Dieser Ansatz wird des Weiteren von *Brose* (1982), S. 119-125; *Schmelzer* (1992), S. 125 f.; *Heidenberger/Muthsam/Stummer* (2000), S. 1007-1012; *Horsch* (2003), S. 166-169 verwendet.

[519] Zur Darstellung des zielorientierten Ansatzes vgl. *Horsch* (2003), S. 167.

festgestellt, um die geplanten Unternehmens- oder Bereichsziele zu erreichen. Dieses Vorgehen erfordert sowohl eine Bestimmung der Ziele als auch eine Bestimmung der Kosten für alle laufenden und geplanten Innovationsprojekte und ihrer potentiellen Zielbeiträge. Stehen nicht ausreichend Mittel zur Erreichung aller Ziele zur Verfügung, werden Projekte zeitlich verschoben, Maßnahmen umformuliert oder Ziele revidiert.

Charakteristisch für den **projektorientierten Ansatz**[520] ist die Bestimmung des Budgets durch die Auswahl von Innovationsprojekten. Das Budget ergibt sich aus der Summe der geplanten Kosten der ausgewählten Innovationsprojekte. Diese Vorgehensweise erfordert ein Instrument zur Bewertung aller laufenden und potentiellen Projekte sowie eine Prognose der jeweiligen Kosten. *Kern/Schröder* schlagen vor, eine mathematische Funktion abzuleiten, die die erwarteten Zielbeiträge und deren Wahrscheinlichkeiten in Beziehung zu dem jeweils benötigtem Finanzmittelbedarf setzt. Das optimale Budget wird dann durch mathematische Optimierungsmodelle (siehe Kapitel 5.2.2) bestimmt.

Bei dem **kapazitätsorientierten Ansatz**[521] wird das Budget nicht aus dem zukünftigen Bedarf, sondern basierend auf den vergangenen Innovationsaktivitäten bestimmt. Das neue Budget wird dabei durch einen Zu- oder Abschlag vom laufenden Budget ermittelt. Diese Veränderung wird bspw. auf Basis der strategischen Bedeutung, der Menge an Projekten oder der erwarteten Gehaltsentwicklungen bestimmt. Eine Verfeinerung des Ansatzes kann z. B. durch die Festlegung von Zu- oder Abschlägen für unterschiedliche Innovationsarten erreicht werden. Diese Vorgehensweise basiert auf der strukturellen Inflexibilität des Innovationsbereichs, die v. a. in dem kurz- bis mittelfristig konstanten Personalbestand begründet ist.

Ausgangspunkt des **finanzierungsorientierten Ansatzes**[522] ist die Ermittlung der verfügbaren finanziellen Mittel. Das insgesamt zur Verfügung stehende Volumen muss zunächst um den Betrag für die laufenden betrieblichen Prozesse gekürzt werden, so dass sich ein Wert für die möglichen Investitionen des Unternehmens ergibt. Aus diesem Gesamtvolumen für Investitionen ist anschließend der Anteil für Innovationen zu bestimmen. Da eine langfristige Planung der Finanzmittel schwierig ist, erfolgt in der

---

520 Vgl. *Kern/Schröder* (1977), S. 123 f.
521 Vgl. *Heidenberger/Muthsam/Stummer* (2000), S. 1009.
522 Vgl. hierzu *Heidenberger/Muthsam/Stummer* (2000), S. 1008.

Praxis häufig eine Orientierung am Umsatz oder Gewinn. Auf Basis dieser Hilfsgrößen wird abschließend das zur Verfügung stehende Budget ermittelt.
Bei dem **konkurrenzorientierten Ansatz**[523] erfolgt eine Orientierung an den besten Konkurrenten im Sinne eines Benchmarkings. Die Ermittlung der Budgets der Konkurrenten erweist sich jedoch als schwierig, da diese Informationen häufig unbekannt sind. Daher werden i. d. R. Kennzahlen verwendet, die einen Rückschluss auf die Budgethöhe des Konkurrenten ermöglichen.

Unterteilt nach der Vorgaberichtung lassen sich drei verschiedene Ansätze unterscheiden: top-down, bottom-up und Gegenstrom.[524]

Im Rahmen der **top-down-Budgetierung**[525] wird die Höhe des Budgets von der Unternehmensleitung vorgegeben, ohne dass eine direkte inhaltliche Auseinandersetzung mit den zur Verfügung stehenden Projekten erfolgt. Die Budgethöhe wird an finanzwirtschaftlichen Kennzahlen, wie z. B. Umsatz oder Gewinn, und strategischen Überlegungen ausgerichtet. Dies entspricht im Wesentlichen dem o. g. zielorientierten Ansatz.

Bei der **bottom-up-Budgetierung**[526] werden zunächst alle laufenden oder potentiellen Innovationsprojekte hinsichtlich ihres Erfolgspotentials bewertet. Diese Vorgehensweise soll den Wissensvorsprung, den die Mitarbeiter gegenüber der Unternehmensleitung häufig haben, nutzen. Das Budget für den gesamten Bereich ergibt sich dann als Summe der Kosten aller ausgewählten (laufenden und neuen) Innovationsprojekte für die Periode zuzüglich nicht sofort abbaubarer Kosten von abzubrechenden Projekten. Dies entspricht dem projektorientierten Ansatz.

Die Kombination aus den beiden Ansätzen stellt das **Gegenstromverfahren** dar.[527] Hierbei werden auf der einen Seite Richtgrößen für die Höhe und Struktur des Budgets von der Unternehmensleitung vorgegeben. Zum anderen planen die jeweiligen Projektverantwortlichen den Finanzmittelbedarf aller von ihnen als Erfolg versprechend eingestuften Projekte. Dies ermöglicht eine Nutzung des o. g. Wissensvorsprungs. In

---

[523] Vgl. *Kern/Schröder* (1977), S. 127.
[524] Vgl. *Wolbold* (1995), S. 101 f.; *Bürgel/Haller/Binder* (1996), S. 319; *Gerpott* (2005), S. 339; *Zyder* (2007), S. 13.
[525] Vgl. *Gerpott* (2005), S. 339.
[526] Vgl. *Zyder* (2007), S. 13.
[527] Vgl. *Zyder* (2007), S. 13.

einem iterativen Abstimmungsprozess werden diese (i. d. R. unterschiedlichen) Werte aneinander angeglichen.

Die dargestellten klassischen Budgetierungsverfahren werden jedoch aufgrund zahlreicher **Schwächen** in der Literatur und Praxis kritisiert.[528] Der erste Kritikpunkt besteht in dem hohen Aufwand der Budgetierungsverfahren. Sie erstrecken sich in der Unternehmenspraxis häufig über mehrere Monate und binden somit die Ressourcen der beteiligten Mitarbeiter und der Unternehmensleitung. Des Weiteren sind die Verfahren starr und unflexibel, da durch ihre Periodenfixierung nicht schnell genug auf Veränderungen des Wettbewerbsumfelds reagiert werden kann. Ebenso sind die Vorgehensweisen wenig transparent für die Mitarbeiter des Unternehmens, da sie i. d. R. nicht an der Budgetierung beteiligt werden. Trotz der genannten Kritik nutzt ein Großteil der Unternehmen die klassische Budgetierung als Instrument der Unternehmenssteuerung.[529]

5.3.2.2 Neuere Budgetierungsverfahren

Basierend auf der Kritik an den klassischen Budgetierungsverfahren wurden mit dem Better Budgeting, Advanced Budgeting und Beyond Budgeting (siehe Abbildung 5-6) Ansätze entwickelt, die flexibler sind und den Aufwand im Vergleich zu den klassischen Verfahren reduzieren.

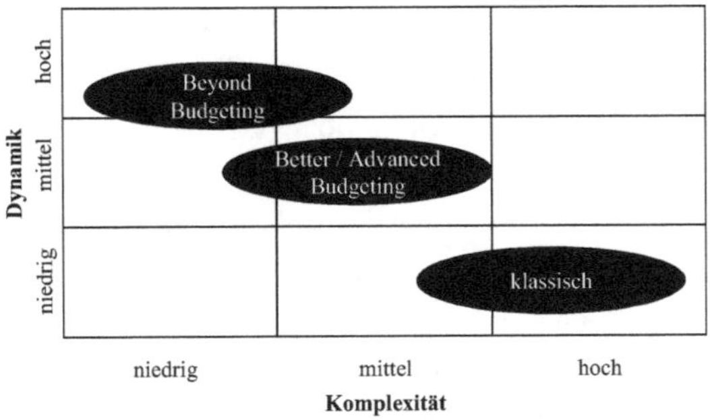

Abbildung 5-6: Einordnung der Budgetierungsverfahren[530]

[528] Vgl. *Galgenmüller/Gleich/Staudinger* (2006), S. 123-125; *Gleich/Greiner/Hofmann* (2006), S. 25 f.; *Plümecke* (2006), S. 19; *Libby/Lindsay* (2007), S. 48-51; *Schmidt* (2007), S. 361.
[529] Vgl. hierzu *Galgenmüller/Gleich/Staudinger* (2006), S. 139.
[530] Quelle: *Galgenmüller/Gleich/Staudinger* (2006), S. 131.

Das **Better Budgeting** stellt das Instrument der klassischen Budgetierung nicht in Frage, sondern will dieses durch Effizienzsteigerungen sowie Vereinfachung von Planung und Budgetierung verbessern.[531] Die Besonderheit des Ansatzes liegt dabei in der kleinschrittigen, evolutionären Weiterentwicklung des bestehenden Budgetierungsverfahrens. Im Wesentlichen geht es um eine Verbesserung der Softwareunterstützung, Harmonisierung der verwendeten Daten, Verwendung benutzerfreundlicher Planungsformulare und Reduzierung der Detaillierungstiefe der Budgets.

Ebenso wie das Better Budgeting stellt das **Advanced Budgeting** das Grundprinzip der Budgetierung nicht in Frage.[532] Es strebt auch eine Verbesserung der Planungsqualität und Senkung des Budgetierungsaufwands an. Der wesentliche Unterschied zum Better Budgeting besteht in der Radikalität der Veränderung, wobei die beiden Ansätze nur schwer voneinander abzugrenzen sind.[533] Die Leitmotive des Ansatzes sind die Verbindung der Teilplanungen (Integration von strategischer und operativer Planung), Vergabe von Budgets mit Zielcharakter (top-down-Ansatz), Verringerung der Budgettiefe (top-down-Vorgabe auf aggregiertem Niveau) und Budgetflexibilisierung (rollierende Planung und Abkehr vom Kalenderjahr als Budgetzyklus).[534]

Im Gegensatz zu den o. g. Ansätzen stellt das **Beyond Budgeting** eine Abkehr von der Orientierung an Budgets dar.[535] Der Fokus liegt hier nicht auf der Entwicklung neuer Instrumente, sondern zielt auf eine Veränderung des Führungsverhaltens. Zu diesem Zweck wurden Prinzipien entwickelt, die dieses umsetzen sollen:[536]

- Führungsprinzipien:
  - Einrichtung von selbstverantwortlichen Profit und Cost Centern,
  - Dezentralisierung der Entscheidungsverantwortung,
  - Implementierung eines Coach-and-Support-Führungsstils,
  - Koordination durch externe und interne Marktmechanismen,
  - Verfügbarkeit aller relevanten Informationen in Echtzeit.

---

531 Vgl. *Gleich/Greiner/Hofmann* (2006), S. 28 sowie ausführlich zu diesem Ansatz *Plümecke* (2006), S. 49-57; *Rickards* (2007), S. 35 f.

532 Vgl. *Gleich/Greiner/Hofmann* (2006), S. 29-31 sowie zum Ansatz des Advanced Budgetings ausführlich *Rickards* (2007), S. 35 f.; *Rieg* (2008), S. 139-146.

533 Vgl. *Rickards* (2007), S. 36.

534 Vgl. *Rieg* (2008), S. 140.

535 Zur Darstellung des Beyond Budgetings vgl. *Leyk/Kopp* (2004), S. 24-46; *Gleich/Greiner/Hofmann* (2006), S. 31-36; *Greiner* (2006); *Plümecke* (2006), S. 28-46; *Pollmann* (2007); *Rickards* (2007), S. 26-29; *Rieg* (2008), S. 149-152.

536 Vgl. *Rickards* (2007), S. 27 f.

- Leistungsprinzipien:
  - Verwendung von relativen Messgrößen anstelle fixer Budgets zur Leistungssteigerung,
  - Berücksichtigung monetärer und nicht-monetärer Kennzahlen,
  - kontinuierliche Verbesserung aller Managementsysteme,
  - Ausrichtung der Planung auf outputorientierte Prozesse,
  - Ableitung von Zielen durch Benchmarking,
  - rollierende Planung,
  - Ausrichtung des Anreizsystems auf die Förderung von Gruppenarbeit.

Die Übersicht über die Prinzipien des Beyond Budgetings zeigt, dass dieser Ansatz tiefgreifender ist als die beiden anderen. Allerdings haben empirische Untersuchungen gezeigt, dass der Ansatz in der Unternehmenspraxis gar nicht oder nur teilweise eingesetzt wird.[537]

5.3.3 Beurteilung der Budgetierungsverfahren

Im Folgenden werden die dargestellten Budgetierungsverfahren hinsichtlich ihrer Eignung für das Portfoliomanagement von Innovationen in KMU der Automobilzulieferindustrie beurteilt.

Der zielorientierte Ansatz zur Budgetierung eignet sich zur Anwendung in KMU, da er die Ressourcenknappheit berücksichtigt und somit nur so viele Innovationsprojekte umgesetzt werden, wie Finanzmittel zur Verfügung stehen. Auch greift der Kritikpunkt, dass die Unternehmensleitung nicht ausreichend Informationen zur Festsetzung des Budgets habe, in KMU nicht, da dort die Unternehmensleitung stark in das operative Geschehen eingebunden ist. Die Stärke des Ansatzes besteht in der Zukunftsorientierung der Budgetierung. Diese gewährleistet eine Ausrichtung der Budgets an den zukünftigen Zielen und Entwicklungen des Unternehmens. Im Gegensatz dazu eignen sich die finanzierungs-, kapazitäts- und konkurrenzorientierten Ansätze nicht für die vorliegende Problemstellung. Sie fokussieren zu stark auf vergangene Budgets und vernachlässigen den zukünftigen Bedarf des Unternehmens. Überdies birgt vor allem der projektorientierte Ansatz die Gefahr, dass mehr Projekte in das Portfolio aufgenommen werden als Ressourcen zur Verfügung stehen. Die finanzierungs- und kapazi-

---

[537] Vgl. *Greiner* (2006), S. 42; *Rieg* (2008), S. 164.

tätsorientierten Ansätze eignen sich vor allem wegen ihres Vergangenheitsbezugs und der problematischen Bezugsbasis zur Ableitung des Budgets nicht für die Budgetierung. Ebenso ungeeignet ist der konkurrenzorientierte Ansatz. Dessen Anwendung scheitert an den fehlenden Informationen über Konkurrenten und der geringen Vergleichbarkeit von Unternehmen im Bereich der Innovationen. So trägt diese Vorgehensweise bspw. nicht der Innovationsstrategie des Unternehmens und den Fähigkeiten der Mitarbeiter in diesem Bereich Rechnung.

Die Unterscheidung nach der Vorgaberichtung liefert ein ähnliches Ergebnis. So ist die bottom-up-Budgetierung in dem vorliegenden Fall nicht geeignet, da sie, wie der projektorientierte Ansatz, keine Ressourcenbeschränkung berücksichtigt. Der top-down-Ansatz ist prinzipiell anwendbar, wobei diesem Ansatz das Gegenstromverfahren durch die Betrachtung von strategisch abgeleiteten Richtgrößen und der bottom-up-ermittelten Vorteilhaftigkeit der Innovationsprojekte deutlich überlegen ist.

Die neueren Entwicklungen der Budgetierungsverfahren eignen sich nur teilweise für die vorliegende Problematik. Eine Anwendung des Beyond Budgeting ist abzulehnen, da es zu komplex und zu allgemein gehalten ist. Die Ansätze des Better und Advanced Budgeting sind jedoch besonders für KMU von Bedeutung, da sie den Aufwand der Budgetierung reduzieren. Somit sollten die Verbesserungen dieser beiden Ansätze bei der Entwicklung des Budgetierungsverfahrens berücksichtigt werden.[538]

5.3.4 Einbindung der Budgetierung in einen Stage-Gate-Prozess

Neben der Wahl bzw. der Konzeption eines Budgetierungsverfahrens wird nachstehend herausgearbeitet, wie die Budgetierung einer Innovation in einen Stage-Gate-Prozess, der dieser Arbeit zu Grunde liegt, eingebunden werden kann.

Zur Integration der Budgetierung schlägt *Cooper* zwei mögliche Ansätze vor.[539] Dies ist erstens die **Dominanz der Meilensteine** gegenüber der Budgetierung. Es wird dabei davon ausgegangen, dass das Portfolio optimal zusammengestellt ist, wenn die Entscheidungen an den Meilensteinen richtig getroffen werden. Dementsprechend

---

[538] Die Übertragung der Aspekte der beiden Ansätze auf bestehende Budgetierungsverfahren in der Automobilindustrie entspricht dem Vorgehen von *Galgenmüller/Gleich/Staudinger*. Vgl. hierzu *Galgenmüller/Gleich/Staudinger* (2006), S. 133-139.

[539] Vgl. ausführlich *Cooper/Edgett/Kleinschmidt* (2001), S. 274-301 sowie *Cooper* (2008), S. 228.

muss die Bewertung des einzelnen Projekts ohne Berücksichtigung der bereits laufenden Projekte an den Meilensteinen im Vordergrund stehen. Strenge Bewertungskriterien gewährleisten dabei die Auswahl der besten Projekte. Diese sollten dann in einem zweiten Schritt am Meilenstein alle notwendigen Ressourcen durch die Budgetierung zur Verfügung gestellt bekommen. Diese Vorgehensweise entspricht somit dem projektorientierten Ansatz (ohne mathematische Optimierung).

Der zweite Ansatz sieht eine **Dominanz des Portfolios** vor. Dabei konkurrieren alle laufenden und potentiellen Projekte um die knappen Ressourcen zu fest vorgegeben Zeitpunkten. Bei diesen sog. Portfolio-Reviews stehen alle Innovationsprojekte zur Diskussion. Auf Basis der Bewertung der einzelnen Projekte und des festgelegten Budgets werden die besten Projekte so lange in das Portfolio aufgenommen, bis keine Ressourcen mehr zur Verfügung stehen. Diese Reviews sollen zwischen zwei- und viermal pro Jahr stattfinden. Die Meilensteine dienen in diesem Fall nur noch der Kontrolle der vorher getroffenen Entscheidungen. Dort werden keine neuen Projekte aufgenommen, sondern lediglich laufende Projekte abgebrochen, falls sie vorher festgelegte Kriterien nicht mehr erfüllen. Diese Vorgehensweise entspricht im Wesentlichen dem Gegenstromverfahren.

Die Einbindung der Budgetierung in den Stage-Gate-Prozess sollte bei KMU durch die Dominanz des Portfolios erfolgen. Dieser Ansatz bietet den Vorteil, dass die Budgethöhe bei den Reviews explizit berücksichtigt wird; dies verringert die Gefahr, dass eine zu große Anzahl an Projekten aufgenommen wird. Des Weiteren entspricht dieser Ansatz dem Gegenstromverfahren, da die Bewertung der Projekte bottom-up und die Vorgabe der Budgethöhe top-down erfolgen.

Abschließend werden die erzielten Ergebnisse hinsichtlich der Beurteilung von Instrumenten zur Priorisierung und Ressourcenallokation in Innovationsportfolios zusammengefasst.

5.4 Zwischenfazit

Die Beschreibung und Beurteilung der Portfolio-Konzepte, mathematischer Optimierungsmodelle und Budgetierungsverfahren hat gezeigt, dass die bestehenden Ansätze weitgehend ungeeignet für das Portfoliomanagement von Innovationen in KMU sind, da sie die Spezifika von Unternehmen dieser Größenklasse unzureichend beachtet. Es lässt sich festhalten, dass die bestehenden Portfolio-Konzepte und mathematischen Modelle nicht in das Gesamtkonzept integriert werden. Diese eignen sich v. a. aufgrund ihres Bezugs auf finanzielle Informationen bzw. aufgrund ihrer mangelnden Berücksichtigung von Interdependenzen nicht für das Innovationsportfoliomanagement in KMU. Des Weiteren basieren sie nicht auf bereits erhobenen Informationen, sondern erfordern i. d. R. eine erneute Bewertung aller Projekte; dies ist wegen der knappen Ressourcen in KMU jedoch problematisch.

Somit ist ein **Instrument für die Priorisierung** wünschenswert, das erstens die erforderlichen **Informationen aus bestehenden Bewertungsinstrumenten** für Innovationsprojekte bezieht (Reduzierung des Bewertungsaufwands), und zweitens den **Interdependenzen zwischen den Projekten** Rechnung trägt. Diese Bewertung sollte sukzessive erfolgen und die Ergebnisse visualisieren. Die Darstellung wird in einer zweidimensionalen Matrix mit den Projektvolumen als Kreisgröße realisiert, um die Auswahlentscheidungen zu fundieren.

Zur Budgetierung der Innovationen (im Anschluss an die o. g. Bewertung) kann auf das **Gegenstromverfahren** zurückgegriffen werden. Allerdings sollten die Aspekte des Better und Advanced Budgetings, wie die Softwareunterstützung, die Harmonisierung der verwendeten Daten (durch die Integration von Projekt- und Portfoliobewertung), die Verringerung der Budgettiefe und die Budgetflexibilisierung, in das Gesamtkonzept integriert werden, um den Aufwand zu reduzieren.

Die Einbindung der Budgetierung erfolgt in der vorliegenden Arbeit durch **Portfolio-Reviews**, die zwei- bis viermal jährlich stattfinden und die Meilensteine dominieren. Damit steht ein Ansatz zur Verfügung, der alle laufenden und potentiellen Innovationsprojekte, die knappen Ressourcen und die Dynamik der Unternehmensumwelt berücksichtigt.

Da zum jetzigen Zeitpunkt kein Instrument existiert, das die Branchen- und Größenklassenspezifika beachtet, muss im Folgenden eines zur Priorisierung entwickelt werden, das die o. g. Anforderungen erfüllt und v. a. die Berücksichtigung der Interdependenzen ermöglicht.

6 Darstellung und Weiterentwicklung von Instrumenten zur Bewertung von Interdependenzen

Die Untersuchung der Bewertungsinstrumente für Innovationsprojekte und -portfolios in den Kapiteln 4.3 und 5.2 hat gezeigt, dass die dort beschriebenen Instrumente die Interdependenzen gar nicht oder nur in Form quantitativer Abhängigkeiten einbeziehen. Aufgrund der hohen Bedeutung von Interdependenzen und der mangelnden Verfügbarkeit quantitativer Informationen in den frühen Phasen einer Innovation werden daher Bewertungsinstrumente benötigt, die diese Besonderheiten berücksichtigen.[540] Im Folgenden werden qualitative und semi-quantitative Bewertungsinstrumente herausgearbeitet, die auch in den frühen Phasen anwendbar sind.

6.1 Darstellung bestehender Instrumente zur Interdependenzbewertung in den frühen Phasen von Innovationen

Neben den mathematischen Modellen wurden Instrumente für (Innovations-)Projekte entwickelt, die eine Bewertung auf Basis qualitativer oder semi-quantitativer Informationen ermöglichen. Dies sind die Abhängigkeitsmatrizen von *May/Chobrok*[541], *Foschiani*[542] und *Dickinson/Thorton/Graves*[543], das House of Projects von *Hiller*[544], die Interdependenzmatrix von *Heck*[545], die Synergiematrix von *Hirzel*[546] und die Projektematrix von *Abresch/Hirzel*[547]. Die genannten Instrumente weisen die Gemeinsamkeit auf, dass die Interdependenzen zwischen den Projekten qualitativ (ja/nein) oder semi-quantitativ (über eine Skala der Synergiestärke) bewertet werden. Diese Instrumente werden im Folgenden erläutert.

Aufgrund der Ähnlichkeit der Konzepte wird von den **Abhängigkeitsmatrizen** lediglich die von *May/Chobrok* dargestellt. Auf eine Beschreibung der Matrizen von

[540] Zur Bedeutung der Interdependenzbewertung vgl. *Brose* (1982), S. 423; *Ehlken* (1999), S. 41; *Aalto* (2001), S. 49; *Dickgreber* (2002), S. 277; *Hauschildt/Salomo* (2004), S. 31; *Grübler* (2005), S. 167; *Dammer/Gemünden/Lettl* (2006), S. 148; *Hirzel* (2006a), S. 12 f.; *Jolly* (2007), S. 467 f. Allerdings muss diese Bewertung unter Berücksichtigung des Aufwands erfolgen. Vgl. *Kwasniok* (2007), S. 13.

[541] Vgl. *May/Chobrok* (2001), S. 111.

[542] Vgl. *Foschiani* (1999), S. 131 f.

[543] Vgl. *Dickinson/Thornton/Graves* (2001), S. 523.

[544] Vgl. *Hiller* (2002), S. 66.

[545] Vgl. *Heck* (2003), S. 187.

[546] Vgl. *Hirzel* (2006b), S. 117.

[547] Vgl. *Abresch/Hirzel* (2002).

Foschiani und *Dickinson/Thorton/Graves* wird dagegen verzichtet, da diese die gleichen Strukturen und Besonderheiten aufweisen.[548]

Eine Abhängigkeitsmatrix sind die einfachste Möglichkeit zur Ermittlung von Interdependenzen zwischen Projekten.[549] Ziel des Instruments ist es, den Grad der Abhängigkeit und Beeinflussung innerhalb eines Portfolios darzustellen. Dies ermöglicht eine Berücksichtigung der Interdependenzen bei der Projektpriorisierung. Zunächst werden die Abhängigkeiten der Projekte untereinander in die Abhängigkeitsmatrix eingetragen (siehe Tabelle 6-1). In der Zeilensumme lässt sich erkennen, wie stark der Einfluss des jeweiligen Projekts auf andere ist; aus der Spaltensumme ergibt sich der Grad der Beeinflussung durch andere Projekte. Es wird davon ausgegangen, dass ausschließlich positive Interdependenzen bestehen.

Wirkung von - auf	A	B	C	D	E	F	Summe Einfluss
A						**X**	1
B					**X**		1
C	**X**				**X**		2
D	**X**		**X**		**X**	**X**	4
E							0
F	**X**				**X**		2
Summe Beeinflussung	3	0	1	0	4	2	10

Tabelle 6-1: Abhängigsmatrix nach *May/Chobrok*[550]

Die Ableitung einer Gesamtaussage ergibt sich aus der Gegenüberstellung von Einfluss und Beeinflussung. Dies kann in Form einer Portfolio-Darstellung erfolgen. So sind Projekte, die einen starken Einfluss aufweisen und stark beeinflusst werden, sofort umzusetzen. Projekte mit geringem Einfluss und geringer Beeinflussung hingegen sollten erst zu einem späteren Zeitpunkt realisiert werden. Für die anderen beiden Fälle sind Einzelfallentscheidungen bzgl. der Realisierung zu treffen.

Der Vorteil des Instruments besteht darin, dass die Abhängigkeiten zwischen zwei Projekten schnell und einfach ersichtlich sind. Allerdings wird lediglich eine Interdependenzart betrachtet. Es ist zwar theoretisch möglich, durch die Verwendung mehre-

548 Vgl. *Foschiani* (1999) sowie *Dickinson/Thornton/Graves* (2001).
549 Zur Darstellung vgl. *May/Chobrok* (2001).
550 Quelle: *May/Chobrok* (2001), S. 112.

rer Matrizen unterschiedliche Interdependenzarten zu erfassen; die Autoren thematisieren dies jedoch nicht. Zudem können in der Matrix keine unterschiedlichen Stärken der Abhängigkeiten eingetragen werden. Somit gehen alle Abhängigkeiten mit dem gleichen Gewicht in die Betrachtung ein. Ebenso ist es nicht möglich, negative Abhängigkeiten in der Matrix zu berücksichtigen. Das Instrument ist daher nicht geeignet, um verschiedene Arten von Interdependenzen mit unterschiedlicher Wirkungsrichtung und unterschiedlichem Wirkungsgrad zu bewerten.

Die **Projektematrix** von *Abresch/Hirzel* stellt ein Punktbewertungsverfahren dar, mit dem explizit die Stärke der Interdependenzen zwischen Projekten bewertet werden kann.[551] Es behebt somit eine Schwäche der Abhängigkeitsmatrizen. Bei Anwendung dieses Instruments werden die einzelnen Projekte miteinander in Beziehung gesetzt und es erfolgt eine Bewertung der Synergieeffekte jeweils zwischen zwei Projekten. Die Autoren greifen dabei auf einen Paarvergleich zur Beurteilung zurück. Das Verfahren ist in Tabelle 6-2 veranschaulicht. Die Summen geben jeweils die Vorteilsstärke bezogen auf ein Projekt wieder.

Projekte	P_1	P_2	P_3	...	P_n
P_1		6		...	
P_2	6		10	...	
P_3		10		...	8
...	...	...	...		
P_n			8		
Summe	6	16	18	...	8

Tabelle 6-2: Projektematrix[552]

Eine Schwäche dieses Ansatzes besteht allerdings darin, dass er keine konfliktären Interdependenzen enthält. Es ist jedoch davon auszugehen, dass diese in der Realität auftreten und entscheidungsrelevant sind. Bei Vorliegen dieser Abhängigkeiten wird das Innovationsportfolio tendenziell überbewertet. Darüber hinaus wird lediglich eine Interdependenzart in die Betrachtung integriert. Ähnlich wie bei den Abhängigkeitsmatrizen wäre durch die Betrachtung mehrerer Matrizen auch eine Berücksichtigung unterschiedlicher Interdependenzarten möglich; dies wird von den Autoren jedoch nicht thematisiert. Insofern ist es nur sehr eingeschränkt möglich, mittels der Projek-

[551] Vgl. *Abresch/Hirzel* (2002). Die Synergiematrix von Hirzel ist fast identisch zu der Projektmatrix. Sie ermöglicht lediglich die Darstellung von Beeinflussung und Einfluss. Vgl. hierzu *Hirzel* (2006b), S. 117.

[552] Quelle: in Anlehnung an *Abresch/Hirzel* (2002), S. 111.

tematrix Innovationsprojekte im Hinblick auf die zwischen ihnen bestehenden Interdependenzen zu beurteilen.

Den Kritikpunkt, dass lediglich positive Abhängigkeiten einbezogen werden, greift *Hiller* in seinem **House of Projects** (siehe Abbildung 6-1) auf.[553] In diesem Instrument werden alle Projekte im Portfolio bzw. sofern vorhanden aller Teilportfolios im Unternehmen auf einer Skala von „stark konfliktär“ bis „stark synergetisch“ bewertet. Diese Bewertung wird in einem folgenden Schritt visualisiert.

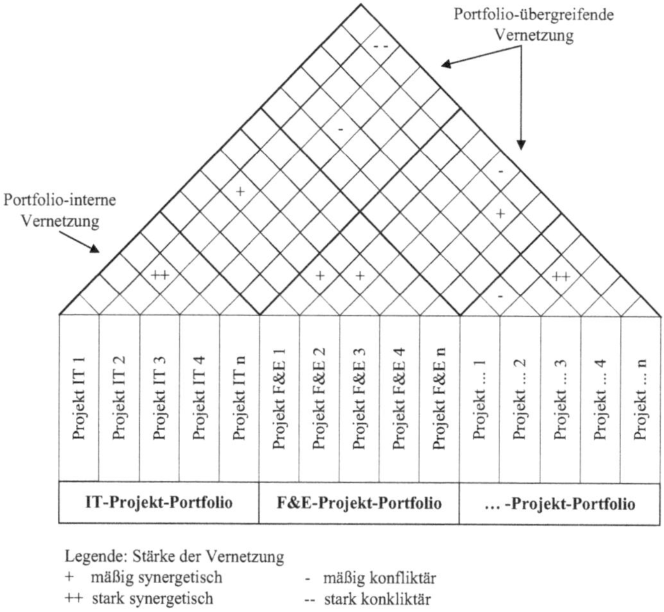

Abbildung 6-1: House of Projects[554]

Das House of Projects bildet gegenüber den Abhängigkeits- und Projektmatrizen einen Fortschritt, indem es auch negative Abhängigkeiten zwischen den Projekten berücksichtigt. Ebenso ist es prinzipiell möglich, unterschiedliche Interdependenzarten einzuplanen. Allerdings wird die Abbildung in diesem Fall schnell unübersichtlich. Die größte Schwäche des Instruments besteht jedoch darin, dass es keine eindeutigen Ent-

[553] Vgl. hierzu *Hiller* (2002), S. 65-68.
[554] Quelle: *Hiller* (2002), S. 66.

scheidungen ermöglicht, welche Projekte aus Interdependenzgesichtspunkten durchgeführt werden sollten. Die Abhängigkeiten werden zwar dargestellt, es fehlt jedoch ein Wert, der Aufschluss über die gesamte Vorteilhaftigkeit des Projekts gibt.

An dieser Schwachstelle setzt die **Interdependenzmatrix** von *Heck* an.[555] Hier soll mit Hilfe von Interdependenzmatrizen festgestellt werden, welche Bedeutung ein Projekt für das Portfolio hat. Dabei werden technische, wirtschaftliche und zeitliche Interdependenzen zwischen den Projekten berücksichtigt. In jeder Matrix werden die Projekte paarweise verglichen und mittels Punktbewertung auf einer Skale von eins bis zehn bewertet (siehe Abbildung 6-2). Im Anschluss an die Punktbewertung folgt die Addition der Werte für jedes Projekt jeweils zeilen- und summenweise, um den Grad der Beeinflussung (Spalte, Passivsumme) und den Grad des Einflusses (Zeile, Aktivsumme) zu erhalten. Durch Multiplikation dieser beiden Summen wird anschließend ein Punktwert ermittelt, der die Gesamtbedeutung des Projekts wiedergibt. Neben diesem Wert wird durch Division von Aktivsumme durch Passivsumme ein weiterer Indikator ermittelt, der das Verhältnis von Grad des Einflusses zum Grad der Beeinflussung abbildet. Im nächsten Schritt werden die Interdependenzarten bzgl. ihrer Bedeutung für das Gesamtportfolio gewichtet. Durch die Multiplikation aller vorher ermittelten Werte mit den jeweiligen Gewichten und Summation über alle drei Interdependenzarten lassen sich somit Punktwerte für alle Projekte ermitteln.

---

555 Vgl. *Heck* (2003), S. 186-189.

technische Interdependenz

	Projekt A	Projekt B	Projekt C	Projekt D	Projekt E	AS
Projekt A		3		2	1	6
Projekt B				1		1
Projekt C	2			2		4
Projekt D	1	1				2
Projekt E			1			1
PS	3	4	1	5	1	
Punkte	18	4	4	10	1	
Q	200	25	400	40	100	

wirtschaftliche Interdependenz

	Projekt A	Projekt B	Projekt C	Projekt D	Projekt E	AS
Projekt A		2		3	3	8
Projekt B						0
Projekt C	3			2		5
Projekt D						0
Projekt E						0
PS	3	2	0	5	3	
Punkte	24	0	0	0	0	
Q	200	0	n.b.	0	0	

zeitliche Interdependenz

	Projekt A	Projekt B	Projekt C	Projekt D	Projekt E	AS
Projekt A		2		3	1	6
Projekt B						0
Projekt C	3					3
Projekt D						0
Projekt E						0
PS	3	2	0	3	1	
Punkte	18	0	0	0	0	
Q	200	0	n.b.	0	0	

Gewichtung		
technisch	wirtschaftlich	zeitlich
0,6	0,1	0,3

Gesamtinterdependenz

	Projekt A	Projekt B	Projekt C	Projekt D	Projekt E	AS
Projekt A		2,6		2,4	1,2	6,2
Projekt B				0,6		0,6
Projekt C	2,4			1,4		3,8
Projekt D	0,6	0,6				1,2
Projekt E			0,6			0,6
PS	3	3,2	0,6	4,4	1,2	
Punkte	18,6	1,9	2,3	5,3	0,7	
Q	207	19	633	27	50	

Legende:
- PS = Passivsumme
- AS = Aktivsumme
- Punkte = AS * PS
- Q = (AS/PS) * 100
- n. b. = nicht berechnet

Abbildung 6-2: Interdependenzmatrix[556]

Die Interdependenzmatrix weist somit gegenüber den anderen Bewertungsinstrumenten den Vorteil auf, dass unterschiedliche Interdependenzarten berücksichtigt werden

[556] Quelle: *Heck* (2003), S. 187.

können. Weiterhin werden das Ausmaß der Interdependenzstärke und die Ermittlung eines Gesamtwerts zur Abbildung der Vorteilhaftigkeit integriert. Jedoch weist auch dieses Instrument die Schwäche auf, dass keine negativen Abhängigkeiten zwischen den Projekten berücksichtigt werden. Im Übrigen steht durch die Betrachtung von Aktiv-, Passivsumme, Punktzahl und Quotient kein eindeutiges Entscheidungskriterium für die Projektauswahl zur Verfügung. Schließlich bleibt unklar, warum Aktiv- und Passivsumme multipliziert und zur Bildung des Quotienten dividiert werden. Somit ist es – ebenso wie die anderen Instrumente – ungeeignet, Innovationsprojekte in Innovationsportfolios umfassend zu bewerten, bei denen negative und positive Interdependenzen auftreten können.

Die qualitativen und semi-quantitativen Instrumente zur Interdependenzbewertung ermöglichen prinzipiell eine Bewertung der Interdependenzeffekte bereits in den frühen Phasen einer Innovation, da sie nicht ausschließlich auf monetären Größen beruhen. Sie sind somit für die vorliegende Problemstellung geeigneter als die mathematischen Modelle. Monetäre Größen sind zudem integrierbar. Insgesamt ist aufgrund der o. g. Limitationen der jeweiligen Instrumente (keine Berücksichtigung negativer Interdependenzen und fehlendes eindeutiges Entscheidungskriterium) davon auszugehen, dass weder quantitative Modelle noch die bisher angewandten semi-quantitativen und qualitativen Ansätze in der Lage sind, umfassend und angesichts der (nicht) vorhandenen Informationen Innovationsportfolios mit den zwischen ihnen bestehenden unterschiedlichen Interdependenzen zu bewerten.[557]

Im Folgenden wird daher ein **semi-quantitatives Bewertungsinstrument** entwickelt, das auf Basis von **Paarvergleichen unterschiedliche Interdependenzarten**, **negative und positive Abhängigkeiten** zwischen den Projekten berücksichtigt sowie die **Aufstellung einer Rangfolge** ermöglicht. Das Instrument basiert auf dem Analytic Hierarchy Process (AHP).

Bei dem AHP handelt es sich um ein weitverbreitet angewendetes semi-quantitatives Instrument, das mittels Paarvergleichen und unter Beachtung verschiedener Kriterien und unterschiedlicher Kriterienausprägung prinzipiell die o. g. Anforderungen erfüllt. Der AHP wird bereits zur Bewertung von Innovationsprojekten (als Alternative zur

---

[557] So weisen bspw. *Raynor/Leroux* darauf hin, dass bestehende Instrumente zur praktischen Bewertung von Innovationsportfolios ungeeignet sind. Vgl. *Raynor/Leroux* (2004), S. 27.

Nutzwertanalyse) angewendet.[558] Allerdings muss er zur Anwendung auf die Interdependenzbewertung modifiziert werden. Der AHP wird im Anschluss zunächst in seiner Grundform und bisherigen Anwendung dargestellt sowie im Anschluss zur Interdependenzbewertung modifiziert.

6.2 Weiterentwicklung bestehender Instrumente

6.2.1 Bewertung von Interdependenzen zwischen Innovationsprojekten auf Basis des Analytic Hierarchy Process

6.2.1.1 Konventionelle Anwendung des Analytic Hierarchy Process

Der von *Saaty* entwickelte AHP ist eine Methode, mit der mehrdimensionale Entscheidungsprobleme gelöst werden können.[559] Ähnlich wie bei einer Nutzwertanalyse besteht der erste Schritt darin, das Entscheidungsproblem in Teilprobleme aufzuspalten, um damit eine Strukturierung und Vereinfachung zu erreichen. Ein komplexes Entscheidungsproblem wird als Hierarchie einzelner Entscheidungselemente aufgefasst, zwischen denen bestimmte Beziehungen bestehen. Diese Beziehungen sind individuell durch den Entscheidungsträger festzulegen. Alle Hierarchien weisen die Gemeinsamkeit auf, dass sie in einem übergeordneten Ziel ihren Ursprung haben, aus dem sich konkrete Unterziele ableiten und Handlungsalternativen einbeziehen lassen. Die Bewertung dieser Alternativen im Hinblick auf unterschiedliche Kriterien erfolgt durch sog. Paarvergleiche q_{uv}. Ein solcher Vergleich gibt an, inwiefern eine Alternative u gegenüber einer Alternative v bzgl. eines Kriteriums vorgezogen wird. Ebenso lässt sich mit diesem Paarvergleich die relative Bedeutung zweier Kriterien zueinander bezogen auf ein höheres beurteilen. Aus diesen Paarvergleichen bzgl. aller Handlungsalternativen und aller Unterkriterien lassen sich sog. Prioritäten ableiten, die die relative Bedeutung hinsichtlich der gesamten Zielhierarchie wiedergeben. Dabei wird wie folgt vorgegangen:[560]

[558] Vgl. hierzu bspw. *Levine* (2005), S. 155-175. Die Anwendung des AHP zur Bewertung aller Innovationsprojekte wurde in der vorliegenden Arbeit aufgrund des hohen Bewertungsaufwands abgelehnt. Dieser Aufwand ist jedoch nur dann hoch, wenn eine große Anzahl an Projekten bezogen auf eine große Anzahl an Kriterien, wie sie bei der Projektbewertung in den frühen Phasen notwendig ist, vorliegt. Bei der Anwendung zur Interdependenzbewertung liegen lediglich drei Interdependenzarten vor, so dass der Aufwand deutlich geringer ist und das Instrument angewendet werden kann.

[559] Zur ausführlichen Darstellung des AHP vgl. *Saaty* (1994); *Saaty* (2001a); *Zelewski/Peters* (2003); *Peters* (2008), S. 466-478 und S. 503-552.

[560] Vgl. *Saaty/Kearns* (1985), S. 38 f sowie *Corsten/Gössinger/Schneider* (2006), S. 415.

1. Aufstellung einer Zielhierarchie,
2. Aufstellung der Paarvergleichsmatrizen für die Alternativen und Zielgewichte,
3. Ermittlung der relativen Präferenzen und Zielgewichte,
4. Überprüfung der Konsistenz der Paarvergleiche,
5. Ermittlung der Präferenzwerte.

Im ersten Schritt des AHP erfolgt die Aufstellung der Hierarchie, in der das Entscheidungsproblem in Teilprobleme zerlegt wird. Dabei sind die Unterziele und Handlungsalternativen eindeutig voneinander abzugrenzen. Die Struktur ist schematisch in Abbildung 6-3 dargestellt.

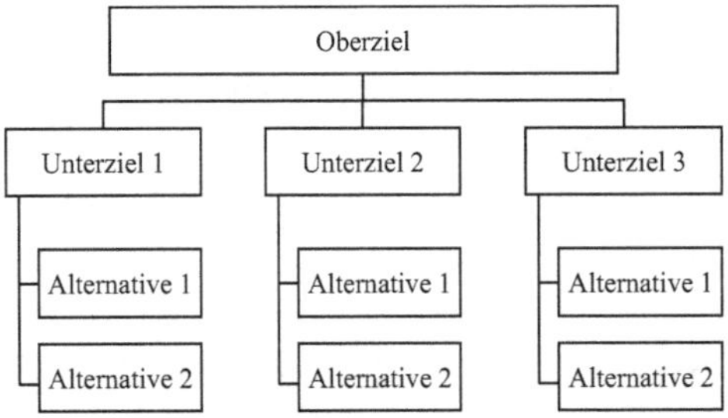

Abbildung 6-3: Allgemeine Strukturierung eines Entscheidungsproblems

Der zweite Schritt besteht in der Aufstellung der Paarvergleichsmatrizen für alle Kriterien und alle Alternativen bzgl. jedes Kriteriums auf der untersten Ebene der Hierarchie. Grundlage für diese Bewertung bildet eine Ordinalskala, die vom Entscheidungsträger festgelegt wird. *Saaty* empfiehlt dabei die in Tabelle 6-3 dargestellte Skalierung.

<table>
<tr><td rowspan="2">Skalenwerte</td><td colspan="2">Interpretation der Skalenwerte für die Paarvergleichsurteile q_{uv}</td></tr>
<tr><td>Beurteilung von Alternativen in Bezug auf ein Kriterium</td><td>Beurteilung der relativen Bedeutung von Kriterien in Bezug auf ein unmittelbar übergeordnetes Kriterium</td></tr>
<tr><td>1</td><td>gleichwertig</td><td>gleiche Bedeutung</td></tr>
<tr><td>3</td><td>etwas besser</td><td>etwas höhere Bedeutung</td></tr>
<tr><td>5</td><td>deutlich besser</td><td>deutlich höhere Bedeutung</td></tr>
<tr><td>7</td><td>viel besser</td><td>viel höhere Bedeutung</td></tr>
<tr><td>9</td><td>sehr viel besser</td><td>sehr viel höhere Bedeutung</td></tr>
<tr><td>2, 4, 6, 8</td><td colspan="2">Zwischenwerte</td></tr>
<tr><td>$\frac{1}{2},\frac{1}{3},\frac{1}{4},\frac{1}{5},\frac{1}{6},\frac{1}{7},\frac{1}{8},\frac{1}{9}$</td><td colspan="2">Reziproke Werte für die inversen Präferenzen, bei denen die Alternative bzw. das Kriterium v gegenüber u bevorzugt wird</td></tr>
</table>

Tabelle 6-3: Skala für Paarvergleichsurteile[561]

Die Paarvergleichsurteile zur Beurteilung der Alternativen hinsichtlich eines Kriteriums und die Beurteilung der Kriterienbedeutungen werden jeweils in Bewertungsmatrizen eingetragen, die folgende Form aufweisen:

$$\underline{Q}=\begin{pmatrix} q_{11} & \cdots & q_{1U} \\ \cdots & \cdots & \cdots \\ q_{U1} & \cdots & q_{UU} \end{pmatrix} \text{ mit } \begin{array}{ll} q_{uv}>0 & \text{für alle } u=1,\dots,U \text{ für alle } v=1,\dots,U \\ q_{uv}=1 & \text{für alle } u=v \\ q_{uv}=q_{vu}^{-1} & \text{für alle } u=1,\dots,U \text{ für alle } v=1,\dots,U \end{array} \quad (7)$$

In Schritt drei werden für jede Paarvergleichsmatrix die Vergleichsurteile in normierte Indizies (pr für die Präferenzen und z für die Zielgewichte) überführt, die i. d. R. als Prioritäten bezeichnet werden. Diese werden wie folgt bestimmt:

- Ermittlung der Eigenwerte λ der Bewertungsmatrix $\underline{Q}$ durch die Lösung der folgenden Matrixgleichung mit $\underline{E}$ als Einheitsmatrix:

  $$\det\left(\underline{Q}-\lambda\cdot\underline{E}\right)=0 \quad (8)$$

- Ermittlung des maximalen Eigenwerts $\lambda_{\max}$ und Bestimmung der Eigenvektoren $\vec{v}$ durch Lösung des folgenden Gleichungssystems:

561 Quelle: *Saaty* (1994), S. 26.

$$\left(\underline{Q}-\lambda_{\max}\cdot\underline{E}\right)\cdot\vec{v}=\vec{0} \tag{9}$$

„Das Ergebnis ist eine Menge unendlich vieler verschiedener Eigenvektoren, da zu jeder Lösung $\vec{v}$ der o. g. Vektorgleichung beliebig viele Lösungen $\vec{v}\,'$ generiert werden können, die sich vom Eigenvektor $\vec{v}$ lediglich durch multiplikative Konstanten unterscheiden."[562] Aus diesen Vektoren wird ein beliebiger Eigenvektor ausgewählt und auf den Wert eins für die Summe seiner Komponenten normiert. Die Elemente dieses resultierenden (normalisierten) Eigenvektors stellen die Indizes pr bzw. z dar. Neben dieser exakten mathematischen Lösung zur Berechnung des Eigenwerts existieren Heuristiken, die den Vorteil aufweisen, dass sie einfacher anzuwenden sind.[563]

Im vierten Schritt kann die Konsistenz der Paarvergleiche in den Matrizen beurteilt werden. Eine Paarvergleichsmatrix ist dann vollständig konsistent, wenn gilt:

$$q_{uk}\cdot q_{kv}=q_{uv} \text{ für alle k, u, v} \tag{10}$$

Aufgrund der paarweisen Vergleiche können die Matrizen jedoch Inkonsistenzen aufweisen, d. h., es können widersprüchliche Präferenzurteile vorliegen. Ob eine Matrix hinreichend konsistent ist, kann im AHP mittels Konsistenzindex (CI) und Konsistenzquotient (CR) bestimmt werden, die wie folgt definiert sind:

$$CI=\frac{\lambda_{\max}-n}{n-1} \tag{11}$$

$$CR=\frac{CI}{RI} \tag{12}$$

Der Zufallsindex RI gibt dabei den Mittelwert der Konsistenzindizes von mit Zufallsgeneratoren erzeugten Paarvergleichsmatrizen an. Diese werden von *Saaty* in Abhängigkeit von der Alternativenanzahl vorgegeben.[564] Des Weiteren sind Wertebereiche für CI und CR angegeben, die nicht überschritten werden sollten. Andernfalls ist die Überarbeitung der Paarvergleiche empfohlen, um eine konsistente Beurteilung zu erhalten.

---

562 *Zelewski/Peters* (2006), S. 1071.
563 Vgl. *Peters* (2008), S. 506-514.
564 Vgl. *Saaty* (1994), S. 42.

Im abschließenden fünften Schritt erfolgt die Multiplikation der jeweiligen Präferenzurteile mit der Gewichtung des betrachteten Kriteriums. Die Summe aller gewichteten Präferenzurteile einer Alternative ergibt somit den Gesamtwert bezogen auf das Oberziel. Anhand dieses Wertes lässt sich eine Rangfolge zwischen Alternativen bilden.

Der AHP eignet sich – wie im Folgenden gezeigt wird – somit zur Anwendung bei Entscheidungsproblemen, die mittels Paarvergleichen beurteilt und hierarchisch untergliedert werden können, nicht jedoch zur hinreichenden Berücksichtigung von Interdependenzen bei der Bewertung.

6.2.1.2 Interdependenzbewertung mittels eines modifizierten Analytic Hierarchy Process

Im Folgenden wird der AHP so modifiziert, dass sowohl positive als auch negative Interdependenzen verschiedener Arten bewertet werden. Weiterhin wird leicht ersichtlich, ob ein Projekt einen überwiegend negativen, neutralen oder positiven Einfluss auf andere Innovationen besitzt. Somit steht ein eindeutiges Entscheidungskriterium zur Verfügung. Abschließend kann eine Rangfolge der Innovationsprojekte erstellt werden. Dieses innovative Bewertungsinstrument für Interdependenzen wird im Folgenden als „Multiple Innovations Interdependence Evaluation Tool" (MIIET) bezeichnet.

Die hierarchische **Struktur des spezifischen Entscheidungsproblems** unter Berücksichtigung der Interdependenzarten aus Kapitel 2.9.1 ist in Abbildung 6-4 dargestellt. Das Oberkriterium ist die gesamte Interdependenzstärke des Projekts. Beispielhaft werden fünf Innovationsprojekte (IP) betrachtet.

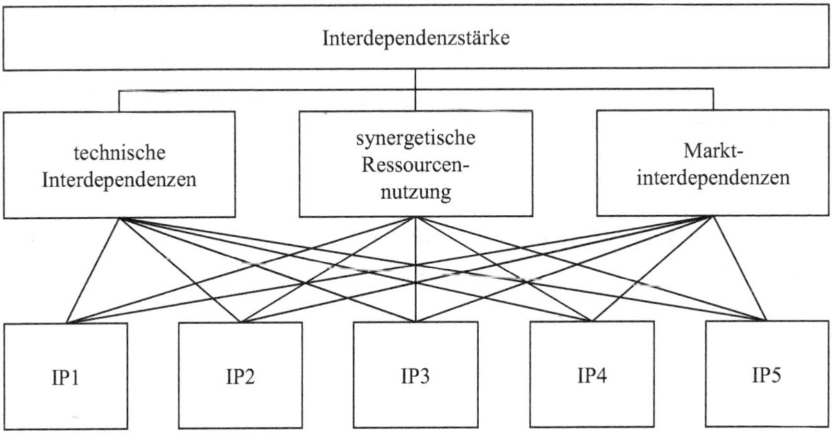

Abbildung 6-4: Strukturierung des spezifischen Entscheidungsproblems[565]

In einem ersten Schritt sind die Gewichtungsfaktoren zu ermitteln. Hier läge es zunächst nahe, das Standardverfahren für eine approximative Ermittlung der Gewichtungsfaktoren anzuwenden, da dieses Verfahren z. B. der Berechnung mit Hilfe des geometrischen Mittels überlegen ist. Eine Alternative könnten exakte Ermittlungsverfahren, wie bspw. die Power-Methode, sein, deren Einsatz durch entsprechende Software[566] unterstützt wird.[567] Allerdings wird zur Bewertung von Interdependenzen zwischen Innovationsprojekten ein Ansatz benötigt, der folgende drei Anforderungen erfüllt:

1. Es wird ein eindeutiger Grenzwert benötigt, der angibt, ob das Innovationsprojekt überwiegend positive oder negative Auswirkungen auf die anderen Innovationsprojekte hat. Nur wenn diese Anforderung erfüllt ist, können die Innovationsprojekte mit überwiegend negativen Interdependenzen eliminiert werden.
2. Die automatische Verwendung von Kehrwerten unterhalb der Matrix-Diagonalen ist nicht sinnvoll, da es realistisch ist, dass sich zwei Innovationsprojekte gegenseitig positiv beeinflussen. In solchen Fällen muss die Möglichkeit bestehen, an beiden Positionen der Matrix positive Werte einzutragen.
3. Es müssen sowohl positive als auch negative Interdependenzen berücksichtigt werden.

---

565 Quelle: in Anlehnung an *Peters* (2008), S. 467.

566 Vgl. *Saaty* (2001b), S. 55 sowie *Ishizaka* (2004), S. 20.

567 Für eine Darstellung und Beurteilung unterschiedlicher Ermittlungsverfahren für die AHP-Gewichtungsfaktoren vgl. ausführlich *Peters* (2008), S. 506-514, insb. Tabelle 40 auf S. 514.

Die exakte Berechnungsweise im AHP erfüllt nicht alle dieser Bedingungen. So wird bspw. in Software-Lösungen wie Expert Choice[568] die Verwendung von Kehrwerten erzwungen; somit ist die zweite Anforderung nicht erfüllt. Ebenso ungeeignet sind das Standardnäherungsverfahren, die Normalisierung der Zeilensummen und die Normalisierung der Reziprokwerte der Spaltensummen, da sie keinen eindeutigen und unabhängigen Grenzwert liefern, der angibt, ob überwiegend positive oder negative Interdependenzen vorliegen. Diese Anforderungen erfüllt hingegen die Verwendung des geometrischen Mittels. Mit dem geometrischen Mittel wird ein Wert ermittelt, der eine eindeutige Vorteilhaftigkeitsgrenze zwischen positiven und negativen Interdependenzen darstellt. Darüber hinaus ermöglicht er die Erfassung beliebiger Werte an allen Positionen der Matrix (sowohl ober- als auch unterhalb der Diagonalen). Mit dieser Vorgehensweise ist allerdings das Problem verbunden, dass ein grundlegendes Axiom des AHP (die Konsistenz der Matrix) verletzt wird.[569] Insofern wird der AHP in seiner ursprünglichen Form verlassen. Dies soll jedoch in Kauf genommen werden, damit positive und negative Interdependenzen zwischen den Innovationsprojekten berücksichtigt werden können. Die Konsistenz der Matrizen im AHP ist in seiner originären Form notwendig, um transitive Paarvergleiche zu erhalten. Dies ist in der vorliegenden Modifikation jedoch nicht notwendig und z. T. nicht möglich, da die Beziehungen zwischen den Innovationsprojekten nicht immer transitiv sein müssen.[570] Daher ist dies für die vorliegende Problemstellung keine zwingende Bedingung. Die dritte o. g. Anforderung, nach der sowohl positive als auch negative Interdependenzen berücksichtigt werden müssen, wird anschließend im Rahmen der Vergabe von Punktwerten erläutert.

Die Methodik zur Bewertung der Interdependenzen wird in den Tabellen 6-4 bis 6-10 abgebildet.[571] In Tabelle 6-4 ist die Vorgehensweise zur Ermittlung der Gewichtungsfaktoren mit Hilfe des geometrischen Mittels (als Annäherung für die Bestimmung des Eigenvektors der Matrix) veranschaulicht.

---

568 Weitere Standard-Softwarelösungen sind bspw. HIPRE und AutoMan.

569 Zu den Axiomen vgl. ausführlich *Peters* (2008), S. 469 f.

570 So ist es bspw. denkbar, dass Innovationsprojekt 1 und 2 gemeinsam ein anzuschaffendes Labor nutzen. Des Weiteren verwenden bspw. Innovationsprojekt 2 und 3 gemeinsam einen Prüfstand, wobei diese Synergie nicht zwischen 1 und 3 vorliegt. Dieses Beispiel zeigt, dass beim Auftreten unterschiedlicher Interdependenzen (Labor und Prüfstand) innerhalb einer Interdependenzart (synergetische Ressourcennutzung) die Beziehungen zwischen den Innovationsprojekten nicht zwingend transitiv sein müssen, wenn diese gemeinsam bewertet werden.

571 Zum verwendeten Beispiel vgl. auch Ahsen/Heesen (2009a).

Projekt v / Projekt u	1	2	...	U	Geometrisches Mittel	Gewichtungs-faktor
1	q_{11}	q_{12}	...	q_{1U}	$g_1 = \sqrt[U]{q_{11} \cdot q_{12} \cdot ... \cdot q_{1U}}$	$\frac{g_1}{G}$
2	q_{21}	q_{22}	...	q_{2U}	$g_2 = \sqrt[U]{q_{21} \cdot q_{22} \cdot ... \cdot q_{2U}}$	$\frac{g_2}{G}$
...	...	...	...	...	...	...
U	q_{U1}	q_{U2}	...	q_{UU}	$g_U = \sqrt[U]{q_{U1} \cdot q_{U2} \cdot ... \cdot q_{UU}}$	$\frac{g_U}{G}$
Summe					$G = \sum_{u=1}^{U} g_u$	1

Tabelle 6-4: Vorgehensweise Analytic Hierarchy Process[572]

Die Anwendung auf die vorliegende Problemstellung wird im Rahmen eines fiktiven Beispiels dargestellt. Zunächst erfolgt eine **Gewichtung der Interdependenzarten** durch den Entscheidungsträger. Die Entscheidungsträger müssen zur Gewichtung zunächst die drei Interdependenzarten hinsichtlich ihrer Priorität und Bedeutung für die Gesamtbewertung paarweise beurteilen. Dies geschieht im Rahmen des fiktiven Beispiels unter Verwendung der 9er-Skala nach *Saaty*, wobei höhere Werte eine größere Bedeutung der Interdependenzart für die gesamte Interdependenzstärke repräsentieren. Zur Erläuterung der gesamten Vorgehensweise erfolgt dieser Schritt in Tabelle 6-5, wobei:

- I1 = technische Interdependenzen,
- I2 = synergetische Ressourcennutzung,
- I3 = Marktinterdependenzen.

	I1	I2	I3
I1	1	1/3	1/5
I2	3	1	1/3
I3	5	3	1

Tabelle 6-5: Paarvergleichsmatrix zur Gewichtung der Interdependenzarten

Anschließend werden die Prioritäten über das geometrische Mittel ermittelt (siehe Tabelle 6-6 analog zu der Vorgehensweise in Tabelle 6-4).

572 Zur Bestimmung der Gewichtungen mit der dargestellten Vorgehensweise vgl. *Saaty/Kearns* (1985), S. 32.

	I1	I2	I3	Geometrisches Mittel	Gewichtungsfaktor
I1	1	1/3	1/5	$\sqrt[3]{1\cdot \frac{1}{3}\cdot \frac{1}{5}} \approx 0,4055$	$\frac{0,4055}{3,8717}=0,1047$
I2	3	1	1/3	$\sqrt[3]{3\cdot 1\cdot \frac{1}{3}}=1$	$\frac{1}{3,8717}=0,2583$
I3	5	3	1	$\sqrt[3]{5\cdot 3\cdot 1}\approx 2,4662$	$\frac{2,4662}{3,8717}=0,6370$
			Summe	3,8717	1

Tabelle 6-6: Bestimmung der Gewichtungsfaktoren

Im nächsten Schritt werden die Interdependenzstärken zwischen den einzelnen Innovationsprojekten in Bezug auf jede Interdependenzart bestimmt. Ein methodisches Problem entsteht dabei dadurch, dass positive und negative Interdependenzen bestehen können, was zu einer Modifikation der AHP-Systematik führt. In seiner ursprünglichen Form repräsentieren Werte größer eins die Überlegenheit von Alternative A gegenüber B et vice versa. Zur Betrachtung positiver und negativer Interdependenzen muss diese Skalierung verändert werden. Im Folgenden repräsentieren daher Werte größer eins den positiven Einfluss von Innovationsprojekt 1 auf 2. Die Integration negativer Interdependenzen ist hingegen problematisch. Ein negativer Wert ist in der Systematik nicht möglich, da die Wurzel aus einer negativen Zahl nicht existiert. Somit stellt dieser Ansatz keine Lösung für das Problem dar. Es bleibt die Möglichkeit, negative Interdependenzen als Bruch anzugeben. Diese Vorgehensweise kann auf die vorliegende Problemstellung angewendet werden, da

- bei dem Auftreten einer negativen Interdependenz der Gesamtwert der Vorteilhaftigkeit durch Multiplikation der Einzelwerte sinkt,
- sich positive und negative Interdependenzen gleicher Stärke ausgleichen und
- der Ausdruck in der Wurzel unter keinen Umständen einen Wert kleiner oder gleich null annimmt und somit mathematisch berechnet werden kann.

Mit dieser Vorgehensweise entfernt sich das Instrument – ebenso wie mit der oben dargestellten Verletzung des grundlegenden Axioms (Konsistenz der Matrix) – von der herkömmlichen Methodik des AHP. Dies ist jedoch notwendig, da nur so die genannten Anforderungen – eindeutiger Grenzwert, keine zwingende Verwendung von Kehrwerten in der Matrix sowie die Berücksichtigung positiver und negativer Interdependenzen – erfüllt werden können. Die Nutzung des AHP als „Basisinstrument" erzwingt jedoch die Paarvergleiche und damit eine Auseinandersetzung mit den Abhängigkeiten aller Innovationsprojekte untereinander. Ein weiterer Vorteil besteht darin, dass quantitative Informationen in die Anwendung des Verfahrens integriert werden können.[573]

Zur Bewertung der Interdependenzstärken wird eine 9er-Skala verwendet, deren Einteilung in Tabelle 6-7 dargestellt ist. Neben den genannten Skalenwerten sind auch Zwischenwerte zur genaueren Abstufung möglich.[574]

Skalenwert	Bedeutung
1	keine Beeinflussung der beiden Projekte
3	geringe Synergieeffekte
5	mittlere positive Beeinflussung von Projekt 1 durch Projekt 2
7	starke Synergieeffekte
9	sehr starke Synergieeffekte
1/3	geringe negative Beeinflussung
1/5	mittlere negative Beeinflussung
1/7	starke negative Beeinflussung
1/9	sehr starke negative Beeinflussung

Tabelle 6-7: Bedeutung der Skalenwerte

Anhand dieser Skalenwerte werden nun die Interdependenzen von Projekt 1 auf die anderen Projekte (in Form von **Paarvergleichen**) in der ersten Zeile bewertet. Dabei werden nicht wie üblich die Kehrwerte auf die korrespondierenden Stellen der Matrix übertragen (z. B. in Tabelle 6-5 von I3 zu I1 wird der Kehrwert für I1 zu I3 gebildet), sondern es sind auch andere Werte möglich. So können sich zwei Innovationen gegenseitig positiv, gegenseitig negativ oder gar nicht beeinflussen. Die Berechnungsweisen der Vorteilhaftigkeit und relativen Bedeutung sind analog zum geometrischen Mittel bzw. dem Gewichtungsfaktor in Tabelle 6-6.

	IP1	IP2	IP3	IP4	IP5	Vorteilhaftigkeit	Relative Bedeutung
IP1	1	3	1/7	1	1	0,8441	0,1318
IP2	5	1	1/3	7	1	1,6345	0,2553
IP3	1/7	1/3	1	1	1	0,5439	0,0850
IP4	1	5	1	1	5	1,9037	0,2974
IP5	1	1	1	7	1	1,4758	0,2305
				Summe		6,4020	1

Tabelle 6-8: Paarvergleichsmatrix technische Interdependenzen

[573] Vgl. ausführlich *Peters/Zelewski* (2004), S. 302-306 sowie *Zelewski/Peters* (2006), S. 1072-1074.

[574] Zur Problematik der Punktevergabe vgl. ausführlich *Ahsen/Heesen* (2009a).

Die Werte in Tabelle 6-8 sind wie folgt zu interpretieren. Die Vorteilhaftigkeit der Projekte 1 und 3 ist kleiner eins. Dies bedeutet, dass diese mehr negative als positive Einflüsse auf andere Innovationen aufweisen. Ein Wert größer eins bedeutet, dass Synergien zu anderen Innovationen bestehen.

In den Tabellen 6-9 und 6-10 ist die Vorgehensweise für die anderen Interdependenzarten analog dargestellt.

	IP1	IP2	IP3	IP4	IP5	Vorteilhaftigkeit	Relative Bedeutung
IP1	1	5	3	1/3	1	1,3797	0,2109
IP2	1	1	1/5	9	3	1,4011	0,2142
IP3	1/3	1/5	1	1	1/9	0,3749	0,0573
IP4	3	5	1	1	3	2,1411	0,3273
IP5	1	3	1	1	1	1,2457	0,1904
				Summe		6,5425	1[575]

Tabelle 6-9: Paarvergleichsmatrix synergetische Ressourcennutzung

	IP1	IP2	IP3	IP4	IP5	Vorteilhaftigkeit	Relative Bedeutung
IP1	1	3	1	1	1	1,2457	0,1556
IP2	1	1	1/3	3	1	1,0000	0,1249
IP3	1	1/3	1	1	1	0,8027	0,1003
IP4	1	9	1	3	5	2,6673	0,3332
IP5	1	3	1	7	3	2,2902	0,2861
				Summe		8,0059	1

Tabelle 6-10: Paarvergleichsmatrix Marktinterdependenzen

Der **Gesamtwert der Interdependenzstärke** ergibt sich wie folgt über die Addition der gewichteten Vorteilhaftigkeiten der einzelnen Interdependenzarten pro Innovationsprojekt (siehe Tabelle 6-11).

Als Ergebnis bleibt festzuhalten, dass mit Hilfe der vorgestellten Anwendung des MIIET eine Aussage sowohl über die Vorteilhaftigkeit (im Sinne einer überwiegend positiven Beeinflussung anderer Projekte) als auch über die relative Bedeutung getroffen werden kann. So ist ersichtlich, dass IP3 negative Interdependenzen zu anderen

[575] Die Summe der relativen Bedeutung ist aufgrund der Rundung auf die vierte Nachkommastelle nur ungefähr gleich eins. Dies gilt ebenso für die weiteren Tabellen.

Projekten aufweist und daher aus Sicht der Synergien nicht in das Portfolio aufgenommen werden sollte. Die anderen Projekte weisen positive Interdependenzen auf. Sie sollten entsprechend der Rangfolge und der Ressourcenverfügbarkeit in das Portfolio aufgenommen werden. Zu berücksichtigen ist, dass die berechneten Interdependenzstärken nur dann realisierbar sind, wenn alle Projekte betrachtet werden. Ist dies nicht der Fall, sollte eine erneute Berechnung der Stärken erfolgen. Daher ist eine Softwareunterstützung zur Vereinfachung des Instruments sinnvoll.

Projekt	Vorteilhaftigkeit	Relative Bedeutung	Rang
IP1	$0,1047 \cdot 0,8441$ $+ 0,2583 \cdot 1,3797$ $+ 0,6370 \cdot 1,2457$ $= 1,2383$	$0,1047 \cdot 0,1318$ $+ 0,2583 \cdot 0,2109$ $+ 0,6370 \cdot 0,1556$ $= 0,1674$	**3**
IP2	$0,1047 \cdot 1,6345$ $+ 0,2583 \cdot 1,4011$ $+ 0,6370 \cdot 1,0000$ $= 1,1700$	$0,1047 \cdot 0,2553$ $+ 0,2583 \cdot 0,2142$ $+ 0,6370 \cdot 0,1249$ $= 0,1616$	**4**
IP3	$0,1047 \cdot 0,5439$ $+ 0,2583 \cdot 0,3749$ $+ 0,6370 \cdot 0,8027$ $= 0,6651$	$0,1047 \cdot 0,0850$ $+ 0,2583 \cdot 0,0573$ $+ 0,6370 \cdot 0,1003$ $= 0,0876$	**5**
IP4	$0,1047 \cdot 1,9037$ $+ 0,2583 \cdot 2,1411$ $+ 0,6370 \cdot 2,6673$ $= 2,4514$	$0,1047 \cdot 0,2974$ $+ 0,2583 \cdot 0,3273$ $+ 0,6370 \cdot 0,3332$ $= 0,3279$	**1**
IP5	$0,1047 \cdot 1,4758$ $+ 0,2583 \cdot 1,2457$ $+ 0,6370 \cdot 2,2902$ $= 1,9351$	$0,1047 \cdot 0,2305$ $+ 0,2583 \cdot 0,1904$ $+ 0,6370 \cdot 0,2861$ $= 0,2556$	**2**

Tabelle 6-11: Ermittlung der Gesamtinterdependenzstärke

Das vorgestellte Bewertungsinstrument stellt somit eine Weiterentwicklung und eine Verbesserung bisheriger semi-quantitativer Bewertungsinstrumente dar, die die Interdependenzbewertung in den frühen Phasen einer Innovation basierend auf subjektiven Paarvergleichen ermöglicht. Es trägt den verfügbaren Informationen zum Zeitpunkt der Bewertung Rechnung, unterscheidet in unterschiedliche Interdependenzarten, berücksichtigt negative und positive Interdependenzen zwischen den Projekten, liefert einen Gesamtwert, der Auskunft über die Vorteilhaftigkeit des Projekts gibt, und gestattet die Aufstellung einer Rangfolge aller Innovationen. Als Ergänzung bietet MIIET des Weiteren die Möglichkeit, quantitative Informationen in die Betrachtung einzubeziehen, und ist somit auch in den späten Phasen der Innovation zur Interdependenzbewertung geeignet. Diese Aspekte waren in ihrer Gesamtheit mit bisherigen Bewertungsinstrumenten nicht möglich.

6.2.2 Bewertung der Auswirkungen einer Innovation auf bestehende Produkte und Prozesse des Unternehmens

Die bisherigen Ausführungen haben eine Bewertung der Vorteilhaftigkeit einzelner Innovationsprojekte und ihrer Interdependenzen untereinander fokussiert. Dies reicht für eine Entscheidung über Fortführung oder Abbruch von Innovationsprojekten nicht aus. Vielmehr muss der dritte Bewertungsschritt erfolgen, indem die Zusammenhänge der Innovationsprojekte auf die bestehenden Produkte und Prozesse evaluiert werden. In der wissenschaftlichen Literatur wird dieser Aspekt des Innovationsportfoliomanagements bisher wenig diskutiert. *Drejer* weist darauf hin, dass bei der Betrachtung einer Innovation stets der daraus folgende organisationale Wandel beachtet werden muss.[576] *Riek* fordert des Weiteren, dass im Rahmen der Planungsphase einer Innovation immer die Folgen für das Unternehmen betrachtet werden müssen.[577] Die Konsequenzen der Innovation für bestehende Produkte und das gesamte Unternehmen dürfen nicht vernachlässigt werden und sollten daher stets bei der Bewertung berücksichtigt werden. So ist es bspw. möglich, dass die Einführung einer Innovation die Produktionsprozesse bestehender Produkte beeinflusst oder dass neue Lieferanten für einzelne Komponenten benötigt werden.

Obwohl – wie dargestellt – in der wissenschaftlichen Literatur diese Notwendigkeit diskutiert wird, finden sich keine Vorschläge dazu, wie eine solche Bewertung erfolgen kann. Im Folgenden wird daher ein Instrument entwickelt, dass die Evaluierung unterstützt. Ein solches Instrument müsste für KMU leicht zu verstehen und einfach anzuwenden sein. Gleichzeitig sollte es einen Überblick über die Auswirkungen liefern. Prinzipiell ist auch für diesen Zweck der oben vorgestellte Ansatz des MIIET anwendbar. Allerdings kann die Bewertung bedingt durch eine große Anzahl an Pro-

---

[576] Vgl. *Drejer* (2002), S. 7.
[577] Vgl. *Riek* (2001), S. 304.

dukten sehr aufwendig werden. Des Weiteren können lediglich die Beziehungen zu den Produkten und nicht die Auswirkungen auf die Prozesse des Unternehmens bewertet werden. Somit eignet sich dieser Ansatz nur eingeschränkt.

Aufgrund der fehlenden instrumentellen Basis wird im Folgenden ein Instrument vorgestellt, das es den Entscheidungsträgern im Unternehmen ermöglicht, die Auswirkungen systematisch zu erfassen und zu dokumentieren. Zu diesem Zweck werden die Instrumente der Wertkette nach *Porter* (aus dem strategischen Management) sowie die verbale Argumentation bzw. die Pro-Contra-Methode kombiniert.

Die Wertkette wurde ursprünglich als Instrument konzipiert, um alle Aktivitäten eines Unternehmens und deren Wechselwirkungen sowie die Vor-/Nachteile gegenüber Wettbewerbern systematisch zu analysieren (siehe Abbildung 6-5).[578] Dabei wird das Unternehmen in strategisch relevante Tätigkeiten gegliedert, um Kostensenkungspotentiale und Differenzierungsmöglichkeiten zu bestimmen. Die Wertkette identifiziert dabei zwei allgemeine Typen von Aktivitäten. Dies sind zum einen Primäraktivitäten (z. B. Produktion und Logistik), die sich mit der physischen Erstellung des Produkts befassen, und zum anderen unterstützende Aktivitäten, wie etwa F&E oder Personalwirtschaft. Dabei werden neben den Aktivitäten auch der geschaffene Wert und die Gewinnspanne des Unternehmens abgebildet.[579] Unter wertschöpfungsbezogenen Aktivitäten sind alle Tätigkeiten des Unternehmens zu erfassen, die einen Nutzen für den Kunden schaffen. Das Konzept der Wertkette ist dabei an die jeweilige Unternehmenssituation anpassbar.

---

[578] Vgl. *Esser* (1994).

[579] Vgl. *Porter* (2000), S. 67 f. Für eine ausführliche Darstellung der Wertkette innerhalb eines Unternehmens siehe *Porter* (2000), S. 63-95.

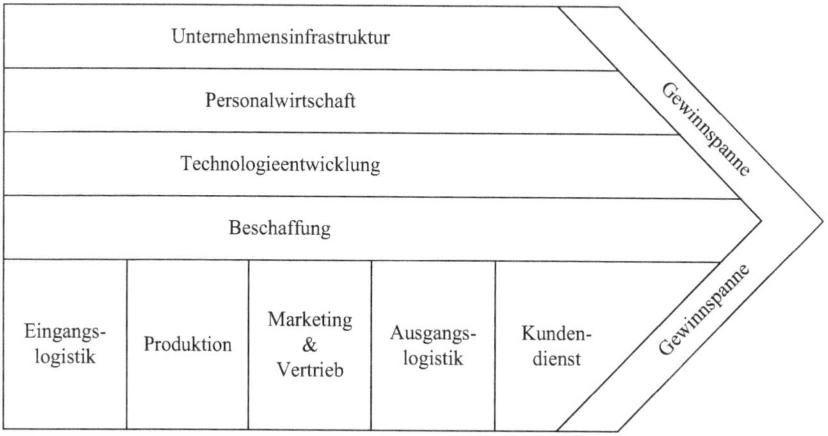

Abbildung 6-5: Grundstruktur einer Wertkette[580]

Eine Erweiterung dieser Konzeption liefern u. a. *Müller-Stewens/Lechner*, die die Wertkette auf eine gesamte Branche beziehen. Diese Betrachtung bezieht somit auch die Vorstufen der Wertschöpfung (also die Lieferanten) in ihre Analyse mit ein. Dabei kann auf jeder Stufe die von *Porter* erstellte Wertkette des Unternehmens vorliegen. Es wird also auf jeder Wertschöpfungsstufe der geschaffene Mehrwert durch die Bearbeitung des Produkts aufgezeigt, der jeweils auf den primären und unterstützenden Aktivitäten beruht.[581]

Die Kombination des Instruments mit der verbalen Argumentation ermöglicht es, die Auswirkungen der Innovation (falls diese realisiert wird) für alle Bereiche des Unternehmens und ggf. für die gesamte Supply Chain systematisch zu erfassen und übersichtlich darzustellen. So werden für jeden Bereich die Auswirkungen der Innovation verbal beschrieben sowie Vor- und Nachteile betrachtet. Die Grundstruktur der Darstellung kann dabei unternehmensspezifisch angepasst werden. Die Betrachtung aller Wertschöpfungs- und unterstützenden Prozesse sowie der Wettbewerbsvorteile senkt das Risiko, dass wichtige Aspekte übersehen werden. Die konkrete Ausgestaltung und Umsetzung des Instruments zur leichten Anwendbarkeit für KMU erfolgt in Kapitel 7.2.3. Im Folgenden wird dieses Instrument als Auswirkungsanalyse bezeichnet.

---

[580] Quelle: *Porter* (2000), S. 66.
[581] Vgl. *Müller-Stewens/Lechner* (2005), S. 369-376.

6.3 Zwischenfazit

Aufgrund der mangelnden Berücksichtigung von Interdependenzen im Rahmen der vorgestellten Instrumente zur Bewertung, Priorisierung und Ressourcenallokation bestand das Ziel dieses Kapitels in der Darstellung und Weiterentwicklung von Instrumenten zur Bewertung von Interdependenzen in den frühen Phasen einer Innovation.

Zu diesem Zweck wurden zunächst die Abhängigkeitsmatrizen von *May/Chobrok*, *Foschiani* und *Dickinson/Thorton/Graves*, das House of Projects von *Hiller*, die Interdependenzmatrix von *Heck*, die Synergiematrix von *Hirzel*, die Projektematrix von *Abresch/Hirzel* erläutert und hinsichtlich ihrer Eignung zur umfassenden **Bewertung von Interdependenzen** zwischen Innovationsprojekten analysiert. Es zeigt sich, dass sie grundsätzlich besser für die Bewertung in den frühen Phasen geeignet sind als bspw. mathematische Modelle, da sie nicht auf quantitativen/finanziellen Informationen beruhen. Allerdings wird offensichtlich, dass keines der genannten Instrumente positive und negative Abhängigkeiten, unterschiedliche Interdependenzarten und die Ableitung eines Wertes berücksichtigt, der die Vorteilhaftigkeit eines Projekts abbildet sowie die Aufstellung einer Rangfolge erlaubt.

Aufbauend auf diesem Forschungsbedarf wurde der **Analytic Hierarchy Process** als semi-quantitatives Bewertungsinstrument zunächst in seiner bisherigen Anwendung dargestellt und anschließend so modifiziert, dass er die o. g. Anforderungen erfüllt. Dabei wird das geometrische Mittel (als Näherungsverfahren) zur Ermittlung der Vorteilhaftigkeit eines Projekts in Bezug auf dessen Interdependenzen gewählt. Dieses ermöglicht es als einziges Verfahren (in der AHP-Systematik), einen eindeutigen (unabhängigen) Grenzwert zu ermitteln, erzwingt keine automatische Verwendung von Kehrwerten in der Evaluationsmatrix und bezieht sowohl positive als auch negative Interdependenzen ein. Zur Erreichung des letztgenannten Punktes musste die bisherige Systematik der Skalenwerte in der Form modifiziert werden, dass Brüche negative Abhängigkeiten repräsentieren.

Mit diesem sog. MIIET steht aufgrund der genannten Modifikationen des AHP ein Instrument zur Verfügung, das die Interdependenzen in den frühen Phasen einer Innovation basierend auf subjektiven Paarvergleichen bewertet; dieses Instrument erfüllt die o. g. Anforderungen und ist somit ein Fortschritt gegenüber bisher existierenden Ansätzen. Des Weiteren ist eine Integration quantitativer Informationen möglich.

Die bisherigen Ausführungen haben eine Bewertung der Vorteilhaftigkeit einzelner Innovationsprojekte und ihrer Interdependenzen untereinander fokussiert. Dies reicht für eine Entscheidung über Fortführung oder Abbruch von Innovationsprojekten nicht aus. Vielmehr muss der dritte Bewertungsschritt erfolgen, indem die **Auswirkungen der Innovationsprojekte auf die bestehenden Produkte und Prozesse** evaluiert werden. Obwohl in der wissenschaftlichen Literatur diese Notwendigkeit diskutiert wird, finden sich keine Vorschläge dazu, wie eine solche Bewertung erfolgen kann. Es wurde daher ein Instrument entwickelt, das diese Evaluierung unterstützt. Ein solches Instrument muss für KMU leicht zu verstehen und einfach anzuwenden sein. Gleichzeitig sollte es einen Überblick über die Auswirkungen liefern.

Aufgrund der fehlenden instrumentellen Basis wurden die **Wertkette** nach *Porter* und die verbale Argumentation kombiniert, um die Auswirkungen einer Innovation systematisch zu erfassen und zu dokumentieren.

Eine isolierte Betrachtung der Interdependenzen zwischen Innovationsprojekten sowie die Auswirkungen auf die Produkte und Prozesse des Unternehmens erscheinen jedoch wenig sinnvoll, da so die Attraktivität des einzelnen Projekts vernachlässigt würde. Aus diesem Grund werden im Folgenden die ausgewählten Instrumente zur Bewertung des einzelnen Projekts und zur Interdependenzbewertung in einem Gesamtkonzept zusammengeführt, um eine Priorisierung im Innovationsportfolio zu ermöglichen.

7 Gesamtkonzept für das Portfoliomanagement von Innovationen bei Automobilzulieferern

In diesem Kapitel werden die in den vorangegangenen Kapiteln ausgewählten Instrumente den Meilensteinen (entsprechend der Informationsbedarfe) zugeordnet und mit Bewertungskriterien ausgestaltet. Weiterhin werden die Instrumente für die Innovationsbewertung in die Priorisierung sowie das Budgetierungssystem integriert.

7.1 Darstellung des Gesamtkonzepts

Das Gesamtkonzept, das sich aus der Zuordnung der bestehenden und weiterentwickelten Bewertungsinstrumente zu den einzelnen Entscheidungssituationen an den Meilensteinen des Innovationsprozesses ergibt, ist in Abbildung 7-1 veranschaulicht.

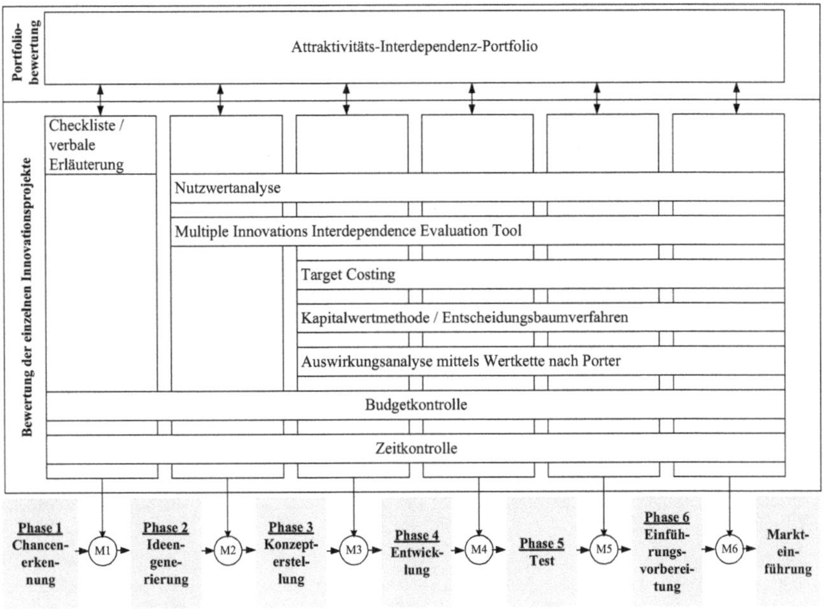

Abbildung 7-1: Gesamtkonzept Innovationsportfoliomanagement[582]

[582] Die Zuordnung verschiedener Bewertungsinstrumente bzgl. der verfügbaren Informationen zu den einzelnen Meilensteinen entspricht dem Vorschlag von *Helbig/Lingnau* (1999), S. 74-77.

Die Bewertung der Innovationsprojekte erfolgt jeweils an den einzelnen Meilensteinen durch Anwendung der dargestellten Instrumente. Die Ergebnisse werden nach der erstmaligen Anwendung des Instruments an einem Meilenstein an den folgenden Entscheidungspunkten aktualisiert. Es wird eine Entscheidung unter Berücksichtigung des Gesamtportfolios ermöglicht, die auf bereits erhobenen Informationen beruht, wodurch der Ressourcenknappheit für die Bewertung in KMU Rechnung getragen wird. In Anlehnung an *Kunz* wird dabei wie folgt vorgegangen:[583]

- Sammlung und Erfassung der benötigten Informationen in der Phase,[584]
- Einzelbewertung im Meilenstein,
- Übertragung in das Gesamtportfolio,
- Priorisierung,
- Budgetzuweisung.

Die verwendeten Kriterien in den folgenden Instrumenten (Checkliste und Nutzwertanalyse) stellen eine Auswahl dar und sollten ggf. unternehmensspezifisch angepasst werden.[585] So verweisen bspw. *Grass/Akca* darauf, dass keine theoretisch fundierten Kriterien zur Innovationsbewertung existieren.[586] Die Bewertungskriterien wurden daher auf Basis einer Literaturrecherche und durch die Diskussion mit Experten aus drei Automobilzulieferunternehmen im Rahmen des wissenschaftlichen Forschungsprojekts „Neue Methoden für das Portfoliomanagement von Innovationen“[587] (gefördert durch die Stiftung Industrieforschung) zusammengestellt.[588] Sie weisen somit keine Allgemeingültigkeit auf und werden daher an den jeweiligen Stellen in die bestehende Literatur eingeordnet.

Die Bewertung an den Meilensteinen sollte dabei in interdisziplinären Teams erfolgen, die die Unternehmensleitung, Entwicklung, Finanzen, Controlling, Marketing und Vertrieb beinhalten.[589] An jedem Meilenstein kann die Entscheidung unterschiedliche

583 Vgl. *Kunz* (2007), S. 113.
584 Vgl. *Shaw et al.* (2001), S. 1144.
585 Die Auswahl der Bewertungskriterien stellt keine abschließende Zusammenstellung dar. Vgl. daher zur unternehmensspezifischen Anpassung von Bewertungskriterien *Tritle/Scriven/Fusfeld* (2000), S. 49; *Dickgreber* (2002), S. 273; *Hart et al.* (2003), S. 32; *Cánez/Garfias* (2006a), S. 51; *Leyendecker* (2006), S. 92.
586 Vgl. *Grass/Akca* (2005), S. 97.
587 Vgl. Kapitel 8.1.
588 Zur Vorgehensweise der Ableitung der Bewertungskriterien vgl. ausführlich Ahsen/Heesen (2009b).
589 Zur Besetzung der Teams vgl. *Tritle/Scriven/Fusfeld* (2000), S. 52; *Cooper/Edgett/Kleinschmidt* (2001), S. 335; *McDonough/Spital* (2003), S. 45; *Rundquist/Chibba* (2004), S. 39; *Schmidt* (2005), S. 341; *Boutellier/Gassmann* (2006), S. 111; *Bürgel/Hess/Bauder* (2006), S. 237; *Herstatt et al.* (2006), S. 57; *Granig* (2007), S. 194; *Weber/Vinkemeier* (2007), S. 29; *Cooper* (2008), S. 219; *Cooper/Edgett* (2008), S. 53 f.; *Huth* (2008), S. 7-49.

Ausprägungen annehmen. Das Projekt kann gänzlich abgelehnt oder sofort angenommen werden. Als dritter Fall ist eine Aufschiebung der Realisation möglich. Diese Entscheidung sollte stets vor dem Hintergrund der Position im Gesamtportfolio erfolgen. Weiterhin müssen bei allen Projekten an allen Meilensteinen, unabhängig von den zu erarbeitenden Kriterien, folgende Aspekte berücksichtigt werden:[590]

- Wurden die technischen Ziele der Phase erreicht?
- Wurden die (Kunden-)Anforderungen erfüllt?
- Wurden Budget und Zeitplan eingehalten?[591]
- Sind das Gesamtbudget und der Gesamtzeitplan noch erreichbar?

Diese vier Aspekte sind den im Folgenden dargestellten Bewertungsinstrumenten übergeordnet. Sie können K.o.-Kriterien für den Abbruch eines Innovationsprojekts sein und sind daher stets zunächst zu prüfen.

7.2 Instrumente zur prozessbegleitenden Bewertung einzelner Innovationsprojekte

7.2.1 Meilenstein 1

An Meilenstein 1 liegen lediglich wenige, qualitative Informationen über verschiedene Innovationsfelder vor. Diese werden anhand einer Checkliste auf ihre Realisierbarkeit und Strategiekonformität geprüft und ggf. aussortiert. Daher liegt an diesem Punkt eine Grobselektion nicht-realisierbarer und nicht-strategiekonformer Innovationsfelder vor. Die Checkliste in Tabelle 7-1 bietet sowohl die Möglichkeit einer dualen Bewertung mittels Ja/Nein-Antworten zur Überprüfung verschiedener Anforderungen als auch eine Ergänzung von Kommentaren. Somit werden die Instrumente Checkliste und verbale Erläuterung miteinander kombiniert. Dies ermöglicht die Darstellung eines Gesamtbilds. Das Instrument liefert keine Entscheidung, sondern soll die Entscheidungsträger systematisch unterstützen.

---

590 *Levine* bezeichnet dies als Kontrolle von Status und Ergebnis der Projekte. Vgl. *Levine* (2005), S. 25.

591 Zur Darstellung von Instrumenten zur Unterstützung der Budget- und Zeitkontrolle vgl. *Butzmann* (2000) sowie *Hensel* (2000). Ein möglicher Ansatz ist die sog. Earned-Value-Methode, die zur Anwendung bei innovativen Projekten diskutiert wird. Vgl. hierzu *Riedrich/Sasse* (2005) sowie *Becker/Daniel/Hofmann* (2007).

Name des Innovationsfeldes:

Beschreibung:

Checkliste:

Kriterium	Beschreibung/Ausprägung		
Ist das Innovationsfeld strategiekonform?	☐ ☐	Ja Nein	Wenn nein, welche Konflikte bestehen?
Welche Kernkompetenzen werden beeinflusst?			
Zielkunden identifiziert?	☐ ☐	Ja Nein	Wenn ja, welche?
Bereits Kunden vorhanden?	☐ ☐	Ja Nein	Wenn ja, welche?
Bedeutung der/des Kunden			
Herkunft des Innovationsfeldes			
Entwicklungspersonal vorhanden (qualitativ)?	☐ ☐	Ja Nein	Wenn nein, Änderungsmöglichkeiten?
Entwicklungspersonal vorhanden (quantitativ)?	☐ ☐	Ja Nein	Wenn nein, Änderungsmöglichkeiten?
Neues Feature oder werden bestehende Bestandteile ersetzt?	☐ ☐	bestehend neu	Welche werden ggf. ersetzt?
Handelt es sich um einen neuen oder bekannten Markt?	☐ ☐	bekannt neu	

Weitere Bemerkungen:

Tabelle 7-1: Checkliste Meilenstein 1

Zunächst erfolgt die Beschreibung der berücksichtigten Kriterien.[592] Hierbei ist zu prüfen, ob das Innovationsfeld zu der Strategie des Unternehmens passt.[593] Bei möglichen

[592] Für einen Überblick über Bewertungskriterien in Checklisten vgl. ausführlich *Stockbauer* (1989), S. 213-220; *Böhm* (1996), S. 71 und 75; *Horsch* (2003), S. 150-152; *Schori/Roch/Faoro-Stampfli* (2006), S. 64-71; *Specht/Behrens* (2008), S. 153.

[593] Zur Bedeutung der Strategiekonformität bei der Innovationsbewertung vgl. *Böhm* (1996), S. 69; *Seidemann* (2000), S. 69; *Levine* (2005), S. 23; *Seeger* (2007), S. 117 f.; *Miguel* (2008), S. 11. Eine Unternehmensstrategie bestimmt die zukünftigen Handlungsfelder und Domänen (bspw. im Sinne der angestrebten Produkt-Markt-Kombinationen) des Unternehmens. Vgl. hierzu ausführlich *Steinmann/Schreyögg* (2005), S. 166.

Konflikten werden diese dokumentiert. Als Konsequenz der Strategiekonformität resultiert die Beurteilung der Beeinflussung von Kernkompetenzen. Dies ist von großer Bedeutung, da besonders Innovationsfelder wünschenswert sind, die zu einer Kernkompetenz des Unternehmens passen bzw. diese erweitern oder neue aufbauen.[594] Des Weiteren ist zu prüfen, ob Zielkunden identifiziert wurden, ob bereits Kunden Interesse an diesem Bereich bekundet haben und wie bedeutend diese Kunden für das Unternehmen sind.[595] Ebenso bleibt festzuhalten, aus welchem Bereich das Innovationsfeld stammt.[596] Mögliche Quellen können dabei bspw. Kunden, die Unternehmensleitung, Mitarbeiter oder Marktbeobachtungen sein. Von besonderer Bedeutung ist die Beurteilung der Ressourcenverfügbarkeit.[597] So muss abgeschätzt werden, ob ausreichend Entwicklungspersonal zur Umsetzung der Innovation zur Verfügung steht und ob die Mitarbeiter ausreichend qualifiziert sind. Dies ist zu diesem frühen Zeitpunkt von großer Bedeutung, da ggf. Weiterbildungen initiiert werden müssen.

Ein weiterer Aspekt ist die Analyse, ob bestehende Produkte oder Komponenten ersetzt werden oder ob es sich um ein gänzlich neues Geschäftsfeld und einen neuen Markt handelt. Nicht berücksichtigt werden im Rahmen der dargestellten Checkliste quantitative/finanzielle und Patentkriterien, wie sie bspw. von *Böhm*[598] vorgeschlagen werden, da diese Informationen in den frühen Phasen einer Innovation typischerweise nicht verfügbar sind.[599]

Die Kriterien sollten nicht als K.o.-Kriterien verstanden werden: Die Verneinung der Frage, ob bspw. die Entwicklungsressourcen vorhanden sind, kann sowohl zu einer Ablehnung des Vorschlags als auch zu der Notwendigkeit neuen Entwicklungspersonals führen. Wichtig ist zu diesem Zeitpunkt besonders, dass die Idee beschrieben, dass sie qualitativ beurteilt wird und dass v. a. eine Dokumentation der Ergebnisse erfolgt.[600]

Strategiekonflikte können dementsprechend bspw. bei einem Eintritt in einen neuen Markt (z. B. eine Region, eine Produkt- oder Kundengruppe), der nicht in der Strategie geplant ist, auftreten.

594 Zum Einfluss von Innovationen auf Kernkompetenzen vgl. *Qingrui et al.* (2002), S. 135.

595 Vgl. *Kim/Wilemon* (2002b), S. 30 f.

596 Zur Bedeutung der Herkunft vgl. *Kim/Wilemon* (2002b), S. 29.

597 Vgl. *Kim/Wilemon* (2002b), S. 30 f.

598 Vgl. *Böhm* (1996), S. 71.

599 Vgl. *Verworn/Herstatt* (2007a), S. 12-15.

600 Vgl. *Kim/Wilemon* (2002b), S. 30.

7.2.2 *Meilenstein 2*

Nachdem für die Innovationsfelder verschiedene Ideen zur Problemlösung generiert wurden (ggf. durch Methoden zur Ideenfindung[601] unterstützt), liegen i. d. R. weiterhin lediglich qualitative und semi-quantitative Informationen an diesem Meilenstein vor. Zur Selektion wenig Erfolg versprechender oder nicht-realisierbarer Ideen wird daher eine Nutzwertanalyse vorgeschlagen. Bei der Bewertung kann auf zwei verschiedene Vorgehensweisen zurückgegriffen werden. Zum einen ist eine Bewertung im Rahmen einer Gruppendiskussion mit allen Beteiligten möglich. Dabei wird zunächst das Projekt vorgestellt und anschließend anhand aller Kriterien diskutiert und bewertet. Sollte dieser Ansatz durch die ausführlichen Diskussionen zu aufwendig sein, bietet sich zum anderen eine sukzessive Vorgehensweise an. Dabei erhalten alle Bewertungsträger im Vorfeld der Meilensteinsitzung eine Projektbeschreibung und ein Beurteilungsformular. Jeder nimmt die Bewertung einzeln vor und sendet diese an den Leiter der Sitzung. Dieser wertet alle Formulare aus, legt das Ergebnis bei der Sitzung vor und stellt besonders kritische oder stark differierende Werte zur Diskussion. Des Weiteren können Unklarheiten der Bewertungsträger geklärt werden.[602]

Die Nutzwertanalyse sollte die Kriteriengruppen Marktattraktivität, Technologieattraktivität und Risiko beinhalten.[603] Es wird damit der Ansicht gefolgt, dass eine Innovation extern (am Markt) und intern (im Unternehmen) attraktiv sein sollte.[604] Weiterhin werden aufgrund der hohen Unsicherheit Risikoaspekte bei der Bewertung berücksichtigt.[605] Die einzelnen Kriterien in den Gruppen sind in den Tabellen 7-2 bis 7-4 dargestellt. Dabei wurde auf eine Drei-Punkte-Skala zurückgegriffen, da sie eine einfache Bewertung und die explizite Beschreibung der Kriterienausprägungen ermöglicht. Die Kriterien sind unternehmensspezifisch sowohl innerhalb einer Kriteriengruppen als auch zwischen den Gruppen zu gewichten, wobei diese Gewichtung im Zeitablauf

---

601 Vgl. hierzu *Sabisch* (1991), S. 158-160; *Przygodda* (2000); *Kobe* (2001), S. 63-69; *Vahs/Schäfer-Kunz* (2005), S. 341.

602 Dieser Ansatz entspricht dem Vorgehen von *Cooper*. Vgl. hierzu *Cooper* (2008), S. 226.

603 Diese Unterteilung wählen bspw. *Herstatt et al.* (2006), S. 47. Die Vorgehensweise der Verwendung von Ober- und Unterkriterien sowie die explizite Beschreibung aller Kriterienausprägungen entspricht dem Ansatz von *Bitman/Sharif* (2008), S. 269-271. Für einen Überblick über verwendete Bewertungskriterien in Nutzwertanalysen zur Innovationsbewertung vgl. ausführlich *Gackstatter* (1997), S. 40-47; *Cooper/ Edgett/Kleinschmidt* (2001), S. 7-9, S. 50-61, S. 100 und Anhang B sowie *Venter* (2006), S. 38-40 und S. 85-89.

604 Vgl. *Boutellier/Völker/Voit* (1999), S. 89-91; *Dinger* (2001), S. 14; *Billing* (2003), S. 16; *Halemeyer/Mayer/Treptow* (2007), S. 72; *Verworn/Herstatt* (2007a), S. 9; *Farrokhzad/Kern/Fritzhanns* (2008), S. 342.

605 Siehe Kapitel 2.4.3.2.

konstant sein sollte, um eine Vergleichbarkeit der Projekte zu gewährleisten.[606] Hinsichtlich der Gewichtung der Kriterien wird das Konzept offen formuliert, da diese durch den Entscheidungsträger im Unternehmen zu erfolgen hat. Ggf. ist des Weiteren eine unternehmensspezifische Anpassung der Kriterienanzahl, der Kriterien und der Detaillierung der Skala nötig.

Die Anzahl der Kriterien und Kriterienausprägungen sollte dabei nicht zu groß gewählt werden, da andernfalls der Bewertungsaufwand deutlich ansteigt. Weiterhin ist den Entscheidungsträgern eine verbale Beschreibung der Kriterienausprägungen als Bewertungshilfe zur Verfügung zu stellen, um eine konsistente Bewertung verschiedener Alternativen im Zeitablauf durch ein einheitliches Verständnis zu gewährleisten.[607] Dies ist besonders bedeutend, wenn die Bewertung einzeln im Vorfeld der Meilensteinsitzung erfolgt. Die Ausprägungen werden im Folgenden beschrieben.

Zur Beurteilung der **Marktattraktivität** (siehe Tabelle 7-2) der Innovation werden zunächst das Marktvolumen und das Marktwachstum bewertet, um sowohl die derzeitigen als auch zukünftigen Absatzpotentiale abschätzen zu können. Die Definitionen der Ausprägungen „gering", „mittel" und „hoch" sind dabei individuell vom Unternehmen festzulegen. Weiterhin erfolgt eine Beurteilung der Wettbewerbssituation im derzeitigen Markt: Liegt ein reiner Preiswettbewerb vor oder sind sog. Monopolrenten erzielbar? Ferner ist die Höhe der Eintrittsbarrieren von Relevanz, da diese den Marktzugang begrenzen (z. B. durch fehlenden Zugang zu Vertriebskanälen). Neben den genannten Kriterien wird an dieser Stelle erneut die Bedeutung des/der Kunden (sofern vorhanden) beurteilt und damit ein Aspekt aus der Checkliste aufgenommen. Die letzten beiden Kriterien beurteilen die Innovation aus Sicht der Kunden. Dabei wird nach dem zusätzlichen Nutzen und Kosten im Vergleich zu bestehenden Produkten und Substitutionsprodukten gefragt.[608] Kriterien wie Gewinnmargen in den relevanten Märkten (wie bspw. von *Gackstatter*, *Schmelzer* und *Hahner* vorgeschlagen)[609] finden keine Berücksichtigung, da eine frühzeitige Fokussierung auf finanzielle Aspekte zu vermeiden ist. Diese Vorgehensweise wird durch eine empirische Analyse von *Schwering/Kerka/Kriegesmann* gestützt; sie identifizieren den Bezug auf finanzielle Informa-

606 Vgl. *Bitman/Sharif* (2008), S. 271.

607 Zur Konstanz der Kriterien und Kriterienausprägungen vgl. *Schlaweck* (1991), S. 164; *Specht/Harland* (2000), S. 84; *Buggie* (2002), S. 12; *Grübler* (2005), S. 127 und S. 165; *Bitman/Sharif* (2008), S. 271.

608 Dieser Beurteilung liegt die Annahme zu Grunde, dass ein neues Produkt nur dann am Markt erfolgreich ist, wenn es für den Kunden einen Nutzenzuwachs und/oder eine Kostensenkung bedeutet. Vgl. hierzu *Cooper/Edgett* (2005), S. 38; *Mello et al.* (2007), S. 70.

609 Vgl. *Gackstatter* (1997), S. 40-47; *Schmelzer* (1999); *Hahner* (2000), S. 51.

tionen als eines der wesentlichen Probleme der Innovationsbewertung in den frühen Phasen.[610] Somit erfolgt zu diesem Zeitpunkt ausschließlich die Betrachtung nicht-finanzieller Kriterien.

Nr.	Name	Ausprägung		
		1	2	3
1.	**Marktattraktivität**			
1.1	Marktvolumen[611]	gering	mittel	hoch
1.2	Marktwachstum	sinkend	konstant	steigend
1.3	Wettbewerbs-situation	Preiswettbewerb	geringe Differenzierungen möglich	monopolartige Strukturen
1.4	Eintritts-barrieren[612]	hoch	mittel	gering/keine
1.5	Bedeutung der Kunden[613]	kleiner Kunden	mittelgroßer Kunde	bedeutender Kunde
1.6	Nutzenzuwachs Kunde	keine Verbesserung	leichter bis mittlerer Zuwachs	neue Möglichkeiten für Kunde
1.7	Kostenvorteil Kunde	steigende Kosten	konstante Kosten	Kostensenkung

Tabelle 7-2: Nutzwertanalyse – Marktattraktivität – Meilenstein 2

Zur Beurteilung der **Technologieattraktivität** (siehe Tabelle 7-3) werden ebenfalls sieben Kriterien herangezogen. Als erstes erfolgt die erneute Prüfung der Strategiekonformität. Dieser Aspekt nimmt die Bewertung aus der Checkliste auf. Des Weiteren ist zu beurteilen, inwiefern die Innovation einen Differenzierungsvorteil gegenüber den Konkurrenten in der Branche ermöglicht. Ebenso wird durch die Betrachtung der Lerneffekte erneut geprüft, welchen Einfluss die Innovation auf die Kernkompetenzen des Unternehmens hat.[614] Weiterhin erfolgt eine Bewertung, ob aus Sicht des Unternehmens ein neuer Markt erschlossen oder ein bestehender erweitert wird. Anschließend findet eine Beurteilung der Bedeutung der Technologie auf dem Markt statt, die der Innovation zu Grunde liegt. Dies dient der Erfassung des Konkurrenzpotentials durch Substitutionstechnologien. Weiterhin wird damit indirekt beurteilt, ob weitere Technologien existieren, mit denen das Unternehmen in den Markt eintreten kann.

---

610 Vgl. ausführlich *Schwering/Kerka/Kriegesmann* (2008).
611 Die Grenzen für die Kriterienausprägungen sind hier individuell vom Unternehmen zu bestimmen.
612 Z. B. Zugang zu Absatz- und Beschaffungskanälen.
613 Dieses Kriterium kann bspw. am Umsatz, Gewinn oder der strategischen Bedeutung für das Unternehmen ausgerichtet werden.
614 Siehe Kapitel 7.2.1.

Ebenso erfolgt eine Analyse, ob die Technologie patentierbar ist oder ob bereits ein Patent in diesem Bereich bei einem Konkurrenten liegt.[615] Der letzte Aspekt, der in dieser Kategorie Beachtung findet, betrachtet die Möglichkeit für Folgeprojekte. Eine Innovation, die eine Plattform für zukünftige Entwicklungen darstellt, ist attraktiver als eine Innovation ohne diese Möglichkeit.

Nr.	Name	Ausprägung		
		1	2	3
2.	**Technologieattraktivität**			
2.1	Strategie-konformität	grundlegende Strategieveränderung notwendig	geringfügige Strategieveränderung notwendig	strategiekonform
2.2	Differenzierungsvorteil	(fast) alle Konkurrenten beherrschen die Technologie	wenige Konkurrenten beherrschen die Technologie	Alleinstellungsmerkmal
2.3	Lerneffekte	keine neuen Kompetenzen	Ergänzung bestehender Kompetenzen	Erschließung neuer Kernkompetenz
2.4	Markterschließung	kein neuer Markt	Erweiterung bestehender Märkte	gänzlich neuer Markt
2.5	Bedeutung auf dem Markt	viele verschiedene Technologien vorhanden	wenige Technologien vorhanden	einzig zurzeit mögliche Technologie
2.6	Patentsituation	Patent bei Konkurrent	keine Patentierung möglich	Patent möglich / bereits vorhanden
2.7	mögliche Folgeprojekte	keine Folgeprojekte möglich	kleine bis mittlere Folgeprojekte	Plattform für weitere Projekte

Tabelle 7-3: Nutzwertanalyse – Technologieattraktivität – Meilenstein 2

Bei der Bewertung des **Risikos** einer Innovation erfolgt ein Rückgriff auf die innovationsspezifischen Risikoarten[616] (siehe Tabelle 7-4).[617] Das technische Risiko wird durch die Beurteilung der Wahrscheinlichkeit der technischen Umsetzung, den Neuheitsgrad (im Sinne der Nutzungsmöglichkeit bekannter Komponenten) und der Verwendbarkeit des aktuellen Know-hows definiert. Die Wahrscheinlichkeitsbeurteilung sollte erneut vom Unternehmen durch Festlegung von Prozentsätzen standardisiert werden. Das wirtschaftliche Risiko beinhaltet die potentielle Nutzungsdauer (Mög-

[615] Zur Bedeutung der Patentierbarkeit einer Innovation vgl. *Ensthaler/Strübbe* (2006), S. 35-62.
[616] Siehe Kapitel 2.4.3.2.
[617] Aufgrund des Entwicklungsstadiums sind nicht sämtliche Aspekte der innovationsspezifischen Risiken erfassbar. Dies gilt bspw. für das Kostenrisiko.

lichkeit zur Amortisation der Investitionen und Entwicklungskosten), die Höhe der benötigten Investitionen/Entwicklungskosten, die Bekanntheit des Marktes zur Beurteilung des Marktadäquanzrisikos sowie Entwicklungsaktivitäten von Kunden und Konkurrenten in diesem Bereich zur Bewertung des Wettbewerbsrisikos. Das Zeitrisiko erfährt durch die Bewertung der Entwicklungsdauer im Vergleich zur Time-to-Market Berücksichtigung. Dabei wird bewertet, wie groß der geplante Zeitpuffer von Entwicklungsdauer zum erwarteten Markteintrittszeitpunkt ist, um noch erfolgreich in den Markt eintreten zu können.

Nr.	Name	Ausprägung		
		1	2	3
3.	**Risiko**			
3.1	potentielle Nutzungsdauer	kürzer als übliche Nutzungsdauer	durchschnittliche Nutzungsdauer	lange Nutzungsdauer
3.2	Wahrscheinlichkeit technische Umsetzung	gering	mittel	hoch
3.3	Entwicklungsdauer im Vergleich zu Time-to-Market	kaum Zeitpuffer	geringer Zeitpuffer	großer Zeitpuffer
3.4	Höhe benötigter Investitionen	sehr hohe Investitionen (existenzbedrohend)	hohe Investitionen, aber keine Finanzierungsschwierigkeiten	geringe Investitionen
3.5	Entwicklungsaktivitäten Konkurrenten	starke Aktivitäten (fast) aller Konkurrenten	geringe Aktivitäten einiger Konkurrenten	keine Aktivitäten
3.6	Entwicklungsaktivitäten Kunden	starke Aktivitäten (fast) aller Kunden	geringe Aktivitäten einiger Kunden	keine Aktivitäten
3.7	Bekanntheit des Markts	gänzlich unbekannt	teilweise bekannt	Kunden und Markt hinreichend bekannt
3.8	Verwendbarkeit aktuelles Know-how	keine Verwendung möglich	Verwendung für einige Komponenten	vollständig vorhandenes Know-how
3.9	Neuheitsgrad	keine bekannten Komponenten	teilweise bekannte Komponenten	vollständig bekannte Komponenten

Tabelle 7-4: Nutzwertanalyse – Risiko – Meilenstein 2

Aufgrund der hohen Bedeutung von Interdependenzen zwischen den Innovationen für die Vorteilhaftigkeit eines Projekts sollten diese bei der Bewertung explizit berücksichtigt werden.[618] Diese Interdependenzbewertung mittels MIIET ist erstmals an diesem Meilenstein durchzuführen. In der folgenden Phase steigen die Entwicklungskosten im Vergleich zu den bisherigen Phasen deutlich an. Somit sollten diesen Meilenstein nur Projekte passieren, die entweder eine hohe eigene Attraktivität aufweisen oder besonders hohe positive Auswirkungen auf andere Projekte haben.

Auf eine erneute Darstellung der Vorgehensweise der Interdependenzbewertung mittels **MIIET** wird an dieser Stelle verzichtet (siehe Kapitel 6.2.1.2). Die Bewertung kann sowohl auf Basis der vorgeschlagenen Interdependenzarten als auch anhand unternehmensspezifisch zu definierender Arten erfolgen.

7.2.3 Meilenstein 3

Im Anschluss an die Erstellung der Konzepte zur Umsetzung der Problemlösung werden an diesem Meilenstein Bewertungsinstrumente benötigt, die eine intensive Analyse der vorhandenen (wenigen) Konzepte ermöglichen. Aufgrund des Fortschritts im Innovationsprozess sind in dieser Phase und damit auch an diesem Meilenstein im Gegensatz zu den vorherigen Entscheidungssituationen erste quantitative Informationen vorhanden. Neben einer eingehenden Analyse der finanziellen Vorteilhaftigkeit des Projekts wird ein Instrument benötigt, das die Auswirkungen bei Umsetzung der Innovation auf bestehende Produkte und Prozesse darstellt. Des Weiteren werden die Ergebnisse der zuvor angewendeten Instrumente aktualisiert, sofern sich neue Informationen ergeben haben.

Als Instrument zur verbal-argumentativen Beschreibung der Auswirkungen der Innovation auf das Unternehmen wird das Modell der **Wertkette** nach Porter verwendet. An dieser Stelle wird auf eine erneute Erläuterung des Konzepts verzichtet.[619] Es sei jedoch nochmals erwähnt, dass die Anzahl und die Bezeichnungen der Unternehmensbereiche individuell an das Unternehmen anzupassen sind. Weiterhin sollte die Umsetzung möglichst softwaregestützt erfolgen. So wurde in dem Bsp. der Abbildungen 7-2 und 7-3 auf Microsoft Excel zurückgegriffen. Die erste Abbildung zeigt das Übersichtsblatt mit einer Kurzbeschreibung aller Auswirkungen, die über Verweise zu den

---

[618] Siehe Kapitel 2.9.1.
[619] Siehe Kapitel 6.2.2.

einzelnen Detailblättern (zweite Abbildung mit ausführlichen Erläuterungen) automatisch visualisiert werden.

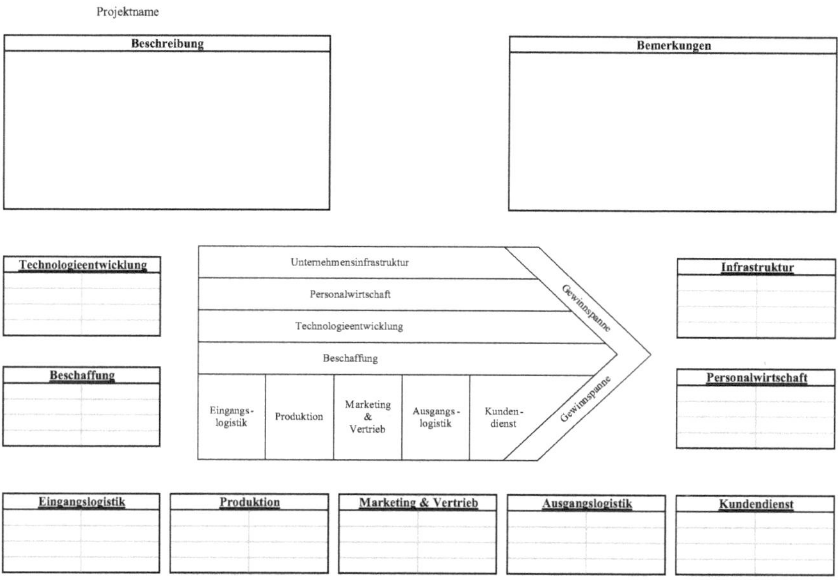

Abbildung 7-2: Auswirkungsanalyse – Überblick

Beschreibung der Auswirkungen des Projektes auf die Technologieentwicklung

Projektname

Nummer	Kurzbezeichnung	Beschreibung
1		
2		
3		
4		
5		
6		
7		
8		

Abbildung 7-3: Auswirkungsanalyse – Beispiel Technologieentwicklung

Neben dieser verbal-argumentativen Beschreibung kommt den finanziellen Bewertungsinstrumenten zu diesem Zeitpunkt eine hohe Bedeutung zu, da in den folgenden

Phasen hohe Entwicklungskosten anfallen.[620] Daher sollten diesen Meilenstein lediglich Projekte passieren, die diese hohen Kosten durch eine finanzielle Attraktivität rechtfertigen.

Zur Sicherstellung der Markt- und Kundenorientierung der Entwicklung sowie zur Vermeidung eines Over-Engineerings[621] ist zu diesem Zeitpunkt die Verwendung des **Target Costings** sinnvoll und notwendig. Hierbei kann v. a. auf die größen- und branchenspezifischen Vorteile von kleinen und mittelgroßen Automobilzulieferern für die Ausgestaltung des Instruments zurückgegriffen werden. Eine ausführliche Vorgehensweise, wie sie im Market-Into-Company-Ansatz unter Durchführung von Conjoint-Analysen[622] und anschließender Bestimmung von Nutzen- und Kostenanteilen einzelner Komponenten sowie der Berechnung von Zielkostenindizes erfolgt, ist in diesem Fall wenig sinnvoll. Bereits Conjoint-Analysen in geringem Umfang haben hohe finanzielle Belastungen des Unternehmens zur Folge.[623] Somit ist die Durchführung aufgrund knapper Ressourcen in KMU häufig nicht möglich. Daher müssen in diesen Unternehmen andere Wege gefunden werden, um den Zielpreis und die Zielkosten systematisch abzuleiten. Dazu eignen sich folgende Vorgehensweisen:

1. Market-Into-Company:
   Der Market-Into-Company-Ansatz kann bei KMU in der Automobilindustrie durch die engmaschigen Kontaktnetze zu den OEM erfolgen. Durch die genaue Branchenkenntnis und den Dialog mit dem bzw. den Zielkunden kann ein maximaler Preis ermittelt werden, den der Kunde für ein neues Produkt oder für eine neue Komponente bereit ist zu zahlen. Durch diesen Ansatz wird weiterhin die Einbindung der Kunden bereits in den frühen Phasen der Innovation gewährleistet und eine Entwicklung am Markt vorbei vermieden.
2. Out-Of-Competitor:
   Handelt es sich bei der Innovation um ein Produkt oder eine Komponente, die bereits von Konkurrenten angeboten wird, so kann der Zielpreis über den Preis

---

620 Vgl. *Sabisch* (1991), S. 131; *Schaaf* (1999), S. 79; *Shepherd/Ahmed* (2000), S. 168; *Schmidt* (2005), S. 343; *Reichle* (2006), S. 39.

621 Unter Over-Engineering wird die Entwicklung eines Produkts mit Funktionen bzw. Komponenten oder einer höheren Qualität, für die der Kunde nicht bereit ist zu zahlen, verstanden. Vgl. *Wildemann* (2007).

622 Vgl. *Schaaf* (1999), S. 152-187; *Stippel* (1999), S. 152-155; *Meyer* (2003), S. 171-178; *Venter* (2006), S. 184-189; *Wittmann/Leimbeck/Tomp* (2006), S. 85-88; *Wildemann* (2008a), S. 225-231.

623 So weist z. B. *Venter* darauf hin, dass der Market-Into-Company-Ansatz am ressourcen- und zeitintensivsten ist. Für weitere Schwächen der Conjoint-Analyse bei der Innovationsbewertung vgl. *Venter* (2006), S. 185. Streng genommen handelt es sich bei dem vorgestellten Ansatz nicht mehr um das Target Costing im eigentlichen Sinne, da die Kernelemente ausgeklammert werden. Der Begriff wird trotzdem verwendet, da er für eine marktorientierte Zielpreisbildung als passend angesehen wird.

des günstigsten Konkurrenten ermittelt werden. Dies gilt jedoch nur dann, wenn die Produkte tatsächlich nahezu identisch in ihren Funktionen sind. Handelt es sich lediglich um Produktkomponenten, die bewertet werden, kann bspw. auf ein Reverse-Engineering[624] unter Einbeziehung von Marketing und v. a. Technikern zurückgegriffen werden.

3. Out-Of-Standardcosts:
   In den Fällen, in denen keine Ableitung aus dem Kundendialog oder den Konkurrenzprodukten möglich ist, muss ein Rückgriff auf eigene Produkte erfolgen. Ersetzt die Innovation ein bestehendes Produkt oder eine bestehende Komponente, so darf die Neuerung bei gleichem Kundennutzen maximal die Kosten des alten Produkts erreichen. Ist die Innovation mit Nutzenzuwächsen für den Kunden verbunden, ist dieser Ansatz jedoch ungeeignet.

Aufgrund der engen Kontakte von Zulieferern und Automobilherstellern sowie der sehr guten Branchenkenntnis der Unternehmensleitung und Mitarbeiter (v. a. im Vertrieb und Marketing) sind die drei o. g. Ansätze für die vorliegende Problemstellung gut geeignet, um Zielpreise und Zielkosten für Innovationen mit relativ wenig Aufwand zu ermitteln.[625]

Nachdem ein Zielpreis ermittelt wurde, müssen von diesem eine Gewinnmarge und ein Gemeinkostenabschlag abgezogen werden, um die Zielkosten zu erhalten. Diese werden in einem weiteren Schritt mit den geplanten Produktionskosten pro Stück (den sog. Drifting Costs), die in der vorangegangenen Phase geschätzt wurden, verglichen.

Darauf aufbauend sind zwei Vorgehensweisen möglich. Zum einen können aus der Differenz von Zielkosten und Drifting Costs, sofern diese positiv ist, durch die Multiplikation der Differenz mit der geplanten Gesamtabsatzmenge die maximal zulässigen Entwicklungskosten und Investitionen bestimmt werden. Zum anderen kann das Instrument auch dazu genutzt werden, um die (bereits bekannten) Entwicklungskosten und Investitionen für ein einzelnes Produkt zu berechnen. In diesem Fall werden die beiden Positionen addiert und durch die Gesamtabsatzmenge dividiert. Dementsprechend ist ein Vergleich von Zielkosten und Drifting Costs inkl. Entwicklungskosten

---

[624] Vgl. bspw. *Otto/Wood* (2001).

[625] Dieser Ansatz entspricht dem Vorschlag von *Benz/Weigand*, die ebenfalls auf die Bewertung von Innovationen durch die eigene Vertriebsabteilung und die Zerlegung von Konkurrenzprodukten zurückgreifen. Vgl. hierzu *Benz/Weigand* (2004), S. 24 f.

und Investitionen möglich. Die beiden Vorgehensweisen wurden in Microsoft Excel mit einer leicht ersichtlichen Visualisierung umgesetzt und sind in Abbildung 7-4 veranschaulicht.

Ergibt die Gegenüberstellung von Zielkosten und Drifting Costs (wie in Abbildung 7-4 beispielhaft dargestellt), dass die Zielkosten überschritten werden, müssen Gegenmaßnahmen eingeleitet werden. Dies können bspw. die Anwendung der Wertgestaltung[626] zur Kostensenkung und somit ein Rückschritt in die Phasen 2 bzw. 3 oder eine Nachverhandlung mit dem Kunden sein. Weiterhin ist ein kurzfristiger Verzicht auf einen Teil der Gewinnmarge möglich, wenn dies durch langfristige Erfahrungs- oder Lernkurveneffekte oder durch den Abbau von Gemeinkosten ausgeglichen wird. Sind all diese Fälle nicht möglich, muss das Innovationsprojekt zu diesem Zeitpunkt abgebrochen werden, da der vom Markt vorgegebene Preis nicht erreicht werden kann.

[626] Vgl. *Thom* (1992), S. 42-44; *Specht/Beckmann/Amelingmeyer* (2002), S. 171 f.; *Vorbach* (2007), S. 328-331; *Fischer* (2008), S. 85-99; *Wildemann* (2008a), S. 251-254.

Projektname **Innovation 1**
Projektnummer 1

Eingaben:	relativ	absolut
Zielpreis	20,00 €	20,00 €
Gewinnmarge	15%	3,00 €
Gemeinkosten	10%	2,00 €

Anzahl Jahre Lebenszyklus	5	
Absatzmenge pro Jahr	500.000	
Stückkosten	12,50 €	
Entwicklungskosten	5.000.000,00 €	
Investitionen	2.500.000,00 €	

Zielkosten	**15,00 €**
Gesamte Absatzmenge	2.500.000
Gesamter Umsatz	50.000.000 €
Entwicklungskosten pro Stück	2,00 €
Investitionen pro Stück	1,00 €
Istkosten pro Stück	**15,50 €**

Zulässige Gesamtentwicklungskosten und Investitionen:

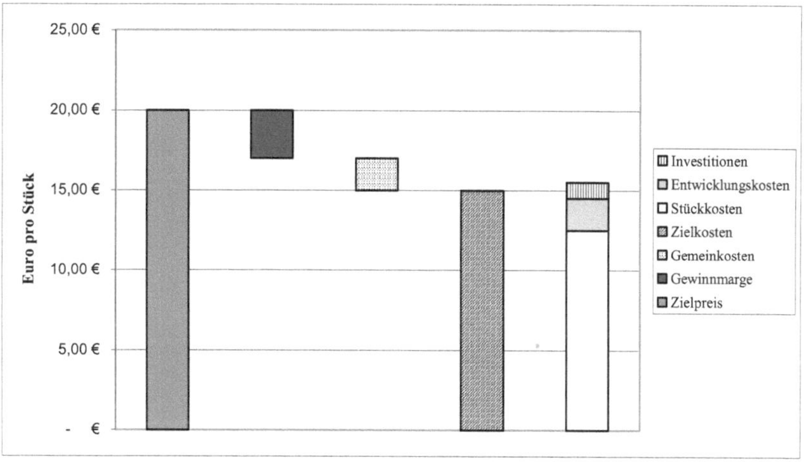

Abbildung 7-4: Target Costing[627]

Ergänzend zu den beiden genannten Instrumenten erfolgt zu diesem Zeitpunkt eine finanzielle Vorteilhaftigkeitsbetrachtung des Projekts unter Berücksichtigung der Risiken und Handlungsspielräume im Innovationsprozess. Von besonderer Bedeutung sind

[627] Die Werte sind ein fiktives Beispiel, um die Vorgehensweise und Visualisierung darzustellen.

in diesem Zusammenhang die Abbruchentscheidungen an den Meilensteinen. Diese werden in einem **Entscheidungsbaum** abgebildet (siehe Abbildung 7-5).

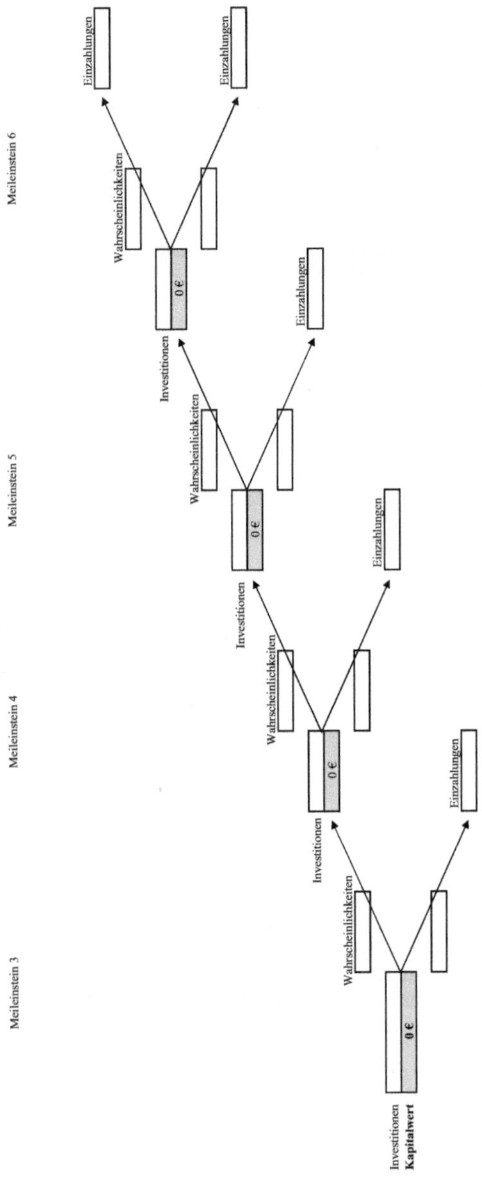

Abbildung 7-5: Entscheidungsbaumverfahren

Wie in Abbildung 7-5 dargestellt, werden in dem Microsoft-Excel-basierten Modell die Entwicklungskosten und Investitionen pro Phase an den vorausgehenden Entscheidungsknoten eingetragen. Hinzu kommen für jeden Meilenstein die Wahrscheinlichkeiten für einen erfolgreichen Übergang in die nächste Phase und (als Gegenwahrscheinlichkeit) für den Abbruch des Projekts. Im Falle eines Projektabbruchs können ggf. durch den Verkauf der bisherigen Ergebnisse Einzahlungen generiert werden. Weiterhin werden im Anschluss an Meilenstein 6 die diskontierten Einzahlungsüberschüsse der geplanten Lebensdauer des Produkts als Einzahlungen eingetragen. Die benötigten Angaben wie Anzahl der Jahre, Menge p. a., Herstellkosten und Preis pro Stück können aus der Berechnung für das Target Costing übernommen werden. Weiterhin muss ein risikoloser Kalkulationszinssatz festgelegt werden, der für alle Projekte und Projekttypen gleich ist.[628] Die Kritik an der Prognosequalität der unsicheren Werte wird durch die Betrachtung verschiedener Szenarien bei Markteintritt nach Meilenstein 6 berücksichtigt.[629] Des Weiteren lässt sich das Instrument relativ einfach durch Simulationen der risikobehafteten Parameter ergänzen. Generell gilt aber, dass die Unsicherheit in der vorliegenden Branche geringer ist als in anderen, da zahlreiche Studien und Erfahrungswerte zu den Entwicklungen der Branche und einzelner Fahrzeugmodelle existieren sowie eine große Nähe zu den Kunden besteht.

Im Ergebnis werden in den grauen Feldern die Kapitalwerte (abgezinst mit dem risikolosen Zinssatz) der einzelnen Meilensteine angegeben.[630] Entscheidungsrelevant ist dabei stets der Kapitalwert zum Entscheidungszeitpunkt. Bereits getätigte Investitionen und Entwicklungskosten werden als sunk costs betrachtet und sind somit nicht entscheidungsrelevant.[631] Die Entscheidung über Fortsetzung oder Abbruch des Projekts aus rein finanzieller Sichtweise sollte sich an dem Kapitalwert zum Zeitpunkt der Entscheidung orientieren.

---

[628] Vgl. hierzu *Kühn/Pleuger* (2006), S. 64.

[629] Zur Problematik der Prognosen vgl. *Linder* (2004), S. 55.

[630] In der dargestellten Form wird angenommen, dass jede Phase eine Zeiteinheit (bspw. ein Jahr) lang ist. Ist dies nicht der Fall, ist eine unterjährige Abzinsung notwendig. Vgl. *Kruschwitz* (2007), S. 53 f.; *Götze* (2008), S. 81.

[631] Vgl. *Cranston* (1974), S. 89; *Waibel* (1991), S. 23; *Sommerlatte/Krautter* (2005), S. 739 sowie Kapitel 2.4.6.

7.2.4 Meilensteine 4 bis 6

An den Meilensteinen 4 bis 6 werden die Ergebnisse der Analysen mittels der betrachteten Instrumente der Meilensteine 1, 2 und 3 aktualisiert. So werden bspw. die Ergebnisse der einzelnen Phasen, neue Erkenntnisse und Umweltveränderungen berücksichtigt. Das übergeordnete Instrument stellt in diesem Zusammenhang das Entscheidungsbaumverfahren dar. Zeigt dieses eine absolute Nachteilhaftigkeit im Sinne eines negativen Kapitalwerts, kann der Abbruch des Projekts, unabhängig von den bisherigen Investitionen und Entwicklungskosten, notwendig sein. Diese Entscheidung sollte jedoch stets vor dem Hintergrund der Auswirkungen auf das Gesamtportfolio erfolgen.

7.3 Darstellung des Gesamtportfolios

Wie bereits in Kapitel 7.1 beschrieben, werden die Ergebnisse aus den Instrumenten zur Bewertung der Innovationsprojekte für die Darstellung des Gesamtportfolios verwendet, um Doppelarbeiten zu vermeiden. Der Zusammenhang zwischen den Instrumenten ist in Abbildung 7-6 veranschaulicht, wobei die drei unteren Instrumente als Grundlage dienen und nicht direkt mit den anderen Instrumenten und der Portfolio-Darstellung verbunden sind. Die Werte in den Abbildungen sind in diesem Zusammenhang Beispiele, die zu Zwecken der Visualisierung verwendet werden.

Es sind verschiedene Vorgehensweisen möglich. Zum einen werden die Projekte in zwei Portfolio-Darstellungen (eine Darstellung für alle Projekte an Meilenstein 2 und eine Darstellung für die Projekte an den Meilensteinen 3 bis 6) abgebildet. Dies trennt die Projekte anhand der verfügbaren Informationen voneinander. Zum anderen ist eine Erfassung aller Projekte in der **Nutzwert-Interdependenzstärke-Matrix** möglich. Dies bietet den Vorteil, dass alle Projekte in einer Grafik ersichtlich sind. Allerdings werden in diesem Fall die finanziellen Aspekte der Projekte bei der Visualisierung nicht berücksichtigt. Die konkrete Vorgehensweise im Unternehmen hängt von den Präferenzen der Unternehmensleitung ab.

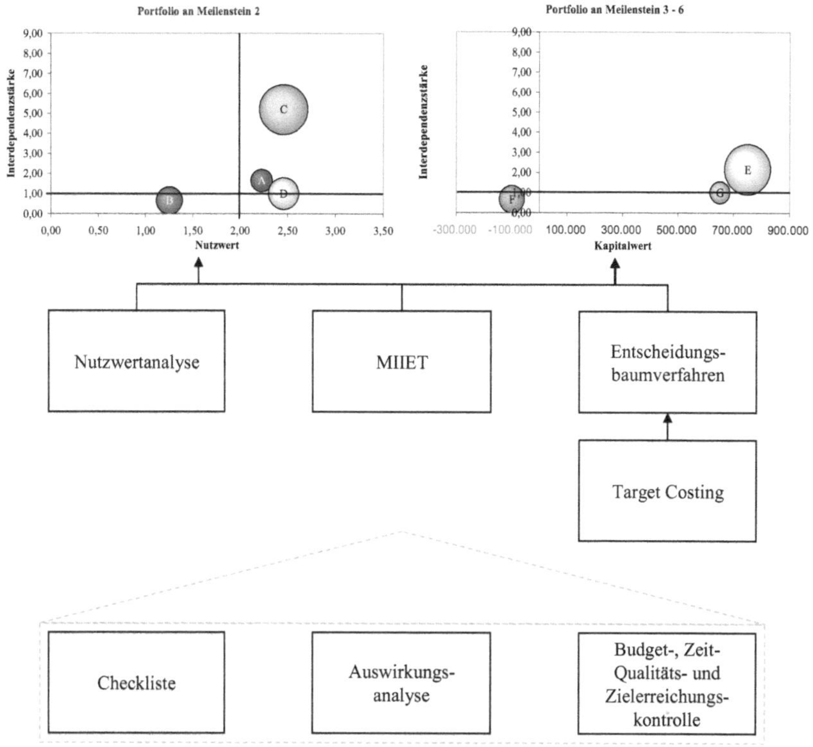

Abbildung 7-6: Zusammenhang zwischen Bewertungsinstrumenten und Portfolio-Darstellung

Die beiden Portfolio-Darstellungen beruhen auf der Überlegung, dass ein Projekt sowohl einzeln als auch im Gesamtzusammenhang zu den anderen Innovationen attraktiv sein sollte.[632] Dementsprechend wurde eine Veranschaulichung gewählt, die auf der Abszisse die Einzelattraktivität und auf der Ordinate die Auswirkungen auf andere Innovationen darstellt.[633] Aufgrund der verfügbaren Informationen an Meilenstein 2 werden in diesem Zusammenhang der Nutzwert aus der Nutzwertanalyse und die Interdependenzstärke aus MIIET verwendet. Der Nutzwert trägt implizit der Forderung Rechnung, dass Risiken bei der Portfolioauswahl berücksichtigt werden sollten.[634] Da an den Meilensteinen 3 bis 6 finanzielle Informationen aus dem Entscheidungsbaum-

[632] Zu der Bedeutung von Synergien für die Durchführung von Projekten vgl. *Grübler* (2005), S. 179.
[633] Zur Verwendung der Interdependenzstärke in Portfolio-Darstellungen vgl. *Hirzel* (2006b), S. 121.
[634] Siehe Kapitel 2.4.3.2.

verfahren vorliegen, wird in diesem Portfolio der Kapitalwert als zentrales Maß zur Beurteilung der Einzelattraktivität gewählt.[635] Die Interdependenzstärke bleibt als Maß erhalten. Diese Visualisierung aller Projekte, die sich in den Phasen 4 bis 6 befinden, ermöglicht einen leichten und schnellen Überblick, der eine Abbruchentscheidung fundieren kann. Weiterhin kann jedem Meilenstein in dieser Darstellung eine eigene Farbe zugeordnet werden. Auf diese Weise ist schnell ersichtlich, in welchem Entwicklungsstadium sich eine Innovation befindet. Die Durchmesser der Kreise geben den Ressourcenbedarf bis zur Fertigstellung der Innovation an.[636]

Zur Ableitung von Handlungsempfehlungen werden die beiden Portfolio-Darstellungen jeweils in vier Quadranten untergliedert, wobei die folgenden Ausführungen für beide Formen gelten. Als kritische Grenzen für die Unterteilung werden im Portfolio an Meilenstein 2 ein Nutzwert von zwei und eine Interdependenzstärke von eins gewählt. Der Nutzwert stellt die Hälfte der maximal erreichbaren Punktzahl dar. Der Wert sollte unternehmensspezifisch entsprechend den Präferenzen der Unternehmensleitung angepasst werden. Im Gegensatz dazu sollte die Grenze von eins bei der Interdependenzstärke nicht verändert werden, da Projekte, die sich unter dieser Schwelle befinden, einen überwiegend negativen Einfluss auf andere Innovationen haben.

Einen anderen Ansatz wählen *Bessau* und *Cooper/Edgett*, die ein Projekt dann umsetzen, wenn dies mehr als zwei Drittel der Höchstpunktzahl erhält.[637] Liegt die Bewertung zwischen einem und zwei Drittel, sollte es bei ausreichend Ressourcen umgesetzt werden. Projekte mit weniger als einem Drittel der Punkte sollten nicht realisiert werden. Diese Unterteilung wird in der vorliegenden Arbeit nicht gewählt, da sie durch die Verwendung von sechs Feldern aufgrund der Ableitung von Handlungsempfehlungen den Komplexitätsgrad erhöht. Von dieser Vorgehensweise ist jedoch unternehmensindividuell eine Abweichung möglich.

Die andere Portfolio-Darstellung wird entsprechend der absoluten Vorteilhaftigkeit des Kapitalwerts (Kapitalwert von Null) und der Interdependenzstärke von eins unterteilt.

---

[635] Dieser berücksichtigt ebenfalls das Risiko.

[636] Zur Verwendung verschiedener Farben zur Kennzeichnung des Entwicklungsstadiums und des Durchmessers für die Ressourcenbeanspruchung vgl. u. a. *Cooper/Edgett/Kleinschmidt* (2001), S. 73-78.

[637] Vgl. *Bessau* (2000), S. 143 sowie *Cooper/Edgett* (2005), S. 123.

Projekte, die sich in dem rechten oberen Quadranten befinden, sollten auf jeden Fall durchgeführt werden, da sie sowohl einzeln attraktiv sind als auch einen positiven Gesamteffekt auf die weiteren Innovationen haben. Im Gegensatz dazu sollten Innovationsprojekte, die im Quadranten links unten positioniert sind, abgelehnt werden, da sie einzeln unattraktiv sind und andere Projekte negativ beeinflussen. Die beiden anderen Quadranten bedingen eine Einzelfallentscheidung und eine genauere Untersuchung, welche Auswirkungen auf andere Projekte vorliegen. So kann es ggf. sinnvoll sein, ein Projekt mit einem negativen Kapitalwert durchzuführen, weil dieser Nachteil durch erhebliche Synergieeffekte zu attraktiven Projekten überkompensiert wird. Ebenso kann es interessant sein, ein Projekt durchzuführen, das zwar andere Innovationen negativ beeinflusst, jedoch selbst einen sehr hohen Kapitalwert aufweist. Diese Entscheidungen müssen unter Berücksichtigung des vorhandenen Budgets erfolgen; dieser Aspekt wird im folgenden Unterkapital herausgearbeitet.

7.4 Budgetierungssystem

Die Budgetierung der Innovationsprojekte erfolgt im Rahmen der sog. Portfolio-Reviews, die i. d. R. zwischen zwei- und viermal pro Jahr stattfinden.[638] Dabei stehen sowohl alle laufenden als auch sämtliche potentiellen Projekte zur Disposition.[639] Die Ableitung des Gesamtbudgets geschieht top-down durch die Ableitung aus der Unternehmensstrategie und dem Bedarf an Innovationen im Sinne eines zielorientierten Ansatzes. Die Ermittlung der jeweiligen Ressourcenbedarfe und Bewertung aller Projekte erfolgt bottom-up, indem alle Innovationsprojekte entsprechend ihrem Entwicklungsstadium mit den jeweiligen Instrumenten bewertet werden. Somit wird der Gedanke des Gegenstromverfahrens durch einen Abgleich zwischen den strategisch abgeleiteten Richtgrößen und den als Erfolg versprechend beurteilten Projekten realisiert. Es werden so lange positiv beurteilte Projekte in das Portfolio aufgenommen, bis keine Ressourcen mehr zur Verfügung stehen.[640] Die weiteren positiven Projekte werden in eine Warteliste aufgenommen. Zur Vermeidung der Betrachtung von sunk costs sind bei der Bewertung lediglich die zukünftigen Zahlungen von Bedeutung (siehe Entscheidungsbaumverfahren). Ggf. kann es notwendig sein, Unterportfolios für bestimmte Teilbereiche zu bilden (z. B. unterschieden nach Produkt- und Prozessinnovatio-

---

[638] Zum Turnus der Reviews vgl. *McDonough/Spital* (2003), S. 46.

[639] Vgl. *Seidemann* (2000), S. 78.

[640] Zur Darstellung der Handlungsempfehlungen für die einzelnen Quadranten des Portfolio-Konzepts siehe Kapitel 7.3.

nen).[641] In diesem Fall ist in den jeweiligen Unterportfolios so vorzugehen wie oben beschrieben.

Die Aspekte des Better und Advanced Budgeting werden durch die Softwareunterstützung (Realisierung des Gesamtkonzepts in MS Excel), Harmonisierung der Daten (Verwendung der gleichen Daten für Projekt- und Portfoliobewertung) und der Budgetflexibilisierung berücksichtigt. Die Budgets für das Gesamtprojekt und die einzelnen Phasen werden für jedes Innovationsprojekt festgelegt. Allerdings sollten bei der Planung entweder Reserven für jedes Projekt oder für den gesamten Bereich eingeplant werden, um Überschreitungen des Gesamtbudgets bei auftretenden Problemen zu vermeiden.[642]

Die Meilensteine im Innovationsprozess dienen somit der Informationsbereitstellung für die Portfolio-Reviews und der Kontrolle der getroffenen Entscheidungen. Weichen die Bewertungsergebnisse in den folgenden Meilensteinen von den bisherigen deutlich ab, kann ggf. ein Projektabbruch notwendig sein. Diese Entscheidung wird an dem jeweiligen Meilenstein getroffen. In diesem Fall wird durch die frei werdenden Ressourcen das nächste positiv beurteilte Projekt in der Warteliste begonnen.[643]

7.5 Zwischenfazit

Nach der Darstellung des Gesamtkonzepts wird im Folgenden überprüft, inwiefern die aufgestellten Anforderungen an das Innovationsportfoliomanagement in KMU[644], an Bewertungsinstrumente für Innovationsprojekte[645], zur Priorisierung und Ressourcenallokation[646] erfüllt sowie die theoretischen Grundlagen der Innovationsbewertung[647] berücksichtigt werden (siehe Tabellen 7-5 bis 7-8).

---

641 Vgl. *Leyendecker* (2006), S. 85.

642 So schlagen z. B. *Rose-Andersen et al.* vor, dass ein gewisser Anteil des Budgets für den Freiraum der Forscher und mögliche Budgetüberschreitungen eingeplant werden sollten. Vgl. hierzu *Rose-Anderssen et al.* (2005).

643 Ggf. kann eine Neubewertung der Projekte auf der Warteliste notwendig sein, da die verwendeten Daten veraltet sein können.

644 Siehe Kapitel 2.9.5.1.

645 Siehe Kapitel 4.2.

646 Siehe Kapitel 5.1.

647 Siehe Kapitel 4.1.

Anforderung	Erfüllung durch
formaler und systematischer Innovationsprozess	Ableitung eines branchenspezifischen Innovationsprozesses
Bewertung basiert auf Unternehmensstrategie	Integration von Strategiekonformitätskriterien in Checkliste und Nutzwertanalyse
Balance zwischen Projektanzahl und Ressourcen	Budgetierung nach dem Gegenstromverfahren
Beteiligung des Topmanagements	Bewertung in Meilensteinen u. a. durch Topmanagement
Risikoberücksichtigung	Risikokriterien in Nutzwertanalyse und Risikobewertung im Entscheidungsbaumverfahren
Entscheidungsunterstützung	Bereitstellung und Darstellung entscheidungsrelevanter Informationen
Interdependenzbewertung	Interdependenzbewertung mittels MIIET und Auswirkungsanalyse mittels Wertkette
Nutzung der Kontakte zu den wenigen Kunden	Kundenintegration im Target Costing und in den Kriterien der Nutzwertanalyse
Berücksichtigung der Ressourcenknappheit	geringer Aufwand zur Bewertung durch einheitliche Datenbasis für Projekt und Portfolio
Transparenz	nachvollziehbare Entscheidung durch Nutzung von Bewertungsinstrumenten

Tabelle 7-5: Eignungsanalyse Gesamtkonzept aus Sicht des Innovationsportfoliomanagements

Anforderung	Erfüllung durch
Unterstützung der Bewertungsfunktionen	
• Entscheidungsvorbereitung	Informationsbereitstellung durch die Instrumente; Entscheidung trifft der Entscheidungsträger
• Beeinflussung	Im Target Costing kann die Notwendigkeit von Rückschritten in die vorherigen Phasen offensichtlich werden, wenn der Zielpreis nicht mit dem aktuellen Konzept erreicht werden kann
• Kontrolle	Kontrolle der getroffenen Entscheidungen und der Entwicklung der Projekte an den Meilensteinen
• Transparenz	s. o.[648]

[648] Mehrfachnennungen bei den Anforderungskriterien ergeben sich aus den unterschiedlichen Quellen der Kriterien; die Beurteilung erfolgt jedoch nicht mehrfach.

Berücksichtigung der Entscheidungstypen	
• Ja/Nein-Entscheidung	Entscheidung über Fortsetzung oder Abbruch an jedem Meilenstein
• Auswahlentscheidung	Die Portfoliobetrachtung ermöglicht den Vergleich aller Innovationsprojekte und somit eine Auswahl der Erfolg versprechenden
Prozessbegleitende Bewertung	Bewertung nach jeder Prozessphase an einem Meilenstein
Verwendung eines Instrumentenmixes	Zuordnung von Instrumenten zu den Phasen und Meilensteinen entsprechend der vorhandenen und benötigten Informationen
Referenzgrößen der Bewertung	
• alternative Innovationen	Die Portfoliobetrachtung ermöglicht einen Vergleich aller Innovationsprojekte
• Zeitvergleiche	Die Bewertung in den Meilensteinen 3 bis 6 mit identischen Instrumenten ermöglicht einen Vergleich der Entwicklungsstadien
• angestrebtes Ziel	Die Berücksichtigung der Gewinnmarge im Target Costing und des Zinsfußes als Vergleichsmaßstab im Entscheidungsbaumverfahren vergleicht die Innovationen stets mit der Alternative der Geldanlage am Kapitalmarkt
Risikoberücksichtigung	s. o.
Ausweis von sunk costs	Im Entscheidungsbaumverfahren werden nur die zukünftigen Auszahlungen am Meilenstein als entscheidungsrelevant betrachtet
Vermeidung optimistischer Prognosen	Die Bewertung durch ein interdisziplinäres Team kann den Optimismus einzelner Mitglieder senken
Interdependenzbewertung	s. o.
Bewertung neuer und bestehender Innovationen	Betrachtung aller laufenden und potentiellen Projekte bei der Budgetierung
mehrdimensionale Bewertung	mehrdimensionale Bewertung in der Checkliste und der Nutzwertanalyse

Tabelle 7-6: Eignungsanalyse Gesamtkonzept aus Sicht der theoretischen Grundlagen der Innovationsbewertung[649]

[649] Siehe Kapitel 4.1.

Anforderung	Erfüllung durch
mehrdimensionale Bewertung	s. o.
Restriktionsberücksichtigung	Berücksichtigung der knappen Ressourcen bei der Budgetierung
Risikoberücksichtigung	s. o.
Berücksichtigung mehrerer Perioden	Dynamische Bewertung im Entscheidungsbaumverfahren
Anwendbarkeit auf mehreren Stufen des Innovationsprozesses	Durch Zuordnung der Instrumente zu den Meilensteinen kann in jeder Phase bewertet werden
Simulationsmöglichkeit	Simulationen im Entscheidungsbaumverfahren leicht integrierbar
Benutzerfreundlichkeit	leicht verständlich und einfach anzuwendende Bewertungsinstrumente und Reduzierung des Bewertungsaufwands durch einheitliche Datenbasis

Tabelle 7-7: Eignungsanalyse Gesamtkonzept aus Sicht der Bewertungsinstrumente für Innovationsprojekte[650]

Anforderung	Erfüllung durch
Erfassung mehrerer alternativer Projekte	Betrachtung aller laufenden und potentiellen Projekte bei der Budgetierung
mehrstufige Vorgehensweise	Sukzessive Bewertung von Projekt und Portfolio
Visualisierung der Bewertungsergebnisse	Darstellung der Ergebnisse und Ressourcenbedarfe in einer Grafik
Praktikabilität	leicht verständlich und einfach anzuwendende Bewertungsinstrumente und Reduzierung des Bewertungsaufwands durch einheitliche Datenbasis
Interdependenzbewertung	s. o.

Tabelle 7-8: Eignungsanalyse Gesamtkonzept aus Sicht der Portfolio-Konzepte[651]

Es lässt sich somit festhalten, dass das dargestellte Gesamtkonzept für das Innovationsportfoliomanagement in KMU der Automobilzulieferindustrie sämtliche Anforderungen erfüllt. Es ist damit für den Einsatz im Unternehmen theoretisch geeignet. Im Folgenden wird diese Eignung durch die Anwendung des Gesamtkonzepts im Rahmen

[650] Siehe Kapitel 4.2.
[651] Siehe Kapitel 5.1.

von Fallstudien in Unternehmen der genannten Branche und Größenklasse hinsichtlich der praktischen Anwendbarkeit überprüft.

8 Exemplarische Anwendung des Gesamtkonzepts bei KMU der Automobilzulieferindustrie

Die Anwendung des Gesamtkonzepts zum Innovationsportfoliomanagement bei kleinen und mittelgroßen Automobilzulieferern erfolgte im Rahmen des Projekts „Neue Methoden für das Portfoliomanagement von Innovationen". Das Projekt wurde von der Stiftung Industrieforschung gefördert. Projektpartner waren APtronic – Adaptive Power Solutions AG – (APtronic) und Behr-Hella Thermocontrol GmbH (BHTC). Das Gesamtkonzept wurde bei den Unternehmen beispielhaft an einzelnen Projekten eingesetzt, um die Anwendbarkeit zu erproben und ggf. notwendigen Weiterentwicklungsbedarf aufzuzeigen. Des Weiteren wird die konkrete Vorgehensweise exemplarisch veranschaulicht. Aus Gründen der Geheimhaltung wurden die Projektbezeichnungen und exakten Bewertungsergebnisse z. T. verändert.

Im Folgenden werden zunächst die beteiligten Unternehmen (als Pilotunternehmen bezeichnet) sowie anschließend die Fallstudien und deren Ergebnisse dargestellt.

8.1 Darstellung der Pilotunternehmen

Das Unternehmen **APtronic** wurde im September 2000 von ehemaligen Führungskräften der ABB Powersupplies Soest, der heutigen Delta Energy Systems, in Soest gegründet.[652] Beschäftigt sind zzt. etwa 40 Mitarbeiter, davon ein Großteil in der Konstruktion und Entwicklung, die am Standort Soest erfolgt. Die Fertigung der Produkte wird durch den Produktionspartner Teamwise Limited in China übernommen. Die APtronic AG befasst sich mit der Entwicklung und dem Verkauf von Leistungselektronik, insbesondere von kundenspezifischen Stromversorgungsgeräten und Wickelgütern. Im Jahr 2006 wurde mit dem Verkauf dieser Produkte ein Umsatz von ca. 19 Mio. Euro erzielt. Das Unternehmen ist dabei in den Branchen Industrie/Automation, Telekommunikation, Automobilindustrie, Bahntechnik, Brennstoffzellen, Medizintechnik und Computer als Zulieferer tätig. Als Produkte für die Automobilindustrie werden u. a. Linearregler für Klimaanlagen hergestellt und vertrieben. Zu den Kunden des Unternehmens zählen z. B. ABB, Behr-Hella Thermocontrol, Kettler, Motorola, Siemens und Thales.

[652] Zur ausführlichen Darstellung des Unternehmens vgl. *APtronic* (2008).

Das Unternehmen APtronic zählt mit einem Umsatz von 19 Mio. Euro somit nach allen Größeneinteilungen (siehe Kapitel 2.9.2) zu den KMU; ferner erfüllt es die qualitativen Kriterien. Die Unternehmensleitung ist stark technisch orientiert, das Unternehmen wird durch die Persönlichkeit des Unternehmensleiters geprägt und arbeitet eng mit den Mitarbeitern zusammen. Ebenso verfügt das Unternehmen über ein enges Netz zu seinen Kunden. Neben diesen Vorteilen weist das Unternehmen aber auch die Schwächen auf, dass die Entscheidungen häufig auf Intuitionen beruhen und wenig formalisierte Instrumente angewendet werden. Durch die geringe Möglichkeit zur Diversifikation gibt es wenige Ausgleichsmöglichkeiten für Fehlentscheidungen im Innovationsbereich. Das Unternehmen wird in der Systematik des BMWI in die Kategorie Typ 1 (siehe Kapitel 2.9.2) eingestuft. Insgesamt lässt sich somit festhalten, dass alle Anforderungen erfüllt sind und APtronic zu der Gruppe von Unternehmen zählt, auf die das Gesamtkonzept ausgerichtet ist.

Das zweite Pilotunternehmen stellt die **Behr-Hella Thermocontrol GmbH** dar. Das Unternehmen wurde 1999 als Joint-Venture der Hella KGaA Hueck & Co. und der Behr GmbH & Co. KG gegründet.[653] Die beiden Unternehmen sind derzeitig die einzigen Anteilseigner – jeweils zu 50% – von BHTC. Das Unternehmen hat seine Unternehmenszentrale in Lippstadt. Seit 2003 ist BHTC in den USA präsent – zum einen mit einem Entwicklungs- und Vertriebszentrum in Troy (Michigan) und zum anderen mit einer Produktionsstätte in Flora (Illinois) bei der Hella Electronics Corp. In Shanghai (China) wurde im Jahr 2004 eine hundertprozentige Tochtergesellschaft (Behr-Hella Thermocontrol Shanghai Ltd.) gegründet. Seit Februar 2006 ist BHTC in Pune (Indien) mit BHTC India, Private Limited, vertreten. Die letzte Standortgründung erfolgte im September 2007 mit BHTC Japan in Tokio (Japan).

Die wichtigste Produktgruppe des Unternehmens bilden elektronische Bediengeräte für die Fahrzeugklimatisierung. Das Sortiment umfasst einfache, mechanische ebenso wie halb- und vollautomatische Bediengeräte mit bis zu vier Zonen der Klimatisierung. Im Hintergrund regeln die Produkte der Leistungselektronik die Klimatisierung unter verschiedenen Betriebs- und Klimabedingungen; Leistungsregler für Heizungs- und Klimagebläse regeln die Luftmenge und -intensität. Steuergeräte für elektrische Zuheizer bewirken, dass im Winter bereits vor Erreichen der Motorbetriebstemperatur Heizungswärme zur Entfrostung zur Verfügung steht. BHTC gehört weltweit zu den

---

[653] Zur ausführlichen Darstellung des Unternehmens vgl. *BHTC* (2008).

führenden Herstellern von Bedien- und Steuergeräten der Fahrzeugklimatisierung; zu den Kunden zählen v. a. OEMs und Systemintegratoren wie bspw. Audi, Behr, BMW, Denso, Fiat, Lamborghini, Porsche, Valeo und Volkswagen.

Das Unternehmen BHTC zählt bei Verwendung der quantitativen Kriterien nicht zu den KMU (ca. 1.300 Mitarbeiter und 250 Mio. Euro Umsatz im Jahr 2007). Allerdings weist es die typischen qualitativen Merkmale auf. Die Unternehmensleitung ist stark technisch fokussiert und verfügt über ein enges Netz zu den Kunden und Mitarbeitern. Des Weiteren ist das Unternehmen stark durch die Persönlichkeit der Unternehmensleitung geprägt. Auch BHTC weist die Schwäche auf, dass Entscheidungen häufig intuitiv ohne formale Instrumente getroffen werden, was zu einer geringen Transparenz der Entscheidungen führt. Aufgrund der Verwendung qualitativer Kriterien kann BHTC als KMU bezeichnet werden, wobei es in der Systematik des BMWI ein Typ 3 KMU darstellt.

Es lässt sich somit festhalten, dass mit den Unternehmen APtronic und BHTC zwei kleine bzw. mittelgroße Automobilzulieferer mit unterschiedlichen Größen (Mitarbeiter und Umsatz) und unterschiedlichen Strukturen für die Anwendung des Gesamtkonzepts zur Verfügung stehen.[654]

8.2 Anwendung des Gesamtkonzepts bei der APtronic AG

8.2.1 Beschreibung der Ausgangssituation

Die APtronic AG ist wie oben erwähnt u. a. als Zulieferer in der Automobilindustrie tätig. Neben dieser Branche bedient das Unternehmen jedoch ebenfalls Märkte, für die das gleiche Know-how verwendet werden kann; Beispiele sind Stromversorgungsgeräte für Telekommunikationsanlagen oder Brennstoffzellen. Aufgrund dieser Branchenvielfalt und der knappen Ressourcen zur Realisierung nicht kundengetriebener Entwicklungen waren während der Laufzeit des Projekts keine Innovationsprojekte aus dem Bereich der Automobilindustrie zur Erprobung des Gesamtkonzepts verfügbar. Daher wird im Folgenden die Fallstudie anhand eines Beispiels aus dem Bereich der regenerativen Stromerzeugung vorgestellt. Es handelt sich bei dem betrachteten Innovationsprojekt um die Entwicklung von **Wechselrichtern für Photovoltaikanlagen**. Wechselrichter sind neben den Solarzellen ein wesentlicher Bestandteil von Photovol-

[654] Zu den folgenden Anwendungsbeispielen vgl. auch *Ahsen/Heesen* (2009c).

taikanlagen zur Stromerzeugung (Solarenergie). Sie werden derzeit von verschiedenen Anbietern, wie SMA oder Siemens, auf dem deutschen und internationalen Markt angeboten.

Wechselrichter sind elektrische Geräte, die Gleichspannung in Wechselspannung umrichten. Sie können dabei je nach Schaltung sowohl für die Erzeugung von einphasigem als auch von dreiphasigem Wechselstrom verwendet werden. Ihr Einsatz erfolgt stets dort, wo ein elektrischer Verbraucher Wechselspannung benötigt, aber nur eine Gleichspannungsquelle zur Verfügung steht; dies können bspw. Autobatterien oder eine Photovoltaikanlage sein. Es werden zwei Steuerungsarten bei Wechselrichtern unterschieden. Zum einen sind dies selbstgeführte Wechselrichter zur Erzeugung einer Wechselspannung unabhängig vom Stromnetz. Zum anderen erzeugen fremdgeführte Wechselrichter (auch als Netzeinspeisewechselrichter bezeichnet) einen netzsynchronen Wechselstrom. Für die vorliegende Problemstellung der Photovoltaikanlagen werden fremdgeführte Wechselrichter benötigt, die die Gleichspannung aus den Solarzellen der Anlage in netzsynchrone Wechselspannung umwandeln. Dabei müssen die Frequenz und die Phase des Stroms an das Netz angepasst werden, damit die Einspeisung des erzeugten Stroms in das Stromnetz möglich ist. Es erfolgt eine Vergütung dieses Stroms entsprechend einem festgelegten Satz.[655]

Für den Bereich der Photovoltaikanlagen (PV-Anlagen) existieren drei verschiedene Varianten von Wechselrichtern:

1. Modulwechselrichter:
   Die Wechselrichter werden direkt am Solarmodul montiert. Sie eignen sich für Leistungen von 100 bis 1.400 W.
2. Stringwechselrichter:
   Diese sind mit einem Kabel mit mehreren in Reihe geschalteten Solarmodulen verbunden. Stringwechselrichter stellen die derzeit am weitesten verbreitete Variante in Photovoltaikanlagen dar. Allerdings ist aufgrund der hohen Spannung eine reine Anwendung im Leistungsbereich oberhalb von 2 kW nicht mehr möglich.[656] Um dennoch Stringwechselrichter nutzen zu können, werden diese häufig parallel geschaltet. Durch die Entwicklung von Multi-Stringwechselrichtern wird insbesondere der Aufbau großer Photovoltaikanla-

[655] Vgl. *BMU* (2007), S. 123.
[656] Vgl. *Greizer* (1999), S. 86.

gen möglich.[657] Das Feld an PV-Anlagen wird in Strings unterteilt, wobei jeder String mit einem eigenen Stringwechselrichter verbunden ist.[658]

3. Zentralwechselrichter:
   Diese Variante sind große Wechselrichter mit einer Leistung von bis zu 500 kW für große Photovoltaikanlagen mit hohen Wirkungsgraden. Die Vielzahl der PV-Module einer großen Anlage wird zu Strings in Reihe und diese Reihenschaltung wiederum parallel geschaltet. Der so strukturierte PV-Generator ist mit einem zentralen Wechselrichter verbunden.[659]

Das Unternehmen APtronic stand vor der Entscheidung, einen eigenen Wechselrichter zu entwickeln und in den stetig wachsenden Markt einzutreten.[660] Da Wechselrichter bereits durch andere Unternehmen vertrieben wurden, handelte es sich bei diesem Projekt um eine Unternehmensneuheit aus Sicht von APtronic. Das Unternehmen produzierte diese oder ähnliche Anlagen zum damaligen Zeitpunkt nicht. Das Projekt erfüllte die Bedingungen der Anwendbarkeit des Gesamtkonzepts (Unternehmensneuheit und relativ hoher Neuheitsgrad) und eignet sich für die Fallstudie. Allerdings war eine Anwendung der Portfolio-Instrumente in dieser Fallstudie nicht möglich, da das betrachtete Projekt zum Zeitpunkt der Anwendung das einzige Innovationsprojekt des Unternehmens darstellte. Darauf wird später detailliert eingegangen.

Die Anwendung der Bewertungsinstrumente erfolgte im Rahmen von Diskussionen mit dem Vorstandsvorsitzenden, dem Vertriebsleiter und einem Mitarbeiter des Vertriebs, der sich auf den Bereich Wechselrichter für Photovoltaikanlagen spezialisiert hat. Vor dem Hintergrund der Unternehmensgröße und der Erfahrung der Mitarbeiter handelt es sich somit um ein interdisziplinäres Team, an dem die Bereiche Unternehmensleitung, Finanzen, Entwicklung (durch das Wissen und die Herkunft des Vorstandsvorsitzenden) und Vertrieb beteiligt waren. In einem ersten Schritt wurde mit dem Team das in Kapitel 3.5.1 der vorliegenden Arbeit entwickelte Phasenmodell diskutiert. Dabei zeigte sich, dass dieses Modell den Innovationsprozess des Unternehmens gut abbildet, so dass es für die weiteren Schritte zu Grunde gelegt werden konnte.

657 Vgl. *Greizer* (1999), S. 86.
658 Vgl. *Cramer/Kleinkauf/Ibrahim* (2004), S. 3.
659 Vgl. *Cramer/Kleinkauf/Ibrahim* (2004), S. 3.
660 Zum Marktwachstum vgl. bspw. *Nitsch* (2007), S. 20-37; *Pohl/Hausmann/Augsten* (2008), S. 92.

In einem zweiten Schritt wurden dem Team die Bewertungsinstrumente vorgestellt, wobei MIIET und die Portfolio-Priorisierung nicht berücksichtigt wurden. MIIET konnte in dem vorliegenden Fall aus zwei Gründen nicht angewendet werden. Erstens eignet es sich lediglich zur Anwendung bei Innovationsprojekten, die sich nicht gegenseitig ausschließen. Die Bewertung von sich ausschließenden Innovationsprojekten führt zu einer starken Unterbewertung. In diesem Fall dominieren die negativen Effekte untereinander die Interdependenzen zu anderen Projekten und eine Entscheidung ist nicht möglich. Zweitens bestand das Innovationsportfolio zum Zeitpunkt der Bewertung lediglich aus dem Projekt Wechselrichter für PV-Anlagen. Somit existierten keine Interdependenzen zu anderen Innovationsprojekten. Aus diesem Grund war es ebenfalls nicht möglich, das Portfolio-Konzept und das Budgetierungsverfahren anzuwenden. **Ziel der Anwendung** der Bewertungsinstrumente für Innovationsprojekte war es somit, die absolute Vorteilhaftigkeit des einen Projekts zu beurteilen und die Auswahl verschiedener Ideen zur Problemlösung zu unterstützen.

8.2.2 Projektbewertung an Meilenstein 1

Zu diesem Zweck wurde zunächst die Checkliste für das Innovationsfeld an **Meilenstein 1** ausgefüllt und die einzelnen Punkte diskutiert. Die Ergebnisse der Bewertung sind in Tabelle 8-1 dargestellt.

Name des Innovationsfeldes: **PV-Wechselrichter**

Kriterium	Beschreibung/Ausprägung
Ist das Innovationsfeld strategiekonform?	☒ Ja ☐ Nein
Welche Kernkompetenzen werden beeinflusst?	keine bestehenden
Zielkunden identifiziert?	☒ Ja ☐ Nein
Bereits Kunden vorhanden?	☐ Ja ☒ Nein
Bedeutung der/des Kunden	hoch
Herkunft	Markttrend
Entwicklungspersonal vorhanden (qualitativ)?	☒ Ja ☐ Nein
Entwicklungspersonal vorhanden (quantitativ)?	☐ Ja ☒ Nein
Neues Feature oder werden bestehende Bestandteile ersetzt?	☐ bestehend ☒ neu
Neuer oder bekannter Markt?	☐ bekannt ☒ neu

Tabelle 8-1: Checkliste Photovoltaik

Auf Basis der Checkliste ließen sich keine klaren Abbruchkriterien zu diesem frühen Zeitpunkt identifizieren, da die beschriebenen Probleme aus Sicht des Unternehmens lösbar waren (z. B. die Personalbeschaffung).

8.2.3 Projektbewertung an Meilenstein 2

Somit erfolgte in Phase 2 die Generierung von Ideen zur Problemlösung. Diese ergab auf Basis einer ersten Markteinschätzung, dass prinzipiell drei Alternativen für den Markteintritt und die technische Entwicklung zur Verfügung standen. Diese resultieren aus den o. g. Varianten der PV-Wechselrichter. Aus Sicht des Unternehmens bestanden für APtronic die Möglichkeiten der Entwicklung von Wechselrichtern für kleine PV-Anlagen (z. B. Wohnhäuser), für mittelgroße PV-Anlagen (z. B. bei Lagerhallen oder größeren Flächen) oder für große PV-Anlagen (sog. Photovoltaik-Parks auf großen Flächen bspw. in Südeuropa). Diese Unterscheidung in unterschiedliche Marktsegmente erforderte sowohl die Betrachtung der Attraktivität unterschiedlicher Märkte als auch die Beurteilung der Technologie und des Risikos, da die verschiedenen Anlagen unterschiedliche Technologien erforderlich machten. Aufgrund der Ressourcenknappheit des Unternehmens kam jedoch nur ein Eintritt in ein Marktsegment in Frage.

Im vorliegenden Fall lag somit eine Auswahl sich ausschließender Projekte aufgrund von Ressourcenbeschränkungen nach der Phase der Ideengenerierung an **Meilenstein 2** vor. Es wurden die drei Alternativen mittels Nutzwertanalyse an Meilenstein 2 von dem Projektteam bewertet (siehe Abbildung 8-1).

		Alternative		
	Kriterien	klein	mittel	groß
1.	**Marktattrativität**	**2,10**	**2,10**	**1,96**
1.1	Marktvolumen	0,42	0,42	0,28
1.2	Marktwachstum	0,42	0,42	0,42
1.3	Wettbewerbsituation	0,28	0,28	0,28
1.4	Eintrittsbarrieren	0,14	0,14	0,14
1.5	Bedeutung der Kunden	0,28	0,28	0,42
1.6	Nutzenzuwachs Kunde	0,14	0,28	0,14
1.7	Kostenvorteil Kunde	0,42	0,28	0,28
2.	**Technologieattraktivität**	**2,24**	**2,66**	**2,24**
2.1	Strategiekonformität	0,28	0,28	0,14
2.2	Differenzierungsvorteil	0,14	0,42	0,28
2.3	Lerneffekte	0,42	0,42	0,42
2.4	Erschließung neuer Märkte	0,42	0,42	0,42
2.5	Bedeutung auf dem Markt	0,28	0,28	0,28
2.6	Patentsituation	0,28	0,42	0,28
2.7	Möglichkeit zu Folgeprojekten	0,42	0,42	0,42
3.	**Risiko**	**1,98**	**1,98**	**1,43**
3.1	Potentielle Nutzungsdauer	0,22	0,22	0,33
3.2	Wahrscheinlichkeit technische Umsetzung	0,33	0,33	0,11
3.3	Entwicklungsdauer ggü. Time-to-Market	0,22	0,22	0,22
3.4	Höhe benötigter Investitionen	0,22	0,22	0,11
3.5	Entwicklungsaktivitäten Konkurrenten	0,11	0,11	0,11
3.6	Entwicklungsaktivitäten Kunden	0,22	0,22	0,22
3.7	Bekanntheit des Marktes	0,22	0,22	0,11
3.8	Verwendbarkeit bestehendes Know-how	0,22	0,22	0,11
3.9	Neuheitsgrad	0,22	0,22	0,11
	Gesamtpunktzahl	**2,11**	**2,23**	**1,89**
	Rang	**2**	**1**	**3**

Abbildung 8-1: Nutzwertanalyse Photovoltaik[661]

[661] Alle Werte sind auf die zweite Nachkommastelle gerundet. Diese gerundeten Werte werden ebenso für die jeweils folgenden Berechnungen verwendet.

Die Kriteriengewichtung wurde dabei nach Diskussion mit der Unternehmensleitung wie folgt festgelegt: Aus Sicht des Unternehmens war die Marktattraktivität geringfügig bedeutender einzuschätzen als die beiden anderen Oberkriterien; daher wurde ein Wert von 0,4 gewählt. Die Technologieattraktivität und das Risiko wurden jeweils mit 0,3 gewichtet, da diese aus Sicht des Unternehmens gleichbedeutend für den Erfolg einer Innovation waren. Innerhalb der jeweiligen Gruppen wurden die Kriterien als gleichwertig bezogen auf das Oberkriterium angesehen und daher gleichgewichtet.

Somit ergab sich bspw. für Alternative 1 der Nutzwerts wie folgt (siehe Spalte drei in Abbildung 8-1): Aufgrund der Bewertung der Marktattraktivität berechnet sich diese als $3 \cdot 0{,}14 + 3 \cdot 0{,}14 + 2 \cdot 0{,}14 + 1 \cdot 0{,}14 + 2 \cdot 0{,}14 + 1 \cdot 0{,}14 + 3 \cdot 0{,}14 = 2{,}10$.[662] Es ergab sich ein Gesamtwert von $2{,}10 \cdot 0{,}4 + 2{,}24 \cdot 0{,}3 + 1{,}98 \cdot 0{,}3 = 2{,}11$.

In der vorliegenden Fallstudie wurde aufgrund der geringen Anzahl an Alternativen und Bewertungsträgern die Variante der Gruppenbewertung gewählt. Als Basis der Bewertung dienten die Skala und Beschreibungen der Kriterien aus Kapitel 7.2.2. Dabei wurden das Marktvolumen für die kleinen und mittelgroßen Wechselrichter als groß beurteilt; das Marktvolumen für große Anlagen wurde hingegen als mittel eingeschätzt. Allen drei Alternativen wurde jedoch ein stark steigendes Marktwachstum prognostiziert.[663] In den drei Marktsegmenten wurden die Wettbewerbsvorteile mit einer geringfügigen Möglichkeit zur Differenzierung mittels einer neuen Technologie bewertet. Des Weiteren lagen hohe Markteintrittsbarrieren vor, da für den Markteintritt vollkommen neue Produktionsmöglichkeiten und Vertriebsmitarbeiter notwendig waren. Die Bedeutung potentieller Kunden lag bei kleinen und mittelgroßen Anlagen im mittleren Bereich, wohingegen bei großen Anlagen bedeutende Kunden vorhanden waren, da als Abnehmer lediglich wenige Konzerne in Frage kamen. Aus Sicht des Kunden würden sich bei den kleinen und großen Anlagen keine Nutzenverbesserungen einstellen. Hingegen wurde durch die geplante Technologie im mittelgroßen Bereich ein leichter Nutzenzuwachs beim Kunden gesehen. Abschließend würde das Produkt von APtronic im kleinen Segment eine Kostensenkung für die Kunden bedeuten, da die Produktion durch die Produktionspartner kostengünstig in China erfolgen könnte. Dieser Kostenvorteil würde sich bei den anderen beiden Alternativen jedoch nicht ergeben, da dort ein Großteil der Produkte bereits in Asien gefertigt wurde.

---

[662] Die Gewichtungsfaktoren wurden auf die zweite Nachkommastelle gerundet, daher ist ihre Summe nicht genau eins.

[663] Vgl. hierzu bspw. *Nitsch* (2007), S. 31 sowie *Pohl/Hausmann/Augsten* (2008), S. 92.

Die Beurteilung der Strategiekonformität ergab, dass bei Alternative 1 (klein) und 2 (mittel) geringfügige Anpassungen der Unternehmensstrategie notwendig waren, da es sich zwar um neue Märkte handelte, die Größe der Kunden aber bereits bekannt war. Bei der Entwicklung von Wechselrichtern für große PV-Anlagen war der Markt neu und es kamen ausschließlich große Unternehmen als potentielle Kunden in Frage. Die Produktion mittelgroßer Anlagen würde durch eine neue Technologie zu einem Alleinstellungsmerkmal führen. Bei den anderen beiden Alternativen beherrschten alle bzw. fast alle Konkurrenten die jeweiligen Technologien. Bei allen Projekten würden neue Kernkompetenzen und gänzlich neue Märkte erschlossen. Des Weiteren waren in allen drei Bereichen wenige Technologien verfügbar. Die Bewertung der Patentierbarkeit auf Basis einer Patentrecherche in der Phase 2 zeigte, dass lediglich für Alternative 2 eine Patentierung möglich gewesen wäre. Alle drei Projekte boten die Plattform für weitere Projekte im Bereich Wechselrichter.

Die Bewertung des Risikos ergab, dass sich die drei Alternativen in diesem Bereich relativ ähnlich waren. Unterschiede zeigten sich vor allem darin, dass der Wechselrichter für große Anlagen durch eine längere Nutzungsdauer, geringe Wahrscheinlichkeit der technischen Realisierbarkeit, sehr hohe Entwicklungskosten und Investitionen, einen gänzlich unbekannten Markt, keine Verwendung bestehenden Know-hows und einen höheren Neuheitsgrad im Vergleich zu den anderen beiden Alternativen aufwies.

Abschließend ließ sich basierend auf der durchgeführten Nutzwertanalyse festhalten, dass die Alternativen 1 und 2 eine höhere (identische) Marktattraktivität aufwiesen als die Alternative 3. Weiterhin war die zweite Alternative aus Sicht der Technologie deutlich attraktiver als die anderen beiden. Bzgl. des Risikos wies lediglich die Alternative 3 aufgrund der hohen Unsicherheit und der sehr hohen Entwicklungskosten einen Nachteil auf. Die Gesamtbetrachtung ergab somit, dass die Entwicklung von Wechselrichtern für mittelgroße PV-Anlagen aus Sicht von APtronic am attraktivsten war und das geringste Risiko aufwies. Daher wurde im Anschluss die ausschließliche Weiterentwicklung dieses Projekts verfolgt.

8.2.4 Projektbewertung an Meilenstein 3

In einem weiteren Schritt wurden an **Meilenstein 3** die Bewertungsinstrumente Target Costing, Entscheidungsbaumverfahren und Auswirkungsanalyse mittels Wertkette angewendet, um die finanzielle Attraktivität und die Konsequenzen für das Unternehmen zu beurteilen.

Die Bestimmung des Zielpreises für das Target Costing erfolgte sowohl auf Basis der Marktkenntnis der Vertriebsmitarbeiter als auch auf Basis von Erkenntnissen aus einer Studie zu Wechselrichtern für PV-Anlagen.[664] So konnte eine Prognose des Marktpreises für Wechselrichter im Jahr 2010 basierend auf der Einschätzung des Branchenführers SMA in Höhe von 0,30 Euro pro W identifiziert werden (siehe Abbildung 8-2).[665] Aufgrund der Entwicklungsdauer stellte das Jahr 2010 einen realistischen Markteintrittszeitpunkt für APtronic dar. Diese Vorgehensweise entspricht dem Ansatz Out-of-Competitor. Dies ist im vorliegenden Fall möglich, da bereits ein Markt für Wechselrichter existiert.

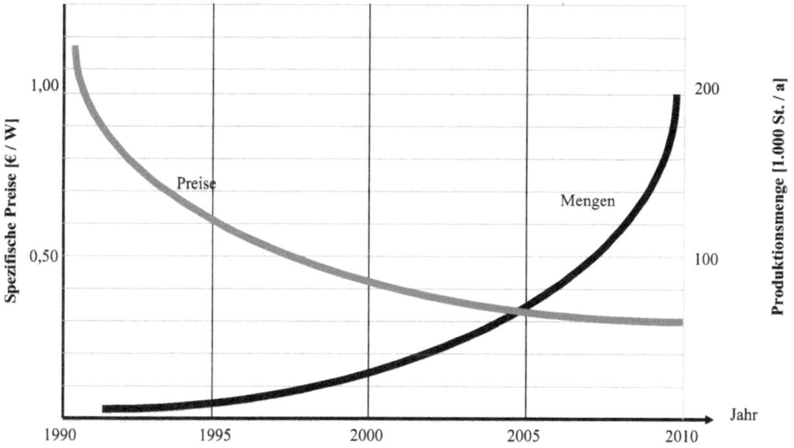

Abbildung 8-2: Kostenverlauf PV-Wechselrichter[666]

Als Grundlage für die Berechnungen diente beispielhaft die Entwicklung eines 3 kW Moduls. Dies führte zu einem Zielpreis von 900 Euro für den Wechselrichter. Davon

---

664 Vgl. *Cramer/Kleinkauf/Ibrahim* (2004).
665 Vgl. *Cramer/Kleinkauf/Ibrahim* (2004), S. 5.
666 Quelle: in Anlehnung an *Cramer/Kleinkauf/Ibrahim* (2004), S. 5.

wurde eine Gewinnmarge von 30 % abgezogen, wobei anzumerken ist, dass diese bereits den Gemeinkostenanteil enthielt. Basierend auf dem entwickelten Konzept wurden Stückkosten in Höhe von 400 Euro aus Sicht der Entwicklung bestimmt. Weiterhin wurden eine Dauer der Marktphase (Produktion) von 5 Jahren und eine jährliche Absatzzahl von 1.000 Stück prognostiziert. Dies erfolgte basierend auf der Branchenkenntnis der Mitarbeiter und verschiedener Studien zur Entwicklung von Photovoltaikanlagen unter Berücksichtigung der maximalen Produktionskapazität von APtronic.[667] Bei Anwendung dieser Methode ergaben sich zulässige Entwicklungskosten und Investitionen in Höhe von 1,15 Mio. Euro (siehe Abbildung 8-3).

Projektname **3 kW Modul**
Projektnummer

Eingaben:	relativ	absolut
Zielpreis	900,00 €	900,00 €
Gewinnmarge	30%	270,00 €
Gemeinkosten	0%	- €

Anzahl Jahre Lebenszyklus	5	
Absatzmenge pro Jahr	1.000	
Stückkosten	400,00 €	
Entwicklungskosten		
Investitionen		

Zielkosten	**630,00 €**
Gesamte Absatzmenge	5.000
Gesamter Umsatz	4.500.000,00 €
Entwicklungskosten pro Stück	- €
Investitionen pro Stück	- €
Istkosten pro Stück	**400,00 €**

Zulässige Gesamtentwicklungskosten und Investitionen: 1.150.000 €

Abbildung 8-3: Target Costing Photovoltaik – Teil 1

Die gesamten Entwicklungskosten und Investitionen wurden vom Unternehmen auf ca. 250.000 Euro geschätzt, was zu folgender Darstellung führte (siehe Abbildung 8-4).

[667] Zu den empirischen Studien vgl. bspw. *Nitsch* (2007), S. 31.

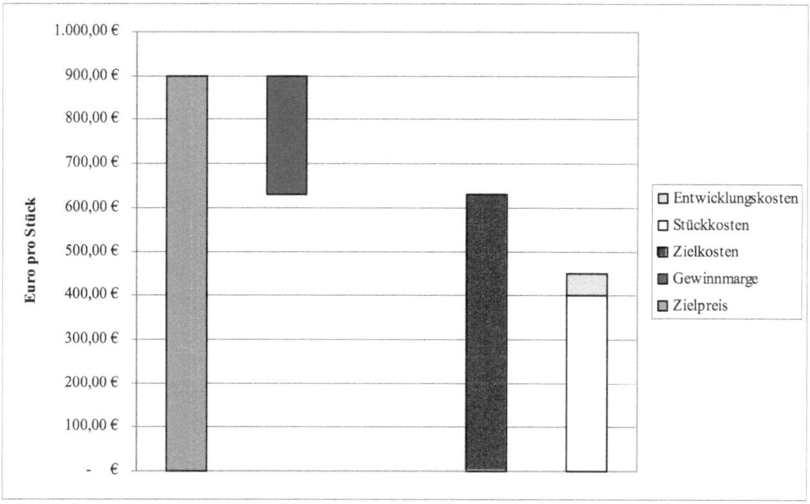

Abbildung 8-4: Target Costing Photovoltaik – Teil 2

Zusätzlich zu der statischen Betrachtung ohne Risikoberücksichtigung mit nur einem Szenario wurde in einem weiteren Schritt das Entscheidungsbaumverfahren angewendet, um das Problem der Datenunsicherheit zu reduzieren.

Dem Entscheidungsbaumverfahren lagen die gleichen Annahmen zu Grunde wie dem Target Costing. Allerdings wurden für den Marktzyklus zwei Szenarien angenommen. Im positiven Fall wurden jährlich 1.000 Stück und im negativen 500 Stück jährlich als Absatz prognostiziert. Der Preis und die Stückkosten wurden konstant gehalten. Somit ergaben sich bei Diskontierung mit einem risikolosen Zinssatz von 5 % (Unternehmensangabe) auf den Zeitpunkt des Markteintritts Einzahlungsüberschüsse über die gesamte Lebensdauer in Höhe von ca. 2,2 Mio. bzw. ca. 1,1 Mio. Euro. Zusätzlich wurden die gesamten Entwicklungskosten und Investitionen auf die einzelnen Phasen des Innovationsprozesses verteilt und dem jeweils vorhergehenden Meilenstein, an dem die Entscheidung über Fortsetzung oder Abbruch getroffen wurde, zugeordnet (siehe Abbildung 8-5). Ebenso wurden die Wahrscheinlichkeiten für das erfolgreiche Passieren eines Meilensteins durch die Beteiligten geschätzt.

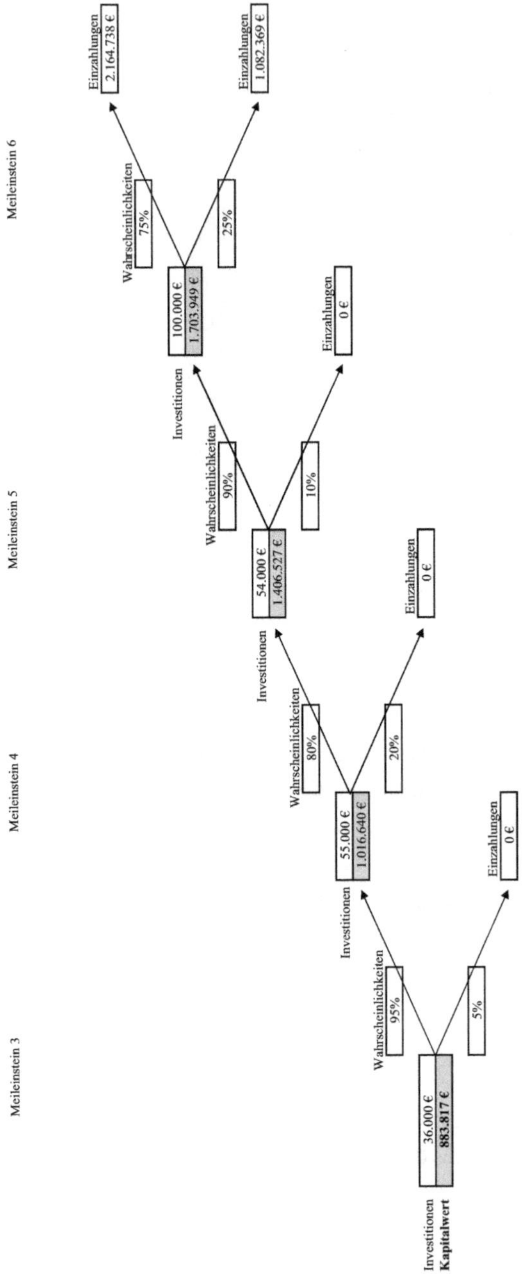

Abbildung 8-5: Entscheidungsbaumverfahren Photovoltaik

Das Entscheidungskriterium an Meilenstein 3 stellt der Kapitalwert dar (graues Feld ganz unten). Dieser war mit einem Wert von 988.255 Euro größer als null. [668] Das Innovationsprojekt konnte somit auch unter Berücksichtigung einer dynamischen Betrachtung und des Risikos als vorteilhaft für das Unternehmen beurteilt werden.

Neben der Bewertung der finanziellen Vorteilhaftigkeit wurden mittels Wertkette und verbaler Argumentation die Auswirkungen des Projekts auf die Produkte und Prozesse des Unternehmens beschrieben. Die Ergebnisse sind in den Abbildungen 8-6 und 8-7 visualisiert.

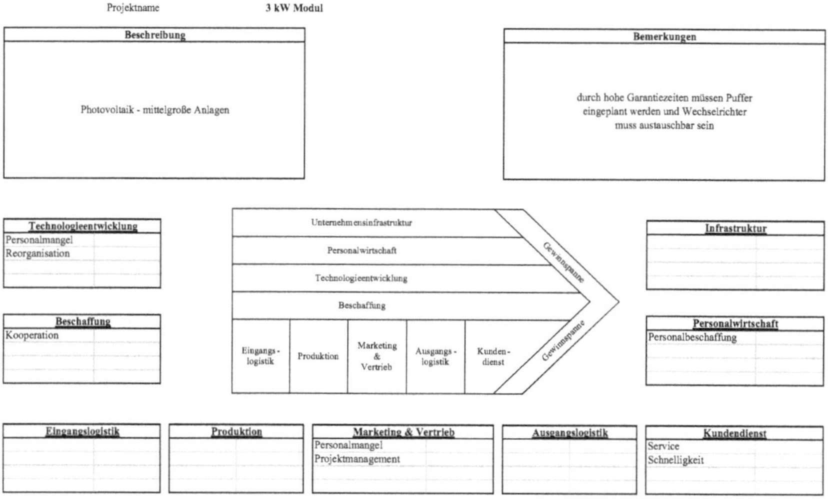

Abbildung 8-6: Auswirkungsanalyse APtronic – Überblick

[668] Aus Gründen der Geheimhaltung und zur Vereinfachung wird angenommen, dass jede Phase einer Periode bei der Abzinsung entspricht.

Beschreibung der Auswirkungen des Projekts

Projektname **3 kW Modul**

Nummer	Kurzbezeichnung	Beschreibung
		Technologieentwicklung
1	Personalmangel	Personalmangel in der Entwicklung (Mechanik und Software)
2	Reorganisation	getrennte Strukturen der Entwicklung (Standard-Geschäft und OEM)
		Beschaffung
3	Kooperation	Kooperation mit Unternehmen im Schaltschrankbau
		Marketing & Vertrieb
4	Personalmangel	Personalmangel im Vertrieb
5	Projektmanagement	Projektmanagement für Angebotserstellung bei mittelgroßen Anlagen
		Kundendienst
6	Service	spezieller Service über Telefon/Internet
7	Schnelligkeit	schnellere Reperaturen
		Personalwirtschaft
8	Personalbeschaffung	Personalbeschaffung Entwicklung und Vertrieb

Abbildung 8-7: Auswirkungsanalyse APtronic – detailliert

Es wurde bspw. offensichtlich, dass bei Einführung der Innovation eine Reorganisation des Unternehmens notwendig war, um getrennte Strukturen der zukünftigen Weiterentwicklungen zu schaffen. Dies wäre erforderlich, da das Standard-Geschäft mit den Wechselrichtern andere Anforderungen stellte als die kundenspezifische Entwicklung für OEMs. Der Nutzen des Instruments bestand dabei vor allem in der übersichtlichen Visualisierung aller Konsequenzen und in der systematischen Diskussion unter Beachtung aller Unternehmensbereiche.

Wie bereits oben beschrieben, konnten die weiteren Instrumente nicht angewendet werden. Da lediglich ein Innovationsprojekt im Portfolio des Unternehmens vorhanden war, konnten ausschließlich die Bewertungsinstrumente für Innovationsprojekte in den jeweiligen Phasen angewendet werden. Es zeigte sich, dass die Instrumente mit den jeweiligen Informationen nutzbar waren und eine **Entscheidungsgrundlage** über Fortsetzung oder Abbruch darstellten. Dabei lag der **Vorteil** vor allem in der Nachvollziehbarkeit der Entscheidungen. Des Weiteren waren die Instrumente leicht verständlich. Der Bewertungsaufwand ist dabei so gering, dass die Instrumente in KMU angewendet werden konnten. Allerdings konnte das Potential des Gesamtkonzepts, das in der Integration von Projektbewertung und Priorisierung liegt, in dieser Fallstudie aufgrund der genannten Probleme nicht nachgewiesen werden.

8.3 Anwendung des Gesamtkonzepts bei der Behr-Hella Thermocontrol GmbH

8.3.1 Beschreibung der Ausgangssituation

Die Anwendung des Gesamtkonzepts und die Darstellung der Ergebnisse bei BHTC beinhalten im Folgenden sowohl reale als auch fiktive Projekte, um eine Verfremdung der Ergebnisse zu erreichen. Somit kann auf der einen Seite die Anwendbarkeit nachgewiesen werden, da reale Projekte bewertet wurden, und auf der anderen Seite sind keine Rückschlüsse auf derzeitige Innovationsprojekte und deren Attraktivität möglich. Aus diesem Grund werden sämtliche Ergebnisse anonymisiert und die Bewertungsergebnisse systematisch verändert (ohne eine Veränderung der Vorteilhaftigkeitsreihenfolge zu bewirken). Dies ist aufgrund des starken Wettbewerbs in der Branche und der hohen Bedeutung von Innovationen notwendig. Die Vorgehensweise wird in dieser Fallstudie an einem bereits abgeschlossenen Innovationsprojekt erläutert, wobei die jeweils verfügbaren Informationen zu den entsprechenden Zeitpunkten verwendet werden. [669]

Die Budgetierung für den Innovationsbereich erfolgte im Unternehmen jährlich auf Basis des bisherigen Budgets und einer Analyse des zukünftigen Bedarfs. Durch die Abstimmung des top-down-Budgets mit den Bedarfen der einzelnen Innovationsprojekte wurde dabei das vorgestellte Gegenstromverfahren bereits realisiert.

Grundlegend ergab sich durch die Anwendung des Gesamtkonzepts, dass das vorgestellte Phasenmodell des Innovationsprozesses den Prozess bei BHTC widerspiegelt.

Die Problemstellung bei dem betrachteten Innovationsprojekt lag in der Debatte um **CO_2-Reduzierungen** im Automobilbereich. Aufgrund der ggf. anstehenden CO_2-Obergrenze für Neufahrzeuge durch die EU[670] stieg der Druck auf die Zulieferer in der Branche, den CO_2-Ausstoß, den ihre Komponenten verursachen, zu reduzieren.[671] Zu

---

[669] Zu den jeweiligen Darstellungen der Bewertungsergebnisse vgl. auch *Kuchenbuch/Heesen* (2009).

[670] Vgl. *Europäische Kommission* (2008).

[671] So sieht bspw. eine Studie der Unternehmensberatung *Oliver Wyman* die Reduzierung von CO_2-Emissionen und des Kraftstoffverbrauchs als die größten Herausforderungen der Branche an. Vgl. *Oliver Wyman* (2008), S. 7. In der derzeitigen Krise der Automobilwirtschaft stellen günstige Fahrzeuge mit niedrigen CO_2-

diesem Zweck wurde im Unternehmen ein Bedarf zur Reduzierung des Energieverbrauchs in der Fahrzeugklimatisierung offensichtlich. Ein Teil der Energie wurde dabei durch den sog. Gebläseregler verbraucht. Dieser wird daher im Anschluss kurz dargestellt.

Ein Gebläseregler steuert den Motor der Gebläseanlage des Fahrzeugs, so dass die gewünschte Luftmenge in das Fahrzeug gelangt. Hierzu werden sog. Linearregler verwendet. Diese sind aufgrund ihrer einfachen Bauart relativ günstig in der Herstellung und beliebt bei den OEMs. Allerdings weisen die Linearregler zwei große Nachteile auf. Zum einen sind sie auf eine maximale Leistung von 28 Ampere begrenzt. Zum anderen wird ein großer Teil der elektrischen Spannung in Wärme umgewandelt und ungenutzt abgegeben (siehe Abbildung 8-8).

Die Darstellung der Funktionsweise eines Linearreglers soll anhand eines Beispiels erfolgen. Angenommen, ein Motor zur Steuerung des Gebläses benötigt eine Spannung von 2 V und die Spannung, die am Regler aus dem Stromkreislauf des Fahrzeugs ankommt, beträgt 12 V, so leitet der Linearregler über die gesamte Betriebszeit eine Spannung von 2 V an den Motor weiter; die restlichen 10 V werden als Wärme über den Kühlkörper an die Umwelt abgegeben. Dies führt dazu, dass ein Großteil der elektrischen Spannung ungenutzt bleibt.

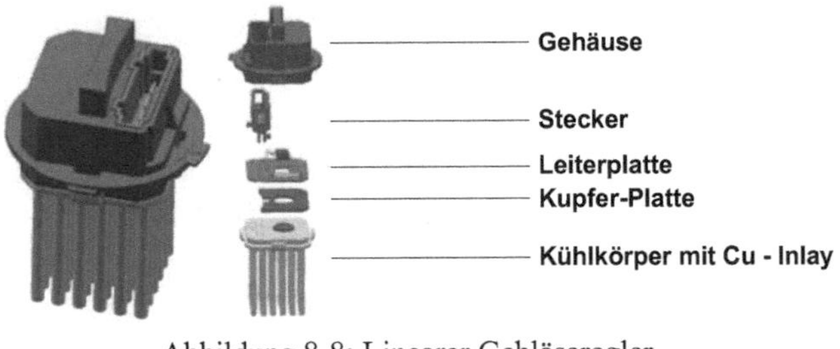

Abbildung 8-8: Linearer Gebläseregler

Emissionen zusätzlich eine Möglichkeit dar, sich von Konkurrenten abzuheben und somit das Bestehen des Unternehmens zu sichern.

8.3.2 Projektbewertung an Meilenstein 1

Als Konsequenz ergab sich der Bedarf eines neuartigen Gebläsereglers, der eine effizientere Nutzung der elektrischen Spannung ermöglichte. Die grundlegende Beschreibung des Innovationsfelds ist in Tabelle 8-2 dargestellt.

Name des Innovationsfeldes: Senkung des Energieverlustes bei Gebläsereglern
Beschreibung: Entwicklung eines Gebläsereglers, der eine effizientere Stromnutzung ermöglicht
Checkliste:

Kriterium	Beschreibung/Ausprägung
Ist das Innovationsfeld strategiekonform?	☒ Ja ☐ Nein – genereller Trend in der Branche zur Reduzierung des CO_2-Ausstoßes; die Herstellung von Gebläsereglern stellt einen der Kerngeschäftsbereiche von BHTC dar
Welche Kernkompetenzen werden beeinflusst?	Entwicklung bzw. Weiterentwicklung von Gebläsereglern
Zielkunden identifiziert?	☒ Ja ☐ Nein – potentiell alle Kunden, die bisher Gebläseregler bezogen haben
Bereits Kunden vorhanden?	☐ Ja ☒ Nein
Bedeutung der/des Kunden	hoch
Herkunft des Innovationsfeldes	Markttrend
Entwicklungspersonal vorhanden (qualitativ)?	☒ Ja ☐ Nein
Entwicklungspersonal vorhanden (quantitativ)?	☒ Ja ☐ Nein
Neues Feature oder werden bestehende Bestandteile ersetzt?	☒ bestehend ☐ neu
Handelt es sich um einen neuen oder bekannten Markt?	☒ bekannt ☐ neu

Tabelle 8-2: Checkliste Gebläseregler

Auf Basis der dargestellten Checkliste ließ sich die Entscheidungsempfehlung ableiten, dass das Innovationsfeld für das Unternehmen interessant war und weiter verfolgt werden sollte (ohne Berücksichtigung weiterer Projekte). Dies lag vor allem an der Strategiekonformität, dem vorhandenen Entwicklungspersonal und dem dominanten Markttrend der CO_2-Reduzierung bei Fahrzeugen. Mögliche Kannibalisierungseffekte waren zwar bei Umsetzung der Innovation zu erwarten; allerdings könnte eine Ablehnung dieses Innovationsfelds dazu führen, dass die Kunden zu Konkurrenten gehen, die CO_2-effizientere Gebläseregler anwenden. Daher blieb festzuhalten, dass dieses Innovationsfeld im Branchenumfeld von hoher Bedeutung für das Unternehmen und den Bereich Gebläseregler war.

8.3.3 Projektbewertung an Meilenstein 2

Im Anschluss an diesen Meilenstein wurden Ideen generiert, wie das Ziel der effizienteren Stromnutzung realisiert werden könnte. Die einzige realistische Idee, die in diesem Zusammenhang an **Meilenstein 2** bewertet werden musste, war ein sog. **getakteter Gebläseregler**. Der Gedanke hinter dieser Idee bestand darin, dass die Spannung nicht über einen großen Kühlkörper an die Umwelt abgegeben wird, sondern die Zielspannung für den Gebläseregler über ein hochfrequentes Ein- und Ausschalten des Reglers erfolgt. So würde im Rahmen des o. g. Beispiels die Eingangsspannung von 12 V komplett an den Motor des Gebläsereglers weitergegeben, ohne dass der Großteil der Spannung über Wärme an die Umwelt abgegeben werden müsste. Die Zielspannung von 2 V in diesem Beispiel würde dabei über eine entsprechende Frequenz von Ein- und Ausschalten erreicht, so dass im Endeffekt eine dauerhafte Spannung von 2 V zum Motor gelangt. Die Zeiten, in denen kein Strom fließt, sind dabei durch die hohe Frequenz unbedeutend.

In dem vorliegenden Anwendungsbeispiel wurden sämtliche Innovationsprojekte mittels **Nutzwertanalyse** im Vorfeld des Meilensteins einzeln anhand der Kriterien bewertet und anschließend Unklarheiten und große Unterschiede zwischen den Bewertungsträgern diskutiert. Im Folgenden werden daher die Bewertungsergebnisse für die einzelnen Kriterien beschrieben. Die weiteren Ideen an diesem Meilenstein werden lediglich zur Darstellung des Portfolios verwendet; eine detaillierte Beschreibung der Bewertungsergebnisse erfolgt nicht.

Die Anwendung der Nutzwertanalyse setzt die Bestimmung der Kriteriengewichtung (innerhalb der Kategorien und zwischen diesen) voraus. Im vorliegenden Beispiel wurden die Unterkriterien innerhalb einer Kategorie jeweils gleich gewichtet. Die aus Sicht der Branchengegebenheiten wichtigste Kategorie stellte die Marktattraktivität (50 %) dar; gefolgt vom Risiko (30 %) und der Technologieattraktivität (20 %). Als

Skala und Beschreibung der Kriterienausprägungen wurde dem dargestellten Vorschlag (siehe Tabelle 7-2 bis 7-4 auf den Seiten 198 bis 200) gefolgt.

In der Kategorie **Marktattraktivität** wurde das Marktvolumen der Idee als hoch mit einem mittleren Wachstum eingeschätzt, da prinzipiell jedes Fahrzeug einen Gebläseregler benötigt und als Markt somit der gesamte Automobilmarkt in Frage kam. Die Wettbewerbssituation im Markt war durch einen Preiswettbewerb zwischen den Konkurrenten ohne Differenzierungsmöglichkeiten gekennzeichnet, da die bisherige Variante ein Standardprodukt[672] verschiedener Zulieferer war. Die Eintrittsbarrieren wurden aus Sicht des Unternehmens als gering betrachtet, da ein bisheriges Produkt ersetzt und somit nicht in einen neuen Markt eingetreten würde. Die Bedeutung der potentiellen Kunden wurde hingegen als hoch eingeschätzt, da ein getakteter Gebläseregler (bei einem entsprechenden Preis) prinzipiell für alle OEMs in Frage kam. Bezüglich des Nutzenzuwachses wurden gänzlich neue Möglichkeiten für die Kunden gesehen, da eine solche Technologie potentiell eine sehr hohe Einsparung an Stromverbrauch in der Klimatisierung ermöglichte. Allerdings war eine Kostensteigerung im Vergleich zu linearen Gebläsereglern zu vermuten, da ein getakteter Gebläseregler deutlich komplexer wäre und teurere Bauteile beinhalten würde.

Die **Technologieattraktivität** der Innovation wurde dabei wie folgt eingeschätzt. Die Innovation stimmte vollständig mit der Unternehmensstrategie überein, da sie einen Kernbereich des Unternehmens (Gebläseregelung) berührte und das Bild des Unternehmens als Technologieführer stärkte. Des Weiteren besaß die Idee das Potential, ein Alleinstellungsmerkmal für BHTC im Markt zu sein. Die Lerneffekte bestanden in der Erweiterung bestehender Kompetenzen, v. a. in der Entwicklung und Weiterentwicklung kundenspezifischer Gebläseregler. Ein neuer Markt wurde hingegen nicht erschlossen, da es sich um ein bestehendes Geschäftsfeld des Unternehmens handelte. Die Bedeutung auf dem Markt wurde als mittel eingeschätzt, da nur wenige Technologien im Bereich der Gebläseregelung vorhanden waren. Eine Patentierung war unwahrscheinlich, da diese Technologie nicht etwas prinzipiell Neues darstellte, sondern lediglich auf einen neuen Bereich angewendet wurde. Des Weiteren wurden nur kleine oder mittelgroße Folgeprojekte gesehen, die vor allem in der kundenspezifischen Weiterentwicklung der Technologie lagen.

---

[672] Vgl. Kapitel 2.9.3.

In der Kategorie **Risiko** wurde die potentielle Nutzungsdauer im Markt als durchschnittlich (im Sinne einer Modellgeneration bei Automobilen) eingestuft, da davon auszugehen war, dass BHTC und die Konkurrenten in Zukunft weitere Versuche zur CO_2-Reduktion auch im Bereich der Gebläseregelung anstreben. Die Wahrscheinlichkeit der technischen Umsetzung wurde als hoch eingeschätzt, da es sich (lediglich) um die Anwendung einer bekannten Technologie auf ein neues Gebiet handelte. Da als Einführungszeitpunkt vor allem Fahrzeuge mit großen Stückzahlen in Frage kamen, mussten deren wahrscheinliche Markteinführungszeitpunkte mit der prognostizierten Entwicklungszeitdauer verglichen werden. Daher ergab sich ein geringer Zeitpuffer. Die benötigten Investitionen waren relativ gering, da bereits Entwicklungsanlagen und Prüfstände, die den größten Teil der Investitionen ausmachten, im Unternehmen zur Verfügung standen. Die Entwicklungsaktivitäten der Konkurrenten und Kunden wurden als gering eingeschätzt. Die CO_2-Reduzierung war zwar von großer Bedeutung für die Branche, es gab jedoch keine Hinweise auf Entwicklungsaktivitäten zum damaligen Zeitpunkt (obwohl zukünftig mit Entwicklungen zu rechnen war). Das Unternehmen hatte relativ gute Marktkenntnisse, da es sich um ein bestehendes Geschäftsfeld handelte und BHTC (wie für KMU in der Branche typisch) über sehr gute Kontakte zu den OEMs verfügte. Bzgl. der letzten beiden Kriterien bestand die Möglichkeit, z. T. existierende Komponenten und bestehendes Know-how für die Entwicklung und das Endprodukt zu verwenden.

Die gesamte Bewertung der Innovation getakteter Gebläseregler (P1) sowie die weiteren aktuellen (z. T. fiktiven) Innovationen (P2 bis P6) an dem Meilenstein sind in Abbildung 8-9 dargestellt.

		Alternativen					
	Kriterien	P1	P2	P3	P4	P5	P6
1.	**Marktattrativität**	**2,24**	**2,10**	**1,68**	**1,54**	**1,96**	**1,68**
1.1	Marktvolumen	0,42	0,14	0,14	0,14	0,28	0,14
1.2	Marktwachstum	0,28	0,42	0,42	0,42	0,42	0,42
1.3	Wettbewerbsituation	0,14	0,14	0,14	0,14	0,14	0,14
1.4	Eintrittsbarrieren	0,42	0,28	0,28	0,28	0,14	0,28
1.5	Bedeutung der Kunden	0,42	0,42	0,28	0,14	0,28	0,28
1.6	Nutzenzuwachs Kunde	0,42	0,28	0,28	0,14	0,28	0,28
1.7	Kostenvorteil Kunde	0,14	0,42	0,14	0,28	0,42	0,14
2.	**Technologieattraktivität**	**2,10**	**2,24**	**2,24**	**1,96**	**2,24**	**2,24**
2.1	Strategiekonformität	0,42	0,42	0,42	0,42	0,28	0,14
2.2	Differenzierungsvorteil	0,42	0,28	0,42	0,14	0,28	0,28
2.3	Lerneffekte	0,28	0,42	0,42	0,14	0,42	0,42
2.4	Erschließung neuer Märkte	0,14	0,14	0,14	0,42	0,28	0,42
2.5	Bedeutung auf dem Markt	0,28	0,28	0,28	0,14	0,28	0,28
2.6	Patentsituation	0,28	0,28	0,14	0,28	0,28	0,28
2.7	Möglichkeit zu Folgeprojekten	0,28	0,42	0,42	0,42	0,42	0,42
3.	**Risiko**	**2,31**	**1,98**	**2,20**	**2,20**	**1,87**	**1,98**
3.1	Potentielle Nutzungsdauer	0,22	0,22	0,22	0,22	0,22	0,22
3.2	Wahrscheinlichkeit technische Umsetzung	0,33	0,33	0,33	0,33	0,22	0,33
3.3	Entwicklungsdauer ggü. Time-to-Market	0,22	0,11	0,11	0,11	0,22	0,11
3.4	Höhe benötigter Investitionen	0,33	0,33	0,33	0,33	0,22	0,22
3.5	Entwicklungsaktivitäten Konkurrenten	0,22	0,11	0,11	0,11	0,22	0,11
3.6	Entwicklungsaktivitäten Kunden	0,22	0,11	0,22	0,11	0,22	0,22
3.7	Bekanntheit des Marktes	0,33	0,33	0,33	0,33	0,11	0,33
3.8	Verwendbarkeit bestehendes Know-how	0,22	0,22	0,33	0,33	0,22	0,22
3.9	Neuheitsgrad	0,22	0,22	0,22	0,33	0,22	0,22
	Gesamtpunktzahl	**2,23**	**2,09**	**1,95**	**1,82**	**1,99**	**1,88**
	Rang	**1**	**2**	**4**	**6**	**3**	**5**

Abbildung 8-9: Nutzwertanalyse BHTC[673]

Neben der Beurteilung der Einzelattraktivität der Innovation werden im Folgenden die **Interdependenzen** zwischen den Innovationen mittels **MIIET** beurteilt. Dabei wird lediglich die Interdependenzart synergetische Ressourcennutzung ausführlich dargestellt, da diese anschaulich beschrieben werden kann, ohne auf Details der weiteren Innovationen eingehen zu müssen (siehe Tabelle 8-3). Die Beurteilung der Interdependenzstärke erfolgte dabei auf Basis der Unternehmens- und Projektkenntnis des Autors nach Rücksprache mit Mitarbeitern von BHTC.

Zwischen der Innovation getakteter Gebläseregler und den anderen Innovationen bestanden keinerlei Synergiemöglichkeiten, da sie zu verschieden waren. Die Innovationen P2 bis P6 befassten sich vor allem mit der innovativen Steuerung von Klimabediengeräten und wiesen daher eher Synergien untereinander auf. So bestand bspw.

[673] Alle Werte sind auf die zweite Nachkommastelle gerundet. Diese gerundeten Werte werden ebenso für die jeweils folgenden Berechnungen verwendet.

zwischen P2 und P3 die Möglichkeit, dass Softwaremodule und Prüfstände, die angeschafft werden müssten, gemeinsam genutzt werden könnten, falls beide Projekte realisiert würden. Ebenso waren ähnliche Synergien zwischen P5 und P6 zu erwarten.

Synergetische Ressourcennutzung

	P1	P2	P3	P4	P5	P6	Vorteilhaftigkeit	relative Bedeutung
P1	1	1	1	1	1	1	1,0000	0,1333
P2	1	1	9	1	1	1	1,4422	0,1923
P3	1	9	1	1	1	1	1,4422	0,1923
P4	1	1	1	1	1	1	1,0000	0,1333
P5	1	1	1	1	1	5	1,3077	0,1744
P6	1	1	1	1	5	1	1,3077	0,1744
							7,4998	1,0000

Tabelle 8-3: Synergetische Ressourcennutzung bei BHTC

Die folgende Tabelle liefert einen Überblick über die gesamte Interdependenzstärke der Innovationen, wobei als Gewichtung der Interdependenzarten die Werte aus Tabelle 6-6 (Seite 182) als typisch für die Automobilzulieferindustrie angesehen und daher verwendet werden konnten.

	Vorteilhaftigkeit	relative Bedeutung	Rang
P1	1,0000	0,1680	3
P2	1,3189	0,2173	1
P3	1,2744	0,2115	2
P4	0,8047	0,1312	5
P5	0,9759	0,1563	4
P6	0,7559	0,1157	6

Tabelle 8-4: Gesamte Interdependenzstärke der Innovationen bei BHTC

Es war ersichtlich, dass die Innovation getakteter Gebläseregler keinerlei Interdependenzen zu den anderen Projekten aufwiesen. Dies lag v. a. an der unterschiedlichen Ausrichtung (Klimabediengeräte und Gebläseregler) der Projekte. Zwischen den Innovationen P2 und P3 lagen hingegen überwiegend positive Interdependenzen vor. Die restlichen drei Innovationen wiesen überwiegend negative Abhängigkeiten auf, was vor allem an starken Kannibalisierungseffekten zwischen den Projekten bei Markteinführung lag.

Zur Ableitung von **Handlungsempfehlungen** bzgl. der Fortführung bzw. des Abbruchs der Innovationen wurden die einzelnen Innovationen entsprechend den oben beschriebenen Werten in die **Nutzwert-Interdependenzstärke-Portfolio-Darstellung** eingetragen (siehe Abbildung 8-10), wobei die Kreisdurchmesser die geschätzten Entwicklungskosten der Innovation repräsentieren.

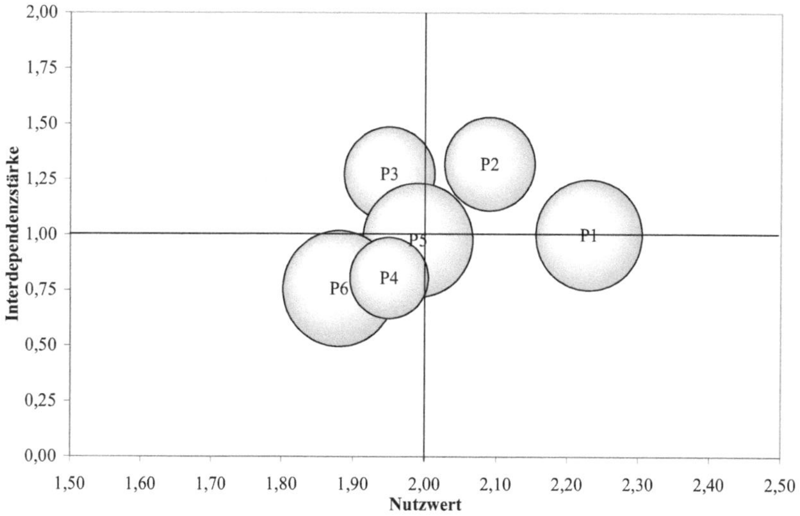

Abbildung 8-10: Nutzwert-Interdependenzstärke-Portfolio-Darstellung BHTC

Auf Basis dieser Visualisierung würden sich folgende Handlungsempfehlungen ergeben (siehe Kapitel 7.3). Demnach wären die Innovationen P4 und P6 abzubrechen, da sie hauptsächlich negative Auswirkungen auf das Portfolio haben und einen Nutzwert kleiner zwei aufweisen. Wird dieser Empfehlung gefolgt, so ist eine Neubewertung der Interdependenzstärken der übrigen Projekte notwendig, da die bisher berücksichtigten Beziehungen zu P4 und P6 in diesem Fall nicht mehr vorhanden wären. Daraus ergäbe sich die folgende Darstellung.

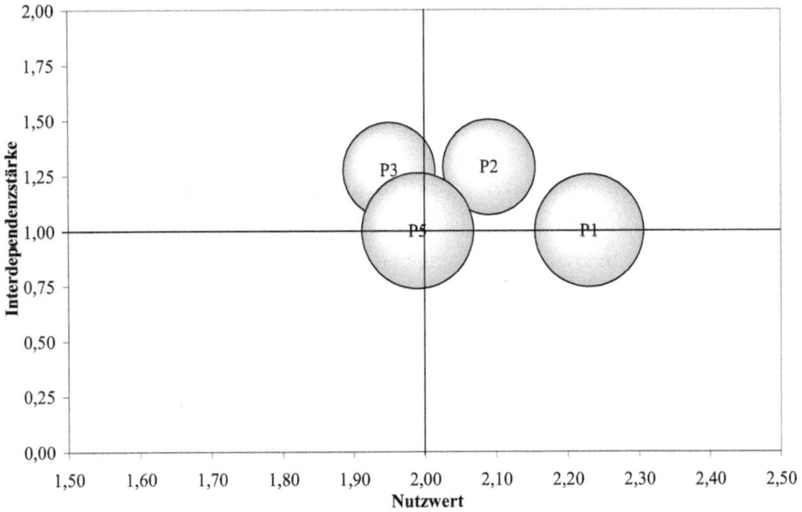

Abbildung 8-11: Nutzwert-Interdependenzstärke-Portfolio-Darstellung BHTC (ohne P4 und P6)

Auf Basis dieser Abbildung des Portfolios ließ sich die Handlungsempfehlung ableiten, dass P2 auf jeden Fall fortgesetzt werden sollte. Darüber hinaus weist die Innovation P1 (getakteter Gebläseregler) einen hohen Nutzwert und keine negativen Abhängigkeiten auf, so dass diese ebenfalls fortgesetzt werden sollte. Einen Grenzfall stellte P5 dar, das knapp an der Grenze von zwei lag. Aufgrund der verfügbaren Ressourcen könnte diese Innovation jedoch ebenfalls fortgesetzt werden. Die Innovation P3 war zwar einzeln betrachtet für das Unternehmen nicht so attraktiv wie die anderen, aufgrund der positiven Interdependenzen zu den anderen Innovationen (v. a. zu P2) sollte dieses Projekt jedoch ebenfalls fortgeführt werden. Somit ergäbe sich als Handlungsempfehlung, die Innovationen P1, P2, P3 und P5 in die Phase der Konzepterstellung zu übernehmen. Diesen Projekten sollten entsprechend der Ressourcenbedarfsplanung Budgets zugewiesen werden. Dies war in dem vorliegenden Fall für die nächsten beiden Jahre notwendig, da alle Projekte etwa eine geplante Laufzeit von zwei Jahren hatten.

Dabei war darauf zu achten, dass nicht das gesamte verfügbare Budget des Jahres fest zugewiesen wurde, um genügend Freiraum der Mitarbeiter im Entwicklungsbereich zu gewährleisten. Im vorliegenden Fall sollte dieser Freiraum etwa 5–10% des ermittelten

Gesamtbudgets betragen.[674] So war sichergestellt, dass neue Innovationsfelder und Ideen in den Innovationsprozess gelangen. Sollten sich diese vor Abschluss der laufenden Projekte als attraktiver erweisen, müssen entweder zusätzliche Ressourcen zur Verfügung gestellt werden oder ein Abbruch laufender Projekte entsprechend der Portfolio-Priorisierung wäre notwendig gewesen.

8.3.4 Projektbewertung an Meilenstein 3

Die folgende Phase ergab für den getakteten Gebläseregler das in Abbildung 8-12 dargestellte Konzept. Diese Form eines Gebläsereglers ermöglichte nach ersten Berechnungen eine Reduktion der Verlustleistung um ca. 50 % und zusätzlich konnte ein höherer maximaler Motorstrom von ca. 31 Ampere erreicht werden. Allerdings war das Konzept in dieser Form deutlich komplexer und wies somit auch einen höheren Stückpreis auf als ein linearer Gebläseregler.

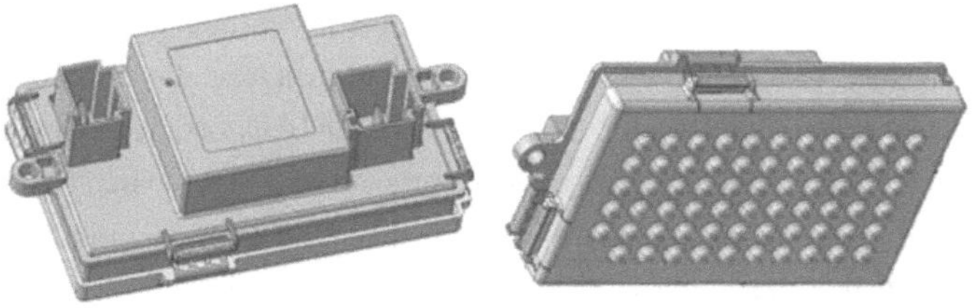

Abbildung 8-12: Getakteter Gebläseregler

Basierend auf dem erarbeiteten Konzept würden sich bei Realisierung Stückkosten von 4,80 Euro ergeben. Dieser Wert konnte mittels einer Stückliste, die aus dem Konzept stammte, und den bisher bekannten Einkaufspreisen und Produktionskosten ermittelt werden. Zudem wurden die geplante Gewinnmarge von 7,5 % und der Gemeinkostenzuschlag von 10 % für die folgende Rechnung im Target Costing verwendet. Es wurde ein Ziel-/Marktpreis in Höhe von 6,75 Euro ermittelt. Dieser konnte dabei wie folgt bestimmt werden. Da die Innovation im Markt bisher nicht existierte, konnte der Out-of-Competitor-Ansatz nicht angewendet werden. Allerdings ersetzt die Innovation mit dem linearen Gebläseregler ein bereits am Markt existierendes Produkt, das ebenfalls von BHTC angeboten wurde. Somit konnte prinzipiell der Out-of-Standardcost-Ansatz des Target Costings verwendet werden. Dieser setzt an dem Marktpreis für das zu er-

---

[674] Vgl. *McDonough/Spital* (2003), S. 44.

setzende Produkt an, der sich in diesem Fall auf 4,80 Euro belief. Da die Innovation im Vergleich zu dem bestehenden Produkt jedoch einen höheren Nutzen für den OEM stiftete und eine neue Funktion beinhaltete, konnte dieser Wert nicht als Zielpreis angesetzt werden. Auf Basis des bisherigen Preises wurden dementsprechend Anpassungen hinsichtlich der eingesparten Verlustleistung berücksichtigt. Diese geringe Verlustleistung führt dazu, dass weniger Spannung und damit auch weniger Treibstoff zur Erzeugung des Stroms für den Betrieb des Gebläsereglers benötigt wird. Ein gesunkener Treibstoffbedarf wiederum führt zu einer Senkung des CO_2-Ausstoßes. Im Hinblick auf die Ankündigungen der Europäischen Kommission zu den Strafen für die Automobilhersteller, die bei Überschreiten eines bestimmten Grenzwerts für jedes Fahrzeug gezahlt werden müssen, konnte eine Einsparung an „CO_2-Strafe" für den OEM berechnet werden.[675] Diese liegt im vorliegenden Fall bei 1,95 Euro pro (Stück-) Gebläseregler. Unter der Annahme, dass die OEMs nicht bereit waren, mehr als diese Einsparung zu bezahlen, konnte der Wert von 6,75 Euro somit als maximaler Zielpreis für den getakteten Gebläseregler angesetzt werden. Des Weiteren wurde ein Lebenszyklus von ca. fünf Jahren geplant, da aufgrund der hohen Entwicklungsdynamik davon auszugehen war, dass für die übernächsten Modellgenerationen bereits weitere Innovationen zu erwarten waren, die den getakteten Gebläseregler ablösen werden. Basierend auf dem bestehenden Absatz an Gebläsereglern, dem Wissen über potentielle Zielkunden und -fahrzeuge und der maximalen Produktionskapazität wurden des Weiteren 1.000.000 Stück pro Jahr als realistische Absatzzahl angesehen. Somit standen für den ersten Ansatz alle benötigten Daten für die Anwendung des Target Costings zur Verfügung. Wie in Abbildung 8-13 ersichtlich, ergaben sich maximal zulässige Entwicklungskosten und Investitionen i. H. v. ca. 3,85 Mio. Euro.

[675] Auf Basis der aktuellen Diskussion einer Strafzahlung von 95 Euro pro g CO_2 pro km, die über dem Richtwert von 120 g/km liegen, ergäben sich Mehrkosten von 2.850 Euro für ein Fahrzeug mit durchschnittlichem CO_2-Ausstoß innerhalb der EU. Vgl. hierzu *VDA* (2008), S. 19-21.

Eingaben:	relativ	absolut
Zielpreis	6,75 €	6,75 €
Gewinnmarge	7,5%	0,51 €
Gemeinkosten	10%	0,68 €

Anzahl Jahre Lebenszyklus	5	
Absatzmenge pro Jahr	1.000.000	
Stückkosten	4,80 €	
Entwicklungskosten		
Investitionen		

Zielkosten	**5,57 €**
Gesamte Absatzmenge	5.000.000
Gesamter Umsatz	33.750.000,00 €
Entwicklungskosten pro Stück	- €
Investitionen pro Stück	- €
Istkosten pro Stück	**4,80 €**

Zulässige Gesamtentwicklungskosten und Investitionen: 3.843.750 €

Abbildung 8-13: Target Costing getakteter Gebläseregler – Teil 1

Bei der Ermittlung der zulässigen Entwicklungskosten und Investitionen wurden im Rahmen des zweiten Ansatzes für das Target Costing die geplanten Kosten und Investitionen pro Stück ermittelt und dem Zielpreis gegenübergestellt. Zur Vermeidung von Doppelarbeiten wurden diese Entwicklungskosten und Investitionen auf Ebene der einzelnen Phasen im Innovationsprozess geschätzt. In Abstimmung mit der Controlling- und Entwicklungsabteilung wurden basierend auf den Erfahrungen bisheriger Innovationsprojekte (v. a. des linearen Gebläsereglers) jeweils die Entwicklungskosten (aufgeteilt in die Kostenkategorien Personalkosten für Software- und Hardwareentwicklung, Konstruktion, Design, Einkauf und Produktionstechnik) sowie Investitionen in den einzelnen Bereichen (z. B. für Muster) prognostiziert.

Die gesamten Entwicklungskosten (inkl. der Investitionen im Innovationsprozess) beliefen sich demnach auf ca. 2,1 Mio. Euro; hinzu kamen etwa 1,5 Mio. Euro an Investitionen für die Markteinführung. Die Berechnung der späteren Herstellkosten, Entwicklungskosten und Investitionen pro Stück ergab dabei einen Wert von 5,52 Euro. Dieser wurde, wie in Abbildung 8-14 ersichtlich, den Zielkosten i. H. v. 5,57 Euro graphisch gegenübergestellt. Es zeigte sich, dass die Innovation aus wirtschaftlichen Gesichtspunkten für das Unternehmen unter den gegebenen Annahmen interessant war.

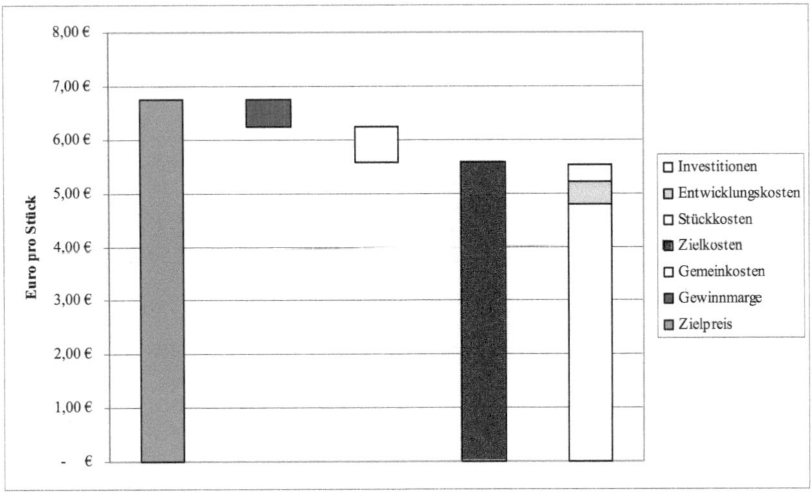

Abbildung 8-14: Target Costing getakteter Gebläseregler – Teil 2

Allerdings handelt es sich bei dem Target Costing um eine statische Betrachtung, die nicht dem Risiko und der Flexibilität im Innovationsprozess Rechnung trägt. Zu diesem Zweck wurde die Bewertung der finanziellen Attraktivität um die Entscheidungsbaumanalyse erweitert. Die (geschätzten) Daten zu Herstell- und Entwicklungskosten, Investitionen, Lebensdauer des Produkts, jährlichen Absatzzahlen und Marktpreis waren bereits aus dem Target Costing bekannt. Somit fehlten zur Aufstellung des Entscheidungsbaums lediglich die Wahrscheinlichkeiten, ob die einzelnen Phasen erfolgreich durchlaufen werden können.

Basierend auf Gesprächen mit Mitarbeitern der Entwicklungsabteilung ließen sich dabei die in Abbildung 8-15 dargestellten Wahrscheinlichkeiten angeben. Diese waren relativ hoch, da z. T. auf bekannte Komponenten und vorhandenes Know-how aufgesetzt werden konnte. Die Betrachtung des Projekts wurde durch Berücksichtigung von zwei Szenarien erweitert. So wurde in der vorliegenden Analyse davon ausgegangen, dass mit 75 %iger Wahrscheinlichkeit ein Marktpreis i. H. v. 6,75 Euro realisiert werden kann. Da bezüglich dieses Werts jedoch die größte Unsicherheit im Vergleich zu den relativ gut prognostizierbaren Absatzzahlen (basierend auf Studien zu den Entwicklungen verschiedener Fahrzeugmodelle) bestand, wurde mit 25 %iger Wahrscheinlichkeit erwartet, dass ein niedrigerer Preis, in diesem Fall von 6,00 Euro, erzielt werden konnte. Die Diskontierung der Einzahlungsüberschüsse für beide Szenarien war dabei im Entscheidungsbaum als Einzahlungen nach Meilenstein 6 angesetzt. Des Weiteren wurden die Entwicklungskosten, wie oben beschrieben, zu den jeweiligen Phasen zugeordnet. Das Kriterium zur Entscheidung über Fortführung oder Abbruch unter rein finanziellen Gesichtspunkten stellte der Kapitalwert am jeweiligen Meilenstein dar. Dies war im vorliegenden Fall an M3 ein Kapitalwert von etwa 1,7 Mio. Euro. [676] Auf Basis dieser Ergebnisse ließ sich somit die Handlungsempfehlung ableiten, dass das Projekt fortgesetzt werden sollte.[677]

[676] Auch hier wird aus Gründen der Geheimhaltung und zur Vereinfachung angenommen, dass jede Phase einer Periode bei der Abzinsung entspricht.

[677] Die statische Betrachtung im Target Costing hätte hingegen bei einem Verkaufspreis von 6,00 Euro auf einen Abbruch des Projekts hingedeutet.

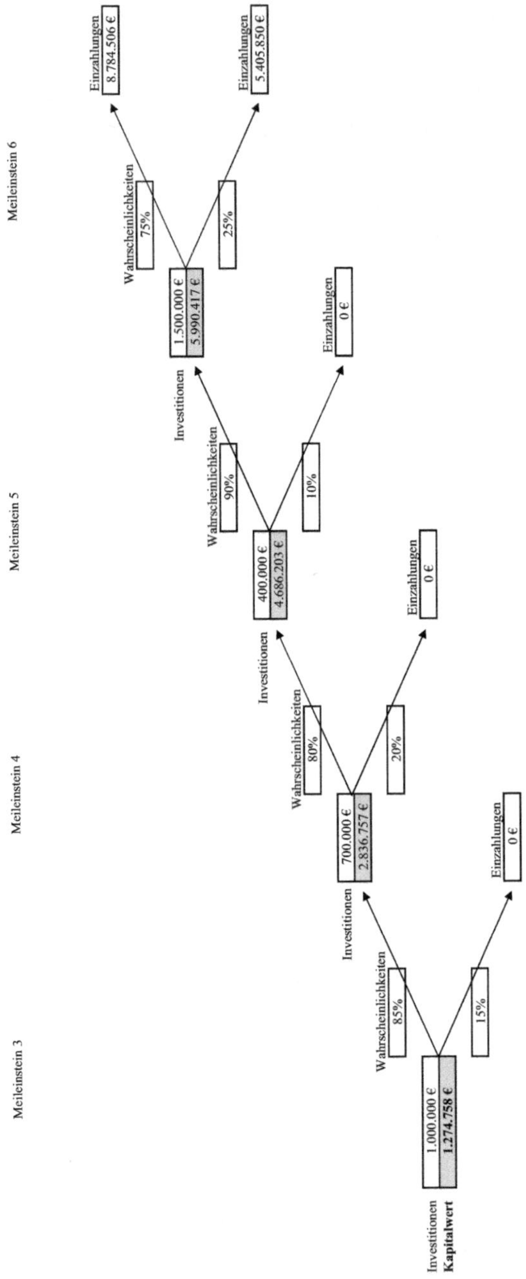

Abbildung 8-15: Entscheidungsbaumverfahren getakteter Gebläseregler

Allerdings erfassen die Analysen nicht die Auswirkungen der Innovation auf bestehende Produkte und Prozesse des Unternehmens. Auf eine ausführliche Beschreibung der Auswirkungsanalyse mittels Wertkette nach *Porter* wird in diesem Fall jedoch verzichtet, da die Anwendung des Instruments gezeigt hat, dass lediglich ein Bereich von der Innovation betroffen ist. So könnten bspw. bestehende Produktionsanlagen zu großen Teilen und existierende Vertriebswege für die Innovation genutzt werden. Ebenso waren keine Qualifizierungsmaßnahmen oder Erweiterungen der Kapazitäten im Entwicklungsbereich notwendig, um das Projekt zu realisieren. Eine Auswirkung wurde jedoch bei den Analysen offensichtlich. Bei Einführung des getakteten Gebläsereglers würde ein Großteil des bisherigen Absatzes an linearen Gebläsereglern verloren gehen. Ein gesamter Verlust war jedoch nicht zu erwarten, da v. a. Low-Cost-Anbieter der OEMs auch weiterhin auf die günstigeren linearen Gebläseregler zurückgreifen würden. Die Umsetzung der Innovation war somit nur dann für BHTC finanziell attraktiv, wenn die zusätzlichen Gewinne der getakteten Gebläseregler die sinkenden Gewinne der linearen Gebläseregler überkompensierten. Die zu erwartenden Gewinnminderungen mussten in diesem Fall als Opportunitätskosten der Innovation betrachtet werden. Hinzu kamen jedoch Umsätze (und auch zusätzliche Gewinne) von Neukunden, die ohne diese Innovation nicht realisiert werden könnten. Die Berechnungen ergaben, dass etwa die Hälfte der Gewinne mit den linearen Gebläsereglern verloren gehen würde. Dies entsprach, diskontiert auf den Zeitpunkt M3, einem Wert von ca. 1 Mio. Euro. Dieser Betrag wurde durch die knapp 1,7 Mio. Euro überkompensiert. Somit war die Innovation „getakteter Gebläseregler“ auch unter Berücksichtigung der Kannibalisierungseffekte zu bisherigen Produkten aus finanzieller Sicht attraktiv für das Unternehmen.

Es wurde der Ansatz gewählt, alle Innovationsprojekte in dem Nutzwert-Interdependenzstärke-Portfolio darzustellen. Da jedoch keine neuen Erkenntnisse bzgl. der Nutzwerte und Interdependenzeffekte für das betrachtete Projekt verfügbar waren und die weiteren Projekte noch nicht den Meilenstein 3 erreicht hatten, ließ sich aufgrund der Portfolio-Darstellung und der finanziellen Bewertung die Handlungsempfehlung ableiten, das Projekt fortzusetzen. In den folgenden Meilensteinen sollten die Annahmen der Berechnungen kontrolliert und die neuen Bewertungsergebnisse zur Fundierung der Portfolio-Entscheidungen herangezogen werden.

8.4 Zwischenfazit

Nach der Darstellung der theoretischen Eignung des Gesamtkonzepts für das Innovationsportfoliomanagement bestand das Ziel dieses Kapitels in der Demonstration der praktischen Anwendbarkeit in KMU der Automobilzulieferindustrie.

Die Anwendung des Gesamtkonzepts erfolgte im Rahmen des Projekts „**Neue Methoden für das Portfoliomanagement von Innovationen**“. Das Projekt wurde von der Stiftung Industrieforschung gefördert. Projektpartner waren APtronic – Adaptive Power Solutions AG – und Behr-Hella Thermocontrol GmbH.

Das Unternehmen **APtronic** zählt mit einem Umsatz von 19 Mio. Euro und einer Mitarbeiterzahl von ca. 40 nach allen Größeneinteilungen zu den KMU; des Weiteren erfüllt es die qualitativen Kriterien. Es wird daher in der Systematik des BMWI in die Kategorie Typ 1 eingestuft. **BHTC** zählt bei Verwendung der quantitativen Kriterien (ca. 1.300 Mitarbeiter und ein Umsatz i. H. v. 250 Mio. Euro im Jahr 2007) hingegen nicht mehr zu den KMU. Allerdings weist es die typischen qualitativen Merkmale (starke technische Fokussierung der Unternehmensleitung, Prägung durch die Persönlichkeit der Unternehmensleitung, engmaschiges Kundennetz und häufig intuitive Entscheidungen) auf. BHTC kann daher als KMU bezeichnet werden, wobei es in der Systematik des BMWI ein Typ 3 KMU darstellt.

Das betrachtete Innovationsprojekt bei APtronic stammt nicht aus dem Bereich der Automobilzulieferindustrie, da während der Laufzeit des Forschungsprojekts keine Innovationsprojekte aus diesem Bereich im Unternehmen verfügbar waren. Es handelt sich daher um die Entwicklung von **Wechselrichtern für Photovoltaikanlagen**. Diese sind neben den Solarzellen ein wesentlicher Bestandteil von Photovoltaikanlagen zur Stromerzeugung (Solarenergie). Sie sind elektrische Geräte, die Gleichspannung in Wechselspannung umrichten. Je nach Schaltung können sie sowohl für die Erzeugung von einphasigem als auch von dreiphasigem Wechselstrom verwendet werden. Ihr Einsatz erfolgt stets dort, wo ein elektrischer Verbraucher Wechselspannung benötigt, aber nur eine Gleichspannungsquelle zur Verfügung steht. Dies können bspw. Autobatterien oder eine Photovoltaikanlage sein.

Die Fallstudie bei BHTC befasst sich mit einem Innovationsprojekt, das der derzeitigen Debatte um **CO_2-Reduzierungen** im Automobilbereich entstammt. Aufgrund der ggf. anstehenden CO_2-Obergrenze für Neufahrzeuge durch die EU steigt der Druck auf die Zulieferer in der Branche, den CO_2-Ausstoß, den ihre Komponenten verursachen, zu reduzieren. Es wurde daher im Unternehmen ein Bedarf zur Reduzierung des Energieverbrauchs in der Fahrzeugklimatisierung offensichtlich. Einen Teil der Energie verbraucht der sog. Gebläseregler. Ein Gebläseregler steuert den Motor der Gebläseanlage des Fahrzeugs, so dass die gewünschte Luftmenge in das Fahrzeug gelangt. Daher werden sog. Linearregler verwendet.

Im Rahmen der Fallstudie bei APtronic konnten ausschließlich – mit Ausnahme der Auswirkungsanalyse – die Instrumente zur Bewertung der einzelnen Innovationsprojekte (Checkliste, Nutzwertanalyse, Target Costing und Entscheidungsbaumverfahren) angewendet werden, da lediglich ein Innovationsprojekt im Portfolio des Unternehmens vorhanden war. Im Gegensatz dazu war die Demonstration der Anwendbarkeit aller Instrumente (insb. des MIIET) bei BHTC möglich. Es zeigt sich, dass die Instrumente mit den jeweiligen Informationen nutzbar sind und eine **Entscheidung** über Fortsetzung oder Abbruch (v. a. durch die Verwendung der Nutzwert-Interdependenzstärke-Portfolio-Darstellung) unterstützen. Dabei liegt der **Vorteil** vor allem in der Nachvollziehbarkeit der Entscheidungen und der Betrachtung von Einzelattraktivität und Bedeutung für das gesamte Portfolio. Des Weiteren sind die Instrumente leicht verständlich. Der Bewertungsaufwand ist dabei so gering, dass die Instrumente in KMU angewendet werden können. Eine Notwendigkeit zur Weiterentwicklung der Instrumente aufgrund von auftretenden Problemen oder Hemmnissen zeigte sich in den Fallstudien nicht.

9 Resümee

9.1 Zusammenfassung

Das erste Ziel der vorliegenden Arbeit bestand in der Ableitung und Ausgestaltung eines Innovationsportfoliomanagements und der darin enthaltenen Bewertungsinstrumente für KMU der Automobilzuliefererindustrie, da bisher kein branchen- und größenklassen-spezifisches Gesamtkonzept existierte. Die Zuordnung der Bewertungsinstrumente zu den Bewertungszeitpunkten im Innovationsprozess trägt den jeweils vorhandenen Informationen in den Innovationsprozessphasen Rechnung. Dies stellt einen wesentlichen Aspekt des Innovationsportfoliomanagements dar, der jedoch bisher nicht konkret genug betrachtet wurde. Des Weiteren ließ sich als zweites Ziel identifizieren, dass ein semi-quantitatives Bewertungsinstrument benötigt wird, das unterschiedliche Interdependenzarten, negative und positive Abhängigkeiten zwischen den Projekten berücksichtigt sowie die Aufstellung einer Rangfolge der Innovationsprojekte ermöglicht.

Im Folgenden werden die Ergebnisse der vorliegenden Arbeit im Hinblick auf diese beiden Forschungsbedarfe thesenförmig zusammengefasst:

1. **Innovationsportfoliomanagement in KMU der Automobilzulieferindustrie und Bereitstellung von Instrumenten zur prozessbegleitenden Bewertung von Innovationen:**

- Das Innovationsportfoliomanagement kann als Planung, Organisation, Führung und Kontrolle der Gesamtheit (interdependenter) Innovationen im Unternehmen definiert werden, wobei verschiedene Arten von Interdependenzen zwischen den Projekten und zu den bestehenden Produkten und Prozessen auftreten können.
- Die Gesamtkonzeption für das Management von Innovationsportfolios beinhaltet dabei die Elemente Gestaltung des Innovationsprozesses, Bewertung und Auswahl der Innovationsprojekte sowie Priorisierung und Ressourcenallokation im Innovationsportfolio.
- Die Ausgestaltung des Innovationsportfoliomanagements und seiner Elemente erfolgte – aufgrund der Fokussierung der vorliegenden Arbeit – unter Berücksichtigung der Besonderheiten von KMU und der Branche. In der Regel wird davon ausgegangen, dass KMU durch Ressourcenknappheit für die Bewertung und Umsetzung von Innovationen, hohe (u. U. existenzbedrohende) Risiken, geringen Methodeneinsatz, wenig Bedeutung von Bewertung und Kontrolle, großen Kosten- und

Innovationsdruck, aber auch ein großes Maß Flexibilität, gute Kontakte zu den wenigen Kunden und ein überschaubares Unternehmensumfeld gekennzeichnet sind.

- Der Einsatz von Bewertungsinstrumenten sollte vom Reifegrad der Innovation und den verfügbaren Informationen abhängen. Ein einzelnes Instrument ist nicht in der Lage, alle qualitativen und quantitativen Informationen zu erfassen und bei der Bewertung zu berücksichtigen. Daraus ergibt sich, dass die Bewertung von Innovationen im gesamten Prozess nicht durch ein einzelnes Instrument, sondern nur durch eine Kombination verschiedener Bewertungsinstrumente erfolgen kann. Somit wird ein entsprechender Methodenmix benötigt, der den unterschiedlichen Bewertungszeitpunkten und Informationsbedarfen im Innovationsprozess Rechnung trägt.
- In Anbetracht der Größenklassen- und Branchenspezifika sowie allgemeiner Anforderungen an Bewertungsinstrumente erfolgte daher eine Zuordnung der Instrumente zu den einzelnen Phasen bzw. Meilensteinen im Innovationsprozess. Zu Beginn sollten eine Checkliste und die verbale Argumentation verwendet werden, um das Innovationsfeld grob zu beschreiben und anhand wesentlicher Kriterien auf Basis der wenigen vorhandenen Informationen zu bewerten. In der folgenden Phase wird der fortgeschrittene Informationsstand genutzt, um die Ideen mittels Nutzwertanalyse hinsichtlich ihrer Markt- und Technologieattraktivität sowie des Risikos zu bewerten. Die verfügbaren finanziellen Informationen ab dem folgenden dritten Meilenstein ermöglichen eine Analyse der finanziellen Attraktivität der Innovation mittels Target Costing und Entscheidungsbaumverfahren.
- Diese Zuordnung und die entsprechende Ausgestaltung der Instrumente ermöglicht es den Bewertungsträgern im Unternehmen, jede Innovation entsprechend den jeweils verfügbaren Informationen zu bewerten. Diese Bewertung unterstützt dabei die Entscheidungsfindung der Beteiligten hinsichtlich Fortsetzung und Abbruch des Innovationsprojekts.
- Ferner konnte die praktische Anwendung des Gesamtkonzepts und aller Bestandteile in Form von zwei Fallstudien bei kleinen und mittelgroßen Automobilzulieferern nachgewiesen werden; dies war zum einen ein Innovationsprojekt zur Entwicklung eines Wechselrichters für Photovoltaik-Anlagen bei APtronic und zum anderen ein neuartiger Gebläseregler bei BHTC. Die Fallstudien dienten weiterhin dem Aufzeigen von Implementierungs- und Anwendungsempfehlungen bei konkreten Problemen. Abschließend lässt sich somit festhalten, dass das vorgestellte Gesamtkonzept einen praktisch anwendbaren Ansatz für das Innovationsportfolio

bei KMU der Automobilzuliefererindustrie darstellt; eine Notwendigkeit zur Weiterentwicklung der Instrumente zeigte sich bei der Anwendung nicht.

2. Bewertung von Interdependenzen in den frühen Phasen einer Innovation:

- Zur Bewertung von Interdependenzen zwischen Innovationsprojekten wird in der Literatur eine Vielzahl an mathematischen Modellen diskutiert. Allerdings weisen diese Modelle die Schwäche auf, dass sie quantitative Informationen für die Bewertung benötigen. Diese stehen dem Bewertungsträger typischerweise jedoch erst relativ spät im Innovationsprozess zur Verfügung. Da ein früher Projektabbruch einen Großteil der Ressourcenverschwendungen vermeidet, sollte die Bewertung auch in den frühen Phasen verschiedene Interdependenzen einbeziehen.
- Die existierenden qualitativen und semi-quantitativen Instrumente zur Interdependenzbewertung erlauben prinzipiell eine Bewertung der Interdependenzeffekte bereits in den frühen Phasen einer Innovation, da sie nicht ausschließlich auf finanziellen Größen beruhen; sie sind somit für die vorliegende Problemstellung geeigneter als die mathematischen Modelle. Insgesamt ist aufgrund der Limitationen der jeweiligen Instrumente – insb. keine Erfassung negativer Interdependenzen und/oder fehlendes eindeutiges Entscheidungskriterium – davon auszugehen, dass sie ebenfalls nicht in der Lage sind, umfassend und unter Berücksichtigung der (nicht) vorhandenen Informationen Innovationsportfolios mit den in ihnen bestehenden unterschiedlichen Interdependenzen zu bewerten.
- Zur Lösung dieser Problemstellung wurde auf Basis des Analytic Hierarchy Process ein neues Instrument entwickelt (MIIET). Die Grundidee besteht darin, nicht verschiedene Alternativen hinsichtlich mehrerer Kriterien, sondern die unterschiedlichen Interdependenzarten zwischen Innovationsprojekten paarweise miteinander zu vergleichen. Es können sowohl unterschiedliche Stärken der Abhängigkeiten als auch positive und negative Interdependenzen bei der Bewertung einbezogen werden. Die Anwendung des geometrischen Mittels gewährleistet des Weiteren die Bildung einer Kennzahl, die Auskunft über die Auswirkungen auf alle anderen Projekte gibt (eindeutiger Grenzwert über positive oder negative Auswirkungen) und die die Aufstellung einer Rangfolge aller Projekte ermöglicht. Da das Instrument lediglich semi-quantitative Informationen zur Bewertung der Interdependenzeffekte benötigt und die Berücksichtigung monetärer Werte integrierbar ist, kann es in allen Phasen des Innovationsprozesses (ab Meilenstein M2) angewendet werden.

- Obwohl in der wissenschaftlichen Literatur die Notwendigkeit der Beachtung der Auswirkungen einer Innovation auf die bestehenden Produkte und Prozesse in der Bewertung diskutiert wird, finden sich keine Vorschläge dazu, wie eine solche Bewertung erfolgen kann. Es wurde daher durch die Kombination der Wertkette nach *Porter* (aus dem strategischen Management) mit der verbalen Argumentation bzw. der Pro-Contra-Methode ein neues Instrument entwickelt, das eine systematische Erfassung aller Auswirkungen unterstützt und einfach anzuwenden ist.

Trotz der dargestellten theoretischen und praktischen Eignung des Gesamtkonzepts weisen die darin enthaltenen Bewertungsinstrumente – inhärente – Schwächen auf, auf die im Folgenden eingegangen wird.

9.2 Kritische Würdigung

MIIET eignet sich vor allem zur Anwendung in KMU. Dies ist besonders darin begründet, dass dort relativ wenige Innovationsprojekte gleichzeitig verfolgt werden. Werden mit dem Instrument zahlreiche Projekte bewertet, steigen die Komplexität und der Bewertungsaufwand deutlich an. Des Weiteren sind bspw. bei einem Portfolio von 100 Projekten (wie es in Großunternehmen möglich ist) ggf. nicht alle Abhängigkeiten bekannt. In diesem Fall kann das Instrument nicht angewendet werden.

Ein weiteres Problem in Bezug auf MIIET besteht in der Vergabe der Punktwerte.[678] Gerade in den frühen Phasen des Innovationsprozesses bestehen hier häufig große Unsicherheiten. Allerdings lässt sich dies m. E. in den frühen Phasen einer Innovation nicht vermeiden, vielmehr muss hier auf das Erfahrungswissen der Bewertungsträger zurückgegriffen werden. Als Vorteil der Scoring-Modelle betont *Heck*, dass die an der Durchführung beteiligten Personen in dokumentierter und intersubjektiv überprüfbarer Weise ihre Einschätzungen einbringen.[679] Entsprechend finden Scoring-Modelle gerade in den frühen Phasen des Innovationsprozesses regelmäßig Anwendung.[680] Um die Problematik der subjektiven Bewertungen zu senken, kann es jedoch hilfreich sein, die Bewertung durch interdisziplinäre Teams erfolgen zu lassen. Ebenso kann die Einschätzung der Interdependenzstärken die Bewertungsträger vor Probleme stellen, da

[678] Vgl. *Bitz* (1981), S. 181 und S. 186 zum auf *Krelle* (1961) zurückgehenden Begriff der Fühlbarkeitsschwellen.

[679] Vgl. *Heck* (2003), S. 184.

[680] Vgl. hierzu bspw. *Kern/Schröder* (1977), S. 200; *Stippel* (1999), S. 83-86; *Vahs/Burmester* (2005), S. 205-208; *Wildemann* (2008), S. 54.

sie keine exakten Informationen über die Wirkungszusammenhänge haben. In diesen Fällen kann auf eine weniger stark untergliederte Skala (bspw. 3er- oder 5er-Skala) zurückgegriffen werden.

Generell problematisch bei der Bewertung von Innovationen ist des Weiteren die hohe **Unsicherheit** in Bezug auf das Ergebnis des Prozesses und die prognostizierten Daten. So kann die Verwendung monetärer Informationen zu einer Scheingenauigkeit der Bewertung führen. Dieses Problem wird durch häufig stark optimistische Schätzungen der Bewertungsträger nochmals verstärkt. So ist es denkbar, dass die Bewertungsergebnisse die Entscheidungsträger aufgrund ihrer scheinbaren Eindeutigkeit und finanziellen Attraktivität zu Entscheidungen veranlassen, die auf falschen oder zu optimistischen Schätzungen beruhen. Daher sollte die Bewertung stets so neutral wie möglich und unter Berücksichtigung verschiedener Szenarien bzw. Simulationen kritischer Parameter erfolgen, um diese Problematik zu vermindern. Eine Chance, den Optimismus zumindest im Nachhinein aufzudecken, sind regelmäßige **Kontrollen** der Innovationen nach der Markteinführung. So werden Rückschlüsse auf die Annahmen der Bewertung und die Qualität der Bewertungsergebnisse ermöglicht, die u. U. zu einem Lernprozess führen.

Ebenso kann die **Subjektivität** der Bewertung der Innovationen in den frühen Phasen einer Innovation problematisch sein. Die Checkliste und Nutzwertanalyse beinhalten dabei die Gefahr, dass der Bewertungsträger aus persönlichen Motiven ein Projekt überbewertet (oder andere Projekte unterbewertet), damit es mit Sicherheit realisiert wird. Dieser Aspekt wird in der vorliegenden Arbeit durch die Bewertung in interdisziplinären Teams gemindert. Jedoch besteht auch in diesem Fall die Gefahr, dass einzelne Bewertungsträger aufgrund ihrer Machtposition das Ergebnis zu ihren Gunsten beeinflussen.

Ein grundlegendes Problem bei der Formalisierung von Innovationsprozessen und -entscheidungen besteht darin, dass auf der einen Seite stets Freiräume der Mitarbeiter benötigt werden, damit kreative Ideen und Lösungsansätze entstehen können. Auf der anderen Seite ist eine Bewertung und Selektion von Innovationen aus Sicht des Unternehmens notwendig, um den Erfolg des Bereichs zu kontrollieren und eine Fokussierung der knappen Ressourcen zu gewährleisten. Es muss jedoch darauf geachtet werden, dass der **Freiraum** und damit die **Kreativität** der Mitarbeiter nicht zu sehr eingeschränkt werden, da sonst keine Erfolg versprechenden Innovationen mehr entstehen.

In diesem Fall wäre (zumindest in den frühen Phasen) die Anwendung von Bewertungsinstrumenten kontraproduktiv. So weisen bspw. *Tatikonda/Rosenthal* darauf hin, dass erfolgreiche Innovationsprojekte ein optimales Verhältnis von Flexibilität und formalen Prozessen erfordern.[681] Jedoch betonen *Bitman/Sharif*, dass die Bewertung von Innovationen mit Instrumenten zu einer Verbesserung des Entscheidungsergebnisses, des Entscheidungsprozesses und der Unternehmensentwicklung führt.[682] Somit bleibt festzuhalten, dass das vorgestellte Konzept für das Innovationsportfoliomanagement trotz der genannten Schwächen zu nachvollziehbareren und besseren Entscheidungen führt als eine reine „Bauchentscheidung", die häufig in KMU angewendet wird.

9.3 Ausblick und zukünftiger Forschungsbedarf

Das im Rahmen der vorliegenden Arbeit entwickelte Konzept des Innovationsportfoliomanagements und das Instrument MIIET sind auf kleine und mittelgroße Unternehmen ausgerichtet. Eine Übertragbarkeit auf Unternehmen anderer Größen und Branchen könnte damit in zukünftigen Forschungsprojekten untersucht werden. Im Hinblick auf MIIET ist v. a. die Anwendbarkeit bei einer großen Anzahl an Innovationsprojekten problematisch. In diesem Fall kann eine Modifikation des Instruments für große Unternehmen notwendig sein. Ein weiterer Schwerpunkt für zukünftige Forschungsprojekte könnte die empirische Überprüfung der Anwendbarkeit des Gesamtkonzepts inkl. des Phasenmodells, der Bewertungsinstrumente – für einzelne Innovationsprojekte und Interdependenzen – und die verwendeten Bewertungskriterien sein. Dies kann sowohl innerhalb der Branche als auch im Hinblick auf die branchenübergreifende Übertragbarkeit des Gesamtkonzepts erfolgen.

Das übergeordnete Innovationsmanagement steht seit einigen Jahren verstärkt im Fokus der betriebswirtschaftlichen Forschung und wird z. T. auch erfolgreich in der Praxis umgesetzt. Allerdings bestehen vor allem im Hinblick auf die Entwicklung von Konzepten und Instrumenten für KMU weitere Forschungsbedarfe. Die bisherige Forschung in diesem Bereich betrachtet besonders die Bedeutung von Innovationen in KMU für die Volkswirtschaft[683] und die Besonderheiten, die diese Unternehmen gegenüber Großunternehmen aufweisen. Dabei wird v. a. die Bedeutung von innovativen

---

[681] Vgl. *Tatikonda/Rosenthal* (2000), S. 417.
[682] Vgl. *Bitman/Sharif* (2008), S. 276.
[683] Vgl. bspw. *Reize* (2006).

KMU betont. Allerdings bestehen besonders im Bereich des strategischen Innovationsmanagements zahlreiche Defizite für diese Größenklasse. Von besonderer Bedeutung ist in diesem Zusammenhang der Bedarf an Kennzahlen und Kennzahlensystemen, die auf die Besonderheiten von KMU ausgerichtet sind. Des Weiteren sollte zukünftig der Gedanke der prozessbegleitenden Bewertung – hinsichtlich der jeweils verfügbaren Informationen –, u. a. bei der Ausgestaltung von Kennzahlensystemen, mehr in den Fokus der Forschung treten.

Literaturverzeichnis

Aaker, David; Tyebjee, Tyzoon (1978): A model for the selection of interdependent R&D projects, in: IEEE Transactions on Engineering Management, 25. Jg., Heft 2, S. 30-36.

Aalto, Taru (2001): Strategies and methods for project portfolio management, in: *Artto, Karlos; Martinsuo, Miia; Aalto, Taru* (Hrsg.): Project Portfolio Management, Helsinki,
S. 23-60.

Abresch, Jens-Peter; Hirzel, Matthias (2002): Synergien in der Projektelandschaft erkennen und nutzen, in: *Hirzel, Matthias; Kühn, Frank; Wollmann, Peter* (Hrsg.): Multiprojektmanagement, Frankfurt am Main, S. 110-116.

Adam, Dietrich (1996): Planung und Entscheidung: Modelle – Ziele – Methoden, 4. Aufl., Wiesbaden.

Adams-Bigelow, Marjorie (2006): Rejoinders to "Establishing an NPD best practices framework", in: The Journal of Product Innovation Management, 23. Jg., Heft 2, S. 117-127.

Afuah, Allan (2003): Innovation Management: Strategies, Implementation and Profits, 2. Aufl., New York, Oxford.

Ahsen, Anette von; Heesen, Marcel (2009a): Bewertung von Interdependenzen zwischen Innovationsprojekten – Anwendung eines modifizierten Analytic Hierarchy Process, in: Die Betriebswirtschaft, 69. Jg., Heft 5, S. 595-613..

Ahsen, Anette von; Heesen, Marcel (2009b): Innovation Portfolio Management: A Framework for SMEs in the Automotive Industry, in: International Journal of Technology Intelligence and Planning, 5. Jg., Heft 2, S. 138-164.

Ahsen, Anette von; Heesen, Marcel (Hrsg.) (2009c): Bewertung von Innovationen im Mittelstand – Leitfaden und Fallstudien, in Druck.

Albach, Horst (1990): Innovation als Fetisch und Notwendigkeit, in: *Albach, Horst* (Hrsg.): Innovationsmanagement, Wiesbaden, S. 97-107.

Albala, Americo (1975): Stage approach for the evaluation and selection of R&D projects, in: IEEE Transactions on engineering management, 22. Jg., Heft 4, S. 153-164.

Albers, Sönke; Gassmann, Oliver (2005): Technologie- und Innovationsmanagement, in: *Albers, Sönke; Gassmann, Oliver* (Hrsg.): Handbuch Technologie- und Innovationsmanagement, Wiesbaden, S. 3-21.

Albers, Sönke; Hildebrandt, Lutz (2006): Methodische Probleme bei der Erfolgsfaktorenforschung, in: Zeitschrift für betriebswirtschaftliche Forschung, 58. Jg., Heft 2, S. 2-33.

Anschuetz, Ned (1996): Evaluating ideas and concepts for new consumer products, in: *Rosenau, Milton; Griffin, Abbie; Castellion, George; Anschuetz, Ned* (Hrsg.): The PDMA Handbook of New Product Development, New York, Chichester, Brisbane, Toronto, Singapore, S. 195-206.

APtronic AG (2008): Unternehmenspräsentation, http://www.aptronic.de/DOWNLOADS/APtronic_Praesentation_de.pps, Abruf am: 30. November 2008.

Archer, Norman; Ghasemzadeh, Fereidoun (1999): An integrated framework for project portfolio selection, in: International Journal of Project Management, 17. Jg., Heft 4, S. 207-216.

Archer, Norman; Ghasemzadeh, Fereidoun (2003): Project Portfolio Selection Techniques: A review and a suggested integrated approach, in: *Dye, Lowell; Pennypacker, James* (Hrsg.): Project Portfolio Management, West Chester, S. 207-238.

Aregger, Kurt (1976): Einführung in die Innovationstheorie der Organisation, Bern.

Arthur D. Little (2004): Mit Innovation gegen Stagnation – Innovation Excellence Studie, Wiesbaden.

Backhaus, Klaus; Geiger, Ingmar; Wilken, Robert (2005): Effizienzorientierte Technologiebewertung mit Hilfe der Data Envelopment Analysis, in: *Amelingmeyer, Jenny; Harland, Peter* (Hrsg.): Technologiemanagement und Marketing, Wiesbaden, S. 289-306.

Bähr-Seppelfricke, Ulrike (1999): Diffusion neuer Produkte, Wiesbaden.

Baker, Norman (1974): R&D project selection models: an assessment, in: IEEE Transactions on Engineering Management, 21. Jg., Heft 4, S. 165-171.

Bamberg, Günter; Coenenberg, Adolf; Krapp, Michael (2008): Betriebswirtschaftliche Entscheidungslehre, 14. Aufl., München.

Bamberger, Ingolf; Wrona, Thomas (2004): Strategische Unternehmensführung, München.

Baum, Heinz; Coenenberg, Adolf; Günther, Thomas (2007): Strategisches Controlling, 4. Aufl., Stuttgart.

Bausch, Andreas (2005): Branchen- und Wettbewerbsanalyse im strategischen Management, in: *Hahn, Dietger; Taylor, Bernard* (Hrsg.): Strategische Unternehmungsplanung - Strategische Unternehmungsführung, 9. Aufl., Berlin, Heidelberg, New York, S. 195-214.

Bechmann, Arnim (1978): Nutzwertanalyse, Bewertungstheorie und Planung, Bern.

Becker, Wolfgang; Daniel, Klaus; Hofmann, Matthis (2007): Performance-orientiertes Projektcontrolling, in: Controlling, 19. Jg., Heft 3, S. 165-174.

Becker, Wolfgang; Kunz, Christian (2008): Multiprojektmanagement in deutschen Finanzdienstleistungsunternehmen, in: Controlling, 20. Jg., Heft 6, S. 307-314.

Behrends, Thomas (2001): Organisationskultur und Innovativität – Eine kulturtheoretische Analyse des Zusammenhangs zwischen sozialer Handlungsgrammatik und innovativem Organisationsverhalten, München, Mering.

Behrends, Thomas (2007): Anreizstrukturen im Mittelstand – ein empirischer Vergleich zwischen KMU und Großunternehmen, in: Zeitschrift für Betriebswirtschaft, 59. Jg., Sonderheft 6, S. 21-51.

Behr-Hella Thermocontrol GmbH (2008): Unternehmensbeschreibung, http://www.bhtc.de/ DE_index.htm, Abruf am: 30. Novomber 2008.

Bellalah, Mondher (2001): Irreversibility, sunk costs and investment under incomplete information, in: R&D Management, 31. Jg., Heft 2, S. 115-126.

Benz, Christoph; Weigand, Andreas (2004): Verkaufspreise kundengerecht kalkulieren mit Target Costing, in: *Barske, Heiko; Gerybadze, Alexander; Hünninghausen, Lars; Sommerlatte, Tom* (Hrsg.): Das innovative Unternehmen (digitale Ressource), Düsseldorf.

Berger, Markus (1998): Effiziente Konzeption von Produktinnovationen, Aachen.

Bergh, Donald (1998): Product-market uncertainty, portfolio restructuring, and performance, in: Journal of Management, 24. Jg., Heft 2, S. 135-155.

Bessau, Dirk (2000): Bewertung von Innovationsprojekten, in: *Lenk, Thomas; Zelewski, Stephan* (Hrsg.): ECOVIN Enhancing competitiveness in small and medium enterprises via innovation, Leipzig, S. 140-147.

Beyer, Andreas (2002): Wertorientiertes Innovationsmanagement, Lohmar.

Bitz, Michael (1981): Entscheidungstheorie, München.

Billing, Fabian (2003): Koordination in radikalen Innovationsvorhaben, Wiesbaden.

Bitman, William; Sharif, Nawaz (2008): A conceptual framework for ranking R&D projects, in: IEEE Transactions on Engineering Management, 55. Jg., Heft 2, S. 267-278.

Blau, Gary; Pekny, Joseph; Varma, Vishal; Bunch, Paul (2004): Managing a portfolio of interdependent new product candidates in the pharmaceutical industry, in: The Journal of Product Innovation Management, 21. Jg., Heft 4, S. 227-245.

Blessin, Bernd (1998): Innovation und Innovationsmanagement in kleinen und mittleren Unternehmen, Hohenheim.

Bockemühl, Melanie (2001): Realoptionstheorie und die Bewertung von Produktinnovationen, Wiesbaden.

Boer, Peter (1999): The Valuation of Technology, New York, Chichester, Weinheim, Brisbane, Singapore, Toronto.

Boer, Harry; During, Willem (2001): Innovation, what innovation? A comparison between product, process and organizational innovation, in: International Journal of Technology Management, 22. Jg., Heft 1/2/3, S. 83-107.

Böhm, Eike (1996): Marktorientierte Bewertungsverfahren für Investitionsgüter-Innovationen, Karlsruhe.

Bolz, Alexander (2008): Innovation, Kooperation und Erfolg junger Technologieunternehmungen, Wiesbaden.

Borchert, Jan; Goos, Philipp; Hagenhoff, Svenja (2003): Innovations- und Technologiemanagement: Eine Bestandsaufnahme, Göttingen.

Borchert, Jan; Hagenhoff, Svenja (2003): Operatives Innovations- und Technologiemanagement: Eine Bestandsaufnahme, Göttingen.

Bösch, Daniel (2007): Controlling im betrieblichen Innovationssystem, Hamburg.

Boutellier, Roman; Gassmann, Oliver (2006): Flexibles Management von Innovationsprojekten, in: *Gassmann, Oliver; Kobe, Carmen* (Hrsg.): Management von Innovation und Risiko, 2. Aufl., Berlin, S. 103-120.

Boutellier, Roman; Völker, Rainer (1997): Erfolg durch innovative Produkte, München, Wien.

Boutellier, Roman; Völker, Rainer; Voit, Eugen (1999): Innovationscontrolling, München.

Braunschmidt, Inken (2005): Technologieinduzierte Innovationen, Wiesbaden.

Brealy, Richard; Myers, Steward; Allen, Franklin (2008): Principles of Corporate Finance, 9. Aufl., Singapur.

Brockhoff, Klaus (1994): Forschung und Entwicklung, 4. Aufl., München, Wien.

Brockhoff, Klaus (1999): Forschung und Entwicklung, 5. Aufl., München, Wien.

Brockhoff, Klaus (2008): Produktinnovation und internes Unternehmenswachstum, in: Zeitschrift für Betriebswirtschaft, 78. Jg., Heft 2, S. 225-246.

Brodbeck, Harald; Birkenmeier, Beat; Savioz, Pascal; Lichtenthaler, Eckhard (2001): Ansätze zur systematischen Gestaltung der Frühphase von Innovationsprozessen, in: *Meyer, Jörn-Axel* (Hrsg.): Innovationsmanagement in kleinen und mittleren Unternehmen, München, S. 65-73.

Bronner, Rolf (1992): Stichwort Komplexität, in: *Frese, Erich* (Hrsg.): Handwörterbuch der Organisation, Stuttgart, Sp. 1122-1130.

Brose, Peter (1982): Planung, Bewertung und Kontrolle technologischer Innovationen, Berlin.

Browning, Tyson; Deyst, John; Eppinger, Steven; Whitney, Daniel (2002): Adding value in product development by creating information and reducing risk, in: IEEE Transactions on Engineering Management, 49. Jg., Heft 4, S. 443-458.

Bugdahl, Volker (1990): Methoden der Entscheidungsfindung, Würzburg.

Buggie, Frederick (2002): Set the "fuzzy front end" in concrete, in: Research Technology Management, 45. Jg., Heft 4, S. 11-14.

Buijs, Jan (2003): Modelling product innovation processes, from linear logic to circular chaos, in: Creativity and Innovation Management, 12. Jg., Heft 2, S. 76-93.

Bullinger, Hans-Jörg (1994): Einführung in das Technologie-Management, Stuttgart.

Bunch, Paul; Blau, Gary (2002): Process Modeling in new product development, in: *Belliveau, Paul; Griffin, Abbie; Somermeyer, Stephen* (Hrsg.): The PDMA ToolBook for New Product Development, New York, S. 409-430.

Bundesministerium für Umwelt, Naturschutz und Reaktorsicherheit (2007): Erfahrungsbericht 2007 zum Erneuerbare-Energien-Gesetz, Berlin.

Bundesministerium für Wirtschaft und Technologie (2007): Dokumentation Nr. 561 – Der Mittelstand in der Bundesrepublik Deutschland: Eine volkswirtschaftliche Bestandsaufnahme, Berlin.

Bundesregierung (2008): Gesetzentwurf der Bundesregierung – Bilanzrechtsmodernisierungsgesetz, Berlin.

Bürgel, Hans; Haller, Christine; Binder, Markus (1996): F&E-Management, München.

Bürgel, Hans; Hess, Steffen; Bauder, Sibylle (2006): Modernes F&E-Projektcontrolling, in: *Gassmann, Oliver; Kobe, Carmen* (Hrsg.): Management von Innovation und Risiko, 2. Aufl., Berlin, S. 211-243.

Burger, Anton (1999): Kostenmanagement, 3. Aufl., München, Wien.

Burr, Wolfgang (2003): Innovationen in Organisationen, Stuttgart.

Butzmann, Katja (2000): Projektplanung, in: *Lenk, Thomas; Zelewski, Stephan* (Hrsg.): ECOVIN Enhancing competitiveness in small and medium enterprises via innovation, Leipzig, S. 353-360.

Cánez, Laura; Garfias, Marisol (2006a): Portfolio management at the Mexican petroleum institute, in: Research Technology Management, 49. Jg., Heft 4, S. 46-55.

Cánez, Laura; Garfias, Marisol (2006b): Portfolio management in the literature, in: Research Technology Management, 49. Jg., Heft 4, S. 52-54.

Chai, Kah-Hin; Xin, Yan (2006): The application of new product development tools in industry: the case of singapore, in: IEEE Transactions on Engineering Management, 53. Jg., Heft 4, S. 543-554.

Chen, Jiyao; Reilly, Richard; Lynn, Gary (2005): The impacts of speed-to-market on new product success: the moderating effects of uncertainty, in: IEEE Transactions on Engineering Management, 52. Jg., Heft 2, S. 199-212.

Chien, Chen-Fu (2002): A portfolio-evaluation framework for selecting R&D projects, in: R&D Management, 32. Jg., Heft 4, S. 359-368.

Cho, Hee-Jae; Pucik, Vladimir (2005): Relationship between innovativeness, quality, growth, profitability, and market value, in: Strategic Management Journal, 26. Jg., Heft 6, S. 555-575.

Chrobok, Reiner (2008): Unternehmens- und Projektorganisation, in: *Deutsche Gesellschaft für Projektmanagement e. V.* (Hrsg.): Projektmanagement-Fachmann, 10. Aufl., Eschborn, S. 881-920.

Coccia, Mario (2001): A basic model for evaluating R&D performance: theory and application in italy, in: R&D Management, 31. Jg., Heft 4, S. 453-464.

Coenenberg, Adolf (2007): Kostenrechnung und Kostenanalyse, 6. Aufl., München.

Coffin, Mark; Taylor, Bernard (1996): R&D project selection and scheduling with a filtered beam search approach, in: IIE Transactions, 28. Jg., Heft 2, S. 167-176.

Cooper, Robert (1996): Overhauling the new product process, in: Industrial Marketing Ma-nagement, 25. Jg., Heft 6, S. 465-482.

Cooper, Robert (2005): Profitable product innovation: the critical success factors, in: *Shavi-nina, Larisa* (Hrsg.): The International Handbook on Innovation, 2. Aufl., Oxford, S. 139-157.

Cooper, Robert (2008): Perspective: The Stage-Gate idea-to-launch process-update, what's new, and NexGen systems, in: The Journal of Product Innovation Management, 25. Jg., Heft 3, S. 213-232.

Cooper, Robert; Edgett, Scott (1997): Portfolio management in new product development: lessons from leaders - I, in: Research Technology Management, 40. Jg., Heft 5, S. 43-53.

Cooper, Robert; Edgett, Scott (2002): Portfolio management for new products: picking the winners, Toronto, Atlanta.

Cooper, Robert; Edgett, Scott (2005): Lean, rapid and profitable - New product development, Ancaster.

Cooper, Robert; Edgett, Scott (2008): Maximizing productivity in product innovation, in: Research Technology Management, 51. Jg., Heft 2, S. 47-58.

Cooper, Robert; Edgett, Scott; Kleinschmidt, Elko (1998): Best practices for managing R&D portfolios, in: Research Technology Management, 41. Jg., Heft 4, S. 20-34.

Cooper, Robert; Edgett, Scott; Kleinschmidt, Elko (2001): Portfolio Management for new products, 2. Aufl., Toronto, Atlanta.

Cooper, Robert; Edgett, Scott; Kleinschmidt, Elko (2002): Optimizing the Stage-Gate process – Part I, in: Research Technology Management, 45. Jg., Heft 5, S. 21-27.

Cooper, Robert; Kleinschmidt, Elko (1990): New products: The key factors in success, Chicago.

Cooper, Robert; Kleinschmidt, Elko (1991): New product processes at leading industrial firms, in: Industrial Marketing Management, 20. Jg., Heft 2, S. 137-147.

Cooper, Robert; Kleinschmidt, Elko (1994): Screening for new products for potential winners, in: IEEE Engineering Management Review, 22. Jg., Heft 4, S. 24-30.

Cooper, Robin; Slagmulder, Regine (1999): Develop profitable new products with target costing, in: Sloan Management Review, 40 Jg., Heft 4, S. 23-33.

Cordes, Hans-Peter (1976): Das Problem der Berücksichtigung von Interdependenzen in der Planung, Münster.

Corsten, Hans; Gössinger, Ralf; Schneider, Herfried (2006): Grundlagen des Innovationsmanagements, München.

Cramer, Günther; Kleinkauf, Werner; Ibrahim, Mohamed (2004): PV-System-Technik – Entwicklungsstand und Trends in der dezentralen Elektrifizierung, http://download.sma.de/ smaprosa/dateien/1376/PV-System-Technik.pdf, Abruf am: 3. Dezember 2008.

Cranston, Robert (1974): First experiences with a ranking method for portfolio selection in applied research, in: R&D Management, 4. Jg., Heft 5, S. 88-92.

Cratzius, Michael (2003): Die Einbindung des Absatz- und Produktionsbereichs in Innovationsprozesse, Wiesbaden.

Crawford, Merle; Benedetto, Anthony di (2008): New Products Management, 9. Aufl., New York.

Dammer, Henning; Gemünden, Hans; Lettl, Christopher (2006): Qualitätsdimensionen des Multiprojektmanagements, in: Zeitschrift Führung + Organisation, 75. Jg., Heft 3, S. 148-156.

Davenport, Thomas (2000): Process Innovation, Nachdruck der ersten Auflage von 1992, Boston.

Davis, Craig (2002): Calculated Risk: A framework for evaluating product development, in: MIT Sloan Management Review, 43. Jg., Heft 4, S. 71-77.

Dellmann, Klaus (1994): Von der Kostenrechnung zum Kostenmanagement, in: *Dellmann, Klaus; Franz, Klaus-Peter* (Hrsg.): Neuere Entwicklungen im Kostenmanagement, Bern, Stuttgart, S. 15-30.

Deutsches Institut für Normung e. V. (1987): DIN ISO 69901: Projektmanagement – Begriffe, Berlin.

Dickgreber, Florian (2002): Innovationsmanagement in deregulierten Netzindustrien, Wiesbaden.

Dickinson, Michael; Thornton, Anna; Graves, Stephen (2001): Technology portfolio ma-nagement: optimizing interdependent projects over multiple time periods, in: IEEE Transactions on Engineering Management, 48. Jg., Heft 4, S. 518-527.

Diehlmann, Gernot (1997): Vorentwicklungsmanagement in der Automobilzulieferindustrie, Frankfurt am Main, New York.

Dilling, Achim (2002): Anwendung und Anwendbarkeit der Realoptionstheorie zur Bewertung von Forschungs- und Entwicklungsprojekten unter besonderer Berücksichtigung projektendogener Risiken, Göttingen.

Dinger, Helmut (2001): Strategische Innovation unter Kontrolle, in: io New Management, 70. Jg., Heft 11, S. 12-17.

Disselkamp, Marcus (2005): Innovationsmanagement, Wiesbaden.

Doctor, R.; Newton, David; Pearson, Alan (2001): Managing uncertainty in research and development, in: Technovation, 21. Jg., Heft 2, S. 79-90.

Dodgson, Mark; Gann, David; Salter, Ammon (2005): Think, Play, Do: Technology, Innovation, and Organization, New York, Oxford.

Domschke, Wolfgang; Drexl, Andreas (2007): Einführung in Operations Research, 7. Aufl., Berlin, Heidelberg, New York.

Drejer, Andres (2002): Situations for innovation management: towards a contingency model, in: European Journal of Innovation Management, 5. Jg., Heft 1, S. 4-17.

Dröge, Cornelia; Jayaram, Jayanth; Vickery, Shawnee (2000): The ability to minimize the timing of new product development and introduction: an examination of antecedent factors in the north american automobile supplier industry, in: The Journal of Product Innovation Management, 17. Jg., Heft 1, S. 24-40.

Dülfer, Eberhard (1982): Projekte und Projektmanagement im internationalen Kontext, in: *Dülfer, Eberhard* (Hrsg.): Projektmanagement-International, Stuttgart, S. 2-30.

Dwyer, Larry; Mellor, Robert (1991): New product process activities and project outcomes, in: R&D Management, 21. Jg., Heft 1, S. 31-42.

Ebel, Bernhard; Utikal, Hannes; Hofer Markus (2006): Quo Vadis Automobilzulieferer?, Bonn.

Ehlken, Jörg (1999): Modelleinsatz bei der Bewertung und Auswahl von Forschungs- und Entwicklungsprojekten, Göttingen, London.

Engwall, Mats; Kling, Ragnar; Werr, Andreas (2005): Models in action: how management models are interpreted in new product development, in: R&D Management, 35. Jg., Heft 4, S. 427-439.

Ensthaler, Jürgen; Strübbe, Kai (2006): Patentbewertung, Berlin, Heidelberg.

Erner, Michael; Presse, Volker (2008): Aufbau und Durchführung der rechnerischen Bewertung von Innovationen dargestellt an einem Fallbeispiel aus der Telekommunikationsindustrie, in: *Schmeisser, Wilhelm; Mohnkopf, Hermann; Hartmann, Matthias; Metze, Gerhard* (Hrsg.): Innovationserfolgsrechnung, Berlin, S. 21-43.

Ernst, Holger; Soll, Jan (2003): An integrated portfolio approach to support market-oriented R&D planning, in: International Journal of Technology Management, 26. Jg., Heft 5/6, S. 540-560.

Ernst-Siebert, Robert (2008): KMU im globalen Innovationswettbewerb – Eine Untersuchung des betriebsgrößenspezifischen Innovationsverhaltens und innovationsinduzierter Beschäftigungseffekte, München, Mering.

Esser, Werner-Michael (1994): Die Wertkette als Instrument der strategischen Analyse, in: *Riekhof, Hans-Christian* (Hrsg.): Praxis der Strategieentwicklung, 2. Aufl., Stuttgart, S. 129-149.

Ettlie, John; Elsenbach, Jorg (2007): Modified Stage-Gate regimes in new product development, in: The Journal of Product Innovation Management, 24. Jg., Heft 1, S. 20-33.

Europäische Kommission (2008): Weniger CO_2 – sauberere Autos, http://ec.europa.eu/news/environment/071220_2_de.htm, Abruf am: 16. Dezember 2008.

European Commission (2005): The new SME defintion, Brüssel.

Eversheim, Walter; Breuer, Thomas; Grawatsch, Markus; Hilgers, Michael; Knoche, Markus; Rosier, Christian; Schöning, Sebastian; Spielberg, Daniel (2003): Methodenbeschreibung, in: *Eversheim, Walter* (Hrsg.): Innovationsmanagement für technische Produkte, Berlin, Heidelberg, New York, S. 133-232.

Ewert, Ralf; Wagenhofer, Alfred (2008): Interne Unternehmensrechnung, Berlin.

Fahrni, Peter; Spätig, Martin (1990): An application-oriented guide to R&D project selection and evaluation methods, in: R&D Management, 20. Jg., Heft 2, S. 155-171.

Farrokhzad, Babak; Kern, Claus; Fritzhanns, Thilo (2008): Innovation Business Plan im Hause Siemens, in: *Möhrle, Martin; Isenmann, Ralf* (Hrsg.): Technologie-Roadmapping, 3. Aufl., Berlin, Heidelberg, New York, S. 325-351.

Fiedler, Rudolf (2008): Controlling von Projekten, 4. Aufl., Wiesbaden.

Fieten, Robert (1991): Erfolgsstrategien für Zulieferer – Von der Abhängigkeit zur Partnerschaft, Wiesbaden.

Fischer, Jan (2008): Kostenbewusstes Konstruieren – Praxisbewährte Methoden und Informationssysteme für den Konstruktionsprozess, Berlin, Heidelberg.

Fischer, Thomas (1982): Inventionsprozesse und Unternehmungsentwicklung, Freiburg im Breisgau.

Floricel, Serghei; Ibanescu, Mihai (2008): On the influence of the dynamic risk on the innovation portfolio management, in: Academy of Management Proceedings, S. 1-6.

Flueglistaller, Urs (2004): Charakteristik und Entwicklung von Klein- und Mittelunternehmen (KMU), St. Gallen.

Foschiani, Stefan (1999): Multiprojektcontrolling von Strategieprojekten, in: Controlling, 11. Jg., Heft 3, S. 129-134.

Fox, Edward; Baker, Norman; Bryant, John (1984): Economic models for R&D project selection in the presence of project interactions, in: Management Science, 30. Jg., Heft 7, S. 890-902.

Freidank, Carl-Christian (2007): Kostenrechnung, 8. Aufl., München, Wien.

Freitag, Norbert; Böhme, Olaf (2005): Realisierbare Ideen brauchen Innovations-Controlling (IC), Norderstedt.

Frese, Erich (1991): Grundlagen der Organisation, 4. Aufl., Wiesbaden.

Friedl, Gunther (2001): Sequentielle Investitionsentscheidungen unter Unsicherheit, Berlin.

Friedl, Gunther (2003): Bewertung von Investitionen in die Entwicklung neuer Produkte mit Hilfe des Realoptionsansatzes, in: *Hommel, Ulrich; Scholich, Martin; Baecker, Philipp* (Hrsg.): Reale Optionen, Heidelberg, S. 377-397.

Friedl, Gunther (2007): Budgetierung, in: *Köhler, Richard; Küpper, Hans; Pfingsten, Andreas* (Hrsg.): Handwörterbuch der Betriebswirtschaft, 6. Aufl., Stuttgart, Sp. 185-194.

Friedrich, Roland (1994): Neue Positionierung der Zulieferunternehmen – neue Marketingstrategien, Hemsbach.

Frishammar, Johan (2005): Managing information in new product development: a literature review, in: International Journal of Innovation and Technology Management, 2. Jg., Heft 3, S. 259-275.

Fuß, Peter (2008): Die Automobilindustrie im Umbruch – Perspektiven für den Automobilstandort Deutschland, Stuttgart.

Gackstatter, Steffen (1997): Entscheidungsunterstützung zur FuE-Programmplanung, Wiesbaden.

Galgenmüller, Frank; Gleich, Ronald; Staudinger, Michael (2006): Neue Planungs- und Budgetierungsansätze in der Automobilindustrie, in: *Gleich, Ronald; Hofmann, Stefan; Leyk, Jörg* (Hrsg.): Planungs- und Budgetierungsinstrumente, Freiburg, Berlin, München, S. 121-140.

Garcia, Rosanna; Calantone, Roger (2002): A critical look at technological innovation typology and innovativeness terminology: a literature review, in: The Journal of Product Innovation Management, 19. Jg., Heft 2, S. 110-132.

Gassmann, Oliver (2006): Innovation und Risiko – zwei Seiten einer Medaille, in: *Gassmann, Oliver; Kobe, Carmen* (Hrsg.): Management von Innovation und Risiko, 2. Aufl., Berlin, S. 3-26.

Gausemeier, Jürgen; Ebbesmeyer, Peter; Kallmeyer, Ferdinand (2001): Produktinnovation, München, Wien.

Gelbmann, Ulrike; Vorbach, Stefan (2007): Strategisches Innovations- und Technologiemanagement, in: *Strebel, Heinz* (Hrsg.): Innovations- und Technologiemanagement, 2. Aufl., Wien, S. 158-212.

Gelbmann, Ulrike; Vorbach; Stefan; Zotter, Karl (2004): Konzepte für das Innovationsma-nagement in Klein- und Mittelunternehmen, in: Schwarz, Erich (Hrsg.): Nachhaltiges Innovationsmanagement, Wiesbaden, S. 248-273.

Gemünden, Hans (2001): Die Entstehung von Innovationen: eine Diskussion theoretischer Ansätze, in: *Hamel, Winfried; Gemünden, Hans* (Hrsg.): Außergewöhnliche Entscheidungen, München, S. 407-439.

Gemünden, Hans; Littkemann, Jörn (2007): Innovationsmanagement und -controlling – Theoretische Grundlagen und praktische Implikationen, in: Zeitschrift für Controlling und Management, 51. Jg., Sonderheft 3, S. 4-18.

Georgakellos, Dimitrios (2005): Technology selection from alternatives: a scoring model for screening candidates in equipment purchasing, in: International Journal of Innovation and Technology Management, 2. Jg., Heft 1, S. 1-18.

Gerhard, Edmund (1998): Entwickeln und konstruieren mit System, 3. Aufl., Renningen-Malmsheim.

Gerpott, Torsten (1993): Integrationsgestaltung und Erfolg von Unternehmensakquisitionen, Stuttgart.

Gerpott, Torsten (1999): Strategisches Technologie- und Innovationsmanagement, Stuttgart.

Gerpott, Torsten (2005): Technologie- und Innovationsmanagement, in: *Bitz, Michael; Domsch, Michel; Ewert, Ralf; Wagner, Franz* (Hrsg.): Vahlens Kompendium der Betriebswirtschaftslehre – Band 2, 5. Aufl., München, S. 305-352.

Gerybadze, Alexander (2004): Technologie- und Innovationsmanagement, München.

Geschka, Horst (1993): Wettbewerbsfaktor Zeit, Landberg/Lech.

Gesetz über die Rechnungslegung von bestimmten Unternehmen und Konzernen (Publizitätsgesetz) vom 15. August 1969, BGBl. I S. 1189, zuletzt geändert durch Art. 72 G vom 17. Dezember 2008, BGBl. I S. 2586, 2731.

Ghasemzadeh, Fereidoun; Archer, Norman (2000): Project portfolio selection through decision support, in: Decision Support Systems, 29. Jg., Heft 1, S. 73-88.

Gleich, Ronald; Greiner, Oliver; Hofmann, Stefan (2006): Better, Advanced und Beyond Budgeting: Von der Evolution zur Revolution, in: *Gleich, Ronald; Hofmann, Stefan; Leyk, Jörg* (Hrsg.): Planungs- und Budgetierungsinstrumente, Freiburg, Berlin, München, S. 23-38.

Gleich, Ronald; Staudinger, Michael (2006): Effektive Produktkostenplanung mit Target Costing, in: *Gleich, Ronald; Hofmann, Stefan; Leyk, Jörg* (Hrsg.): Planungs- und Budgetierungsinstrumente, Freiburg, Berlin, München, S. 141-158.

Göpfert, Ingrid (1992): Controlling von Forschungs- und Entwicklungsprozessen, in: Controlling, 4. Jg., Heft 5, S. 254-259.

Götze, Uwe (2007): Kostenrechnung und Kostenmanagement, 4. Aufl., Berlin.

Götze, Uwe (2008): Investitionsrechnung, 6. Aufl., Berlin.

Granig, Peter (2007): Innovationsbewertung, Wiesbaden.

Grass, Tomass; Akca, Naciye (2005): Innovations-Management bei IT-Dienstleistungen, Saarbrücken.

Greiner, Oliver (2004): Strategiegerechte Budgetierung, München.

Greiner, Oliver (2006): Beyond Budgeting: Implementierungsansätze für Praktiker, in: *Gleich, Ronald; Hofmann, Stefan; Leyk, Jörg* (Hrsg.): Planungs- und Budgetierungsinstrumente, Freiburg, Berlin, München, S. 39-60.

Greizer, Frank (1999): Entwicklung der Stromrichtertechnik zur Netzanbindung von PV-Anlagen, in: *Institut für Solare Energieversorgungstechnik e.V. ISET* (Hrsg.): 4. Kasseler Symposium Energie-Systemtechnik, Kassel, S. 78-90.

Grübler, Gerit (2005): Ganzheitliches Multiprojektmanagement, Göttingen.

Grupp, Hariolf; Maital, Shlomo (2001): Managing New Product Development and Innovation, Cheltenham, Northhampton.

Guglielmi, Marco; Lascar, Stéphane; Mastrocola, Vittorio; Williams, Edmund (2006): Evaluating R&D with first bounce – last bounce framework, in: Research Technology Management, 49. Jg., Heft 1, S. 44-50.

Gustafsson, Janne; Salo, Ahti (2005): Contigent portfolio programming for the management of risky projects, in: Operations Research, 53. Jg., Heft 6, S. 946–956.

Hab, Gerhard; Wagner, Reinhard (2006): Projektmanagement in der Automobilindustrie, 2. Aufl., Wiesbaden.

Haber, Tobias (2008): Resistenz gegenüber Innovationen, Wiesbaden.

Hahn, Dietger (2005a): Stand und Entwicklungstendenzen der strategischen Planung, in: *Hahn, Dietger; Taylor, Bernard* (Hrsg.): Strategische Unternehmungsplanung – Strategische Unternehmungsführung, 9. Aufl., Berlin, Heidelberg, New York, S. 3-28.

Hahn, Dietger (2005b): Strategische Unternehmensführung – Grundkonzept, in: *Hahn, Dietger; Taylor, Bernard* (Hrsg.): Strategische Unternehmungsplanung – Strategische Unternehmungsführung, 9. Aufl., Berlin, Heidelberg, New York, S. 29-50.

Hahn, Dietger; Bausch, Andreas; Mayer, Alexander (2000): Instrumente zur Beurteilung von Geschäftsfeldstrategien unter besonderer Berücksichtigung von Innovationen, in: *Häfliger, Gerold; Meier, Jörg* (Hrsg.): Aktuelle Tendenzen im Innovationsmanagement, Heidelberg, S. 217-248.

Hahner, Christian (2000): Bewertung von Innovationsideen mit Hilfe von Lebenszyklusaufwand, Stuttgart.

Halemeyer, Bernd; Mayer, Eric; Treptow, Maximilian (2007): Controlling von R&D-Aktivitäten im Innovationswettbewerb: Erfahrungen des Technologieunternehmens

Infineon, in: Zeitschrift für Controlling und Management, 51. Jg., Sonderheft 3, S. 68-76.

Hallbauer, Albrecht (1978): Ansätze zur Verbesserung der Effizienz von Produktinnovationsprozessen, Zürich, Frankfurt, Thun.

Hammer, Richard (1996): Ein praktikables Modell für eine technologieintegrierende strategische Führung in industriellen Unternehmungen, in: *Hammer, Richard; Hinterhuber, Hans; Auckenthaler, Jürgen; Seghezzi, Hans; Strobl, Christoph* (Hrsg.): Technologie- und Innovationsmanagement, Wien, S. 51-70.

Handelsgesetzbuch (HGB) vom 10. Mai 1897, RGBl. S. 219, zuletzt geändert durch Art. 69 G vom 17. Dezember 2008, BGBl. I S. 2586, 2730.

Harland, Peter (2002): Kooperationsmanagement, Fischbachtal.

Harmancioglu, Nukhet; McNally, Regina; Calantone, Roger; Durmusoglu, Serdar (2007): Your new product development is only as good as your process: an exploratory analysis of new npd process design and implementation, in: R&D Management, 37. Jg., Heft 5, S. 399-424.

Hart, Susan; Baker, Michael (1994): The multiple convergent processing model of new pro-duct development, in: International Marketing Review, 11. Jg., Heft 1, S. 77-92.

Hart, Susan; Hultink, Erik; Tzokas, Nikolaos; Commandeur, Harry (2003): Industrial companies' evaluation criteria in new product development gates, in: The Journal of Product Innovation Management, 20. Jg., Heft 1, S. 22-36.

Hartmann, George; Myers, Mark; Rosenbloom, Richard (2006): Planning your firm's R&D investment, in: Research Technology Management, 49. Jg., Heft 2, S. 25-36.

Hauschildt, Jürgen (2005): Dimensionen der Innovation, in: *Albers, Sönke; Gassmann, Oliver* (Hrsg.): Handbuch Technologie- und Innovationsmanagement, Wiesbaden, S. 23-39.

Hauschildt, Jürgen; Salomo, Sören (2004): "Too many innovations, all at once…", in: *Albers, Sönke* (Hrsg.): Cross-functional Innovation Management, Wiesbaden, S. 19-35.

Hauschildt, Jürgen; Salomo, Sören (2007): Innovationsmanagement, 4. Aufl., München.

Hauschildt, Jürgen; Schlaak, Thomas (2001): Zur Messung des Innovationsgrades neuartiger Produkte, in: Zeitschrift für Betriebswirtschaft, 71. Jg., Heft 2, S. 161-182.

Heck, Marco (2003): Risikobewusstes F&E-Programm-Management, München.

Heidenberger, Kurt; Muthsam, Herbert; Stummer, Christian (2000): Budgetierungsansätze für Forschung und Entwicklung im Überblick, in: Zeitschrift für Betriebswirtschaft, 70. Jg., Heft 9, S. 1005-1029.

Heiss, Marianne (2004): Strategisches Kostenmanagement in der Praxis, Wiesbaden.

Helbig, Klaus; Lingnau, Volker (1999): Innovationscontrolling, in: Zeitschrift für Planung, 10. Jg., Heft 1, S. 67-84.

Hensel, Vanessa (2000): Kostenplanung bei Projekten, in: *Lenk, Thomas; Zelewski, Stephan* (Hrsg.): ECOVIN Enhancing competitiveness in small and medium enterprises via innovation, Leipzig, S. 360-370.

Herstatt, Cornelius (1998): Benchmarking im Technologie-Management, in: *Koruna, Stefan; Tschirky, Hugo* (Hrsg.): Technologie-Management, München, S. 525-540.

Herstatt, Cornelius (1999): Theorie und Praxis der frühen Phasen des Innovationsprozesses, in: io Management, 68. Jg., Heft 10, S. 80-91.

Herstatt, Cornelius; Lettl, Christopher (2006): Marktorientierte Erfolgsfaktoren technologiegetriebener Entwicklungsprojekte, in: *Gassmann, Oliver; Kobe, Carmen* (Hrsg.): Ma-nagement von Innovation und Risiko, 2. Aufl., Berlin, S. 145-169.

Herstatt, Cornelius; Lühring, Norbert; Herzberg, Torsten; Stockstrom, Christoph (2007): Erfolgreiches Portfoliomanagement in den frühen Innovationsphasen, http://doku.b.tu-harburg.de/volltexte/2007/344/pdf/Endbericht_Portfoliomanagement.pdf, Abruf am: 24. September 2008.

Herstatt, Cornelius; Lüthje, Christian; Verworn, Birgit (2001): Die Gestaltung von Innovationsprozessen in kleinen und mittleren Unternehmen, in: *Meyer, Jörn-Axel*

(Hrsg.): Innovationsmanagement in kleinen und mittleren Unternehmen, München, S. 149-169.

Herstatt, Cornelius; Stockstrom, Christoph; Verworn, Birgit; Nagahira, Akio (2006): Fuzzy front end practices in innovating japanese companies, in: International Journal of Innovation and Technology Management, 3. Jg., Heft 1, S. 43-60.

Herstatt, Cornelius; Verworn, Birgit (2004a): Innovation process models and their evolution, in: *European Institute for Technology and Innovation* (Hrsg.): Bringing Technology and Innovation into the Boardroom, New York, S. 326-346.

Herstatt, Cornelius; Verworn, Birgit (2004b): The 'Fuzzy Front End' of innovation, in: *European Institute for Technology and Innovation* (Hrsg.): Bringing Technology and Innovation into the Boardroom, New York, S. 347-372.

Herzog, Philipp (2008): Open and Closed Innovation – Different Cultures for Different Strategies, Wiesbaden.

Heyde, Wolfgang; Laudel, Gerd; Pleschak, Franz; Sabisch, Helmut (1991): Innovationen in Industrieunternehmen, Wiesbaden.

Hiller, Mark (2002): Multiprojektmanagement – Konzept zur Gestaltung, Regelung und Visualisierung einer Projektlandschaft, Kaiserslautern.

Hipp, Christiane (2000): Innovationsprozesse im Dienstleistungssektor, Heidelberg.

Hirzel, Matthias (2006a): Herausforderungen des Projektportfolio-Management, in: *Hirzel, Matthias; Kühn, Frank; Wollmann, Peter* (Hrsg.): Projektportfolio-Management, S. 11-20.

Hirzel, Matthias (2006b): Synergien in der Projektlandschaft nutzen, in: *Hirzel, Matthias; Kühn, Frank; Wollmann, Peter* (Hrsg.): Projektportfolio-Management, S. 115-122.

Höft, Uwe (1992): Lebenszykluskonzepte, Berlin.

Holmes, Maurice; Campbell, Ronald (2004): Product development processes: three vectors of improvement, in: Research Technology Management, 47. Jg., Heft 4, S. 47-55.

Horsch, Jürgen (2003): Innovations- und Projektmanagement, Wiesbaden.

Horváth, Peter (1995): Instrumente des F&E-Controlling, in: *Zahn, Erich* (Hrsg.): Handbuch Technologiemanagement, Stuttgart, S. 705-723.

Horváth, Peter (2008): Controlling, 11. Aufl., München.

Horváth, Peter; Seidenschwarz, Werner (1992): Die Methodik des Zielkostenmanagements, Stuttgart.

Hubner, Elmar (1996): Abbruchentscheidungen im F&E-Management, Wien.

Hungenberg, Harald (2006): Strategisches Management im Unternehmen, 4. Aufl., Wiesbaden.

Huth, Tobias (2008): Organizing Cross-Functional New Product Development Projects, Frankfurt am Main.

Institut für Mittelstandsforschung (2002): Definition des Mittelstands in Deutschland, http://www.ifm-bonn.de, Abruf am: 31.01.2008.

Institut für Mittelstandsforschung der Universität Mannheim (2007): Bedeutung des Mittelstands in Deutschland, http://www.ifm.uni-mannheim.de/unter/faq/mittelstand_in_deutschland_neu.html, Abruf am: 9. Jul 2008.

Ipsen, Christof (2002): F&E-Programmplanung bei variabler Entwicklungsdauer, Hamburg.

Ishizaka, Alessio (2004): Development of an Intelligent Tutoring System for AHP (Analytic Hierarchy Process). Forschungsbericht des Wirtschaftswissenschaftlichen Zentrums der Universität Basel, Nr. 10/2004, Basel.

Jacob, Herbert (1967): Zum Problem der Unsicherheit bei Investitionsentscheidungen, in: Zeitschrift für Betriebswirtschaft, 37. Jg., Heft 3, S. 153-187.

Johannessen, Jon-Arild; Olsen, Björn; Lumpkin, G. (2001): Innovation as newness: what is new, how new, and new to whom?, in: European Journal of Innovation Management, 4. Jg., Heft 1, S. 20-31.

Jolly, Dominique (2007): Auditing technology development projects, in: *Horlesberger, Marianne; El-Nawawi, Mohamed; Khalil, Tarek* (Hrsg.): Challenges in the Management of New Technologies, Singapur, S. 465-484.

Joos-Sachse, Thomas (2006): Controlling, Kostenrechnung und Kostenmanagement, 4. Aufl., Wiesbaden.

Kahn, Kenneth; Barczak, Gloria; Moss, Roberta (2006): Establishing an NPD best practices framework, in: The Journal of Product Innovation Management, 23. Jg., Heft 2, S. 106-116.

Kallrath, Josef (2002): Gemischt-ganzzahlige Optimierung: Modellierung in der Praxis, Braunschweig, Wiesbaden.

Kasper, Helmut (2004): Komplexitätsmanagement, in: *Schreyögg, Georg; Werder, Axel von* (Hrsg.): Handwörterbuch Unternehmensführung und Organisation, 4. Aufl., Stuttgart, Sp. 618-628.

Kavadias, Stylianos; Chao, Raul (2008): Resource allocation and new product development portfolio management, in: *Loch, Christoph; Kavadias, Stylianos* (Hrsg.): Handbook of New Product Development Management, Oxford, S. 135-163.

Keim, Gesche; Littkemann, Jörn (2005): Methoden des Projektmanagements und -controlling, in: *Littkemann, Jörn* (Hrsg.): Innovationscontrolling, München, S. 60-151.

Kendall, Gerald; Rollins, Steve (2003): Advanced Project Portfolio Management and the PMO, Boca Raton.

Kenter, Michael (1996): Die Bedeutung des Target Costing für Produktinnovationen, in: *Witt, Jürgen* (Hrsg.): Produktinnovation, München, S. 121-138.

Kern, Werner; Schröder, Hans-Horst (1977): Forschung und Entwicklung in der Unternehmung, Hamburg.

Kessler, Eric; Bierly, Paul (2002): Is faster really better? An empirical test of the implications of innovation speed, in: IEEE Transactions on Engineering Management, 49. Jg., Heft 1, S. 2-12.

Khurana, Anil; Rosenthal, Stephen (1997): Integrating the fuzzy front end of new product development, in: Sloan Management Review, 38. Jg., Heft 2, S. 103-120.

Khurana, Anil; Rosenthal, Stephen (1998): Towards holistic "front ends" in new product development, in: The Journal of Product Innovation Management, 15. Jg., Heft 1, S. 57-74.

Killen, Catherine; Hunt, Robert; Kleinschmidt, Elko (2008): Project portfolio management for product innovation, in: International Journal of Quality & Reliability Management, 25. Jg., Heft 1, S. 24-38.

Kim, Jongbae; Wilemon, David (2002a): Focusing the fuzzy front-end in new product development, in: R&D Management, 32. Jg., Heft 4, S. 269-279.

Kim, Jongbae; Wilemon, David (2002b): Strategic issues in managing innovation's fuzzy front-end, in: European Journal of Innovation Management, 5. Jg., Heft 1, S. 27-39.

Kistner, Klaus P. (2003): Optimierungsmethoden, 3. Aufl., Heidelberg.

Kleinschmidt, Elko (2006): Rejoinders to "Establishing an NPD best pracitces framework", in: The Journal of Product Innovation Management, 23. Jg., Heft 2, S. 119-121.

Kline, Stephen; Rosenberg, Nathan (1986): An overview of innovation, in: *Landau, Ralph; Rosenberg, Nathan* (Hrsg.): Positive Sum Strategy, Washington, S. 275-305.

Knight, Frank (2002): Risk, Uncertainty and Profit, Nachdruck der ersten Auflage von 1921, Washington.

Kobe, Carmen (2001): Integration der Technologiebeobachtung in die Frühphase von Innovationsprojekten, Bamberg.

Koen, Peter (2005): The fuzzy front end for incremental, platform, and breakthrough pro-ducts, in: *Kahn, Kenneth* (Hrsg.): The PDMA Handbook of New Product Development, 2. Aufl., New Jersey, S. 81-91.

Kohn, Kamilla (2006): Managing the balance of perspectives in the early phase of npd, in: European Journal of Innovation Management, 9. Jg., Heft 1, S. 44-60.

Kolisch, Rainer; Heimerl, Christian; Hausen, Sven (2008): Projektportfolio- und Multiprojektplanung, in: Zeitschrift für Betriebswirtschaft, 78. Jg., Heft 6, S. 591-610.

König, Manfred; Völker, Rainer (2002): Innovationsmanagement in der Industrie, München.

König, Manfred; Völker, Rainer (2003): Erfolgsfaktoren des Innovationsmanagements in kleinen und mittleren Unternehmen, in: *Kamenz, Uwe* (Hrsg.): Applied Marketing, Berlin, S. 317-334.

Kontos, Georgis (2004): Bewertung des Erfolgs von Unternehmensnetzwerken in der F&E, Aachen.

Kort, Peter (1998): Optimal R&D investments of the firm, in: OR Spektrum, 20. Jg., Heft 3, S. 155-164.

Krahnen, Jan (1991): Sunk Costs und Unternehmensfinanzierung, Wiesbaden.

Kramer, Matthias; Müller, David (2004): Realoptionsmodelle als Instrument des Investitionscontrollings von Umweltinnovationen, in: *Schwarz, Erich* (Hrsg.): Nachhaltiges Innovationsmanagement, Wiesbaden, S. 275-305.

Kramm, Rainer (1977): Sequentielles Chance-Constrained Programming als Instrument der flexiblen Planung, Meisenheim.

Krelle, Wilhelm (1961): Preistheorie, Zürich.

Kriegesmann, Bernd; Kerka, Friedrich (2007): Innovationskulturen für den Aufbruch zu Neuem: Missverständnisse – Praktische Erfahrungen – Handlungsfelder des Innovationsmanagements, Wiesbaden.

Krishnan, V.; Ulrich, Karl (2001): Product development decisions: A review of the literature, in: Management Review, 47. Jg., Heft 1, S. 1-21.

Kroy, Walter (1995): Technologiemanagement für grundlegende Innovationen, in: *Zahn, Erich* (Hrsg.): Handbuch Technologiemanagement, Stuttgart, S. 57-79.

Kruschwitz, Lutz (2007): Investitionsrechnung, 11. Aufl., München.

Kuchenbuch, André; Heesen, Marcel (2009): Fallstudie zum Innovationsportfoliomanagement bei der Behr-Hella Thermocontrol GmbH, in: *Ahsen, Anette von; Heesen, Marcel* (Hrsg.): Bewertung von Innovationen im Mittelstand, in Vorbereitung.

Kuchta, Dorota (2001): A fuzzy model for R&D project selection with benefit, outcome and resource interactions, in: The Engineering Economist, 46. Jg., Heft 3, S. 164-180.

Kuczmarski, Thomas (2006): Rejoinders to "Establishing an NPD best pracitces framework", in: The Journal of Product Innovation Management, 23. Jg., Heft 2, S. 121-124.

Kühn, Frank (2006): Facetten des Projektportfolio-Management, in: *Hirzel, Matthias; Kühn, Frank; Wollmann, Peter* (Hrsg.): Projektportfolio-Management, S. 45-54.

Kühn, Frank; Pleuger, Gudrun (2006): Wertanalyse des Projektportfolios, in: *Hirzel, Matthias; Kühn, Frank; Wollmann, Peter* (Hrsg.): Projektportfolio-Management, S. 57-77.

Kunz, Christian (2007): Strategisches Multiprojektmanagement, 2. Aufl., Wiesbaden.

Küpper, Hans (2008): Controlling. Konzeption, Aufgaben, Instrumente, 5. Aufl., Stuttgart.

Kurek, Rainer (2004): Erfolgsstrategien für Automobilzulieferer, Berlin, Heidelberg, New York.

Kwasniok, Sascha (2007): Multiprojektmanagement, Saarbrücken.

Labriola, Fabio (2007): Strategisches "Time-To-Market"-Management, in: *Engel, Kai; Nippa, Michael* (Hrsg.): Innovationsmanagement, Heidelberg, New York, S. 193-213.

Lange, Edgar (1993): Abbruchentscheidungen bei F&E-Projekten, Wiesbaden.

Laßmann, Arndt (1992): Organisatorische Koordination, Wiesbaden.

Laube, Thorsten; Abele, Thomas (2006): Technologie-Roadmap, Stuttgart.

Laux, Helmut (2007): Entscheidungstheorie, 7. Aufl., Berlin, Heidelberg, New York.

Laux, Helmut; Liermann, Felix (2005): Grundlagen der Organisation, 6. Aufl., Berlin, Heidelberg, New York.

Lawson, Craig; Longhurst, Philip; Ivey, Paul (2006): The application of a new research and development project selection model in SMEs, in: Technovation, 26. Jg., Heft 2, S. 242-250.

Lehmann, Frank (1993): Strategische Budgetierung, Frankfurt am Main.

Lehmann, Uwe (2001): Diffusion konkurrierender Innovationen, Hamburg.

Lehner, Patrick; Kobe, Carmen (2006): Integration des Enterprise-Risk-Managements im Innovationsprozess, in: *Gassmann, Oliver; Kobe, Carmen* (Hrsg.): Management von Innovation und Risiko, 2. Aufl., Berlin, S. 71-100.

Lehtonen, Mikko; Pharma, Orion (2001): Resource allocation and project portfolio management in pharmaceutical R&D, in: *Artto, Karlos; Martinsuo, Miia; Aalto, Taru* (Hrsg.): Project Portfolio Management, Helsinki, S. 107-140.

Leobacher, Hannes (2007): Managementebenen in der Projektarbeit, Saarbrücken.

Levine, Harvey (2005): Project Portfolio Management, San Francisco.

Leyendecker, Petra (2006): Priorisierung von Projekten, in: *Hirzel, Matthias; Kühn, Frank; Wollmann, Peter* (Hrsg.): Projektportfolio-Management, S. 79-92.

Leyk, Jörg; Kopp, Jens (2004): Innovative Planungs- und Budgetierungskonzepte und ihre Bewertung, in: *Horváth & Partners* (Hrsg.): Beyond Budgeting umsetzen, Stuttgart, S. 15-59.

Libby, Theresa; Lindsay, Murrary (2007): Beyond budgeting or better budgeting?, in: Strategic Finance, 89. Jg., Heft 2, S. 46-51.

Liberatore, Matthew (1987): An extension of the Analytical Hierarchy Process for industrial R&D project selection and resource allocation, in: IEEE Transactions on Engineering Management, 34. Jg., Heft 1, S. 12-18.

Liberatore, Matthew; Stylianou, Anthony (1995): Expert support systems for new product development decision making, in: Management Science, 41. Jg., Heft 8, S. 1296-1316.

Linder, Stefan (2004): Wie (un)zuverlässig sind Investitionsplanungen?, in: Zeitschrift für Controlling und Management, 48. Jg., Sonderheft 1, S. 47-57.

Lindman, Martti (2002): Open or closed strategy in developing new products? A case study of industrial npd in SMEs, in: European Journal of Innovation Management, 5. Jg., Heft 4, S. 224-236.

Link, Jörg; Mann, Andreas (2007): Portfolio-Management, in: *Köhler, Richard; Küpper, Hans; Pfingsten, Andreas* (Hrsg.): Handwörterbuch der Betriebswirtschaft, 6. Aufl., Stuttgart, Sp. 1404-1417.

Linton, Jonathan; Walsh, Steven; Morabito, Joseph (2002): Analysis, ranking and selection of R&D projects in a portfolio, in: R&D Management, 32. Jg., Heft 2, S. 139-148.

Littkemann, Jörn (2005): Einführung in das Innovationscontrolling, in: *Littkemann, Jörn* (Hrsg.): Innovationscontrolling, München, S. 3-56.

Lomnitz, Gero (2004): Multiprojektmanagement – Projekte erfolgreich planen, vernetzen und steuern, 2. Aufl., Frankfurt am Main.

Lomnitz, Gero (2008): Multiprojektmanagement – Projekte erfolgreich planen, vernetzen und steuern, 3. Aufl., München.

Lynn, Gary; Morone, Joseph; Paulson, Albert (1996): Marketing and discontinuous innovation: the probe and learn process, in: California Management Review, 38. Jg., Heft 3, S. 8-37.

Macharzina, Klaus; Wolf, Joachim (2008): Unternehmensführung, 6. Aufl., Wiesbaden.

MacMillan, Ian; Putten, Alexander van; McGrath, Rita Gunther; Thompson, James (2006): Using real options discipline for highly uncertain technology investments, in: Research Technology Management, 49. Jg., Heft 1, S. 29-37.

Mahler, Alwin (2001): Diffusion von Telekommunikationsdienstleistungen im Bankensektor, Wiesbaden.

Markowitz, Harry (1952): Portfolio Selection, in: Journal of Finance, 7. Jg., Heft 1, S. 77-91.

Martino, Joseph (1995): Research and Development Project Selection, New York, Chichester, Brisbane, Toronto, Singapore.

Mattes, Bernhard; Meffert, Heribert; Landwehr, Rainer; Koers, Martin (2004): Trends in der Automobilindustrie: Paradigmenwechsel in der Zusammenarbeit zwischen Zulieferer, Hersteller und Händler, in: *Ebel, Bernhard; Hofer, Markus; Al-Sibai, Jumana* (Hrsg.): Automotive Management, Berlin, Heidelberg, New York, S. 13-38.

May, Gunter; Chrobok, Reiner (2001): Priorisierung des unternehmerischen Projektportfolios, in: Zeitschrift Führung + Organisation, 70. Jg., Heft 2, S. 108-114.

McCarthy, Ian; Tsinopoulos, Christos; Allen, Peter; Rose-Anderssen, Christen (2006): New product development as a complex adaptive system of decisions, in: The Journal of Pro-duct Innovation Management, 23. Jg., Heft 5, S. 437-456.

McDermott, Christopher; O'Connor, Gina (2002): Managing radical innovation: an overview of emergent strategy issues, in: The Journal of Product Innovation Management, 19. Jg., Heft 6, S. 424-437.

McDonough, Edward; Spital, Francis (2003): Managing project portfolios, in: Research Technology Management, 46. Jg., Heft 3, S. 40-46.

Medaglia, Andrés; Graves, Samuel; Ringuest, Jeffrey (2007): A multiobjective evolutionary approach for linearly constrained project selection under uncertainty, in: European Journal of Operational Research, 179. Jg., Heft 3, S. 869-894.

Meinig, Wolfgang; Mallad, Heike (2006): Innovationsimpulse in der Automobilindustrie, in: Performance Excellence – Zeitschrift für Controlling und Innovationsmanagement, 1. Jg., Heft 1, S. 50-55.

Meißner, Heinz-Rudolf; Jürgens, Ulrich (2007): Zur Lage der deutschen Automobil-Zulieferindustrie im Jahr 2007, Berlin.

Mello, Sheila; Mackey, Wayne; Lasser, Ronald; Tait, Richard (2007): Value innovation portfolio management: Achieving double-digit growth through customer value, Boston.

Messica, Avi; David, Israel (2000): Optimal expenditure patterns for risky R&D projects with time-dependent returns, in: R&D Management, 30. Jg., Heft 3, S. 247-253.

Meth, Dirk (2007): Die IFRS als Grundlage der Rechnungslegung mittelständischer Unternehmen, Köln.

Metze, Gerhard (2008): Technologie-Portfolio als Methodik der Inventions- und Innovationsbewertung – Prolegomena zu Metriken für Inventionen und Innovationen, in: *Schmeisser, Wilhelm; Mohnkopf, Hermann; Hartmann, Matthias; Metze, Gerhard* (Hrsg.): Innovationserfolgsrechnung, Berlin, S. 325-346.

Meyer, Jens (2003): Produktinnovationserfolg und Target Costing, Wiesbaden.

Meyer, Jörn-Axel (2001): Bekanntheit und Einsatz von Innovationsmethoden in jungen KMU, in: *Meyer, Jörn-Axel* (Hrsg.): Innovationsmanagement in kleinen und mittleren Unternehmen, München, S. 171-189.

Meyer, Jörn-Axel (2006): Innovationsmanagement, in: *Pfohl, Hans-Christian* (Hrsg.): Betriebswirtschaftslehre der Mittel- und Kleinbetriebe, 4. Aufl., Berlin, S. 210-232.

Michel, Kay (1990): Technologie im strategischen Management, 2. Aufl., Berlin.

Miguel, Paulo (2008): Portfolio management and new product development implementation, in: International Journal of Quality & Reliability Management, 25. Jg., Heft 1, S. 10-23.

Milling, Peter; Maier, Frank (1996): Invention, Innovation und Diffusion, Berlin.

Minder, Sibylle (2001): Wissensmanagement in KMU, St. Gallen.

Mohr, Roland; Pacl, Harald; Hartmann, Marcus (2008): Realize hidden value through timely portfolio decisions, in: Research Technology Management, 51. Jg., Heft 6, S. 44-51.

Möhrle, Martin (1988): Das FuE-Programm-Portfolio: Ein Instrument für das Management betrieblicher Forschung und Entwicklung, in: Technologie und Management, 37. Jg., Heft 4, S. 12-19.

Möhrle, Martin (1994): Instrumentelles FuE-Programm-Management – Das Zusammenspiel von FuE-Programm-Portfolio und FuE-Projektverflechtungsgraph, in: *Zahn, Erich* (Hrsg.): Technologiemanagement und Technologien für das Management, Stuttgart, S. 227-249.

Mugler, Josef (2005): Grundlagen der BWL der Klein- und Mittelbetriebe, Wien.

Müller, Claudia (2000): Produktinnovation durch Projektmanagement, Wiesbaden.

Müller-Stewens, Günter; Lechner, Christoph (2005): Strategisches Management, 3. Aufl., Stuttgart.

Newton, David; Pearson, Alan (1994): Application of option pricing theory to R&D, in: R&D Management, 24. Jg., Heft 1, S. 83-89.

Niggemann, Sebastian; Schuster, Andreas (2006): Innovationscontrolling in horizontalen Zuliefernetzwerken der Automobilindustrie, in: Performance Excellence – Zeitschrift für Controlling und Innovationsmanagement, 1. Jg., Heft 1, S. 6-12.

Nitsch, Joachim (2007): Leitstudie 2007 – Ausbaustrategie Erneuerbare Energien, Stuttgart.

Nixon, Bill (1998): Research and development performance measurement: a case study, in: Management Accounting Research, 9. Jg., Heft 3, S. 329-355.

Nobelius, Dennis; Trygg, Lars (2002): Stop chasing the front end process – management of the early phases in product development projects, in: International Journal of Project Management, 20. Jg., Heft 5, S. 331-340.

Notargiacomo, Richard (2006): Rejoinders to "Establishing an NPD best practice framework", in: The Journal of Product Innovation Management, 23. Jg., Heft 2, S. 123-125.

o. V. (2002): Viele Zulieferer werden sterben, in: Produktion, 22. Jg., Heft 3/4, S. 8.

O'Connor, Gina (1998): Market learning and radical innovation: a cross case comparison of eight radical innovation projects, in: The Journal of Product Innovation Management, 15. Jg., Heft 2, S. 151-166.

Oechsler, Walter (1992): Stichwort Konflikt, in: *Frese, Erich* (Hrsg.): Handwörterbuch der Organisation, Stuttgart, Sp. 1131-1143.

Oliver Wyman (2008): Car Innovation 2015, München.

O'Regan, Nicholas; Ghobadian, Abby; Sims, Martin (2006): Fast tracking innovation in manufacturing SMEs, in: Technovation, 26. Jg., Heft 2, S. 251-261.

Organisation for Economic Co-Operation and Development (1997): Oslo Manual – The measurement of scientific and techonological activities, Paris.

Organisation for Economic Co-Operation and Development (2002): Frascanti Manual – Proposed standard practice for surveys on research and experimental development, Paris.

Otto, Kevin; Wood, Kristin (2001): Product Design, London, Sydney, Toronto, New Delhi, Tokyo, Singapore, Rio de Janeiro.

Padmore, Tim; Schuetze, Hans; Gibson, Hervey (1998): Modeling systems of innovation: An enterprise-centered view, in: Research Policy, 26. Jg., Heft 6, S. 605-624.

Patterson, Marvin (2005): New product portfolio planning and management, in: *Kahn, Kenneth* (Hrsg.): The PDMA Handbook of New Product Development, 2. Aufl., New Jersey, S. 46-58.

Patzak, Gerold; Rattay, Günter (2004): Projektmanagement, 4. Aufl., Wien.

Pawlowsky, Carl (1999): Bewertung konkurrierender Technologien, München.

Pepels, Werner (1999): Innovationsmanagement, Berlin.

Pepels, Werner (2006): Produktmanagement, 5. Aufl., München, Wien.

Perl, Elke (2007): Grundlagen des Innovations- und Technologiemanagements, in: *Strebel, Heinz* (Hrsg.): Innovations- und Technologiemanagement, 2. Aufl., Wien, S. 17-52.

Perridon, Louis; Steiner, Manfred (2007): Finanzwirtschaft der Unternehmung, 14. Aufl., München.

Peters, Lois (2006): Rejoinders to "Establishing an NPD best practice framework", in: The Journal of Product Innovation Management, 23. Jg., Heft 2, S. 125-127.

Peters, Malte (2008): Vertrauen in Wertschöpfungspartnerschaften zum Transfer von retentivem Wissen, Wiesbaden.

Peters, Malte; Zelewski, Stephan (2004): Möglichkeiten und Grenzen des "Analytic Hierarchy Process" (AHP) als Verfahren der Wirtschaftlichkeitsanalyse, in: Zeitschrift für Planung und Unternehmenssteuerung, 15. Jg., Heft 6, S. 295-324.

Pfeiffer, Werner; Metze, Gerhard; Schneider, Walter; Amler, Robert (1991): Technologie-Portfolio zum Management strategischer Zukunftsgeschäftsfelder, 6. Aufl., Göttingen.

Pfohl, Hans-Christian (2006): Abgrenzung der Klein- und Mittelbetriebe von Großbetrieben, in: *Pfohl, Hans-Christian* (Hrsg.): Betriebswirtschaftslehre der Mittel- und Kleinbetriebe, 4. Aufl., Berlin, S. 2-24.

Pinkwart, Andreas (2001): Förderung von Innovationen in KMU durch Kooperation, in: *Meyer, Jörn-Axel* (Hrsg.): Innovationsmanagement in kleinen und mittleren Unternehmen, München, S. 191-211.

Pleissner, Ulf (1999): Transparenz durch FuE-Planung, in: *Möhrle, Martin* (Hrsg.): Der richtige Projekt-Mix, Berlin, S. 119-143.

Pleschak, Franz; Sabisch, Helmut (1996): Innovationsmanagement, Stuttgart.

Pleschak, Franz; Sabisch, Helmut; Wupperfeld, Udo (1994): Innovationsorientierte kleine Unternehmen, Wiesbaden.

Plümecke, Marvin (2006): Konzepte der Budgetierung, Saarbrücken.

Podding, Thorsten; Dichtl, Hubert; Petersmeier, Kerstin (2003): Statistik, Ökonometrie, Optimierung – Methoden und ihre praktischen Anwendungen in Finanzanalyse und Portfoliomanagement, 3. Aufl., Bad Soden.

Pohl, Daniel; Hausmann, Stefan; Augsten, Eva (2008): Expansion der Großen fordert Opfer, in: Sonne Wind & Wärme, 9. Jg., Heft 5, S. 88-103.

Pollmann, Melanie (2007): Beyond budgeting, in: Controller Maganzin, 32. Jg., Heft 4, S. 364-373.

Pölzl, Andreas (2002): Umweltorientiertes Innovationsmanagement, Sternenfels.

Poole, Marshall; Ven, Andrew van de (2000): Toward a general theory of innovation pro-cesses, in: *Ven, Andrew van de; Angle, H.; Poole, Marshall* (Hrsg.): Research on the Management of Innovation: The Minnesota Studies, Oxford, S. 637-662.

Porter, Michael (2000): Wettbewerbsvorteile - Spitzenleistungen erreichen und behaupten, 6. Aufl., Frankfurt am Main.

Posch, Alfred (2007): Management von Innovationsprojekten, in: *Strebel, Heinz* (Hrsg.): Innovations- und Technologiemanagement, 2. Aufl., Wien, S. 213-266.

Poskela, Jarno (2007): Strategic and operative level front-end innovation activities – integration perspective, in: International Journal of Innovation and Technology Management, 4. Jg., Heft 4, S. 433-456.

Project Management Institute (2006): The Standard for Portfolio Management, Newton Square.

Przygodda, Iris (2000): Techniken zur Ideengenerierung, in: *Lenk, Thomas; Zelewski, Stephan* (Hrsg.): ECOVIN Enhancing competitiveness in small and medium enterprises via innovation, Leipzig, S. 88-139.

Qingrui, Xu; Xiaoqing, Zhao; Shaohua, Wanyan; Jin, Chen (2002): Competence-based innovation portfolio, in: *IEEE Engineering Management Society* (Hrsg.): The 2000 IEEE International Conference on Management of Innovation and Technology, Singapur, S. 134-139.

Rabe, Karin (2008): Finanzmittelmanagement, in: *Deutsche Gesellschaft für Projektmanagement e. V.* (Hrsg.): Projektmanagement-Fachmann, 10. Aufl., Eschborn, S. 651-689.

Radtke, Philipp; Abele, Eberhard; Zielke, Andreas (2004): Die smarte Revolution in der Automobilindustrie, Frankfurt, Wien.

Rainey, David (2006): Product Innovation: Leading Change through Integrated Product Development, Nachdruck der ersten Auflage von 2005, Cambridge.

Raynor, Michael; Leroux, Ximena (2004): Strategic flexibility in R&D, in: Research Technology Management, 47. Jg., Heft 3, S. 27-32.

Reichart, Sybille (2002): Kundenorientierung im Innovationsprozess, Wiesbaden.

Reichle, Manfred (2006): Bewertungsverfahren zur Bestimmung des Erfolgspotenzials und des Innovationsgrades von Produktideen und Produkten, Stuttgart.

Reid, Susan; Brentani, Ulrike de (2004): The Fuzzy Front End of New Product Development for discontinuous innovations: a theoretical model, in: The Journal of Product Innovation Management, 21. Jg., Heft 3, S. 170-184.

Reize, Frank (2006): Entwicklung und Struktur der Innovationsaktivitäten im Mittelstand, Berichte zur Mittelstands- und Strukturpolitik, Nr. 37, Frankfurt am Main.

Rennings, Klaus; Ankele, Kathrin; Hoffmann, Esther; Nill, Jan; Ziegler, Andreas (2005): Innovationen durch Umweltmanagement: Empirische Ergebnisse zum EG-Öko-Audit, Heidelberg.

Rickards, Robert (2007): Budgetplanung kompakt, München, Wien.

Riedrich, Timo; Sasse, Alexander (2005): Ganzheitliche Planung und Steuerung von Innovationsprojekten, in: Controlling, 17. Jg., Heft 3, S. 173-179.

Rieg, Robert (2008): Planung und Budgetierung, Wiesbaden.

Riek, Raymond (2001): From experience: capturing hard-won npd lessons in checklists, in: The Journal of Product Innovation Management, 18. Jg., Heft 5, S. 301-313.

Rieper, Bernd (1973): Entscheidungsmodelle zur integrierten Absatz- und Produktionsprogrammplanung für ein Mehrproduktunternehmen, Wiesbaden.

Ringuest, Jeffrey; Graves, Samuel; Case, Randy (2004): Mean-Gini analysis in R&D portfolio selection, in: European Journal of Operational Research, 154. Jg., Heft 1, S. 157-169.

Rogers, Everett (2003): Diffusion of Innovations, 3. Aufl., London, New York.

Rollberg, Roland (1998): Interdependenzen in der Unternehmensplanung. Dresdner Beiträge zur Betriebswirtschaftslehre, Nr. 19, Dresden.

Rose-Anderssen, Christen; Allen, Peter; Tsinopoulos, Christos; McCarthy, Ian (2005): Innovation in manufacturing as an evolutionary complex system, in: Technovation, 25. Jg., Heft 10, S. 1093-1105.

Rosenau, Milton (1996): Choosing a development process that's right for your company, in: *Rosenau, Milton; Griffin, Abbie; Castellion, George; Anschuetz, Ned* (Hrsg.): The PDMA Handbook of New Product Development, New York, Chichester, Brisbane, Toronto, Singapore, S. 77-92.

Rothwell, Roy; Dodgson, Mark (1996): Innovation and size of firm, in: *Dodgson, Mark; Rothwell, Roy* (Hrsg.): The handbook of industrial innovation, 2. Aufl., Cheltenham, S. 310-324.

Roussel, Philip; Saad, Kamal; Erickson, Tamara (1991): Third Generation R&D: Managing the Link to Corporate Strategy, Boston.

Rücksteiner, Friedhelm (1989): Entscheidungsfindung in der Forschung und Entwicklung, Heidelberg.

Rundquist, Jonas; Chibba, Aron (2004): The use of processes and methods in NPD – a survey of swedish industry, in: International Journal of Innovation and Technology Management, 1. Jg., Heft 1, S. 37-54.

Saad, Kamal; Roussel, Philip; Tiby, Claus (1993): Management der F&E-Strategie, 2. Aufl., Wiesbaden.

Saaty, Thomas (1994): How to make a decision: The Analytic Hierarchy Process, in: Interfaces, 24. Jg., Heft 6, S. 19-43.

Saaty, Thomas (2001a): Decision Making for Leaders, 4. Aufl., Pittsburgh.

Saaty, Thomas (2001b): Decision Making with Dependence and Feedback – The Analytic Network Process, 2. Aufl., Pittsburgh.

Saaty, Thomas; Kearns, K. (1985): Analytical Planning, Pittsburgh.

Sabisch, Helmut (1991): Produktinnovationen, Stuttgart.

Sabisch, Helmut; Wylegalla, Jörg (1999): Pflichten- und Lastenhefte für Innovationsprojekte, in: Technologie und Management, 48. Jg., Heft 1, S. 28-32.

Salomo, Sören; Mensel, Nils (2001): Front-end idea generation for innovation, in: *Kocaoglu, Dundar; Anderson, Timothy* (Hrsg.): Technology management in the knowledge era, Piscataway, S. 117-123.

Salomo, Sören; Weise, Joachim; Gemünden, Hans (2007): NPD planning activities and innovation performance: the mediating role of process management and the moderating effect of product innovativeness, in: The Journal of Product Innovation Management, 24. Jg., Heft 4, S. 285-302.

Sammerl, Nadine; Wirtz, Bernd; Schilke, Oliver (2008): Innovationsfähigkeit von Unternehmen, in: Die Betriebswirtschaft, 68. Jg., Heft 2, S. 131-158.

Saren, Mike (1984): A classification and review of models of the intra-firm innovation pro-cess, in: R&D Management, 14. Jg., Heft 1, S. 11-24.

Saren, Mike (1994): Reframing the process of new product development: from "stages" mo-dels to a "blocks" framework, in: Journal of Marketing Management, 10. Jg., Heft 7, S. 633-643.

Schaaf, Andreas (1999): Marktorientiertes Entwicklungsmanagement in der Automobilindustrie, Wiesbaden.

Schelle, Heinz (2008): Projekte und Projektmanagement, in: *Deutsche Gesellschaft für Projektmanagement e. V.* (Hrsg.): Projektmanagement-Fachmann, 10. Aufl., Eschborn, S. 25-58.

Schilling, Melissa (2008): Strategic Management of Technology and Innovation, 2. Aufl., Boston.

Schlaweck, Karlheinz (1991): Praxisleitfaden Technologieplanung, Köln.

Schlick, Gerhard (2002): Erfolg mit Innovationen. – Aber wie?, in: *Davey, Simon; Glitz, Raimund; Lindemann, Gerhard; Naber, Helmut; Nowak, Reinhold; Schlick, Gerhard; Warschat, Joachim* (Hrsg.): Forum Innovationsmanagement 2002 – Technologiesprünge als Herausforderung und Chance, Stuttgart, S. 1-10.

Schmeisser, Wilhelm (2008): Innovationserfolgsrechnung bei der Bewertung pharmazeutischer FuE-Projekte, in: *Schmeisser, Wilhelm; Mohnkopf, Hermann; Hartmann, Matthias; Metze, Gerhard* (Hrsg.): Innovationserfolgsrechnung, Berlin, S. 69-118.

Schmeisser, Wilhelm; Kantner, Alexander; Geburtig, Andrea; Schindler, Falko (2006): Forschungs- und Technologie-Controlling, Stuttgart.

Schmelzer, Hermann (1992): Organisation und Controlling von Produktenentwicklungen, Stuttgart.

Schmelzer, Hermann (1999): Organisation und Bewertung von Produktentwicklungsprozessen, in: *Tintelnot, Claus; Meißner, Dirk; Steinmeier, Ina* (Hrsg.): Innovationsmanagement, Berlin, Heidelberg, New York, S. 205-217.

Schmelzer, Hermann (2006): Methoden der Risikoanalyse und -überwachung in Innovationsprojekten, in: *Gassmann, Oliver; Kobe, Carmen* (Hrsg.): Management von Innovation und Risiko, 2. Aufl., Berlin, Heidelberg, New York, S. 245-266.

Schmidt, Jeffrey (2005): Gate decisions: the key to managing risk during new product development, in: *Kahn, Kenneth* (Hrsg.): The PDMA Handbook of New Product Development, 2. Aufl., New Jersey, S. 337-348.

Schmidt, Robert; Freeland, James (1992): Recent progress in modeling R&D project-selection processes, in: IEEE Transactions on Engineering Management, 39. Jg., Heft 2, S. 189-200.

Schmidt, Sven (2007): Beyond budgeting, in: Controller Maganzin, 32. Jg., Heft 4, S. 361-363.

Schneck, Ottmar (2007): Lexikon der Betriebswirtschaft, 7. Aufl., München.

Schön, Andreas (2001): Innovationscontrolling – Eine Controlling-Konzeption zur effektiven und effizienten Gestaltung innovativer Prozesse in Unternehmen, Frankfurt am Main.

Schori, Kurt; Roch, Andrea; Faoro-Stampfli, Marlotte (2006): Innovationsmanagement für KMU, Bern, Stuttgart, Wien.

Schrader, Stephan (1996): Innovationsmanagement, in: *Kern, Werner; Schröder, Hans; Weber, Jürgen* (Hrsg.): Handwörterbuch der Produktionswirtschaft, 2. Aufl., Stuttgart, Sp. 744-758.

Schramm, Anke (2000): Entwicklung des F&E-Controlling zum Innovationscontrolling, Braunschweig.

Schröder, Axel (2000): Spitzenleistungen im F & E-Management, Landberg/Lech.

Schumpeter, Josef (2006): Theorie der wirtschaftlichen Entwicklung, Nachdruck der 1. Aufl. von 1912, Berlin.

Schwankl, Ludwig (2002): Analyse und Dokumentation in den frühen Phasen der Produktentwicklung, München.

Schwarz, Erich; Krajger, Ines; Dummer, Rita (2006): Innovationskompass für klein- und mittelständische Unternehmen, Wien.

Schweitzer, Marcell; Küpper, Hans (2008): Systeme der Kosten- und Erlösrechnung, 9. Aufl., München.

Schwering, Markus; Kerka, Friedrich; Kriegesmann, Bernd (2008): Bewertung von Innovationsideen, in: *Barske, Heiko; Gerybadze, Alexander; Sommerlatte, Tom* (Hrsg.): Innovationsmanagement (Digitale Ressource), Düsseldorf, S. 1-28.

Scozzi, Barabara; Garavelli, Claudio; Crowston, Kevin (2005): Methods for modeling and supporting innovation processes in SMEs, in: European Journal of Innovation Management, 8. Jg., Heft 1, S. 120-137.

Seeger, Stefan (2007): Von der Innovationsflut zum wirtschaftlichen Erfolg, in: *Engel, Kai; Nippa, Michael* (Hrsg.): Innovationsmanagement, Heidelberg, New York, S. 111-129.

Seibert, Siegfried (1998): Technisches Management, Stuttgart, Leipzig.

Seidemann, Wolfram (2000): Portfoliomanagement zur Steigerung der Entwicklungseffektivität, München.

Seliger, Günther; Niemeier, Jörg; Schwenkenbecher, Klaus (1996): Systematische Bewertung von F&E-Projekten, in: Zeitschrift für wirtschaftlichen Fabrikbetrieb, 91. Jg., Heft 9, S. 416-418.

Servatius, Hans-Gerd (1987): Erneuerung von Unternehmen durch innovative Technologien, in: *Arthur D. Little* (Hrsg.): Management der Geschäfte von morgen, 2. Aufl., Wiesbaden, S. 75-95.

Shaw, N.; Burgess, T.; Hwarng, H.; Mattos, C. de (2001): Revitalising new process development in the UK fine chemicals industry, in: International Journal of Operations & Production Management, 21. Jg., Heft 8, S. 1133-1151.

Shepherd, Charles; Ahmed, Pervaiz (2000): Npd frameworks: a holistic examination, in: European Journal of Innovation Management, 3. Jg., Heft 3, S. 160-173.

Siemens, Frank (2005): Vorgehensmodell zur Auswahl einer Variante der Data Envelopment Analysis, Arbeitsbericht Nr. 26 des Instituts für Produktion und Industrielles Informationsmanagement der Universität Duisburg-Essen, Essen.

Simon, Christian; Welling, Michael; Freiling, Jörg (2006): Internationalisierung – Wachs-tumstreiber oder Totengräber des innovativen Mittelstands?, in: *Abel, Roland; Bass, Hans; Ernst-Siebert, Robert* (Hrsg.): Kleine und mittelgroße Unternehmen im globalen Innovationswettbewerb, München, Mering, S. 154-178.

Sommerlatte, Tom (2004): Der Produktentwicklungsprozess, in: *Barske, Heiko; Gerybadze, Alexander; Hünninghausen, Lars; Sommerlatte, Tom* (Hrsg.): Das innovative Unternehmen (digitale Ressource), Düsseldorf.

Sommerlatte, Tom; Krautter, Jochen (2005): Innovationsportfolio-Management, in: *Albers, Sönke; Gassmann, Oliver* (Hrsg.): Handbuch Technologie- und Innovationsmanagement, Wiesbaden, S. 733-745.

Sorescu, Alina; Chandy, Rajesh; Prahbu, Jaideep (2003): Sources and financial consequences of radical innovation, in: Journal of Marketing, 67. Jg., Heft 4, S. 82-102.

Specht, Dieter; Behrens, Stefan (2008): Strategische Planung mit Roadmaps – Möglichkeiten für das Innovationsmanagement und die Personalbedarfsplanung, in: *Möhrle, Martin; Isenmann, Ralf* (Hrsg.): Technologie-Roadmapping, 3. Aufl., Berlin, Heidelberg, New York, S. 145-164.

Specht, Günter; Beckmann, Christoph; Amelingmeyer, Jenny (2002): F&E-Management, 2. Aufl., Stuttgart.

Specht, Günter; Harland, Peter (2000): Integrierte F&E-Projektprogrammplanung, in: *Häfliger, Gerold; Meier, Jörg* (Hrsg.): Aktuelle Tendenzen im Innovationsmanagement, Heidelberg, S. 71-91.

Spielkamp, Alfred; Rammer, Christian (2006): Balanceakt Innovation – Erfolgsfaktoren im Innovationsmanagement kleiner und mittlerer Unternehmen, Mannheim.

Staudt, Erich; Auffermann, Susanne (1999): Der Innovationsprozeß im Unternehmen, Bochum.

Steinhoff, Fee; Trommsdorff, Volker (2008): Conjointbasierte Messung von Nutzenbeiträgen von Produktfunktionen und Generierung von Zielpreisen (Target Pricing), in:

Schmeisser, Wilhelm; Mohnkopf, Hermann; Hartmann, Matthias; Metze, Gerhard (Hrsg.): Innovationserfolgsrechnung, Berlin, S. 371-385.

Steinle, Claudia (1993): Konfliktmanagement, in: *Wittmann, Waldemar; Kern, Werner; Köhler, Richard; Küpper, Hans; Wysocki, Klaus von* (Hrsg.): Handwörterbuch der Betriebswirtschaft, 6. Aufl., Stuttgart, Sp. 2200-2216.

Steinmann, Horst; Schreyögg, Georg (2005): Management, 6. Aufl., Wiesbaden.

Stern, Thomas; Jaberg, Helmut (2007): Erfolgreiches Innovationsmanagement, 3. Aufl., Wiesbaden.

Stippel, Nicola (1999): Innovations-Controlling, München.

Stockbauer, Herta (1989): F&E-Controlling, Wien.

Stockmeyer, Bernhard (2001): Ansatzpunkte und Methoden zur Effizienzsteigerung im Innovationsmanagement der Ernährungsindustrie, München.

Story, Victoria; Smith, Gareth; Saker, Jim (2001): Developing appropriate measures of new product development: a contingency-based approach, in: International Journal of Innovation Management, 5. Jg., Heft 1, S. 21-47.

Stummer, Christian; Heidenberger, Kurt (2003): Interactive R&D portfolio analysis with project interdependencies and time profile of mutliple objectives, in: IEEE Transactions on Engineering Management, 50. Jg., Heft 2, S. 175-183.

Szwejczewski, Marek; Mitchell, Rick; Lemke, Fred (2006): A study of R&D portfolio ma-nagement among UK organisations, in: International Journal of Management and Decision Making, 7. Jg., Heft 6, S. 604-616.

Tebbe, Klaus (1990): Die Organisation von Produktinnovationsprozessen, Stuttgart.

Teichert, Thorsten; Rost, Katja (2004): Zusammenarbeit von KMU mit Hochschulen und Transfermittlern, in: Die Unternehmung, 58. Jg., Heft 5, S. 373-392.

Thom, Norbert (1992): Innovationsmanagement, Bern.

Thom, Norbert (2001): Innovationsförderliche Ausrichtung genereller Führungsinstrumente, in: *Meyer, Jörn-Axel* (Hrsg.): Innovationsmanagement in kleinen und mittleren Unternehmen, München, S. 55-62.

Thom, Norbert; Grochla, Erwin (1980): Grundlagen des betrieblichen Innovationsmanagements, 2. Aufl., Königstein.

Thoma, Wolfgang (1989): Erfolgsorientierte Beurteilung von F&E-Projekten, Darmstadt.

Tidd, Joe; Bessant, John; Pavitt, Keith (2005): Managing Innovation, 3. Aufl., Chichester.

Tritle, Gary; Scriven, Eric; Fusfeld, Alan (2000): Resolving uncertainty in R&D portfolios, in: Research Technology Management, 43. Jg., Heft 6, S. 47-55.

Tsekrekos, Andrianos (2001): Investment under economic and implementation uncertainty, in: R&D Management, 31. Jg., Heft 2, S. 127-135.

Tsifidaris, Michael (1994): Management der Innovation, Renningen-Malmsheim.

Utterback, James (2006): Mastering the Dynamics of Innovation, Nachdruck der ersten Auflage von 2003, Boston.

Vahs, Dietmar; Burmester, Ralf (2005): Innovationsmanagement, 3. Aufl., Stuttgart.

Vahs, Dietmar; Schäfer-Kunz, Jan (2005): Einführung in die Betriebswirtschaftslehre, 4. Aufl., Stuttgart.

Vahs, Dietmar; Schäfer-Kunz, Jan (2007): Einführung in die Betriebswirtschaftslehre, 5. Aufl., Stuttgart.

Venter, Claudia (2006): Besonderheiten bei der Bewertung von Komponenteninnovationen in der Automobilindustrie, Aachen.

Verband der Automobilindustrie (2007): Daten zur Automobilwirtschaft, Frankfurt am Main.

Verband der Automobilindustrie (2008): Handeln für den Klimaschutz – CO_2-Reduktion in der Automobilindustrie, http://www.vda.de/de/downloads/487/?PHPSESSID=5mohkscn l17auc 44hsb93p77i4, Abruf am: 16. September 2008.

Verma, Devesh; Sinha, Kingshuk (2002): Toward a theory of project interdependencies in high tech R&D environments, in: Journal of Operations Management, 20. Jg., Heft 5, S. 451-468.

Verworn, Birgit (2005): Die frühen Phasen der Produktentwicklung, Wiesbaden.

Verworn, Birgit; Herstatt, Cornelius (2000): Modelle des Innovationsprozesses, Hamburg.

Verworn, Birgit; Herstatt, Cornelius (2007a): Bedeutung und Charakteristika der frühen Phasen des Innovationsprozesses, in: *Herstatt, Cornelius; Verworn, Birgit* (Hrsg.): Management der frühen Innovationsphasen, 2. Aufl., Wiesbaden, S. 3-19.

Verworn, Birgit; Herstatt, Cornelius (2007b): Strukturierung und Gestaltung der frühen Phasen des Innovationsprozesses, in: *Herstatt, Cornelius; Verworn, Birgit* (Hrsg.): Management der frühen Innovationsphasen, 2. Aufl., Wiesbaden, S. 111-134.

Voigt, Kai-Ingo (1992): Strategische Planung und Unsicherheit, Hamburg.

Völker, Rainer (2000): Wertmanagement in Forschung und Entwicklung, München.

Völker, Rainer; Sauer, Sigrid; Simon, Monika (2007): Wissensmanagement im Innovationsprozess, Heidelberg.

Vorbach, Stefan (2007): Instrumente der Produkt- und Prozessentwicklung, in: *Strebel, Heinz* (Hrsg.): Innovations- und Technologiemanagement, 2. Aufl., Wien, S. 327-348.

Vorbach, Stefan; Perl, Elke (2007): Methodische und prozessuale Unterstützung von Innovationsvorhaben in kleinen und mittleren Unternehmen, in: *Letmathe, Peter; Eigler, Joachim; Welter, Friederike; Kathan, Daniel; Heupel, Thomas* (Hrsg.): Management kleiner und mittlerer Unternehmen, Wiesbaden, S. 319-335.

Wahren, Heinz (2004): Erfolgsfaktor Innovation, Berlin, Heidelberg, New York.

Waibel, Roland (1991): Ein Modell zur Auswahl von Forschungs- und Entwicklungsprojekten, Demotec.

Walther, Sabine (2004): Erfolgsfaktoren von Innovationen in mittelständischen Unternehmen, Frankfurt am Main.

Weber, Jürgen; Vinkemeier, Rainer (2007): Controlling & Innovation, Weinheim.

Weerd-Nederhof, Petra de; Kerssens-van Drongelen, Inge; Verganti, Roberto (2000): Managing the R&D process, Enschede.

Wegener, Richard (1994): Strategische Bewertung von Prozeßinnovationen, Wiesbaden.

Welter, Friederike (2001): Innovationsprozesse in KMU - konzeptionelle Überlegungen, in: *Meyer, Jörn-Axel* (Hrsg.): Innovationsmanagement in kleinen und mittleren Unternehmen, München, S. 213-220.

Wentz, Rolf-Christian (2007): Die Innovationsmaschine – Wie die weltbesten Unternehmen Innovationen managen, Berlin, Heidelberg.

Werner, Björn (2002): Messung und Bewertung der Leistung von Forschung und Entwicklung im Innovationsprozeß, Darmstadt.

Weule, Hartmut (2002): Integriertes Forschungs- und Entwicklungsmanagement, München.

Wheelwright, Steven; Clark, Kim (1992): Revolutionizing Product Development, New York.

Wheelwright, Steven; Clark, Kim (1994): Revolution der Produktentwicklung, Frankfurt am Main.

Wiener, Norbert (1993): Invention – the care and feeding of ideas, Cambridge.

Wildemann, Horst (2007): Produktklinik, 12. Aufl., München.

Wildemann, Horst (2008a): Entwicklungsprozess, 13. Aufl., München.

Wildemann, Horst (2008b): Innovationscontrolling, 6. Aufl., München.

Winkler, Thomas (1999): Entwicklung eines Instrumentariums zur Erfolgsanalyse von Innovationsprojekten, Frankfurt am Main.

Witte, Eberhard (1988): Phasen-Theorem und Organisation komplexer Entscheidungsverläufe, in: *Witte, Eberhard; Hauschildt, Jürgen; Grün, Oskar* (Hrsg.): Innovative Entscheidungsprozesse, Tübingen, S. 202-226.

Wittmann, Robert; Leimbeck, Alexandra; Tomp, Elisabeth (2006): Innovation erfolgreich steuern, Heidelberg.

Wolbold, Markus (1995): Budgetierung bei kontinuierlichen Verbesserungsprozessen, München.

Wolff, Carsten; Holtrup, Michael (2005): Risikomanagement bei Innovationsprojekten, in: *Littkemann, Jörn* (Hrsg.): Innovationscontrolling, München, S. 285-330.

Wolfrum, Bernd (1994): Strategisches Technologiemanagement, 2. Aufl., Wiesbaden.

Woodcock, D.; Mosey, S.; Wood, T. (2000): New product development in britisch SMEs, in: European Journal of Innovation Management, 3. Jg., Heft 4, S. 212-221.

Wördenweber, Burkard; Wickord, Wiro (2008): Technologie- und Innovationsmanagement im Unternehmen, 3. Aufl., Berlin, Heidelberg, New York.

Zahay, Debra; Griffin, Abbie; Fredericks, Elisa (2004): Sources, uses and forms of data in the new product development process, in: Industrial Marketing Management, 33. Jg., Heft 7, S. 657-666.

Zäpfel, Günther (2000): Taktisches Produktions-Management, 2. Aufl., München, Wien.

Zayer, Eric (2007): Verspätete Projektabbrüche in F&E, Wiesbaden.

Zelewski, Stephan (2008): Grundlagen, in: *Corsten, Hans; Reiß, Michael* (Hrsg.): Betriebswirtschaftslehre; Band 1, 4. Aufl., München, S. 1-97.

Zelewski, Stephan; Peters, Malte (2003): Lösung multikriterieller Entscheidungsprobleme mit Hilfe des Analytical Hierarchy Process, in: WISU – Das Wirtschaftsstudium, 32. Jg., Heft 10, S. 1210-1218.

Zelewski, Stephan; Peters, Malte (2006): Multikriterielle Wirtschaftlichkeitsanalysen mithilfe des Analytic Hierarchy Process, in: WISU - Das Wirtschaftsstudium, 35. Jg., Heft 8-9, S. 1069-1075.

Zotter, Karl (2007): Modelle des Innovations- und Technologiemanagements, in: *Strebel, Heinz* (Hrsg.): Innovations- und Technologiemanagement, 2. Aufl., Wien, S. 53-96.

Zyder, Michael (2007): Die Gestaltung der Budgetierung, Wiesbaden.

SPRINGER NATURE

GPSR Compliance

The European Union's (EU) General Product Safety Regulation (GPSR) is a set of rules that requires consumer products to be safe and our obligations to ensure this.

If you have any concerns about our products, you can contact us on ProductSafety@springernature.com

In case Publisher is established outside the EU, the EU authorized representative is:

Springer Nature Customer Service Center GmbH
Europaplatz 3
69115 Heidelberg, Germany

FSC
www.fsc.org
MIX
Papier | Fördert gute Waldnutzung
FSC® C083411

Kolibri 360 GmbH
Ferdinand-Jühlke-Straße 7
99095 Erfurt, Deutschland
produktsicherheit@kolibri360.de